王永昌◎著

实践观念论

中国社会科学出版社

图书在版编目(CIP)数据

实践观念论 / 王永昌著 . —北京：中国社会科学出版社，2014.11
ISBN 978 - 7 - 5161 - 5069 - 6

Ⅰ.①实⋯　Ⅱ.①王⋯　Ⅲ.①实践论—研究　Ⅳ.①B023

中国版本图书馆 CIP 数据核字 (2014) 第 262049 号

出 版 人	赵剑英	
责任编辑	喻　苗　朱华彬	
责任校对	任晓晓	
责任印制	王　超	

出　　版	中国社会科学出版社	
社　　址	北京鼓楼西大街甲 158 号（邮编 100720）	
网　　址	http://www.csspw.com.cn	
	中文域名：中国社科网　　010 - 64070619	
发 行 部	010 - 84083685	
门 市 部	010 - 84029450	
经　　销	新华书店及其他书店	

印　　刷	北京新魏印刷厂	
装　　订	廊坊市广阳区广增装订厂	
版　　次	2014 年 11 月第 1 版	
印　　次	2014 年 11 月第 1 次印刷	

开　　本	787 × 1092　1/16	
印　　张	29.75	
插　　页	2	
字　　数	378 千字	
定　　价	88.00 元	

人是创造理想世界的动物

哲学家们总是在不停地思考世界，并且总要理性地去揭示事物背后的本质；哲学家们不但苦苦思索外部世界，而且总要反思人及其自身世界；更重要的还在于，哲学家们不但用思维去认识包括人自身在内的世界，而且总要以理智的方式去观念地改变和创造世界。

显然，哲学家们最终还是要回归人类的本体性本质的：人是创造理想世界的动物。正因为如此，我们人类社会才能不断文明进步，我们的明天才能更加美好！

我和永昌同志相识，缘于哲学问题的研究。永昌同志在杭州大学攻读哲学硕士学位期间，就以哲学思维方式反思包括我们党历史上正反两方面的实践经验和教训，在那个思想大解放、哲学大繁荣的上世纪八十年代，比较早地敏锐提出了"人何以要、何以能改造世界以及如何合理改造世界"的问题，并撰写了《理性认识回到实践活动的中间环节初探》的硕士论文。该文摘要发表在《哲学研究》上，在我国哲学界首次提出了"实践观念"，引起了热烈反响和广泛讨论。后来，中国社会科学院组织新时期首次优秀论文评奖活动，永昌同志的这一论文获得了为数不多的优秀论文奖，我有幸作为评阅专家推荐了该文。从此，我就与永昌同志相知相识了。

后来，永昌同志又到中国人民大学报考了我的哲学专业的博士学位，从而有更多的时间潜心研究"实践观念"和"实践活动"等哲学问题。我也专门撰写过《论实践观念》的学术论文，着重探讨了人类改造世界的实践的一般特点：既按外部对象的尺度进行活动，又把自己内在的尺度运用到对象上去，按照这两个尺度的统一去改变外部对象的现成形态，并创造出现实中既不现成存在、也不会自然产生的具有符合于人的需要的新的客体。但是，这种客体在通过实践实际地创造出来以前，首先必须在人们的头脑中把它观念地建立起来。或者说，为了通过实践在对象上实际地实现两个尺度的统一，首先必须在头脑中观念地实现两个尺度的统一，建构起实践观念。这种实践观念既包括实践过程的观念模型，又包括实践结果的观念模型，即观念地建立起来的对象，体现两个尺度观念的统一的理想客体。据此，我们可以说，人类是一个不断创造着理想世界的动物。当然，科学合理的实践观念，就是被人们掌握和理解了的理论观念的客观内容和自己的愿望、意志、情感等主观精神的创造性综合，应该是指向未来的理想，是反映着人们对真理和价值相统一或真、善、美相统一的对象的追求。因此，科学合理的实践观念，应体现真、善、美的观念的统一，实践活动则是实践观念的外在化、行为化。

由此可见，提出并深入研究实践观念，无论对丰富哲学理论问题还是指导社会实践活动，都具有十分重要的意义。永昌同志博士毕业后主要从事政策现实问题研究和地方党政领导工作，但他一直关注哲学理论发展，最近又将自己长期研究实践观念的成果加以系统梳理，形成了《实践观念论》一书予以公开出版，我想，这对永昌同志自己的哲学学术生涯是一个很好的交代和提升，对我和永昌同志的师生情谊也是一次难得的重温和升华，而且我相信对推进我国哲学理论发展，也会产生积极的作用。这是件令人欣慰的事。

我一生都献身于哲学理论的研究和教学，对哲学理论和师生们都充满着无比的真爱！我衷心祝愿我国哲学学术事业有更大的发展，也祝愿永昌同志取得更多的学术成果！

夏甄陶

2014 年 11 月 13 日于中国人民大学林园

《哲学研究》的评论

《哲学研究》1983年第2期在刊发我的硕士学位论文《理性认识回到实践活动的中间环节初探》时，加的编者按语：

本文提出，在理性认识回到改造世界的实践活动过程中，必然地存在着一个观念的中间转化环节，可以称之为"实践观念"。文章从理论、事实和哲学史等方面论证了为什么存在中间转化环节，并分析了"实践观念"的含义、内容、特点及其在认识总过程中的地位。此文关于从理性认识到实践的飞跃是如何实现的论述有启发作用，值得一读。从理性认识到实践的飞跃，是马克思主义哲学认识论的一个基本理论问题。搞清楚这个问题，无论在理论上还是实践上，都具有重要的意义。但过去哲学界对此研究得不够，发表的专论也甚少。我们刊载这篇文章，期望引起读者的注意，以就这个问题进行深入的研究和讨论。

为纪念《哲学研究》复刊12周年（1978年复刊），编辑部在1990年第1—3期以"反思有益于前进"为题发表长文，对复刊12周年来的哲学发展过程做了回顾和展望。该文在谈到本人的《理性认识回到实践活动的中间环节初探》一文时，做了如下评述：

本刊 1983 年第 2 期发表的《理性认识回到实践活动的中间环节初探》一文提出的'实践观念'问题，就是一个具有重要理论价值和现实意义的课题。起初，这个问题只是为了探讨认识过程的第二次飞跃的机理而提出来的。但它一经提出，就引起了广泛注意和热烈讨论，引出了理论观念和实践观念、真理和价值、两个尺度、理性因素和非理性因素、认识和实践活动中真善美统一等一系列重要问题。

目　　录

我的哲学硕士论文与"实践观念"

回想起来，自己的人生多少还算是有些幸运的。1976 年从部队退伍后，1977 年就入杭州大学政治系读书，终圆大学梦。1979 年毕业后分配到浙江师范大学任教，1980 年重又考入杭州大学哲学系攻读哲学硕士，从此与哲学这门极度思辨枯燥的"科学之科学"结下不解之缘。

进入大学这座人类"知识殿堂"后，我如饥似渴地读书学习，不知疲倦地吮吸着智慧营养，更重要的是让我有机会勤于思考、勤于动笔。长年累月，终有成果。在读本科和硕士期间，陆陆续续有些小文章发表，得以自慰并注入新的学习动力。那时不像今天，要买到几本书都很不容易，发表文章更是很难的事。

在哲学系做硕士研究生期间，我开始想研究辩证法问题，后来觉得辩证法过于侧重思辨逻辑，因而形式化思辨过于抽象空洞。不久，我的研究兴趣很快就转移到对哲学认识论问题的研究。先由思维与存在这个基本问题入手，进入到理论与实践问题的探索。在哲学认识论中有两个著名论题：人们的认识过程是从实践上升为理性认识，理性认识再回到实践活动的。但是，哲学家们历来对人的认识由实践上升为理性认识的研究比较系统具体，而对理性认识回到实践环节则缺乏具体论述。为此，我就循着这个视角由哲学认识论进到哲学实践论并将两者结合起来研究。硕士论文的题目就是《理性认识回到实践活动的中间环节初探》，在国内哲学界首次提出了"实践观念"就是这个"中间环节"的新观点。

虽说初生牛犊不怕虎，但毕竟不太托底了，生怕被专家们质疑否定。记得 1982 年 10 月份左右，哲学系给我们四五位同学举行了硕士论文答辩会。论文答辩由中国人民大学、复旦大学、杭州大学七八位著名哲学界前辈老师组成评审组，他们对我的论文严格进行评审，在肯定中提出了不少问题，我现场回应答辩了一些问题。说实话，第一次面对那么多名家，难免有所紧张，一边应答，一边担心他们对我的论文评价不高或能不能通过。毕竟，论文涉及和提出了一个全新的命题。但令我喜出望外的是，专家评审组对我的论文给予了高度评价，并提议直接授予哲学硕士学位（不必修改重评），这是当时参加评审的四五篇论文中的唯一一篇。更令我终生难忘和受教育的是，我国马克思主义哲学界德高望重的著名哲学家肖前先生亲自担任评审组组长，他对我论文中提出的"实践观念"持异议。听到他的这一评语，简直令我出了一身冷汗，担心论文可能要重写了。但是，当他最后宣布专家评审组评语对论文给予高度评价，并指出"我对论文提出的'实践观念'持异议，但对论文的创新见解、学术价值和论文质量充分赞许"（大致意思）时，我心里的"石头"终于落地，顿感轻松许多。但很快，在心存感激之时，我对肖前先生和老师们的敬意油然而生！从此，我就深深地牢记：我可以不赞成你的观点，但一定要尊重你的观点。

硕士论文答辩通过后，我就斗胆向国内哲学界最著名的《哲学研究》编辑部投稿。数月后，就令人兴奋地收到编辑部来信，通知拟采用并要求压缩到一万多字。后来，压缩稿仍以"理性认识回到实践活动的中间环节初探"为题，刊发在《哲学研究》1983 年第 2 期上。论文刊发后，受到哲学界普遍关注和好评，认为文章开拓了一些新的哲学视野，推动了哲学认识论和实践论新的研究。为此，还获得了《哲学研究》复刊后由中国社会科学院首次评奖的优秀论文奖。记得那时只有几百元奖金，但获奖的青年作者中却只我一人，足见哲学界前辈们对后学的提携关爱之情。

人类所面对的现实世界，是一个不断膨胀着的人化世界，而这个现实的人化世界，则是人类世代实践活动的结果。正是以改造世界为主旨的行为世界的存在及其现实展开，才铸造了人化世界演进的历史轨迹。

由此可见，哲学家们研究人及人的行为世界、人类改造世界的实践活动，该是多么必要和有意义啊！倘若我们再联系当代世界的社会变革、经济增长方式调整、科学技术革命浪潮和现时代人类实践活动的新特点，那么，研究反思人的实践活动，就显得更为重要和迫切了。

才华横溢的青年马克思，当年就是带着过去的"哲学家们只是用不同的方式解释世界，问题在于改变世界"的新的哲学宣言而登上历史舞台的。正因为如此，就其本质而言，马克思的哲学就是实践哲学。但遗憾的是，我们的马克思主义哲学，却一直忽视对人的行为世界和人类改造世界的实践活动并做深入系统的哲学研究。

自我在硕士论文中把注意力集中到研究人类改造世界的实践活动问题以来，在随后长达十多年时间里我都把重点放在探讨支配人的实践行为的"实践观念"方面。1987 年，我投师中国人民大学著名哲学家夏甄陶先生，攻读哲学博士学位。夏先生潜心于学术研究，为人谦和，深受哲学界敬重，他在哲学认识论、中国哲学史等领域都有很深的造诣，著作等身。从此，我在夏先生悉心指导下，对"实践观念"又做了新的研究，并先后撰写和发表了数十篇论文。更令我感动的是，夏先生还亲自深入研究并撰写"实践观念"的论文。[为此，我把夏老师的《论实践观念》（《哲学研究》1985 年第 11 期）也附录于后，以铭记导师对弟子的教诲恩德。] 我的博士论文，也是围绕实践活动而展开的，选题就是《实践活动论》（中国人民大学博士文库，中国人民大学出版社 1992 年版）。

30 多年来，我多次想在这些论文基础上，集中精力更深入系统地研究"实践观念"，撰写一部"实践观念论"的学术专著，而且四五次草拟过写作大纲，也曾数次起笔写作。但自 1990 年中国人民大学博士毕业分配到党政部门工作后，就一直挤不出完整的空闲时间来潜心研究此类哲学问题。要知道，思索和撰写哲学论著，是特别需要心静的，思维应缜密连贯的，甚至要达到无我境地，才能洞察并扼住深邃的哲理。

人生未竟事业，总魂牵梦萦、挥之不去。为此，将当年拟写作的《实践观念论》的三个有代表性的章目提纲摘录于后，以备忘之，也以此自憾之、激励之。

第一章

"实践观念" 命题的提出及其论证

    1980 年至 1982 年底，笔者在杭州大学哲学系做硕士研究生期间，毕业论文的选题先研究辩证法问题，经半年多时间研读文献资料和初步思考，觉得在短期内难以形成自己有创新性的见解，后研究兴趣就转移到了哲学认识论问题。大家知道，哲学认识论中有两个著名论题：即人的认识过程从实践上升为理性认识、理性认识再回到实践活动。笔者侧重于对后一个过程的研究。经过一段时间的研究，发现人的"理性认识"、理论、意识、观念"回到"和指导实践活动，是更复杂的主客体的互动过程。当时，笔者硕士论文的题目就是"理性认识回到实践活动的中间环节初探"。在这篇论文中，笔者在国内哲学界首次提出了"实践观念"的新见解。《哲学研究》1983 年第 2 期以"理性认识回到实践活动的中间环节初探"为题，较系统地摘要、刊发了笔者的硕士论文，并专门加了令笔者终身难以忘怀的编者按语。

该文发表后，在哲学界、理论界产生了较大影响，引发了新的讨论，并被中国社会科学院（1984 年）评为首届优秀论文奖。我国著名哲学家夏甄陶教授和赵光武教授对本文做了专门评论。现将两位教授的评论抄录于后：

本文提出了一个具有重要理论意义和现实意义的课题，它涉及理论在实际应用中的一个重要认识论问题。文章从理论、事实和哲学史等方面，论证了理性认识回到实践活动确实存在着中间环节，并对作为中间环节的实践观念的意义、内容、特点、地位作了一些分析。为继续深入探讨这个问题，提出了一些有启发性的意见。但是，对于作为中间环节的实践观念的细节，如实践观念是如何形成的，创造性思维在形成实践观念中的作用，在实践观念中主体和客体、真理和价值的关系怎样，文章的分析似嫌不够。

评阅者：夏甄陶　1984 年 9 月 8 日

王永昌同志的《理性认识回到实践活动的中间环节初探》一文，对于长期缺乏研究的重要课题，进行了有成效的探索，具有开创性；基本理论观点正确，对所提问题从理论、历史、事实几方面进行了较充分的论述，有新意，富于启发性；说实践观念"一方面是理性认识的继续，另一方面是改造世界的实践活动的起点"值得商榷。

评阅者：赵光武　1984 年 9 月 19 日

马克思主义哲学认识论认为：人们在实践活动中取得感性认识并上升为理性认识之后，其认识过程并没有完结，而更重要的是，还必须将理性认识运用于实践活动①，为改造世界服务。那么理性认识是怎样进入实践活动的呢？它是能单独地直接指导和支配人们的实践活动，还是需要通过一定的中间转化环节才能被运用于实践活动呢？我们试就上述问题做些初步探讨。

一 理性认识的"是然性"特性需要有"实践观念"

要回答理性认识能否单独地直接指导和支配实践活动，在理性认识与实践活动之间是否存在着中间转化环节的问题，首先需要把理性认识与实践活动联系起来去考察它的性质、功能和特点。

感性认识和理性认识都是人们对外界客观事物的能动反映。理性认识是人们借助于抽象思维所把握的关于外界客观事物的本质、规律和内部联系的一种认识。人们在对外界客观事物的认识过程中，应"按照事物的本来面目及其产生情况来理解事物"，而"不附加以任何外来的成分"②。因此，作为对外界客观事物认识过程中的高级阶段的理性认识，其根本性质是属于一种事实性的认识，它只告诉人们外界客观事物本身"是什么"、"是怎样"、"是

---

① 本书在两种意义上使用"实践活动"这一概念：一是作为感性理性认识产生之基础的实践；二是作为在人们一定观念直接指导下改造世界的实践。就实践活动的作用和功能来说，我们可以把它具体分为两种狭义的：能动地改造世界和能动地推动认识的产生、发展这样两大类实践活动。前者可称为改造世界的实践（本书往往也用"未来的实践活动"）；后者可称为认识世界的实践（本书往往也用"原先的实践活动"）。当然，这种区分是经过科学抽象的，因为现实中的实践活动一般总是同时具有上述两种作用和功能。但认识论中讲的"实践—认识—实践"，其前后两个"实践"是经过抽象、在含义、作用和功能上都不尽一致的，前者作为认识产生和发展的基础，是认识的起点和前提；而后者作为一定观念直接指导下改造世界的实践活动，是认识的归宿和目的。本书讲的实践活动，在没有注明"原先的实践活动"的情况下，一般都指改造世界的实践活动。

② 《马克思恩格斯选集》第1卷，人民出版社1995年版，第49页；《马克思恩格斯全集》第20卷，人民出版社1974年版，第539页。

如何"的客观事实；解决的主要课题和直接目的是认识世界；它所要求的是主观与客观，认识与对象的符合、一致；所涉及的是真假、对错的问题；一般不直接触及外界客观事物有何用处、能否满足人们的某种需要和利益，以及人们为什么要进行改造世界的实践活动等功利问题。

然而，实践活动是人们有目的、有计划地改造世界的一种创造性的物质活动，或者说是人类为了自身的特定需要和利益而从事于改造自然和改造社会的一种自觉的物质活动。如果说，感性、理性认识只是回答客观世界是什么样子、是如何的话，那么，改造世界的实践活动则是按人的意志、需要、愿望、目的把客观事物改造成为"应是什么样子"，使客观世界服从于人的意志，从而满足实践者的某种实际需求和利益。实践既不像外界客观事物及其运动规律那样，本身只存在着不以人的意志为转移的东西，也不像感性、理性认识那样，只如实地反映客观事物及其规律性的东西，而是既包括不以人的意志为转移的客观的东西，又包括按人们自己的需要、利益去创造的以人的意志为转移的东西这样两个部分。

因此，作为直接指导和支配实践活动的观念，仅仅有关于外界客观事物及其发展规律的理性知识、事实性认识是不够的，还必须有关于反映实践主体自身一定需要和利益以及用此与外界客观事物的某些属性（有用性）相比较、相权衡而产生的价值认识。换句话说，作为直接指导和支配要把客观事物改造成为"应是什么样子"、"应是怎样"的实践活动的观念，必须具有两重特性：一方面作为对客观事物如实反映的事实认识，有不以人们意志为转移的客观内容、客观因素；另一方面，作为价值认识，又体现着人们的一定实际需要、愿望和意志，从而包含主体的因素和主体的内容。只有将上述事实认识和价值认识有机统一、将主体因素与客观因素相互结合起来，进而形成一种比理性认识更为复杂、更为高级、更为全面和具体的观念,才能谈得上直接指导和支配改造世界的实践活动。因为,如果没有反映实践者自身的一定实际需要和利益的观念性东西介入,根本就不可能具有产生实践活动的现实依据;如果没有体现主体对外界客观事物施加改造的反作用的内在意向包含于直接指导实践活动的观念之中,也谈不上会有实践活动产生的现实可能性。

理性认识的功能是与它的性质密切相关的。由于理性认识是属于对外界客观事物的一种事实性认识,认识的成果只是关于客观事物的本质、规律的陈述性和描述性的判断以及由这些判断所组成的理论系统,它一般是以纯理论、纯知识的形态出现和存在的。因而它的基本功能就只能帮助人们去正确地理解、阐明和解释外界客观事物及其发展规律的事实情形,而不直接涉及改造和如何改造世界的实践活动,也不直接提供和设定人们所要争取的未来出现的新事物。可是,改造世界的实践活动,则要求直接指导和支配它的观念必须具有基于现实而又高于现实的理想、目的的高度以及未来应如何行动、怎样改造世界的实践性的高度。亦即必须反映出人们要改造世界的意志、如何去改造的设想,必须事先观念性地创造出未来的人造客体,模拟和规划出未来实践活动的对象、过程和结果。唯有这种直接涉及未来实践活动、与未来实践活动直接相关联的观念,才具有直接指导和支配实践活动的功能,能够导致主体在获得客观事物规律性的理性认识的基础上,借助物质手段,逻辑地跨过现实事物当下的界限,越出观念的范围,进入实践的领域。

再从理性认识的特点上看,它也不可能直接指导实践,而需要经过一定的转化环节。我们知道,理性认识的特点是抽象性和间接性。理性认识对客观事物的认识和把握,往往是抽象、普遍、间接的,而不是具体、特殊、直接的。但实践活动不仅具有普遍性的特点，而且更具有直接现实性、个别性、特殊性的特点。实践活动的具体性特点，自然要求直接指导它的观念也必须具有相应的具体性。因此，理性认识要运用于实践，并直接对实践起作用，就不可停留于抽象性、一般性、间接性之中，而必须进一步深化和转化为关于客观事物和未来实践过程的具体性认识。

总之，从理性认识的性质、功能、特点以及实践对直接指导它的观念的要求等方面来看，理性认识与改造世界的实践活动之间存在着一定的中间转化环节，这是一种客观的、必然的现象。

二 实践观念的客观事实依据

理性认识、科学理论一般要经过中间转化环节，才能运用于实践活动，这不仅在理论上是符合逻辑的，而且在事实上也是一种普遍存在的客观现象。

拿科学来说，几乎任何一门学科特别是近代以来的学科，从功能、特性上看，一般都可以分为关于自然界、社会领域客观规律的理论认识部分和如何把理论认识应用于改造世界的实践活动中去的实用部分。构成现代自然科学的理论性部分是基础科学，应用（实用）性部分是技术科学、应用科学（包括应用技术、产品设计和研制）。就它们各自的功能和特点来说，基础理论的主要任务是研究自然界物质运动的基本规律，一般只回答自然界客观事物"是什么"、"是怎样"的事实和规律；技术科学是依据基础理论而提出改造世界的目标、课题，指出运用基础理论成果的可能性；应用技术研究的是如何把基础理论和技术科学所提供的成果运用于生产过程的实际问题，主要解决达到利用和改造自然的手段和方法；产品设计是在应用技术研究的基础上，综合地、创造性地规划出未来生产的结果——新产品的具体蓝图；产品研（试）制则是对产品的设计和蓝图加以现实化、物质化。由此可见，除了基础理论之外，技术科学、应用技术、产品设计和研制这三个环节，直接涉及的是人们对自然界的控制、利用和改造；它们主要的立足点不只是认识自然界本身，而是反映和认识自己的实践活动以及由实践活动所产生的"人造自然"。如果没有技术科学、应用技术、产品设计和研制这些中间转化环节与转化过程，纯理论性的基础科学就不可能被运用于改造自然的社会生产活动之中。

同自然科学一样，社会科学也可以划分出一些相对独立的转化环节。于光远同志曾指出，可以"把自然科学里面关于科学的分类移植到社会科学中来。自然科学分做基础科学、技术科学、应用技术……社会科学也可以做这样的划分：基础的社会科学、社会技术和应用技术"。划分的依据和标准是什么呢？"对于不以人的意志为转移的东西的研究"，"把它叫做基础科学"，"把专门研究如何运用意志来达到自己的目的的科学，称之为应用的技术。"①笔者赞同这种看法。人们要有效地改造社会，就必须认识社会发展的客观规律，从社会的"实"中求出社会的"是"来，以形成"基础的社会科学"。但"基础的社会科学"的成果，只有经过"社会技术"、"社会应用技术"的中间转化环节，才能运用于改造社会的实践活动。例如，由马克思主义哲学、政治经济学所揭示的关于社会发展规律的理论，只有转化为无产阶级革命实践的目的——争取建立、建成社会主义和共产主义社会以及为实现这一目的

---

① 《基础的经济科学与应用经济技术》，《财经问题研究》1981 年第 4 期。

而制定的纲领、路线、方针、政策、步骤、途径、方法等等带有实践性质的具体观念时，方能服务于无产阶级变革社会的革命实践活动。再如社会主义基本经济规律的理论，如不具体地转化为社会主义的生产目的和经济建设的计划、政策、措施、方法等等，而仅仅停留在一般抽象的"指导"上，那肯定是行不通的。

自然科学、社会科学中纯理论的东西与实践活动之间存在着一个实用部分的中间转化环节，无非是个体认识过程的延伸和社会化的宏观表现。就个人来说，如果掌握了科学理论、理性知识，而不去继续转化为直接指导自己实践活动的具体观念，形成一定的实践目的、计划、方法等，也不可能产生现实的实践活动。

三 实践观念的哲学史依据

笔者主张理性认识不能单独地直接指导和支配实践活动，在理性认识与未来的实践活动之间还必然地存在着中间转化环节的论点，在哲学史上，特别是在马克思主义经典作家的著作中，也是有一定理论根据的。

德国古典哲学的奠基者康德，是以真、善、美来构造他的哲学体系的。康德认为，纯粹的思辨理性（真）与实践理性（善）之间不是毫无关联的，而是相互统一的。那么，通过什么途径、环节把思辨理性与实践理性联系起来呢？康德论证说，人的实践行为一方面由外部世界的因果必然所决定，另一方面又为自身内在的原则——自由意志所支配。人们在实践活动之前或实践活动的过程中，总是提出"应当如何如何"、"应该如何如何"，"应当"、"应该"，就表明实践者可以如此，也可以不一定如此，但却要求、希望如此。因而这里就有个内在理性、意志支配自己实践行为的"自由"问题。①
这样，康德就把"自由"、"意志"这类东西，看作是纯理论理性与实践理性
之间的中间转化环节。

黑格尔既从斯宾诺莎那里接受了自由是对必然的认识的观点，又从康德
这里吸取了由自由统一思辨理性与实践活动的辩证因素。在他看来，理念
（概念）发展到了"目的性"阶段，主体也就有了显著的自由，因为目的扬
弃了纯外在的必然性，而赋予了主体的"意志"。因此，黑格尔认为，人们
在取得了关于事物的必然性、因果性的认识以后，还必须进而过渡到目的性
阶段。在目的性阶段，人的主观活动能自由地掌握必然性了，人们有了"能
决定的主导的原则，这就是由认识的理念过渡到意志的理念的关键"②。这
里，黑格尔就把主体的能动性（主导的原则）、自由、目的等东西，看作是
理论性的认识（认识的理念）向实践活动（意志的理念）过渡的中间转化环
节和引起人们实践行为的原因所在。

那么，为什么其间必须有中间转化环节呢？黑格尔说，这是由理论性的
认识和改造世界的实践活动它们各自的本性所决定的。"理智的工作仅在于认
识这世界是如此，反之，意志的努力即在于使得这世界成为应如此。"③"是
如此"的理论性认识的东西当然不能单独地直接指导"应如此"的实践活
动。所以在取得了理论性的认识之后，在未来实践活动之前，还须有一个
"意志的自由"、对"外在的现实之要求"、"善的目的"之类的中间转化
环节。

---

① 参见《康德哲学原著选读》，商务印书馆 1963 年版，第 11 页。
② 《小逻辑》，商务印书馆 1980 年版，第 418 页。
③ 同上书，第 420 页。

在马克思主义的经典著作中，也有关于这方面的一些论述。马克思曾指出：理论性的认识，"事实上是思维的、理解的产物……是思维着的头脑的产物，这个头脑用它所专有的方式掌握世界，而这种方式是不同于对世界的艺术的、宗教的、实践精神的掌握的"①。马克思讲的"实践精神"②，是一种带有强烈实践倾向的观念，主要指目的、动机、愿望、设想、规划、方法、措施等等直接指导和支配人们实践行为的观念。

马克思、恩格斯在他们的著作中，还多次使用过类似"实践精神"的"实践意识"概念。比如马克思写道："理性向来就存在，只不过它不是永远以理性的形式出现而已。因此，批评家可以把任何一种形式的理论意识和实践意识作为出发点。"③ 马克思、恩格斯还指出：理论性的意识"是某种和现存实践的意识不同的东西；它不用想象某种真实的东西而能够真实地想象某种东西"④。

可见，在马克思、恩格斯看来，纯理论性的认识、意识、观念与实践的意识、精神、观念是两种具有不同性质和功能的观念性东西。如果说前者是以认识、反映、说明、理解和理论形态的方式掌握世界的话，那么，后者则是以实践性、务实性、驾驭性的方式掌握世界，是直接支配实践行为的，它比前者更接近于现实的实践活动。

毛泽东同志在指导中国革命的长期实践斗争中，丰富和发展了马克思主义关于实践是"主观见之于客观"的原理。他认为："主观见之于客观"是一个复杂的过程，人们在取得了对客观事物的本质和规律性认识的基础上，

---

① 《马克思恩格斯全集》第 46 卷（上），人民出版社 1979 年版，第 39 页。
② 原文是 Prakisch - geistigen，也可译为"实践—精神"。
③ 《马克思恩格斯全集》第 10 卷，人民出版社 2009 年版，第 8 页。
④ 《马克思恩格斯选集》第 1 卷，人民出版社 1995 年版，第 82 页。

还必须通过选择、确定实践目的和制定相应的计划、方案、措施、战略、策略、方针、政策等等环节，才能直接、有效地指导改造世界的实践活动。他曾经指出："共产党领导机关的基本任务，就在于了解情况和掌握政策两件大事，前一件事就是所谓的认识世界，后一件事就是所谓的改造世界。"① 了解情况是掌握政策的前提和基础；所谓"掌握政策"，自然包括制定政策和实施、执行政策两个方面。这就告诉我们，由"了解情况"所获得的认识与方针，政策这类观念性东西是不可简单地等同的。过去"我们通常把政策、计划、方案这些东西归入理性认识的范畴，由于这一点，我们就容易忽视这些东西同对客观事物的认识之间的区别。知识（不论是感性知识还是理性知识）回答的是客观情况'是怎样'；政策、计划、方案回答的是人'要怎样'。'要怎样'必须从'是怎样'出发，必须以事物的现状为基础，然而'要怎样'又比'是怎样'前进了一步，它意味着改变事物的现状"②。毛泽东同志认为：实践"做就必须先有人根据客观事实，引出思想、道理、意见，提出计划、方针、政策、战略、战术，方能做得好"③。这里特别值得注意的是，毛泽东同志把思想、道理、意见与计划、方针、政策、战略、战术这些主观范围内的东西，把思想、道理等观念看作是从"客观事实"中"引出"来的（正如自然科学中的基础理论研究成果只用"发现"概念一样），而计划、方针、政策等观念是人根据对客观事实的认识和自己的需要"提出"来的（正如自然科学中的技术科学、应用技术的研究成果只用"发明"概念一样）。一个是"引"，"引出"关于不以人的意志为转移的客观事物的（理

---

① 《毛泽东选集》第 3 卷，人民出版社 1991 年版，第 802 页。
② 王若水：《认识论不要忘掉了人》，《光明日报》1981 年 2 月 12 日。
③ 《毛泽东选集》第 2 卷，人民出版社 1991 年版，第 477 页。

性）认识；一个是"提"，"提出"包含着人的意志、需要、目的等主体因素在内的行动设想、计划、方案。这二者显然是不同的。

在《论持久战》一文中，毛泽东同志根据当时国际、国内特别是中日两国的各方面客观事实，说明中国的抗日战争既不是"必亡论"，也不是"速胜论"，而是最后胜利一定属于中国、属于中国人民，但必须经过艰苦的、长期的"持久战"。这是毛泽东同志通过分析大量的客观存在的事实后，所得出的一个"是什么"、"是如此"的理性认识的科学结论。正如毛泽东同志所指出："以上说的[1]，都是说明为什么是持久战和为什么最后胜利是中国的，大体上都是说的'是什么'和'不是什么'。以下[2]将转到研究'怎样做'和'不怎样做'的问题上。怎样进行持久战和怎样争取最后胜利？这就是以下要答复的问题。"[3]

由此可见，毛泽东同志把对客观世界事实性认识所取得的观念性东西与直接指导实践活动的观念性东西，在有关论述中都做了明确的区分。但同时他也认为，前者与后者的关系，就如同一篇文章的上下两部分一样，是相互联系、相互统一的。

四　实践观念的内涵

以上，笔者从理论、事实和哲学史的角度，说明了在理性认识回到改造世界的实践活动过程中，客观上还必然地存在着一个观念的中间转化环节。

---

① 指《论持久战》一文的第一个到第五十八个问题——引者
② 指《论持久战》一文的第五十九个问题到全文结束——引者
③ 《毛泽东选集》第2卷，人民出版社1991年版，第477页。

这个中间转化环节，笔者暂用"实践观念"这一概念来命名。下面，笔者将着重来探讨一下实践观念的含义、主要内容、特点以及在认识过程中所处的地位。

所谓实践观念，是一种在理性认识的基础上，为直接指导和支配人们自己的实践活动而产生的具体观念。或者说，实践观念是在未来实践活动之前，主要体现实践主体对外界客观事物和自己实践行为"要什么"、"要怎样"、"要如何"，即头脑规划未来实践活动的对象、条件、方法、步骤、途径、过程和实践结果的一种观念。它介于理性认识与改造世界的实践活动之间，具有高度的客观性、全面性和具体性，它总是同实践主体未来的实践活动处于直接的相互关联之中，带有明显的实践性和务实性，是一种可以直接付诸行动的实践性意识，因而我们称之为"实践观念"，以区别于感性认识和理性认识等纯知识性、纯理论性的意识。

实践观念以现实地利用科学理论、理性认识、规划未来实践活动的对象、过程和结果，建立新的客观图景，改造客观世界和创造新的人造客体为直接目标。在原则上，实践观念虽然还属于观念、意识，即主观范围内的东西，但它已经不是一般的观念和意识。因为，它不只是认识、说明和解释客观世界，而是要改造现存世界和创造性地勾画未来实践活动及由实践活动所引起的人造客体。用列宁的话说，就是"人的意识不仅反映客观世界，并且创造客观世界"，"人给自己构成世界的客观图画"[1]。或像马克思所指出：人们在生产实践活动之前，就事先"在观念上提出生产的对象，把它作为内心的图象、作为需要、作为动力和目标提出来"[2]。可以说，实践观念是一种观念的

---

① 《列宁专题文集·论辩证唯物主义历史和历史唯物主义》，人民出版社 2009 年版，第 138 页。
② 《马克思恩格斯全集》第 46 卷（上），人民出版社 1979 年版，第 29 页。

实践模型、观念中的实践活动，是对实践者自己未来的实践对象、实践途径、实践过程及实践结果等有关内容的一种创造性的"超前"反映和模拟。

因此，实践观念对客观世界的反映和掌握，必然具有"双重特性"和"双重功能"。它既面对客观事物的现状，又预见和规定其未来；既反映着人们对客观世界的认识，又体现着对客观世界的改造。它是认识世界和观念地改造世界的辩证统一，是理性认识与实践主体对未来实践活动超前反映而相互结合的产物。科学的实践观念，一方面正确地反映着客观事物的本质和发展规律，另一方面又实实在在地反映着与客观事物的本质和发展规律相一致的实践者的一定需求和利益。"双重特性"的前一重性，表现着客观世界、客观规律对人和人的观念的决定作用；后一重性则是人们在获得了关于客观事物及其发展规律的理性认识的基础上，在一定条件下，以内在的意向表现着对客观世界施加改造的反作用。因此，实践观念的内容包含着客观世界和实践主体这两个方面，是这两个方面的内容和作用的有机结合（实践结果是这两个方面的现实化、物质化）；它主要体现着主观见之于客观的过程；反映着由科学理论、理性认识向改造世界的实践活动的逻辑推移；表现着人们对外界客观事物的实践性关系。由理性认识过渡到实践观念，也就是人们对周围世界的反映、分析和认识过渡到了有目的、有计划地影响和反作用于周围世界的开始。简而言之，实践观念主要涉及和解决实践主体如何利用科学理论或理性认识、如何运用自己的意志来达到自己的目的、如何使客观世界的现实对象服从自己并按自己的愿望和要求发生变化，由此而应该如何行动、如何改造世界等等实践性的问题。

那么，实践观念具体有哪些内容呢？实践观念的内容十分广泛，也很复杂。诸如实践动机、目的、愿望、意志、计划、方案、方针、政策、策略、

战略、战术，自然科学中的技术科学、应用技术、产品设计，社会科学中的
"社会技术"、"社会应用技术"（借用于光远同志的提法）等等，都从不同的
角度、不同的侧面表现了实践观念的具体内容。这些内容看起来错综纷乱，
但从哲学认识论的高度，可以把它概括为四个方面：第一，关于被改造客体
的相对完整、具体的知识。这里既包括带有抽象、普遍特性的理性认识，更
包括在理性认识的基础上对被改造对象各个方面的具体性认识。第二，实践
主体的一定需要和利益。马克思、恩格斯曾指出："我们必须用人们的一定需
要去解释人们的实践行为。"① 这就清楚地告诉我们，在直接指导人们实践行为
的观念中，必然存在和包括实践主体的一定需要和利益。否则，人的实践行为
也就成为无从理解的东西了。第三，在前两者基础上形成的实践目的。实践目
的主要体现和意味着实践主体"要什么"，亦即实践主体对事物的现状不满足，
要争取什么、要改造什么、要创造什么。第四，为达到实践目的而制定的未来
实践活动的方法、途径、步骤等实践规划（计划）。实践规划主要体现和解决
实践主体"要怎样"改造世界、"要如何"进行实践活动的问题。

五 实践观念的特点

实践观念不但与理性认识有着不同的内容，而且也存在着不同的特点。
概括起来，实践观念有以下几个特点。

（一）实践性

实践观念是为直接指导和支配人们的实践活动而产生的，它产生和存在

---

① 参见《马克思恩格斯全集》第 20 卷，人民出版社 1974 年版，第 516—517 页。

本身，就表明人们要用实际行动去改变事物当下的现状。同时，诸如要把客观对象改造成什么样子，为此应采取什么方法、步骤、手段，以及怎样进行改造等未来实践活动的因素，都已作为一个必然的环节和内容而包含于实践观念之中。这里，观念与实践似乎已开始相互融合、不可分离。所以，实践观念具有明显的实践性，即批判性、改造性、务实性和建设性。它是理论、知识、认识和观念的，超前地反映未来实践活动的有机统一。

（二）具体性

由现实的实践活动的具体性所要求，实践观念总是在特定的时间、地点和条件下，直接针对某一被改造的客体，为直接指导某一特殊的实践活动而形成的，从而决定了实践观念必然有具体性的特点。在实践观念中，理性认识的抽象性、普遍性与实践活动所要求的特殊性、具体性是有机结合的。

（三）创造性

科学理论、理性认识是人们对客观事物能动地认识和反映的结果。这里，虽然有"能动性"，但还谈不上有"创造性"和"意志的自由"。而实践观念是人们根据自己的需求，对未来某种"人造客体"的观念设定和创造；是主体对自己未来实践活动的一种"超前"的创造性模拟。实践观念所反映的、所具有的一些主要内容，如观念地提出未来新的客体，规划未来实践活动的方法、手段、过程和结果等等方面，往往都是在原来现存的客观世界中所没有的，是科学理论、理性认识一般所不直接涉及和具有的。实践观念是主体观念反映现存客体和观念地创造未来的新客体、未来的实践过程的辩证统一。

（四）价值性

所谓哲学意义上的价值，是指外界客体的某些属性、功能和社会、他人的利益同实践主体的一定需要、利益之间的一种肯定或否定的利害关系。实

16

践观念产生的直接目的，就是为了进行实践活动，以满足主体一定的需要和利益。但实践主体的需要和利益总是同社会的、他人的需要和利益处于直接的相互关联之中。因而实践观念必然内在地包含和存在着关于外界客体某种有用属性、功能的价值判断与关于社会的价值判断这样两个方面；一是对某一实践活动能否带来一定实际有用、有效的结果的预先判断，这种判断侧重于解决某一实践活动值不值得进行；二是对某一实践活动是否符合社会、他人的公共利益和伦理道德准则等正当合理与否、善恶好坏与否的社会规范性的判断，这种判断侧重于解决某一实践活动应不应当、应不应该进行。在实践观念中，作为"真"的事实性的理性认识、科学理论，是同人们的合需要性、合目的性、合社会正当性与否相关联的；而作为与人们（包括实践主体）的一定需要和利害关系直接联系所产生的价值认识，只要是以科学理论、理性认识为依据的，那就同"真"、同科学理论、理性认识的合事实性和合规律性相关联。我们所要求的实践观念，应该是合目的性、合需要性、合社会正当性与合事实性、合真实性、合规律性相统一的。

六　实践观念的哲学认识论地位

我们从实践观念的含义、主要内容和特点的分析中可以看出，实践观念既不属于理性认识范畴，也不属于客观现实的实践活动范畴。相对现实的实践活动来说，它还是一种观念，是主观范围内的东西；但相对理性认识来讲，它却不同于一般纯理论性、纯知识性、纯事实性的观念。实践观念既有理性认识的内容和因素，又有未来实践活动的内容和因素，它同理性认识和未来实践活动的关系，是一种非此非彼、或者说是亦此亦彼的中介关系。这就决定了它一方面总是与理性认识、与未来的实践活动处于相互统一的辩证关系之中；另一方面又有着一定的相对独立性、阶段性，在"实践—认识—实践"的认识总过程中，它占有应该占的一席之地。

如果说，客观的实践活动具有把意识、观念的东西与物质的东西融合于一身的双重的相关性，使主观的要求与环境的改变相一致，那么，实践观念则具有把理性认识、科学理论与实践活动贯通、衔接起来的双重的相关性，使理论认识与实践活动相统一。实践观念这种独特的功能，使得它直接与科学理论、理性认识相联系，与改造世界的实践活动相联结，并由此使实践活动成为有一定科学依据、有目的、有计划的自觉的物质活动。离开了科学理论、理性认识，实践观念就不是科学的、完整的；同样，离开了未来改造世界的实践活动，实践观念的产生和存在，也是不可想象和理解的。

总之，实践观念处于理性认识与未来实践活动两者之间。它在"实践—认识—实践"的认识总过程中所处的地位，我们可以用如下图式来表示：

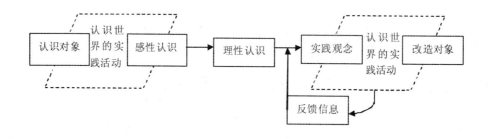

如图所示，实践观念是科学理论、理性认识运用于改造世界、回到实践活动中去的"中转站"和"交接点"；它架起了一座由此达彼的"桥梁"，具有将理性认识引渡到实践活动中去的"纽带"作用；它如同一个介于理性认

识和未来实践活动之间的"转换器",沟通了理性认识过渡到实践活动的通道。它一方面是理性认识的继续,另一方面是改造世界的实践活动的起点。从图中我们还可以看出,正如感性认识总是同客观世界和原先的实践活动浑然一体一样,实践观念也总是同要被改造的客观世界和未来的实践活动密切交错、相互融合的。显然,实践观念比之理性认识更接近于实践活动;作为完整而科学的实践观念,是理性认识与未来实践活动的内容相结合,客体因素与主体因素相融合,真实性与价值性、合规律性与合目的性相统一的。实践观念的产生就意味着按实践主体的需要和意志去改变现存的事物、创造出合目的的新的"人造物"。因而可以说它比理性认识更为先进、更为高级、内容也更为丰富和复杂了。从这个意义上来看,能不能说理性认识过渡到实践观念也是一次质的飞跃呢?笔者以为,这可以说是一次质的飞跃。因为无论怎样,实践观念有着理性认识和现实的实践活动所无法替代和无法包含的独特的性质、内容、特点、功能和地位。为了使马克思主义哲学认识论关于认识过程等基本原理微观化、科学化、精确化、人化(不忘掉、不忽视人的因素),把实践观念作为一个相对独立的阶段和环节,是完全必要的,也是完全符合逻辑和事实的。

七 结束语

列宁指出:"观念的东西转化为实在的东西,这个思想是深刻的,对于历史是很重要的。并且从个人生活中也可看到,那里有许多真理。"[1] 探讨理性

---

[1] 《列宁全集》第15卷,人民出版社1990年版,第97页。

认识回到实践活动的转化过程，对于丰富和发展马克思主义哲学认识论，指导社会主义现代化建设，在理论上和实践上都有着很重要的意义。本文只对理性认识在回到实践活动的过程中，为什么还存在着中间转化环节和存在着什么样的中间转化环节这两个问题，做了一点探讨，提出了一些不成熟的看法。不当之处，望方家指正。①

_____

① 参见本文论文：《理性认识回到实践活动的中间环节初探》，各部分题目也是这次成书时所加的，载《哲学研究》1983 年第 2 期。

第二章

实践观念与现时代实践

　　研究理性认识如何"回到"实践活动，人们的理念、观念、意识、意向、规划等"实践观念"如何指导实践活动，不但是创新发展哲学理论的需要，更是解决当代世界人类改造世界的实践活动的"种种困惑"所迫切呼唤的。为此，笔者专题研讨了"实践观念与现时代实践"问题。主要研究成果以"论实践观念"为题，刊发在《中国社会科学》1993 年第 4 期上。

　　《中国社会科学》刊发时加了内容摘要：本文认为，在由认识活动向实践活动的运动过程中，存在着一个与一般的认识活动相区别、具有独特内容和特点的认识阶段即实践观念阶段。实践观念是实践主体对正在进行的或未来的实践活动的目的、对象、条件、方法、手段、步骤、途径、过程和产物的一种超前性的观念反映。建构实践观念是人类的创造性能力的本质体现。文章从当代社会实践活动的一些显著特点入手，阐述了建构正确合理的实践观念的重要意义，论述了实践观念的基本内容、特点及实现过程。

人是不断创造着理想世界的理智动物。人们要想有效地改造世界，不但需要通过感性、知性和理性的认识活动以达到对事物本质及其发展规律的客观性理解，而且还必须在此基础上进一步通过实践性的观念活动，以达到对外界客体和主体行为的实践性把握。这种实践化的观念活动及其结果，就是实践理性活动，亦可称为实践观念或实践理念。实践观念是人类认识活动和实践活动一体化过程中的一个具有独特内容和特点的阶段，在哲学认识论中占有十分突出的地位，当代哲学认识论迫切需要深入研究这一重要课题。

一　实践观念与当代社会实践

在人们的认识活动和实践活动的一体化过程中，实践观念是继感性认识、知性认识和理性认识之后的又一个重要的认识环节和阶段。但它不是一般的认识活动，而是融认识与实践、观念与行动为一体的实践性的观念活动。显然，实践观念作为由对事物的客观性认识向直接改造世界的实践活动过渡的中介环节，对实现认识的目的和保证实践的有效性，有着特殊的重要地位和作用。随着人类社会的日益进步和实践的不断发展，实践观念在人类认识世界和改造世界过程中的重要性正愈来愈突出地表现出来。

实践观念是实践主体在现实的实践活动展开之前就建构起来的关于未来实践活动的一种观念模型、理想蓝图和行动计划，即对未来的或正在进行的实践活动的目的、对象、条件、方法、手段、步骤、途径、措施、过程和产物的一种超前性的观念反映，是直接指导和支配实践活动的意向性意识。实践观念意味着对感性经验和理性知识的现实运用；意味着对主体价值需求的现实评判和取舍；意味着对现存客体的变革和对未来理想客体的追求；意味着对实践活动过程的自觉调控。因此，实践观念是一种实践性、主体性、意向性很强的观念和理性。

实践观念是人的活动独有的特点之一。在实践活动之前就能建构起实践活动的观念模型，在实践活动过程中始终伴随着实践的理性活动，这是人的能动性和实践的自由自觉特性的突出表现，是人的实践活动区别于动物行为活动的基本特性。正如马克思指出："尽管蜜蜂建筑蜂房的本领使人间的许多建筑师感到惭愧。但是，最蹩脚的建筑师从一开始就比最灵巧的蜜蜂高明的地方，是他在用蜂蜡建筑蜂房以前，已经在自己的头脑中把它建成了。劳动过程结束时得到的结果，在这个过程开始时就已经在劳动者的表象中存在着，即已经观念地存在着。他不仅使自然物发生形式变化，同时他还在自然物中实现自己的目的，这个目的是他所知道的，是作为规律决定着他的活动的方式和方法的，他必须使他的意志服从这个目的。"[1] 马克思所讲的劳动过程开始时就在人脑中事先建成的"蜂房"、"表象"和"观念存在"以及它们对活动方式和过程的自觉调控，就是我们讲的实践观念。

实践观念作为直接指导和调控实践活动的实践性观念，对人们的实践活动具有至关重要的作用。由于人们在实践活动之前就能建构起实践活动的观念模式，确立起实践活动的目标，规定好实践活动的方向，并对实践活动的整个过程实现自觉的调控，因而人的实践活动就具有鲜明的预见性、计划性和创造性。正是实践观念保证着实践活动的科学性、合理性和有效性，使实践活动既遵循外部世界的客观规律，又按照主体自身的需求和理想自由自觉

---

[1]　《马克思恩格斯全集》第 23 卷，人民出版社 1972 年版，第 201 页。

地展开。

　　显然，实践理性对实践活动具有直接的指导作用和规范作用，有强烈的批判作用和自觉的调控作用。没有实践理性这个重要环节，或者不建构起正确而全面的实践观念，人们的实践活动就只能是盲目的、低效或无效的活动，甚至是有害的活动。

　　实践观念的重要作用在当代人类实践活动中正日益突出地显示出来。当代人类实践活动客观上要求建构起与之相适应的科学的实践理性，并能动地指导和推进现代实践活动更全面、更健康地向新的水平发展。与历史上任何一个时代相比，当代人类实践活动无论在性质上还是在规模上，也无论在方式上还是在结构上，都发生了空前的变化。现代实践是一种建立在先进科学技术基础上的广泛而又深刻的社会化活动。现代科学技术的发展和深刻的社会化进程，赋予当代人类实践活动许多鲜明的新特点。

　　对这些新特点的分析表明：确立合理正确的实践观念对于当代实践活动具有重要的意义。

　　（一）实践活动的智能化

　　实践活动的智能化，是指知识、科技和智力已成为实践活动过程的基本成分和实践发展的基本动力。在当代，科学技术越来越成为直接的生产力，知识已成为社会实践的最重要因素，智力也越来越成为衡量实践水平的基本尺度。

　　近代以前，人类的社会实践主要依靠自然体力为驱动力。而近代工业革命以来，机器的发明和广泛运用代替了人的部分体力劳动，使人从笨重的体力劳动中获得了重大解放。随着科学技术的发展，自动控制技术和信息技术在实践活动中日益占有突出地位，从而使人类用物的手段代替人的体力劳动发展到了代替一部分脑力劳动的新阶段。现代实践不仅扩展着人的体力，而且扩展着人的智力，实践主体的能力和素质由此得到迅速的提高。经验型的实践正开始向知识型的实践转化，技巧型的实践正开始向科技型的实践发展。现代实践和新的科技革命表明，人类社会正开始步入以知识生产、信息生产、智力生产为主的新的历史时期。与此相应，人类认识世界和改造世界的能力也达到了一个新的历史水平，人类的自觉能动性和智力效能获得了巨大发展。

现代实践的智能化特点对人类的整个社会生活、活动方式、思维方式和价值观念都产生了重大影响。从一定程度上讲，人类的整个社会生活出现了全面智能化的发展趋势。生活在激烈竞争的现代世界里，任何一个民族和国家要想获得较快的发展，跟上时代前进的步伐，就必须全面掌握和运用现代科学技术。显然，掌握现代科学知识，已成为提高实践能力和实践效能的关键，也是提高实践水平和推动时代进步的根本。

（二）实践活动的整体化

实践规模越来越大，实践因素越来越复杂，这是人类社会实践发展的客观现象和必然趋势。

当代实践的社会化、整体化和系统化特征正日趋突出地表现出来。随着机器和科学技术的发展，封闭的、小生产式的实践已被开放的、大生产式的社会化实践所取代。在现代实践活动中，科学—技术—生产—管理已实现了一体化；人—社会—自然的关系逐渐相关化和复杂化；社会的经济实践—政治实践—文化实践，日益显露出它们的相互制约性和整体性；个人实践—团体实践—民族实践—国家实践—国际实践之间的关系越来越互为渗透和密切相关；各个实践领域的各种形式的国际组织和国际协作日益增多并显示其重要作用；出于电视、卫星、广播、电话、电子计算机等远距、同步、立体、高密度、准确的传播系统的发展，使全球开始联结为一个信息整体，进一步促进了现代实践全球一体化的发展趋势。

正如马克思指出的，近代以来，那种自给自足和封闭自守的状态，正被各方面的相互交往和相互依赖所代替，民族的片面性和局限性日益消退，民族历史不断转变为世界历史。生产劳动和社会生活日趋社会化。现代实践的整体化、国际化、复杂化和规模的日益巨大。增强了实践活动各种因素之间的相关性，提高了社会实践的普遍性。

显然，要适应和把握现代实践活动的整体化发展趋势，就必须树立整体的、系统的、综合的、全面的观点。

（三）实践活动的间接化

任何形态的实践活动都是由诸多要素和环节有机构成的复杂系统，是实践主体以各种技术、工具、手段为中介而实际作用于外界客体的动态过程。实践方式的改变和实践形态的由低级向高级发展，主要是通过实践的中介手段的变革和更新来实现的。这是实践发展的重要特点和基本规律。

实践的中介手段不同，实践活动的性质、方式、规模和水平以及实践的节奏性和有效性就显示出差异。人类实践的中介手段已经历了手工工具和机器工具的发展阶段，在当代正进入以电脑和机器人为重要的中介手段的新阶段。这是实践中介手段系统历史发展进程中的又一次质的飞跃。它拓展了实践活动的智能化发展趋势；同时也标志着实践活动中的体力作用下降，主体人对实践活动过程的驾驭越来越依赖于中介手段，使得实践主体对实践对象的作用，以及对整个实践活动过程的控制越来越间接化。正因为如此，实践主体往往有可能控制和驾驭不了强大的中介手段，甚至有可能导致有害于主体自身的实践后果。实践活动的间接化和中介化特性越突出，人们对中介技术手段和整个实践活动失控的可能性比率就越高，因而客观上也就越需要有周密的计划、自觉的目的和科学的理性去指导当代的实践活动。

（四）实践活动的加速化

以经验技巧、自然体力为主要驱动力的传统实践活动，其结构和方式具有常驻性和稳定性。由先进科学技术和智能武装起来的现代实践则有着明显的开放性和加速变化的特点。现代社会变动性加剧，实践活动的节奏性加快。

在当代，实践对象和材料日新月异；实践的自然环境和社会环境以及文化环境变动不居；实践的技术、手段和工具的变革更是突飞猛进；实践活动的"投入"与"产出"的周转期大为缩短，并且呈现加速发展的趋势；体现社会实践结构的产业结构、劳动结构、就业结构、劳力结构、管理结构以及实践方式的更新，比任何时候都要快得多。特别是实践活动科技化、智能化、自动化和信息化的加强，更促进了现代实践发展的动态化和加速化。

现代实践的这一特点要求人们必须事先有周密的实践计划和科学的实践决策，走着瞧、慢慢来的自发的、盲目的观念和做法，不但会丧失实践时机，而且会造成严重不良的实践后果，因为实践节奏加快和周期缩短，使得实践过程中的修错机会和可能已大为减少，修错的代价也大为增加；同时也要求人们必须及时捕捉信息。利用信息反馈和准确处理信息，对实践活动进行动态的协调和控制，从而保证实践活动的良性运转，获得优化的实践效果。

（五）实践效应的双重化

现代工业和现代科学技术使人类获得了前所未有的强大物质手段，人作为实践主体的各种能力得到空前的提高，实践领域和规模空前扩大，实践的组织化和复杂化也达到了空前的程度，因而人类能够在越来越广阔的范围内和越来越深刻的层次上，按照自己的需求尺度去确定实践活动的目标和方式，对周围世界进行广泛的变革和改造,施以巨大的作用力和影响力,使之转化为人的活动和生活的重要组成部分。

现代人类加速度地创造出了丰富多彩的社会财富,其生存和发展条件发生了根本性的变化。这充分显示了人类科学技术和理性智慧的巨大威力,显示了人类无穷无尽的聪明才智和伟大的创造力量。但是,实践力量本身是中性的,它可以创造出积极的正态效应,也可以带来消极的负态效应。实践力量和主体能力愈强大,实践结果的利害两重化效应也就可能愈显著。实践规模愈有全局性、普遍性和整体性,所产生的负态效应相应地也会愈有全局性、普遍性和整体性。

在当代世界,令人瞩目的气候恶化、环境污染、生态危机、资源短缺、自然界再生能力破坏以及政治动荡、军事冲突、经济发展不平衡等等,由于现时代实践力量和实践规模的提高,早已不再是局部性、区域性、暂时性的问题,而是带有全局性、全球性、长期性的问题了。为了防止和减少当代实践活动的负态效应,迫切需要有实践的批判的理性,需要确立合理的实践目标和完整的实践计划。

人类社会从来没有像当代这样更需要在实践活动之前就建立起科学的实践观念,更需要预见自己实践的后果,更需要理性地把握自己的实践,也更需要合理地运用现时代巨大的实践力量和科学技术。狭隘的传统经验已远远适应不了现代实践的客观需要。没有科学而完整的实践观念,就不会有真正的合理的现代实践活动。

二 实践观念的基本内容

实践观念是依据什么建构起来的呢?换句话说,实践观念是按照什么

"尺度"来规定和确立的呢？一般地说，人们的实践理性活动所依据的"尺度"，即所反映和把握的"对象"，主要有以下四个方面：实践客体的尺度、主体自身的尺度、实践手段和方法的尺度、作为实践必要条件和环境的社会利害关系的尺度。对这四个"尺度"的自觉认识和把握，并加以观念的整合统一，就构成了实践观念的基本内容。

（一）科学的、合理的实践观念的确立，首先必须反映被改造客体的"外在尺度"

人们要想现实而有效地变革外界客体，就需要对外界客体有合乎规律性的科学认识，形成关于外界事物的属性、本质、规律、特性、结构、内外联系形式及其发展趋势等等的完整的理论和知识，即首先解决外界客体本身"是什么"、"是怎样"、"是如何"的事实性认识问题，进而确立起关于实践客体的理论观念。

实践的客体系统有着不以人的意志为转移的客观规律，实践主体只有掌握并遵循这种客观规律，才能保证实践活动的合规律性和结果的有效性，从而实现主体的预期目的。在实践活动过程中，人们按照外界事物自身的尺度去改造事物，就是要合乎外界事物的属性、结构、本质和发展规律去改变事物的存在和发展方式。而要做到这一点，实践主体就必须深刻地认识事物的本质和规律，通过感性认识和理性认识形成关于外界事物的理论观念，在"合规律"、"是什么"的知识性层次上观念地掌握实践客体，再通过实践理性活动将客体的知识即理论观念融合进实践观念，使其成为实践观念的一个基本内容。

显然，没有对外界客体的尺度的自觉反映，没有关于实践客体的科学知识和理论观念，就根本不会有自觉的、科学的实践理性活动，更不可能形成合理的实践观念。一般地说，人们越能全面，系统和深刻地掌握外界事物的本质和发展规律的科学知识，就越能自觉地按照客观事物自身的尺度建构起合理的实践观念，从而使实践活动有更多，更大的自由，实践观念的对象化和现实化也就会更加顺利和有效。

（二）科学的、合理的实践观念的确立，必须自觉地反映实践主体的"内在尺度"

所谓按照实践者的主体尺度去改造世界，最主要的是按照主体的需求、愿望、目的和意志把客观事物改造成为能在一定程度上满足实践者某种需要的新客体。任何人的实践行为，总是有一定的需求根据的。离开了人的需求和利益，人的实践活动是无法理解和不可想象的。

人们通过感性认识和理性认识而获得关于客观事物的科学真理，并不是单纯为了掌握客观事物的自在性知识，而是为了合乎客观事物的发展规律并按照主体的内在尺度去有效地变革事物，使其为人类的需求和利益服务。人们通过实践活动现实地改造世界，目的就在于改变外界事物的现成结构和形式，塑造出对自己有用或有利的新的理想客体，而这种理想客体是不会由外部客观的自然过程自发产生和形成的。

实践观念中主体需求意识和意向意识的确立，充分体现了人的实践的自觉性和创造性。人的需求和实践目的意味着对当下现实的不满足，意味着要求超越现有，追求和创造新的更美好的理想的现实。实践主体越能客观、正确地把握自身的需求和愿望，实践的目的就越明确和可靠，实践观念也就越真实和可行。

（三）科学的、合理的实践观念的确立，必须反映实践方法的尺度

人的实践之所以能够不断地由低级向高级进化，实践规模之所以能够不

断地扩展，实践能力和效能之所以能够不断地提高，最根本的原因就在于人类能够不断地改进实践方法，革新和创造出新的实践工具。

因此，要建构科学而可行的实践观念，使外界客观事物实际地对人有用，有效地创造出能够满足人们需求的理想客体，就必须在把握客观世界的物的尺度和主体自身的内在尺度的基础上，进一步掌握实践的方法尺度。实践的方法尺度是实践主体和实践客体之间现实相互作用的中介媒体和基本途径，它包括丰富而深刻的内容。概括地说，实践的方法尺度主要包括两个方面的内容：

第一，实践工具及其使用方式。人们改造世界总离不开掌握和运用一定的物质工具。实践的工具意识、手段意识以及使用实践工具的操作意识，是实践观念和实践理性不可缺少的重要内容。

第二，实践过程的行为方式。人们在实践活动过程中不但要掌握和运用一定的物质工具，而且还必须掌握和运用一定的方法和技巧。实践活动过程中主体的行为方式是实践方法尺度的核心内容，它是实践活动中各种要素有机结合和运动起来的"黏合剂"或"纽带"，是实践存在方式和活动方式的"生命"、"灵魂"，也是实践活动有效性的重要条件。实践方法尺度反映了主体"能做什么"、"能怎么做"，也就是解决实践活动的手段、途径和方式问题。如果不解决实践活动的方法尺度，就等于还没有发现和掌握客观事物外在尺度的使用方式，没有找到实现主体内在的需求尺度的基本途径，因而也就不可能建立起切实可行的实践观念。

（四）科学的、合理的实践观念的确立，还必须反映和把握实践活动的社会尺度

人类的各种实践活动的条件和方式都是社会所给予和创造的。

实践的社会性表现在实践活动的各个要素和环节之中。无论是实践客体的类型和范围、实践主体的素质和能力、实践手段的水平和数量，还是实践的深度和广度、实践的方式和方法、实践的结果和影响，都无不打上时代和社会的烙印。就实践活动的历史延续性来讲，任何时代的任何实践活动，都同过去时代和未来时代的社会实践有着内在联系。

社会性作为实践的一个基本前提、内容和特性，决定了实践主体必须自觉地反映和把握社会的尺度。任何一项社会实践活动都是由彼此相对独立的主体来发动和完成的，而相对独立的主体之间往往有着不同的需求和利益；同时，每一项社会实践都必然会对诸多社会主体产生直接或间接的利害效应，而决不仅仅只触及当事的实践主体的利害关系。

实践观念中的社会尺度就在于反映实践活动的社会条件和社会利益，使实践活动及其效果既符合实践者个体的利益，又符合社会主体的利益，起码不损害他人和社会的利益。反映和遵循实践的社会尺度，也就是反映和遵循周围他人、群体、社会乃至人类普遍公认的规范准则。

实践主体要想顺利而有效地展开实践活动，就必须正确地把握实践的社会尺度，确保实践活动的社会正当性，使之成为实践观念的基本内容之一。

上述四个方面是形成实践观念尤其是现代形态实践观念所不可缺少的基本内容。简言之，科学而合理的实践观念是体现"是什么"的客体尺度、"要什么"的主体尺度、"能怎么"的方法尺度和"应怎么"的社会尺度的有机统一。这四个"尺度"也就是实践活动中应遵循的真、利、善、美的基本原则。科学而合理的实践观念必须自觉地抵制和反对假、害、恶、丑的东西。从一定意义上说，正确的实践观念和实践活动是在同错误的实践观念和实践活动的斗争中形成并发展起来的。

三　实践观念的内在特性

实践观念作为在人们认识和实践活动一体化过程中的一个相对独立的环节和阶段，主要具有以下几个方面的特点。

（一）实践性

实践性是实践观念最基本的一个特性。实践观念之所以不同于一般的观念和意识，就在于它是一种直接指向实践活动的观念活动，是一种观念化、意向化的实践模型。它是对实践者正在进行的或未来要进行的实践活动过程的一种超前性反映和把握，是人们的思维以实践性的方式对客观世界的能动把握。在实践观念中，实践活动的因素已经渗入到实践者的观念之中，并作为这种观念活动中的一个必然环节而起着主导的作用。

实践观念的实践性特点，主要表现在：实践观念的产生，目的是为了改造世界的实践活动；它所反映和把握的外界对象已不是纯认识的对象，而是实践的、被改造的对象；它的主体也不是作为一般的认识主体而展开活动，而是作为实践的主体存在和活动着了；实践观念所包含着的那些关于外界客体"是什么"、"是如何"的事实性的知识，此时已转化为为实践活动服务的一种实践手段；它所要解决的问题，是实践主体"要什么"的实践目标，以及为此"应如何"、"该怎样"进行实践活动的问题。

因此，实践理性活动和实践观念实际上是要在实践主体的头脑中观念地改造世界，观念地组织各种实践要素和模拟实践活动，从而建构起实践活动的观念模型，以此直接指导和支配现实的实践活动。在这里，实践的东西和观念的东西已不可分离、密切结合在一起了。因此，实践观念具有很强的务实性、意向性和操作性。

（二）价值性

实践观念的价值性，主要表现在以下几个方面：

一是选择和确立实践主体所要追求的价值目标，也就是追求客体的理想性存在。这种价值选择活动主要解决实践活动的预期目标问题。

二是对实践活动能否实现预期目标以及在多大程度上实现的价值判断。这种判断侧重解决实践活动中"不能不"、"值不值得"进行的问题。

三是对实践活动是否符合他人和社会公共利益、是否符合社会行为规范等正当与否、善恶与否的社会价值判断。这种规范性的价值判断侧重解决实践活动"应不应当"进行的问题。

四是对实践活动的结果对于实践者个人和社会主体是暂时还是长远有利做出价值判断。这种判断侧重解决实践活动的眼前价值同长远价值的关系问题，即实践活动的时效性价值问题。总之，价值性是实践观念的一个不可剥离的基本特点。

（三）创造性

实践观念的创造性主要表现在以下几个方面：

一是实践观念的形成，意味着对当下现实事物的不满足，也就是主体提出了要改变现存事物、超越事物现存状态的任务。因而它包含着批判、否定和超越的意识。

二是实践观念的确立，意味着主体要作用于外界客体，要创造出新的客体。这是人们有目的、有计划地改变现实客体和创造新的客体的开始。

三是实践观念的确立，意味着主体按照自己的需求、意志、能力和客观条件选择客体发展的可能性，并以此确立实践目标。客体发展的可能性虽然是有客观根据的，但它往往不是客体自发运动的结果，而是通过主体自身的实践活动才能确立起来并得到实现的。因此，实践观念所选择和确立的客体发展的可能性趋向，已不是对外界事物纯直观的反映和消极的描述，而是一种对外界客体的未来发展的"理想状态"的观念预设，是一种对主体所追求的未来实践活动结果——理想客体的观念创造。

四是实践观念作为行动意识，意味着主体对实践活动过程做了超前性的把握和"设计"。它与一般的认识活动和理论观念不同，它既创造性地把握外界客体，又创造性地把握主体自身及其活动方式、活动过程，设计实践方案，制订实践计划。主体在实践活动现实展开之前就观念地设计实践活动，预演实践过程，建构实践模型，不仅体现了人的一般能动性，而且充分体现了人的能动创造性。

（四）整合性

实践观念的整合性，是指它必然具有的完整性、综合性和统一性。这是实践观念区别于理论观念的重要标志之一。

一般地说，理论理性活动和理论观念作为认识主体对客观对象的一种认知、理解，说明它越深刻地、本质地把握对象的内在特性和运动规律，也就越真实可靠。在理论观念活动中，认识主体通过对个别的、具体的事物和各种感性的丰富材料加以去粗取精、去伪存真、由此及彼、由表及里的改造制作，形成抽象化的概念和理论系统，由此而反映事物的本质和内部规律。理论观念活动往往具有舍象、单一和普遍的特点，它反映和呈现的是事物的共性、一般，思维进程是由感性的"多"而达到本质的"一"。

而实践理性活动和实践观念是要在理论观念的基础上完整地、具体地改造和创造对象世界，它不但需要掌握事物的内容，还需要掌握事物的形式；

不但需要了解事物的本质，还需要了解事物的现象；不但需要对事物进行抽象和分解，还需要对舍象过的事物进行整体的"复原"和综合。由理论观念向实践观念转化的思维进程，更多地表现为由本质的"一"向整体、感性的"多"的推移。因此，实践观念具有整合统一和完整具体的特点。

实践观念的整合性主要有以下表现：

一是实践观念涉及内容的综合性。实践主体的动机、目的、愿望、需求、意志、知识、能力和情绪，实践客体的属性、特点、运动规律以及同周围环境的关系，实践的物质工具、精神手段、措施、方法、技术，实践的过程和阶段，实践的自然、人文和社会条件，实践的价值、效应和意义等等，都是实践观念所要综合把握的。可以说，实践观念是主体与客体、物质与精神、必然与应然、可能与现实、目的与手段、现有与应有、想与做、知与行、理与情、肯定与否定的观念形态的综合统一体。

二是实践观念指向的具体性。实践观念由理论观念的抽象性而达到了思维的具体性，它总是在特定的时空条件下直接针对某一特定的实践客体和实践过程的。尽管实践观念也有层次性和相对性，有的适用范围较广，适用时间较长，有的只适用于一时一地，一人一事，但总的来说，它比理论观念更具体、更丰富。何况社会的、群体的普适性较大的实践观念，还有一个转化成为个体化的实践观念的过程，两这个过程也是不断具体化、不断现实化的过程。正因为如此，当人们在达到反映客观事物的本质的理性观念之后，整个认识活动过程并没有完结，还需要继续形成实践观念进而形成个体化的实践观念，并在现实的实践活动中加以修正和完善。马克思主义的普遍真理之所以要同各国、各个历史时期的具体实际相结合，其根本原因就在于实践观念和实践活动具有鲜明的具体性。

三是形象性。实践观念作为对实践活动过程及其结果的之前的、预设的"观念模型",往往以观念形态的表象、形象方式存在和表现出来。实践活动各种要素的观念性统一,实践观念的形成和发展过程,实践观念对实践活动过程及其结果的预设和掌握,通常需要形象思维的创造性活动来建构和实现。可以说,表象、形象、意象是实践观念整合性不可或缺的重要环节和表现方式。

四　实践观念的实现过程

科学合理的实践理性活动及其作为结果的实践观念,架起了由理论观念向实践活动飞跃的桥梁,达到了目的与手段、主体与客体、事实与意义的观念化统一。然而,实践观念不等于实践活动,观念化的统一也不等于实在化的统一,实践观念还必须进一步现实化。

正如马克思指出的:"思想根本不能实现什么东西。为了实现思想,就要有使用实践力量的人。"[1]"使用实践力量的人",也就是人使用自己的实践力量,即客观现实的实践活动过程,并通过实践活动过程使自己的思想、观念得以对象化和现实化。如同没有科学的实践观念就不会有能动有效的实践活动一样,没有客观的实践活动也就不会有实践观念的现实化。

实践观念的现实化是一个有着丰富内容的复杂过程。实践观念的实现过程,就是由主体到客体、由主观到客观,由观念到实在、由精神到物质、由意识到存在的推移、转换过程,或者说是实践主体的各种本质力量外在地对

_____

① 《马克思恩格斯全集》第1卷,人民出版社2009年版,第320页。

象化，创造出新的理想客体的过程。在这个过程中，实践观念的行为化是最基本的一个阶段和环节。

实践活动是实践主体以自身的现实活动和现实力量把实践观念外在地表现出来以及调控主客体之间的相互作用的过程。因此，以活动形态表现出来的直接现实性和客观性，是实践观念对象化和现实化的活的本质特征。实践活动是活动着、实现着的实践观念。

主体的行为活动作为实践观念现实化进程中的一个最基本、最关键的独立阶段和环节，它同样包含着十分丰富的内容。

首先，实践观念直接转化为实践主体的奋斗目标和理想蓝图，并进一步转化为带有强烈指向性、外向性的实践计划和实践方案。这样，实践观念就更接近或说开始进入了实践活动。

其次，实践观念的个体化。实践观念的行为化必须要有相应的具体的承担主体。但是，形成和确立实践观念的主体同实现它的主体之间并不总是一一对立的。例如，以群体、国家和社会为主体而确立的实践观念，就需要有一个向其成员宣传、教育，使之认同的个体化的过程。

再次，动员、组织和调配实践活动的各种资源、手段和力量，使其得到有效的发挥和利用，为既定的实践目标服务。实践活动就是各种实践要素相互有机结合、相互作用和相互转化的过程。

还有，在行为化的过程中，根据客观实际或变化了的新情况，不断修正、补充和完善实践观念，使其更加完整和合理。实践观念行为化的过程，也是实践观念再认识、再丰富和再发展的过程。

最后，实践观念的行为化还包括变革客体对象形式、功能的活动。人的实践活动在本质上是改变客体的结构、功能和方式的过程。客体"形态"的新旧变换过程，是实践观念行为化的重要内容之一。因为，这是以客体的"活动"表征着的主体的活动。马克思曾对此做过生动有趣的描述："劳动是活的、塑造形象的火；是物的易逝性、物的暂时性，这种易逝性和暂时性表现为这些物通过活的时间而被赋予形式。"① 作为实践客体的对象物由活的劳动而赋予了"活"的特性，就是在人的实践活动中显示出来的可变性、易逝性和暂时性，并由此而发生了结构、功能和形态的变化。实践观念进入实践活动领域，就超越了观念、意识范围而进入了现实感性的客观世界，具有了新的质态和特点。

在一定实践观念的指导下，人们通过自己的实践活动改变了原有的客体世界或创造出了一个属人的对象世界，即新的理想客体。这个属人的对象世界作为实践活动的现实产物和感性存在，就是以外在化和物态化的新客体形式而实际存在着的主体与客体、物质与精神、观念与实在、目的与手段、自然与社会等等的现实统一，就是实践观念的客体化。在这个新的客体中，主体的本质力量被现实化了，人的行为活动也被凝固化和物态化了。客体化是实践观念行为化的成果，是实践观念现实化的继续和深化。只考察实践观念的行为化而不分析实践观念的客体化，或者只注意实践观念的客体化而忽视实践观念的行为化，把实践观念的行为化和客体化分离开来，都是不科学、不完整的。

马克思当年就从"活态"和"静态"的辩证统一关系方面揭示了人类劳动的对象化过程及其一些基本规律。他指出："在劳动过程中，人的活动借助劳动资料使劳动对象发生预定的变化。过程消失在产品中。它的产品是使用

① 《马克思恩格斯全集》第 46 卷（上），人民出版社 1979 年版，第 331 页。

价值，是经过形式变化而适合人的需要的自然物质。劳动与劳动对象结合在一起。劳动物化了，而对象被加工了。在劳动者方面曾以动的形式表现出来的东西，现在在产品方面作为静的属性，以存在的形式表现出来。"① 这里的"动的形式"，就是类似我们讲的实践观念行为化的形态；而"存在的形式"，就是类似我们讲的实践观念客体化的形态。

主客体之间物态化的双向对象化的现实统一，就是人的实践结果和劳动产品，它们"是固定在对象中的、物化为对象的劳动，是劳动的对象化，劳动的现实化就是劳动的对象化"②。动态的实践活动必然会转化为静态的产品客体；而在产品客体中则必然凝结着动态的实践（劳动）。这是实践活动的一条基本规律。

实践活动在实践观念指导下创造出新的客体后，实践观念和实践活动的整个发展过程并没有就此完结。新的实践客体的主体化是实践观念现实化过程中的又一个重要阶段。无论从实践观念和实践活动的一个完整过程来考察，还是从周而复始的动态角度来分析，实践创造出新的客体，都不过是实践观念和实践活动的一个阶段性目标和环节，而不是最终的目的。

作为一个完整过程的实践观念和实践活动，其最终的目的，不仅要合目的、合规律地创造出一个新的对象世界，而且还要合目的、合规律地现实利用、直接占有这个自己新创造出来的客体，使它直接现实地为主体服务，由属人的客体性存在再转化为属人的主体性存在。这就是实践创造的新客体的主体化过程。如果说实践新创造的客体是在原来客体基础上的人的本质力量的外在化和现实化的话，那么，作为实践创造物的新客体的主体化过程，则

---

① 《马克思恩格斯全集》第 23 卷，人民出版社 1972 年版，第 205 页。
② 马克思：《1844 年经济学—哲学手稿》，人民出版社 1979 年版，第 44 页。

是对象化出去的人的本质力量向主体"自我"的复归,是外化了的主体性结构重新回归主体自身。

人通过自己的实践活动创造新客体的过程,主要表现的是人的主体性本质力量的客体化,而新客体被主体所利用、占有、消费的过程,则着重表现为客体的本质力量的主体化。前者是人的本质力量的外化过程,后者是人的本质力量的内化过程。实践观念由客体化阶段向主体化阶段的转化,也就是实践观念经过外化运动后的内化运动过程。这是实践观念整个运动过程不可缺少的重要阶段之一。

任何一项实践观念和实践活动,如果只有主体的客体化——创造新客体的过程,而无客体的主体化——新客体不再转化为主体化的过程,那显然不能说是一个完整的运动过程,也不可能是一种合理形态的实践观念和实践活动,而只能是一种否定形态意义上的实践观念和实践活动。因为,实践创造的新客体倘若不能继续合乎情理地转化为充实、丰富和再生产主体的存在物,那就意味着实践创造的新客体不归实践者所有,实践主体的创造活动就成了一种不由自主的、外在性的活动,而这样的实践观念和实践活动就是违背主体本性的一种异态化活动。

显然,如果人们的实践观念和实践活动不能继续完成由客体化向主体化的回归式的转化过程,那就等于实践主体只有"支出"而无"收入",只有人的本质力量的外化,而无人的本质力量的内化;只有主体自身的体力和智力的消耗,而无主体自身体力和智力的"补给"。只有"输出"而无"输入"的实践主体,不但不可能现实地进行再实践、再创造,甚至连自身的生命存在也会难以为继。因此,新客体的主体化过程,无论对实践主体的生存、延续和实践活动的连续性来讲,都是完全必要的。

马克思当年就曾比较深入地从经济学和哲学的意义上研究过劳动的物化产品向主体转化、被主体占有、消费和使用的过程。他指出："产品在消费中才得以最后完成。一条铁路，如果没有通车、不被磨损，不被消费，它只是可能性的铁路，不是现实的铁路。没有生产，就没有消费，但是，没有消费，也就没有生产，因为如果这样，生产就没有目的"[①] 了。产品的消费—实践结果的主体化，是生产活动的最终目的，也是生产活动过程的"最后完成"阶段。如果说，"在生产中，人客体化"，那么"在人（这里的'人'亦可译为'消费'——引者）中，物主体化"[②]。马克思认为，消费活动、新客体的主体化过程，也是一种广义的"生产"活动，起码是整个生产活动过程的一个重要环节。

总之，实践观念的实践过程，就是由实践观念到实践行为再到实践结果进而到新客体主体化的现实转化过程，是将主体自己的内在尺度现实地运用到物的尺度上去，创造出体现真、利、善、美原则的理想客体的过程，是主体渗入外部客体、不断被客体化和客体渗入人自身、不断被主体化的双向对象化过程。正是由于人的实践观念和实践活动是主客体之间的双向对象化过程，才使得人类在不断地创造着一个越来越人化、越来越文明的对象世界的同时，也在不断地创造着一个越来越有丰富本质、越来越有主体力量的人的自身世界。[③]

---

① 《马克思恩格斯全集》第46卷（上），人民出版社1979年版，第28页。
② 见《马克思恩格斯选集》第46卷，人民出版社1979年版，第26页。
③ 参见本人论文：《论实践观念》，这次收录时题目和段落有所修改，载《中国社会科学》1993年第4期。

第三章

实践观念与马克思哲学品性

过去，我们把马克思主义哲学概述为"辩证唯物主义"和"历史唯物主义"，认为马克思主义哲学是一种科学的世界观和方法论；在更具体分类阐述中，通常有"本体论"、"方法论"、"认识论"，而很少从哲学高度探讨人是如何改造世界和创造世界的"实践论"① 问题。换句话说，我们的传统马克思主义哲学长期忽视了马克思哲学的最本质特征之一，就是实践的本性。

我们提出并探讨"实践观念"问题，不但有深厚的哲学史依据，而且恰恰符合和高扬了马克思的"实践唯物主义"的精神。为此，笔者花不少精力研读了经典原著，整理和阐发马克思哲学的实践品性。

---

① 毛泽东的《实践论》也主要是讲认识论问题的。

一　研究改造世界问题是马克思哲学的本质特征

什么是马克思主义的哲学认识论？马克思主义哲学认识论是研究什么的？我们看到、听到的回答是：马克思主义哲学认识论是关于认识的理论。这种答案似乎已成定论。一直以来，人们普遍把马克思主义哲学认识论看作只研究和解决人的认识性质、认识能力、认识形式、认识手段、认识过程、认识源泉以及认识如何达到真理等问题。笔者认为，这种观点的确切性、全面性和科学性，是很值得探讨的（笔者先从原有哲学认识论角度分析"实践观念"问题）。

依照上述观点，似乎马克思主义哲学认识论的基本任务、研究对象和体系的主要内容就仅仅是研究和解决主观怎样反映客观的纯粹认识性的一个方面了。然而，这既不符合经典作家们的一贯思想，也未能把马克思主义哲学认识论与旧哲学的认识论区别开来。

我们知道，在马克思主义产生之前，旧哲学的认识论其研究对象、基本任务和体系的主要内容，一般大都局限于探讨认识的性质、能力、形式、真理等等认识性的问题上。但是，对马克思主义哲学、"对实践的唯物主义者，即共产主义者说来，全部问题都在于使现存世界革命化，实际地反对和改变事物的现状"[1]。因此，如果说过去的旧哲学尤其是它们的认识论"只是用不同的方式解释世界"的话，那么，马克思主义哲学特别是它的认识论，不但要说明和解释世界，更重要的问题还"在于改变世界"[2]。马克

---

[1] 《马克思恩格斯选集》第 1 卷，人民出版社 2009 年版，第 527 页。
[2] 《马克思恩格斯选集》第 1 卷，人民出版社 1995 年版，第 57 页。

思、恩格斯在创立辩证唯物主义认识论的过程中，始终牢牢地把握住自己哲学的本质特性，赋予新哲学的认识论的研究对象、基本任务和主要内容以"二重使命"，即不但包括研究和解决主观怎样正确地反映客观这一认识性的方面，尤其还主要包括研究和解决人们为什么要改造世界、如何改造世界、认识怎样转化为物质力量、观念如何转化为实在等等这一实践性的方面。

　　后来，列宁、毛泽东同志继承和发展了马恩的上述思想。列宁指出：认识的完整过程、因而哲学认识论必须研究"从生动的直观到抽象的思维，并从抽象的思维到实践"[①]。毛泽东同志全面地论述了从感性认识到理性认识和由理性认识到革命实践的"两个飞跃"的原理，并且阐明了马克思主义哲学认识论的本质特征之一是"它的实践性"，强调指出"马克思主义的哲学认为十分重要的问题，不在于懂得了客观世界的规律性，因而能够解释世界，而在于拿了这种对于客观规律性的认识去能动地改造世界"[②]。

　　经典作家们的上述论述，过去我们不是不知道，而是没有去深刻领会，没有把它们上升到马克思主义哲学认识论所特有的基本任务、研究对象和体系的主要内容的高度上去理解，没有把它们看作是马克思主义哲学认识论与旧哲学的认识论的本质分野之所在。从整体和本质上说，探讨认识世界的问题是一切哲学的认识论都共同具有的任务、内容，而探讨改造世界的问题，应该才是马克思主义哲学认识论所特有的。马克思主义哲学认识论之所以在认识论史上引起和实现了伟大的革命，根本的原因也就在这里。在辩证唯物主义哲学认识论中，探讨认识世界和改造世界的问题，第一次真正得到了明

---

　　① 《列宁全集》第 55 卷，人民出版社 1990 年版，第 142 页。
　　② 《毛泽东选集》第 1 卷，人民出版社 1991 年版，第 292 页。

确而又科学的有机统一。

因此，笔者认为，应该把马克思主义哲学认识论的基本任务、研究对象和体系的主要内容，明确地规定为两个相互联系又相互区别的方面：一是研究和解决主观怎样正确地反映客观的认识性问题；二是研究和解决如何改造世界、观念怎样指导行为的实践性问题。

换言之，马克思主义哲学认识论的基本任务是研究和解决人们怎样正确地认识世界和改造世界；它的研究对象主要是人们认识世界的活动和改造世界的活动；与此相应，它的主要内容、体系结构的组成部分，可以相对独立地区分为两大块：一是关于研究和阐述人们认识世界的哲学理论；二是关于研究和阐述人们改造世界的哲学理论。以实践为基础的认识世界的过程与以理论为指导的改造世界的过程，是两个有着密切联系、又有着明显差别的不同的过程。

一般说来，前者属于认识世界，它的直接目的是解决形成理论、获取真理的问题，亦即解决外界客观事物本身"是什么"、"是怎样"、"是如何"的问题。后者属于改造世界，它的直接目的是解决证实（证伪）和实现理论、思想的问题。自然，它同时也是对认识的继续。但这一过程主要不是教人去认识、说明和解释世界，而主要是教人去实践，去正确、有效地改造世界。这一过程主要体现和解决主体对外界客体和自己的实践活动及其结果"要什么"、"要怎样"、"要如何"的问题。前一过程反映了客观世界对人、对人的观念的决定作用，后一过程反映了人们根据自己对客观世界的认识以及自己的需求而对客观世界施加改造的反作用。

所以，前后两个过程要说明和解决的问题其侧重点是有区别的。如果说马克思主义哲学认识论关于以实践为基础的认识世界的过程的这部分哲学理论，着重研究、探讨和解决的是诸如认识的性质、形式、手段、过程、能力、来源以及怎样达到真理等等这一类认识性的问题的话，那么，关于以理论为指导的改造世界的过程的这部分哲学理论，则应着重研究、探讨和解决人为什么改造世界，改造世界的能力、性质、手段、途径以及如何实现理论、怎样改造世界、观念的东西怎样反作用于客观世界、人和观念在改造世界中的地位和作用等等这一类实践性的问题。

应该说，这前后两个过程是有着不同的性质、不同的内容、不同的机制、不同的规律的。而所有这些问题都迫切需要学术界去研究和探索。

这里必须指出，以实践为基础的认识世界的过程和以理论为指导的改造世界的过程，它们是两个相互渗透、相互联系、相辅相成而又不可分离的辩证过程。但是，把它们加以科学的抽象，相对独立地区分开来进行研究和探讨，却是十分必要和可行的。而且对于完善马克思主义哲学认识论，重视对理论指导实践过程的研究，无疑有着不可忽视的重要意义。①

二　新世界观的崛起：马克思的实践理论

在人类思想发展史上，马克思创造性地建立了一种以自然界的先在性为前提，以人的革命的、对象性的实践活动为基石，以人的对象化和世界的人化、物的外在尺度和人的内在尺度的辩证统一，现实的人和现实世界的全面和谐发展为根本目标的崭新的哲学世界观。可以说，对人和现实世界关系的实践性把握和回答，是马克思新哲学的基本特征；而科学合理形态的实践观，

---

① 参见本人论文：《马克思主义哲学认识论只研究认识问题吗?》，载甘肃《社会科学》1985 年第 1 期。

则是马克思新哲学世界观的内在灵魂。

（一）自然界的先在性：马克思新世界观的唯物主义前提

马克思的哲学作为一种科学而完整的世界观，当然也要探讨和回答人以及人周围现实世界的起源性问题。对此，马克思的哲学，首先是一种承认自然界的先在性、物质世界的本源性的唯物主义学说。但是，马克思的哲学唯物主义，不是直观的、形而上学的旧的唯物主义，而是辩证的、历史的、实践的——合理形态的新的唯物主义。

马克思的新唯物主义哲学世界观肯定了自然界对于人类以及人类社会存在的先在性和优先性的本源地位。马克思在创立自己新的哲学世界观之初（主要在 1843 年至 1846 年前后），就曾一再重申自然界的先在性、外部世界的客观性，从而使自己的哲学世界观牢牢地建立在唯物主义的坚实基础上。在马克思看来，自然世界、物质世界的先在性是一个简单的科学常识，"先于人类历史而存在的那个自然界"[①]，无疑是人类产生和存在的前提；离开了先于人类和至今还尚未成为人的活动对象的外在自然界，人就无从产生和无法生存；"没有自然界，没有外部的感性世界，劳动者就什么也不能创造"[②]；没有外部"世界的客观存在，人和世界的关系也就无从谈起"。马克思还指出，"全部人类历史的第一个前提无疑是有生命的个人的存在。因此，第一个需要确认的事实就是这些个人的肉体组织以及由此产生的个人与其他自然界的关系"[③]。

如果说，有自然生命的人的存在以及人与自然世界发生的关系是"全部

---

① 马克思、恩格斯：《费尔巴哈》，人民出版社 1988 年版，第 21—22 页。
② 《马克思恩格斯全集》第 42 卷，人民出版社 1979 年版，第 92 页。
③ 《马克思恩格斯文集》第 1 卷，人民出版社 2009 年版，第 519 页。

人类历史的第一个前提"的话，那么，它们同样也应该是哲学逻辑思维的第一个前提。因为，人和世界的存在及其整体性关系，正是哲学所关注、沉思和把握的基本问题。

但是，对这个问题的理解，马克思并没有停留在一般唯物主义的水平上，而是创立了一种与旧唯物主义哲学有着本质区别的新形态的唯物主义。马克思称自己的唯物主义是一种"新唯物主义"、"现代唯物主义"、"实践的唯物主义"。马克思的"新唯物主义"的本质特性，就在于它用人的实践活动的观点去审视现实的人和人周围的现实世界以及它们之间的现实关系。这样，马克思所说的"人"，就是指与他自身周围的属人的感性世界相关联的实践活动着的"人"；马克思所说的"世界"，也就是指与实践活动着的人相关联的属人的感性世界；而马克思所说的人与世界的关系，就是指现实的人同现实世界——即主体和客体之间彼此相关联的对象性关系。

因此，马克思哲学世界观的重心，业已转移到了这个人同世界相互关联、相互统一、相互融合着的感性的现实世界。这是一个同现实人的命运息息相关的"人的世界"。

（二）感性世界：马克思新世界观的聚焦点

马克思哲学世界观的最大特点之一，是将自己哲学视野的重点转移到了与人及其活动不可分离的现实的感性世界、即属人的世界上。

这个感性的"人的世界"，就是人们自己通过对象化的实践活动所创造的，并时时刻刻生活于其中的现实世界和生存环境，它是人类世世代代实践创造的结晶，是打上了人的烙印和体现了人的本性的对象性存在。

马克思的新哲学之所以关注这个感性世界，是因为，对于现实的人和作为以人与世界的整体性、现实性关系为研究对象的哲学来说，只有这种现实的对象世界和活生生的感性世界，才会同人发生着现实的对象性关系，才是最值得关注和研究的存在物，而那些非感性的、非现实的、非对象性的东西，亦即与人分离的、尚未被人的活动所触及的存在物，对现实主体的人来说，只有外在的、潜在的、抽象的关系，而不具有现实的、感性的、对象性的关系；"世界"只有作为人的生命，人的活动的感性对象和感性产物，对现实的人才有现实的意义。以自然界为例，那种"抽象的、孤立的、与人分离的自然界，对人来说也是无"。只有"在人类历史——人类社会的产生活动——中生成着的自然界"，才"是人的现实的自然界；因此，通过工业——尽管以异化的形式——形成的那种自然界，是真正的、人类学的自然界"[①]。当然，这是以自然界的优先地位为前提的。人周围现实的感性世界即是人的"作品"、"属人的存在"，又是物质世界的一种特殊的存在和运动形态，人的实践活动的对象化及其产物，既是人的主体尺度、主体能力的外化，同时也是物质的尺度、物质的力量、物质运动规律的表现。

因此，马克思的哲学世界观要求人们既从物的又从人的——人道与物道（天道）现实统一的方面，去整体地把握这个感性世界，主张既从人的、主体的方面，又从物的、客体的方面去全面地理解和把握面对人的这个活生生的感性世界；认为这个感性世界不同于原始的、与人分离的、尚未改造过的自然的物质世界，它是一种特殊形态的或者说是人为形态的物质世界。它除了具有一般物质世界的基本属性之外，还有一种与现实的社会主体相关联的对象性关系，具有人的属性、社会的属性。

感性世界所具有的人的主体属性，表明它已由自然状态进入了同社会实

---

① 《马克思恩格斯全集》第42卷，人民出版社1979年版，第128页。

践主体相关联的对象化形态，由自在之物过渡到了为我之物，由自然的物质变换进入了社会的物质变换领域，由自在的物质运行系统跃入了人为的运行系统。从而克服了旧唯物主义和唯心主义哲学的各自片面性。

那么，马克思为什么把现实的感性世界作为自己哲学思维的聚焦点呢？这是因为：

第一，理想与现实的矛盾。从马克思在中学时代写的有关选择职业的论文中就可以看出，他是一个极为关注现实和人类前途、有理想、有抱负的热血青年。在《莱茵报》工作时期接触到物质利益等种种社会现实问题，这使他的崇高理想和现实境遇发生了"撞击"。因而马克思更加关注现实世界的苦难和人民群众的命运，并从实践活动中看到了"德国的哲学，喜欢幽静孤寂、闭关自守并醉心于淡漠的自我直观"①的弊端，这种哲学是和时代的现实问题格格不入的。

第二，所处时代的现实社会矛盾和人民群众的革命运动，推动着马克思及其他社会先进分子去探索当时的社会和人类"向何处去"等重大的时代课题，这促使马克思积极关注时代现实、社会和人类的命运，即感性世界的前途。

第三，古代唯物主义思想的影响。马克思在博士论文里，高度评价了伊壁鸠鲁哲学的意义。伊壁鸠鲁的有感性的现象世界才是真实的对象，才是客观的现实；强调偶然因素，承认自由的自我原因；像普罗米修斯从天上盗来天火之后，就在地上开始盖屋安家那样，哲学在把握了整个世界之后也应该起来反对现象世界，使"世界的哲学化同时就是哲学的世界化"② 等哲学观

---

① 《马克思恩格斯全集》第 1 卷，人民出版社 1974 年版，第 120 页。
② 马克思：《博士论文》单行本，人民出版社 1961 年版，第 65 页。

点，启发了马克思关注感性的现实世界和强化了马克思哲学观的实践性。

第四，在同黑格尔学派分道扬镳过程中的"催化"作用。黑格尔哲学是一种矛盾的体系，最典型地表现在"凡是现实的都是合理的，凡是合理的都是现实的"命题上。第一个"凡是"有着为现实世界辩护的更多的保护性；而第二个"凡是"则有着批判现实、追求合理现实的革命性。

黑格尔逝世后，从黑格尔学派中分化出了"青年黑格尔派"。当时德国社会的两根现实支柱——教会和国家的现实问题，占据了青年黑格尔学派争论的中心地位。但是，当时多数青年黑格尔学派的成员认为，只要对现实世界的不合理性进行深刻、彻底和持久的理论批判，这个现实世界就会得到改变。因此，他们追求一种只靠理论、信念、思想的力量就能改变世界的"纯粹批判哲学"。

至此，马克思等人不但告别而且反过来清算青年黑格尔学派的这种"理论的恐怖主义"，指出"批判的武器当然不能代替武器的批判，物质力量只能用物质来摧毁"；这样，马克思就比当时的一位学者切什考夫斯基（思想倾向属青年黑格尔学派）更彻底地走向了一种实践性哲学，即"实践活动的哲学"，"对社会生活施加直接影响的并且在具体活动范围内发展未来的哲学"①。

第五，费尔巴哈哲学缺陷的启示。费尔巴哈重新使唯物主义登上了王座，把宗教王国还原为现实人间。主张关注人、弘扬人的现实的人本主义。费尔巴哈虽然击倒了"思辨哲学"和宗教的"虚幻的精神乐园"，但却把哲学的对象和视野封锁在与人分离的纯粹的自然界："他过多地强调自然界，而过少

---

① 切什考夫斯基语。有关更具体的观点和材料，请参见戴维·麦克莱《青年黑格尔派与马克思》，商务印书馆 1982 年版，第 10—13 页。

地强调政治"①，因此，"费尔巴哈从来不谈人类世界，而是每次都求救于外部自然界，而且是那个尚未置于人的统治之下的自然界。"② 费尔巴哈虽然也从"人"出发，但却没有从人们现实的社会关系，从那些使人成为现在这种样子的周围感性世界去观察人，"没有看到真实存在着的、活动的人，而是停留于抽象的'人'上，并且仅仅限于在感情范围内承认'现实的、单个的、肉体的人'"③。

总之，费尔巴哈对人和人周围的感性世界的把握只是"单纯的直观"，而不是现实的、历史的理解；只是"一种单纯的感觉"，而不是批判的、实践的把握。马克思以其敏锐的慧眼觉察到了费尔巴哈哲学的致命缺点，总结了费尔巴哈失足的教训，从而使自己的哲学更加坚实地建立在这个活生生的"感性世界"、"人的世界"的现实基地上。

马克思把现实的感性世界作为自己哲学关注和思考的重心，从而不但与那些形而上学地抽象议论超人彼岸王国的"世界观"划下了一条鲜明的界限，而且从主体的、实践的角度规定了人对世界的现实关系，揭示了对象世界、感性世界与物质世界、主体人的区别和联系以及它们内在的规律性，从而建立了一种崭新的"世界"（客体）理论和现实的人的（主体）理论。

（三）实际活动着的人：马克思新世界观的出发点

马克思、恩格斯曾公然申明：

"德国哲学从天国降到人间；和它完全相反，这里我们是从人间升到天国，就是说，我们不是从人们所说的、所设想的、所想象的东西出发，也不

---

① 《马克思恩格斯全集》第27卷，人民出版社1972年版，第443页。
② 《马克思恩格斯全集》第42卷，人民出版社1979年版，第369页。
③ 《马克思恩格斯选集》第1卷，人民出版社1995年版，第78页。

是从口头说的、思考出来的、设想出来的、想象出来的人出发，去理解有血有肉的人。我们的出发点是从事实际活动的人，而且从他们的现实生活过程中还可以描绘出这一生活过程在意识形态上的反射和反响的发展。……前一种观察方法从意识出发，把意识看作是有生命的个人。后一种符合现实生活的观察方法则从现实的、有生命的个人本身出发，把意识仅仅看作是他们的意识。"①

这就是说，马克思的哲学世界观是从现实的感性世界和实际活动的人出发来理解和把握人与世界及其关系的，亦即坚持从现实的、感性的、实际活动的、社会历史的人出发。这样，既批判了黑格尔把人归结成等同于"自我意识"的神秘主义和唯心主义观点，又批判了费尔巴哈对现实的人采取自然主义和直观主义的失误，进而建立了自己所特有的、完整而科学的"感性活动着的人"的理论，亦即主体人的理论。

首先，马克思认为，作为主体的人无疑"直接地是自然存在物"②。这就是说，人是大自然进化的产物，它是一种自然体，一种生命。然而，马克思哲学不是停留在"自然人"上，更不是把作为人的"人"、"主体的人"归结成还原为"自然的人"。正如恩格斯给马克思的一封信中所指出的："我们必须从'我'，从经验的、肉体的个人出发，不是为了……陷在里面，而是为了从这里上升到'人'。"③ 这说明，马克思哲学是在肯定人的自然属性的前提下，把人作为人，作为活动的主体来把握的。

其次，"人是有意识的存在物"④。人的意识性是作为主体的人能动地掌

---

① 《马克思恩格斯选集》第 1 卷，人民出版社 1995 年版，第 73 页。
② 《马克思恩格斯全集》第 42 卷，人民出版社 1979 年版，第 167 页。
③ 《马克思恩格斯全集》第 27 卷，人民出版社 1972 年版，第 13 页。
④ 马克思：《1844 年经济学—哲学手稿》，刘丕坤译，人民出版社 1979 年版，第 120 页。

握世界和变革世界的基本条件和特性之一；同时，人的意识的产生和发展除了有生理的物质基础外，主要是由主体人的社会的物质活动和变革世界的实践活动所决定的。"思想、观念、意识的产生最初是直接与人们的物质活动，与人们的物质交往，与现实生活的语言交织在一起的。人们的想象、思维、精神交往在这里还是人们物质活动的直接产物……人们是自己的观念、思想等等的生产者，但这里所说的人们是现实的、从事活动的人们，他们受自己的生产力和与之相适应的交往的一定发展（……）所制约的。意识在任何时候都只能是被意识到了的存在，而人们的存在就是他们的现实生活过程。"正由于人是有意识的存在物，人才有可能现实地成为实际活动着的、实践创造着的主体，才能进行自由自觉的活动，才能现实地进行对象性的实践创造活动，才能不断地追求和塑造着理想的世界。

再次，"人是类的存在物"①。任何人都不是孤立地站在自然面前的人，而总是生活在确定的社会形式、社会关系之中的。所谓人是类的存在物——社会化的动物，指的是"这样一种存在物，它把类看作自己的本质，或者说把自己本身看作类的存在物"②。这也就是说，人无论在实践上、生活上还是在观念上、思想上，都把自己和其他人看作是有类的、社会本性的动物，并且还能自觉地意识到这种类的、社会的本质，以及能把它当作自我反观的现实对象来把握。所以马克思说，正是由于人能自觉地意识到自己的类的本质，人才是类的、社会的存在物；反过来说也一样，"正是由于他是类的存在物。他才是有意识的存在物，也就是说，他本身的生活对他说来才是对象"③。马

----

① 马克思：《1844 年经济学—哲学手稿》，刘丕坤译，人民出版社 1979 年版，第 50 页。
② 同上书，第 48 页。
③ 同上书，第 50 页。

克思把自己的"新唯物主义的立脚点"紧紧地确立在"人类社会或社会化的人类"①的基础上，从而为建立完整而合理形态的唯物主义大厦，提供了科学的出发点。

最后，人是"对象性的存在物"②。承认人是从事实际活动的、对象性的存在物，肯定和揭示出主体人的对象性本质，这是马克思新哲学世界观在"人——主体"问题上最富有特色、最富有创造性的成果之一。

人是对象性的存在物，首先意味着人是实际活动和实践创造着的现实主体。如果人不是对象性的存在物，不进行着对象性的活动，也就成了封闭的、无生命表现的实体，就不可能成为改造和驾驭周围感性世界的主体。人的主体性正是在从事对象性的实践活动的历史过程中确立和发展起来的。

人作为对象性的存在物，说明人和他周围世界具有相互依存、相互设定的关系，亦即对象性关系。这种关系就是：人作为周围对象的对象，是以在他之外的对象的现实存在为前提的；而周围的对象之所以是人的对象，则是以作为对象的人的存在以及人被赋予了对象性本质为条件的。总之，"说人是有形体的、赋有自然力的、有生命的、现实的、感性的、对象性的存在物，这就等于说，人有现实的、感性的对象作为自己的本质、自己的生命表现的对象；或者等于说，人只有凭借现实的、感性的对象才能表现自己的生命。"③ 因此，对作为对象性地实践创造着的对象性存在物来说，对象的人和人的对象是相关性地统一在一起的。

马克思把现实的人看作是对象性的存在物，这就进一步从哲学的高度揭

---

① 马克思、恩格斯：《费尔巴哈》，人民出版社 1988 年版，第 89—90 页。
② 马克思：《1844 年经济学—哲学手稿》，刘丕坤译，人民出版社 1979 年版，第 120—121 页。
③ 同上书，第 121 页。

示了人的深层本质。因为，正是在对象性的活动和关系中，才能现实地确立人与周围世界的统一性；才能现实地确立人对感性世界的主体性地位；才能揭示人作为自然的存在物、有意识的存在物、类——社会的存在物在对象性的实践活动中的有机统一。因此，作为马克思新哲学世界观出发点的"人"——主体，就不再是唯心主义哲学所讲的思维、理性、观念、自我意识的"化身"，也不再是旧唯物主义所讲的只有生物肉体的，而没有社会性、能动性和创造性的"自然人"，而是一种在对象的人和人的对象的对象性活动中所形成的具有形体的、有自然力的、有生命的，同时更是有意识的、社会的、能动的、现实的、对象性的从事实际活动着的人——实践性的主体。

这样一来，马克思哲学就既从物的和人的对象性实践活动的相关律角度，科学地解决和确立了"感性世界"——客体的理论，又从对象的人和人的对象性实践活动的相关律角度，正确地把握和建立了"实际活动着的人"——主体的理论，从而为新的完整的哲学世界观的建构和崛起，找到和奠定了坚实的基石。

（四）实践活动：马克思新世界观的支撑点

以上分析表明，马克思的"感性世界"和"实践活动的人"——即人和世界、主体和客体的理论，是建立在人的能动而现实的对象性的实践活动，亦即新唯物主义的科学实践观的基础上的。因此，尽管主体理论、客体理论是实践活动理论的基本内容，但就其整体而言，实践活动理论要比主客体理论的内容更广泛、更丰富，在逻辑层次上也更根本、更深刻。事实上，马克思的新哲学世界观正是在承认自然界的先在性地位的前提下，以自己的科学合理形态的实践观为基础、灵魂和支撑点的。

马克思认为，人周围的现实世界之所以是一个属人的感性世界，是因为它是人类感性的实践活动所造就的，并随着人的实践活动的发展而发展的。因此，他要求人们对自己周围的这个感性世界必须进行实践性的理解和把握，只有这样，才是真正实事求是的科学态度，才是历史主义的科学观点，才是真正的、彻底的、合理形态的唯物主义。

显然，人周围的这个现实的感性世界既不是纯粹的自然存在物，也不是纯粹的人和人的观念外化，它是现实的人一方面根据外部世界的物质条件和发展规律，另一方面又按照人自己的需要、目的、本质力量，通过对象性的实践活动建构起来的一个属人的对象世界。因此，只有把它当作感性的人的感性活动的结晶，当作人的实践活动的对象化产物去理解和把握，才能穿透它的表层重帷而深视其底蕴，揭示其本来面目和内在本质。

马克思以人对自然的关系这个"深奥"的哲学问题为例，说明尽管在书斋的哲学中是一个"高深莫测"的大问题，但在工业生产实践的"经验事实"中，却向来就有那个著书的"人和自然的统一"[1]。实践活动就是人和自然、人和世界现实统一的"真理"。正是现实人的实践活动，才构成了感性世界现实产生的基础。

马克思在批评费尔巴哈看不到他所面对的世界是人类世世代代实践活动的产物，而仅仅从自然主义的、静态直观的方面去把握这个世界的错误时，指出："这种活动，这种连续不断的感性劳动和创造，这种生产，正是整个现存的感性世界的基础，哪怕它只中断一年，费尔巴哈就会看到，不仅在自然界将发生巨大的变化，而且整个人类世界以及他自己的直观能力，甚至他本身的存在也会很快就没有了。"[2]

---

[1]　马克思、恩格斯：《费尔巴哈》，人民出版社 1988 年版，第 20 页。
[2]　同上书，第 21 页。

　　这就是说，离开了这种现实的感性劳动、感性实践，就根本不会有这个现实的感性世界，正如没有劳动就不会有劳动的产品一样。因此，马克思常常把感性世界理解为感性活动，认为就其现实展开的存在形态和历史发展的运动形态来说，感性世界和感性活动具有休戚与共的相关性和等值性。

　　马克思不但把感性世界理解为感性的实践活动，而且同样也把现实的人理解为感性的实践活动。在马克思那里，实践活动已不再只是人的一个特征，而是合乎逻辑地上升为人的一种主导性的本质的地位；"人的实践"已提升为"实践的人"。离开了人的感性活动、实践创造活动，人的生命、人的本质、人的存在和人的发展，都不过是一句空话。真正现实存在着的、活生生的人，必定"是从事活动的，进行物质生产的，因而是在一定的物质的，不受他们任意支配的界限、前提和条件下活动着的"① 人。

　　费尔巴哈的人本学虽然反对思辨哲学把人看作抽象的意识，从而承认人也是可以直观的"感性对象"，但他却未能进一步把"感性对象"的人理解为"感性活动"的人。事实上，人之为人的本质正是在感性的实践活动和社会生活的过程中得到生成、确立、展现和发展的。马克思用人的实践创造观点来审视感性世界，从而揭示了感性世界的实践本质和实践人的主体本质，揭示了实践的人不但是感性世界的主体，而且自身也是被自己实践所改造的"感性世界"——客体。实践的人必定是有主客体双重特性的人。

　　正由于如此，马克思才特别强调要从现实活动着的人出发，并且要把人及"人的活动本身理解为对象性的活动"②。只有这种对象性的实践创造活动，才能实现人与世界、自我与环境、主体与客体的内在关联性和现实的统

---

① 马克思、恩格斯：《费尔巴哈》，人民出版社1988年版，第15页。

② 马克思：《关于费尔巴哈的提纲》，第1条。

一性。所以，"环境的改变和人的活动或自我改变的一致，只能被看作是并合理地理解为革命的实践"①。

把感性世界理解为人的感性的实践活动，把现实的人也理解为实践活动着的人，实际上就是把感性世界理解为属人的对象和客体，把现实的人理解为与感性世界相关联的主体和"对象性的存在物"，从而在对象性的实践活动的过程中完整地把握主体与客体、人与世界之间的整体性关系，亦即在科学实践观的基础上建构起马克思新哲学的主体与客体、人与世界的完整关系和现实统一的理论。

马克思从对象化的能动的社会实践出发，揭示了现实的人是通过自己的实践活动，才建构起他对世界的总体性关系的。所谓人与世界的总体性关系，是指人与世界具有丰富而复杂的相互关系，而不仅仅只有一种实践性关系。但是，就其总体的、主导的和基本的方面来说，人同世界的基本关系是实践性的关系，至于人对世界的其他关系则是只有在实践活动的过程中，或者说只有以实践活动为基本前提和基础，才是可能和现实的。

人对世界的实践性关系是人区别于动物行为的一个根本性标志。人能够把"自身"与外界对象区别开来，并且为了"自己本身"而去占有和改变环境，从而与周围环境建构起对象性的、实践性的关系。正如马克思指出："凡是有某种关系存在的地方，这种关系都是为我而存在的；动物不对什么东西发生'关系'，而且根本没有'关系'；对于动物来说，它对他物的关系不是作为关系存在的。"②

不仅如此，人对世界的实践关系还是人对世界其他诸多关系的基础。从

---

① 马克思：《关于费尔巴哈的提纲》，第 3 条。
② 马克思、恩格斯：《费尔巴哈》，人民出版社 1988 年版，第 25 页。

哲学上讲，人对世界的基本关系除实践性关系之外，最主要的还有认知性、评价性和审美性的关系。然而，人对世界的关系首先必须是生产劳动的实践关系，因为，人们只有先解决了吃、喝、穿、住、行以及其他一些生活性问题之后，才有可能从事物质生产之外的别的活动。

另外，人们的想象、认识、思维、审美、观念、意识等等活动和关系，归根到底"还是人们物质活动的直接产物"，并且总是要受物质实践活动的发展所制约和影响的。相对于人对世界的其他关系而言，人对世界的实践关系，无疑是有着原始的、创生的、基础的地位和意义的。

其所以如此，还因为人对世界的实践改造活动本身就是一种全面的、整体的关系。也就是说，人对世界的现实的实践掌握和变革，并不仅仅是"力对力"、"物对物"的孤立的单向关系，其实它是一种物质的、能量的、信息的相互交换的统一过程，是现实人的整个生命、全部本质力量的对象化过程，因而人在实践创造活动中必然要涉及和建构起人对世界的、全面的、整体的关系。另外，人对世界的整体性关系，还表现在实践活动的范围、对象、前提和条件上。

换言之，人们在实践活动过程中，不但涉及人对自然的关系，而且还要涉及人与人之间的社会关系，同时也要涉及实践主体与自身的关系。没有这些多侧面的、系统的关系，人就不可能进行现实的实践活动。只有在现实的实践活动中，人对世界才产生和发展出如此丰富多样的总体性关系。因此，实践关系无疑是人对世界的占主导本质的、根本性的关系。

正因为人对世界的实践掌握具有基础性的地位、总体性的关系和整体性的功能，所以，马克思不但主张从感性的实践活动方面去理解现存的感性世界和现实的人，以及人对世界的本质性关系，而且对人的观念、思维世界，对由人与人之间全部关系所组成的社会，对人类历史等等"感性"的领域，都主张应从实践活动角度去剖析和把握。

因为，人的思维是否具有客观的真理性，这并不是一个纯理论的问题，而是一个实践的问题；思维、观念的产生、存在和发展的最切近的基础和最根本的动力，也是人们的实践活动；人们的观念，包括宗教的、虚幻的、想象的观念，都是对他们自己的现实关系和活动、生产、交往的意识化的表现，如果人们的观念是虚幻的、颠倒的，"那么这又是由他们的物质活动方式的局限性以及由此而来的他们狭隘的社会关系造成的"[①]。

而人的社会世界，也是以实践活动为基础的，"全部社会生活在本质上是实践的"，社会有机体无非是由人与人之间的社会关系结合而成的，"社会关系的含义在这里是指许多个人的共同活动"，各种社会关系、政治关系都是从"以一定的方式进行生产活动的一定的个人"中发生的，"社会结构和国家总是从一定的个人的生活过程中产生的"，这些个人是现实的个人，因而是从事物质生产的人。[②]

至于人类历史，那就更是如此："历史……，也不再像唯心主义者所认为的那样；是想象的主体的想象活动"；"历史什么事情也没有做，它'并不拥有任何无穷尽的丰富性'，它并'没有在任何战斗中作战'！创造这一切，拥有这一切并为这一切而斗争的，不是'历史'，而正是人，现实的人，活生生的人。'历史'并不是把人当做达到自己目的的工具来利用的某种特殊的人格。历史不过是追求着自己目的的人的活动而已。""全部所谓世界史不外

---

① 马克思、恩格斯：《费尔巴哈》，人民出版社 1988 年版，第 84 页。
② 同上书，第 15 页。

是人通过人的劳动的诞生。"①

总之，在马克思那里，人的实践活动是与人相关的"感性世界"的基础以及打开这个世界奥秘的钥匙。这样一来，人的实践活动以及对这个实践的科学把握，自然也就成了马克思新世界观得以确立的最根本的支撑点。所以，他主张对包括人自身在内的人所触及的整个感性世界的领域，都"看作实践的、人的感性的活动"，"把感性理解为实践活动"②。

"感性"是马克思在 1844 年至 1846 年期间使用比较多的一个概念，其含义十分宽泛。一般说来，大体有三种含义。

第一，相当于感觉、感受。例如，"说一个东西是对象性的、自然的、感性的，——这就等于说，在它之外有对象、自然界、感觉；或者等于说，它对于第三者说来是对象、自然界、感觉。"再比如，"主体的、属人的感性的丰富性，即感受音乐的耳朵、感受形式美的眼睛，简言之，那些能感受人的快乐和确证自己是属人的本质力量的感觉⋯⋯"③ 等等。显然在这些论述中，马克思就是在"感觉"、"感受"的意义上使用"感性"的。

第二，是在"现实的"、"实际的"、"真实的"、"确定的"、"直接的"、"具体的"、"丰富的"、"活生生的"、"活动的"、"物质的"等等特性的意义上使用"感性"的。例如，"唯心主义是不知道现实的、感性的活动本身的"，"人是有形体的、赋有自然力的、有生命的、现实的、感性的、对象性的存在物"，"自我对象化的内容丰富的、活生生的、感性的、具体的活动"，"人和自然界的实在性亦即人对人说来作为自然界的存在和自然界对人说来作

---

① 《马克思恩格斯全集》第 3 卷，人民出版社 2002 年版，第 310 页。
② 马克思：《关于费尔巴哈的提纲》，第 5、9 条。
③ 马克思：《1844 年经济学—哲学手稿》，人民出版社 1979 年版，第 79 页。

为人的存在，已经具有实践的、感性的、直观的性质"，"说一个东西是感性的，亦即现实的，这就等于说，它是感觉之对象，是感性的对象"，而非对象的东西，"这是非现实的、非感性的，只是思想出来的，亦即只是虚构出来的存在物，即抽象之产物"①。

此外还有不少"感性地占有"、"感性地存在"、"感性的力量"、"感性地摆在我们面前"等等的论述，都是在"现实性"、"具体性"等意义上使用的。与这种意义上的"感性"相对应的是"抽象性"、"神秘性"、"虚幻性"、"虚无性"、"超验性"、"想象性"、"思辨性"。另外，有时也同"理论"、"宗教"、"自我意识"相对应的意义上使用"感性"一词。

第三，是与人相关的、属人的对象、人的全部文化产物的意义上使用"感性"一词的。它是人的一切活动及其产物的总和，是指在自然物质基础上包括人自身和活动在内的人所面对、所生活、所把握、所触及的整个现实世界。因为它们都是人类世世代代实践创造的结晶，都有与人的相关性和属人的主体性，都可以看作是人类文化的总和。当然，这个世界不是人们凭空创造出来的，它有"物"的质料、"物"的存在形式和"物"的运动规律。但是，这里的"物本身却是对自己本身和对人的一种对象性的、属人的关系"②。

而且，这个属人的对象世界也包括人自身，因为，人的存在方式、活动方式以及内在的观念世界，都是人在对象性的实践活动中产生、存在和发展的，是人自己通过自己的活动而创造的，因而人本身也具有属人的对象性。

① 马克思：《关于费尔巴哈的提纲》，第 1 条；马克思：《1844 年经济学—哲学手稿》，刘丕坤译，人民出版社 1979 年版，第 121 、129 、84 、122 页。
② 马克思：《1844 年经济学—哲学手稿》，刘丕坤译，人民出版社 1979 年版，第 78 页。

正因为如此，人所面对的这个感性世界以及包括人自身在内，对主体人说来，都有着直接的现实性、可感性、相关性、具体性、真实性，亦即感性的特性。因此，马克思把人化的自然、人类社会、人类历史、人自身都看作是"感性的存在物"，认为它们都具有"感性的确定性"。对这个感性存在着的属人的对象世界，尽管人们也可以从外部客观世界的"物的尺度"去理解，但它的更深层本质则是"人的尺度"。因此，"感性"不仅仅是、甚至主要不是"物"本身的产物，而是人类在其实践的感性活动中产生或赋予物的属人特性。

既然这个直面于人的、感性的对象世界是人类实践活动的产物，是人的现实、人的世界、人的生命、人的本质、人的力量的现实展现和确证，那么，这个世界对人来说，无疑是活生生地、现实地、感性地存在着的，具有普遍的属人的感性本质，因而对这个现实的对象世界可以从直接的感性的方面去把握。

但是，如果仅仅只从现实的、感性的方面去理解这个对象世界，也是远远不够的。因为，这个对象世界更深刻的整体性的本质，则是人的实践活动；对象世界及它的现实感性的特征，正是或主要是人的活动的产物；因而对"感性"本身也只有做实践活动的把握，才能真正正确地理解它。否则，就会仍然像费尔巴哈那样，陷入自然主义静态直观的"泥坑"而不能向前一步。

因此，在马克思哲学世界观看来，人的感性的实践活动是整个现实的对象世界产生的基础、存在的本质和发展的动力；而对于主要以这个对象世界为关注和思考重心的马克思新哲学来说，科学的实践观自然就成了自己世界观的坚实基石和核心的支柱；实践的方法，也就成了哲学地理解、剖析和把握这个现实的对象世界的普遍适用的方法。从这种意义上讲，科学的、合理的实践观,既是马克思哲学世界观的基本内容,也是马克思哲学方法论的根本特性。

显然,马克思的哲学世界观和方法论具有崭新的、时代的特色,它的科学实践观是彻底的、合理的。马克思哲学不但始终坚持用实践的观点和方法去说明、理解、解剖整个感性世界、对象世界,而且它还按照现实的实践活动本身所具有的本质和特性——对象性、革命性、批判性、现实性、能动性、自由性和历史性,去科学地建构自己的世界观和方法论,并一以贯之地始终用实践的方式去掌握整个对象世界和人本身。这就是要对整个感性世界和人自身采取彻底的、批判的态度,并现实地变革和改造这个现存的世界,使其更加合理化。

因此,马克思哲学的本质、特性、职能和命运,是紧紧地同时代的现实,同人们的现实生活,同社会的命运,特别是同变革旧世界、建设新世界的人民大众的使命,历史地、有机地联系在一起的。马克思哲学实践观的彻底性以及与时代现实和人们活动的内在一致性还表现在,哲学家和普通民众都有着共同的使命:即不仅用各种不同的方式去说明和解释现有世界,而且更根本的还在于要用各种不同的方式去现实地改变和建设世界,"对实践的唯物主义者即共产主义者来说,全部问题都在于使现存世界革命化,实际地反对并改变现存的事物"①。

至此,我们可以看到,马克思哲学在承认自然界和物质世界先在性、原生性的前提条件下,采取了一种与以往旧哲学有本质区别的新的哲学思路,即从实践活动角度去揭示与现实的人彼此相关的感性世界的内在本质,从而

---

① 马克思、恩格斯:《费尔巴哈》,人民出版社 1988 年版,第 15 页。

建立了全新的"感性世界"——客体的理论；同样，也从实践活动的角度去揭示与感性世界彼此相关的人的内在本质，从而建立了全新的"现实的人"——主体的理论；进而又从主体与客体的实践相关性角度，去揭示出现实的人与感性世界（人与世界）之间以实践关系为基础的总体性关系，从而建立了全新的主体与客体之间的关系理论；再进而又用实践的观点全面、整体地把握包括人自身在内的整个对象世界和所有的感性领域，并且以彻底的批判精神和合乎实践本性的逻辑，号召人们去现实地改变这个现存的对象世界。

这样，马克思就建立了科学的、完整的、合理的和彻底的实践观，并由此而形成了具有自己独特本质和性格的崭新的哲学世界观和方法论——以实践的方式把握人和世界及其总体性关系的一种新的哲学世界观和思维方式。

（五）革命变革：马克思新世界观崛起的哲学意义

马克思新世界观的崛起和创立，铸造和实现了人类哲学思想发展史上的一场伟大的革命变革，有着不可估量的哲学的理论价值和时代的现实意义。

首先，它实现了哲学研究对象的重心转移。马克思哲学所关注、所思考、所把握的重心，是与人息息相关的属人的感性世界。这个感性世界是包括人自身在内的、人们生活于其中的现实世界。不仅如此，而且还要求揭示出这个世界生成、存在和发展的现实本质及现实基础。这就是人类现实的、感性的、物质的、能动的、对象性的实践活动。因此，马克思哲学进而又把现实人的实践活动作为自己关注和研究的中心。以属人的感性世界和对象世界以及人的实践活动为哲学研究的主要对象，这就是马克思哲学在研究对象上实现的一场意义重大的革命变革。

其次，它在哲学特性上实现了革命变革。马克思从实践活动出发去理解和把握这个直面于人的现实世界，并把科学的实践观作为自己整个哲学的基本核心和灵魂，不但揭示了这个现实世界的"奥秘"和本性，而且既克服了唯心主义哲学的片面性，又超越了旧唯物主义的局限性，建立了一种立足于用实践活动去理解和把握现实世界的新哲学，即以实践为内在灵魂和本质特征的新形态的唯物主义哲学，从而在哲学性质上也实现了一场划时代的革命变革。

再次，它实现了哲学思维方式的革命变革。在马克思哲学看来，包括现实的人在内的整个现实世界及一切现实事物，并不是作为一种孤立的实体性的东西而存在着的。相反，它们是作为一种运动、过程、关系而存在的。对这个现实世界，人们完全有理由可以把它们看作是一个运动的、过程的、关系的世界。而相关性、对象性、中介性和关系性，正是人们实践活动的基本特点。因此，用实践的观点和方式去理解属人的现实世界，实质上就是从人与物、主体与客体之间的中介性、对象性关系方面去把握。显然，这是一种崭新的哲学思维方式，它表明马克思的哲学在思维方式上也完成了革命变革，即实现了由传统哲学的单向性、实体性的思维方式向以实践为基点的中介性、对象性关系的思维方式的转变。

最后，马克思哲学还实现了哲学职能和使命的革命变革。马克思既不同意黑格尔把哲学只看作是历史的回声的消极论点，也不赞成青年黑格尔学派只主张纯粹的理论批判和费尔巴哈只诉诸"直观"的主张；而认为真正的哲学"要和自己时代的现实世界接触并相互作用"，并成为自己时代的活的灵魂；理论的批判必须和实践的批判相结合，批判的武器不能代替武器的批判；哲学应该成为自己时代的人民去创造性地变革世界的武器和工具；哲学不应该只解释和说明世界，而必须使认识世界和改造世界相统一，去能动地指导人们的实践活动，从而与自己的时代同呼吸、与自己的人民共命运，成为实践创造着的人们的活的头脑，——世界观和方法论。①

这样，马克思哲学明确提出了自己哲学的根本职能和任务，就在于指导实践、改造世界；在批判旧世界的过程中发展新世界和建设新世界。由此可见，马克思哲学在哲学的基本职能和现实使命上，也实现了富有无穷生命力的革命性变革。

三　实践观是马克思哲学的灵魂

任何一种真正的哲学，本质上都是以人与世界及其基本关系、人在世界上的地位、作用和使命为研究主题的关于世界图景的理论。严格地说，不同派别、不同时代哲学之间的分野，主要不在于研究对象本身，而在于怎样理解和把握对象。

马克思哲学同一切旧哲学的本质区别，也主要不在于被研究的对象，而在于马克思运用新的哲学思路和哲学方法把握对象。我们认为，马克思哲学的诞生之所以在人类哲学发展史上催发了一场新的革命性变革，关键在于它的哲学世界观和方法论是以科学的实践观为其内在灵魂的。怎样看待马克思哲学的实践观，直接涉及对马克思哲学的基本性质和基本特点的理解，也直接涉及对马克思哲学的评价。因而深入研讨马克思哲学实践观，意义实在重大。

（一）马克思新哲学诞生的"秘密地"——实践唯物主义

笔者认为，马克思哲学是一种以自然世界的先在性为前提，以革命的对

①　《马克思恩格斯选集》第1卷，人民出版社1995年版，第19、15页。

69

象性实践活动为灵魂，以批判旧世界和创造新世界为基点，以人和周围世界全面和谐发展为目标的崭新哲学。这种哲学世界观的崛起，主要是以科学、合理形态的实践观的确立为根本标志的。

马克思的科学实践观首先承认自然世界的先在性。实践是专属于人的活动，但又是以物质世界为基础的。马克思在形成自己的哲学世界观时，明确肯定了自然界对于人类、人类社会存在的先在性，以及在人类一切活动的触角之外物质世界存在的无限性。

马克思认为，"先于人类历史而存在的那个自然界"①，无疑是人类产生和存在的物质前提，离开了先于人类而存在的自然界和外在于人的活动的客观自然界，人类就无从产生和生存，更不可能有人的实践活动。"没有自然界，没有外部的感性世界，劳动者就什么也不能创造"②；没有外部世界的客观存在，人和世界的一切关系也无从谈起。正如马克思指出："全部人类历史的第一个前提无疑是有生命的个人的存在。因此，第一个需要确认的事实就是这些个人的肉体组织以及由此产生的个人与其它自然的关系。"③ 从生产劳动的发生学角度看，不是人而是自然形成的物质条件，规定了最初的人类实践、人类社会和人类历史的特殊性质。因为，无论是活动主体还是活动客体以及它们之间的相互关系，起初都是由大自然进化而成的。"正象劳动主体是自然的个人，是自然存在一样，他的劳动的第一个客观条件表现为自然，土地，表现为他的无机体；他本身不但是有机体，而且还是这种作为主体的无机自然，这种条件不是他的产物，而是预先存在的；作为在他之外的自然存

---

① 马克思、恩格斯：《费尔巴哈》，人民出版社 1988 年版，第 21—22 页。
② 马克思：《1844 年经济学—哲学手稿》，人民出版社 1979 年版，第 45 页。
③ 马克思、恩格斯：《费尔巴哈》，人民出版社 1988 年版，第 21—22 页。

在，是他的前提。""换句话说，生产的原始条件表现为自然前提，即生产者生存的自然条件，正如他的活的躯体一样，尽管他再生产并发展这种躯体，但最初不是由他本身创造的，而是他本身的前提；他本身的存在（肉体存在），是一种并非由他创造的自然前提。被当作属于他所有的无机体看待的这些生存的自然条件，本身具有双重的性质：（1）是主体的自然，（2）是客体的自然。"[①] 正是自然形成的原初的人、未经人改变过的自然界以及原初人同自然界的相互关系，构成了文明人的实践活动先在性的客观物质前提。

显然，马克思哲学的实践观是确立在唯物主义基础上的，它承认自然界的先在性和物质世界的本源性。但是，马克思哲学的唯物主义，不是直观的、"仇视人"的、形而上学的旧形态的唯物主义，而是一种同旧唯物主义有着本质区别的、更为合理的、新形态的唯物主义，亦即是辩证的、历史的、实践的"现代唯物主义"。

对马克思哲学来说，不但它的辩证、历史本质和实践本质是内在统一的，而且它的唯物主义本质和实践本质也是有机统一的。

这是因为，在马克思那里，既承认自然界的先在性、外部物质世界的客观性，同时又主张用人类历史、人的实践观点去审视先于人类而存在的自然界和物质世界：它们所以表征出先在性和客观性，显然是以人类历史和人类实践为坐标系的，离开了人类这一坐标系，就无所谓什么先在性和客观性（但有自在性）。

其次，那些尚未被人的活动所触及、与人完全分离的存在物，对人来说，虽然是自在地存在的，但却不是现实感性地存在的。它们同人类只有外在的、

---

① 《马克思恩格斯全集》第 46 卷（上），人民出版社 1979 年版，第 487 页。

潜在的、抽象的联系，而不具有现实的对象性关系。"世界"只有作为人的生命、人的活动的感性对象，对现实的人才有现实的意义。正是从这种意义上，可以说那些"抽象的、孤立的、与人分离的自然界，对人来说也是无"。只有"在人类历史——人类社会的产生活动——中生成着的自然界"，才"是人的现象的自然界"①。

因此，如果自然界和外部物质世界是人的实践和历史活动得以发生和展开的客观前提的话，那么，人的实践和历史活动就是自然界和外部世界向人类显示其先在性、客观性以及由自在之物转化为现实的对象性存在物的内在根据。用客观物质世界规定人的实践本质同用实践的观点把握客观物质世界的本质是统一的。

这种统一是哲学世界观所必然要求的。因为，真正严肃而系统的哲学世界观，是人们关于包括人在内的整个世界图景的一种理论；而哲学地把握世界，是以人与世界的基本关系为其主题的。这就是说，哲学对世界的理性把握不是离开人的；哲学对人的理性把握不是离开世界的。从世界和人的相关视角把握自己的对象，正是哲学思维方式的最基本的特点。

唯物主义的实践和实践的唯物主义的辩证而历史的高度统一，是马克思新哲学世界观诞生的主要秘密地，也是马克思新哲学世界观的显著特性。马克思在 1845 年春写的《关于费尔巴哈的提纲》，是包含着新世界观天才萌芽的第一个重要文件。在那里，马克思原则上划清了自己的新世界观同旧哲学世界观的基本界限，勾画了自己哲学的基本原则和主要特性。这就是对人和世界及其关系的彻底的唯物主义的社会实践的把握。正是在这里，马克思筑

---

① 马克思：《1844 年经济学—哲学手稿》，人民出版社 1979 年版，第 45 页。

起了自己哲学同旧哲学的分水岭，奠定了自己新哲学世界观的理论基石。

在马克思看来，离开主体人的方面去把握人周围的世界，或者离开人周围的世界去把握作为主体的人，都只是片面的"真理"，而不可能获得全部的"真理"。然而，马克思哲学产生之前的旧唯物主义哲学和唯心主义哲学，则都犯了从一个方面去把握研究对象的片面性错误："从前的一切唯物主义（包括费尔巴哈的唯物主义）的主要特点是：对对象、现实、感性，只是从客体的或者直观的形式去理解，而不是把它们当作感性的人的活动，当作实践去理解，不是从主体方面去理解。因此，和唯物主义相反，能动的方面却被唯心主义抽象地发展了，当然，唯心主义是不知道现实的、感性的活动本身的。"①

这里，马克思既批判了唯心主义只是从人的、主体的、甚至是精神的方面，而不同时从客体的、物的方面去理解现实世界的错误，又批判了旧唯物主义只从物的、客体的方面而不同时从人的、主体的方面去理解现实世界的错误；指出了唯心主义和旧唯物主义哲学失足的共同根源，在于它们不了解人周围的这个现实感性世界，既不是由人、更不是由思想观念凭空创造出来的——唯心主义哲学却认为是这样的，也不是由纯粹物质自然界自然而然地产生出来的——旧唯物主义哲学却是这样认为的。旧哲学所以不能真实而全面地把握这个直面于人的世界，不能科学地把握人和世界及其基本关系的实质，说到底是因为它们不了解人的现实的、感性的、批判的实践活动及其意义。

正是这种对象性的实践活动，决定了我们必须从主体和客体历史地、辩

---

① 马克思、恩格斯：《费尔巴哈》，人民出版社1988年版，第87页。

证地统一的视角，去把握人和世界及其基本关系。唯其如此，才有可能真正把握它们的哲学实质。

（二）用对象化实践去审视人和人周围的世界

马克思哲学世界观在承认自然物质世界的先在性的前提下，从人类的历史实践活动出发，既从人的、主体的方面，又从物的、客体的方面去全面地理解和把握人周围的感性世界，以及这个感性世界同物质世界、同人类历史的内在关联性，从而克服了旧唯物主义哲学和唯心主义哲学的各自片面性，在人类哲学发展史上，划时代地创造了一种崭新的世界图景理论，提供了一种崭新的哲学思维方式。

马克思从自己新的世界观和方法论出发，去审视和把握研究对象，认为对人周围的现实世界、对人本身、对人类社会、对人类历史、对人和世界的关系，都必须用对象性的实践活动去理解和把握，所谓从主体和客体相统一的角度去理解世界，也就是从实践活动的方面去理解。

因此，在马克思的哲学世界观和方法论看来：

1. 自然的物质世界是先在于人类而存在的，并且是人类社会、人类实践和人类历史产生和发展的客观前提。但是，哲学地把握先在的自然世界同人类产生之后而形成的现实的、属人的感性世界的关系，不是把现实的感性世界还原为自然世界，而是从自然世界走向现实的感性世界；自然世界是感性世界的前提和基础，感性世界由自然世界经人类的实践创造活动转化而来，是自然世界的延伸和发展，是更高形态的客观世界。如果简单地把现实的感性世界还原为自然世界；只看到自然世界而无视现实的感性世界；简单地用自然世界去规定和说明现实的感性世界，那么，这种哲学就是一种直观的、形而上学的、自然的唯物主义。

　　费尔巴哈的唯物主义就是这样一种自然主义的、消极无为的直观唯物主义。他不知道，人周围的感性世界是人类实践和历史活动的产物；"先于人类历史而存在的那个自然界，不是费尔巴哈生活其中的自然界；这是除去在澳洲所出现的一些珊瑚岛以外今天在任何地方（当然是就地球而言的——引者注）都不再存在的，因而对于费尔巴哈来说也是不存在的自然界。"① 马克思同费尔巴哈相反，不是把感性世界"拉回"到自然世界，而是从自然世界走向活生生的现实感性世界。马克思所主张和弘扬的新哲学，就是这样一种同人周围的这个现实世界同呼吸共命运的时代哲学。这种新哲学不再像旧哲学那样对现实世界持静观冷漠的消极态度，也不再像旧哲学那样只对现实世界的境遇和命运做孤寂玄思的空洞遐想，而是把主体和客体的统一原则、历史的和实践的原则以及现实人的命运和责任赋予这个感性世界，从而为批判和变革旧的现有感性世界和创造新的理想感性世界，奠定了牢固的哲学理论基础。

　　2. 必须坚持用对象性的实践活动去理解人周围的感性世界。这个感性世界是建立在自然世界基础上的，但又是不同于原始的、与人分离的那个自然物质世界。它除了具有一般物质世界的属性外，还有一种人的属性，人的社会和历史的属性。这个感性世界是人类历史实践活动的产物和结晶，而决不是开天辟地以来就已存在的、始终如一的东西。

　　显然，它既不是纯粹的自然存在物，也不是纯粹人和人的观念的外化，而是历史的人根据外部世界的物的原则和主体自身的人的原则，通过历史的、对象性的实践活动建构起来的属人的现实世界。因此，只有把它当作历史人

---

　　①　马克思、恩格斯：《费尔巴哈》，人民出版社 1988 年版，第 21—22 页。

的实践活动的产物去理解和把握，才能穿透它的表层重帷而透视其底蕴，揭示其本来面目和内在本质。只有"按照事物的本来面目及其产生情况来理解事物"①，从人类的历史实践活动方面去理解和把握这个现实的感性世界，才是真正的、彻底的、合理形态的唯物主义。只从纯粹自然世界、物质世界方面去理解和把握这个现实的感性世界，也就背离了"按照事物的本来面目及其产生情况来理解事物"的唯物主义基本原则，至多只能达到自然主义的、直观的唯物主义水平，而决不可能成为马克思的合理形态的唯物主义。

3. 不但需要从实践活动方面理解感性世界，而且同样应从实践活动方面去理解现实的人。在马克思那里，实践活动已不再是人的一个特征和功能，而是上升为人的一种主要本质了，即"人的实践"已提升为"实践的人"。离开了实践创造活动，人的生命、人的本质就根本不存在，人就不成其为真正的现实的人。真正现实的人，必定是"从事活动的，进行生产的"②。

在黑格尔的唯心主义哲学中，人是意识和理念的化身，人被等同于自我意识。而在费尔巴哈的唯物主义哲学中，人是自然界的产物，人是一种自然的人。马克思哲学不否认人的意识特性和自然属性，但它认为人的更深刻本质在于实践活动。现实的人就是实际活动着的对象性的存在物。马克思哲学所以承认人的自然前提，"不是为了……陷在里面，而是为了从这里上升到'人'"③；马克思哲学所以正视人的观念、意识特性，也不是为了把人归结为某种神奇的理念，而是为了从这里上升到真正的"人"。马克思把现实的人

---

① 马克思、恩格斯：《费尔巴哈》，人民出版社 1988 年版，第 20 页。
② 同上书，第 15 页。
③ 《马克思恩格斯全集》第 27 卷，人民出版社 1972 年版，第 13 页。

看作是"有形体、赋有自然力的、有生命力、现实的、感性的、对象性的存在物，这就等于说，人有现实、感性的对象作为自己的本质、自己的生命表现的对象；或者等于说，人只有凭借现实的、感性的对象才能表现自己的生命"①。

人作为对象性的存在物，也就是实践性的存在物。因为，正是在实践活动中，人才同周围世界发生了对象性关系，世界才成为人的对象，人才成为世界的对象；人也才能作为现实的主体而存在，才能完整地呈现和获得人的丰富本质，作为真正、现实的人而表现自己的全部生命。因此，马克思认为，人的真正本质主要地不是由他的自然属性规定的，而是由人的社会实践和历史活动决定的，人作为活生生的主体，也不是由他的自然属性导致的，而主要是由人自己的社会实践活动所造成的。

人作为"真正的主体不是以纯粹自然的、自然形成的形式出现在生产过程中，而是作为支配自然力的那种活动出现在生产过程中"②。马克思哲学世界观如果有某种出发点的话，这种出发点就是实践创造着的主体、"从事实际活动的人"，而不是自然人，也不是人的意识。

对现实人的实践理解和把握，是马克思哲学超越一切旧哲学的重要里程碑，是马克思哲学比一切旧哲学更高明的重要标志，也是马克思哲学最富有自己特色、最富有理论创新、也最令人神往的天地之所在。它为扫除旧哲学在这个天地里的唯心主义迷雾、彻底贯彻自己合理形态的新唯物主义世界观和方法论，找到了一条至关重要的新路径。

4. 从感性的、对象性的实践活动去理解现实的人和人周围的感性世界，

---

① 马克思：《1844 年经济学—哲学手稿》，人民出版社 1979 年版，第 120—121 页。
② 《马克思恩格斯全集》第 46 卷（下），人民出版社 1980 年版，第 113 页。

也必然意味着要用实践的观点去把握人和世界、主体和客体之间的基本关系。马克思从对象性的社会实践活动出发，揭示了现实人是由于自己的实践活动，才建构起他对周围世界的整体性关系的。

人之所以从自然界和动物界提升出来作为人、作为主体出现在世界上，并同周围世界发生人的关系，是因为人对世界的改造和实践活动，使世界成为人的对象，从而发生"为我"的关系。动物没有这种关系，也根本不对什么东西发生作为关系的关系，就是因为动物没有属人性的实践活动。

人对世界的基本关系除改造的关系外，最主要的还有认知、评价、审美的关系，而所有这些关系都是从实践活动中派生出来的，是以实践活动为基础的。再说，人对世界的实践关系本身就是一种整体性的关系。因为，人的实践活动是作为主体的人把自己的全部本质力量对象化出去、并同周围世界互为交换的统一过程，而人同世界不同本质力量的互为对象化过程，也就是不同关系的形成和展现的过程。

同时，在实践活动过程中，不但要发生人对自然的关系，而且还要发生人对人的社会关系；不但要发生现实人同现实人的关系，而且还要发生现实人同历史的人、未来的人的关系。正是在人和世界的实践关系中，孕育着我们这个现实的感性世界；隐藏着我们这个现实感性世界的一切秘密；驱动着我们这个现实感性世界的发展和走向。

（三）不了解实践观，就等于不了解马克思哲学的实质

正是由于对现实世界、现实人和现实人同现实世界之间基本关系的实践性把握，所以在马克思哲学看来：

自然对人类说来有先在性，但对人类来说，现实自然界是由人的实践活动而生成的；有人的实践活动，才会有这种不断人化着的现实自然界；"只要

有人存在，自然史和人类史就彼此相互制约"①。

从自然史和人类史的相互作用和人的实践方面去关注、把握现实的自然界，就是马克思哲学自然观的主要实质之所在。

"社会生活在本质上是实践的"；社会共同体本质上是"由劳动者本身创造出来的共同体"；人类的社会关系都是从"以一定的方式进行生产活动的一定的个人"② 中产生的。对社会生活的实践把握，就是马克思哲学社会观的主要实质之所在。

历史——真正的人类历史又是什么呢？它不是"象唯心主义者所认为的那样，是想象的主体的想象活动"，"历史不过是追求着自己目的的人的活动而已"，"全部所谓世界史不外是人通过人的劳动的诞生"③。对人类历史的实践把握，就是马克思哲学历史观的实质之所在。

人的思维最本质、最切近的基础，是人的实践活动所引起的自然界和周围世界的变化；人的智力是实践活动中发生和发展起来的；人的认识、理论、意识和观念以及语言都是以实践为基础的；它们的真理性必须由实践来检验，一切意识形态、理论观念的神秘东西，"都能在人的实践中以及对这个实践的理解中得到合理的解决"④。对认识、观念的实践把握，就是马克思哲学认识观（认识论）的主要实质之所在。

人是什么？人的本质是一切社会关系的总和，而对象性的实践活动就是

---

① 《马克思恩格斯全集》第 3 卷，人民出版社 1972 年版，第 20 页。

② 分别参见《费尔巴哈》，人民出版社 1988 年版，第 85 页；《马克思恩格斯全集》第 46 卷（上），人民出版社 1979 年版，第 501 页；《费尔巴哈》，人民出版社 1988 年版，第 14 页。

③ 分别参见《马克思恩格斯全集》第 2 卷，人民出版社 1957 年版，第 118—119 页；《1844 年经济学—哲学手稿》，人民出版社 1979 年版，第 84 页。

④ 参见马克思《关于费尔巴哈的提纲》，第 8 条。

人同自然、人同人的一切关系的总和；"人们的存在就是他们的实际生活过程"；现实生活着的人就是"实际活动着的人"；实践是人的自我创造的活动，人在改变周围世界的同时，也在改变着自身，而"环境的改变和人的活动或自我改变的一致，只能被看作是并合理地理解为革命的实践"[①]。对人的实践把握，就是马克思哲学人学观（人的理论）的主要实质之所在。

对人和世界的基本关系、主体和客体的基本关系的辩证把握，在人的实践活动中把握人和世界、主体和客体之间的矛盾统一、历史统一；在现存世界中把握应有的理想世界，在肯定中看到否定，在批判旧世界中发现新世界，在变革旧世界中创造新世界，这就是马克思哲学革命的、批判的、彻底的辩证法的灵魂。离开了人的实践活动和历史活动，就不可能真正理解和掌握马克思哲学辩证法的精髓。

由此看来，马克思的新唯物主义，可以说就是"实践活动的唯物主义"。马克思的哲学，可以说就是辩证的、历史的、实践的一体化的哲学。

马克思哲学中的自然观、社会观、历史观、认识观和人学观是有机统一的，人和周围世界、主体和客体之间也是内在统一的，这种统一最本质、最切近的基础就是人的实践活动。这就是说，科学的实践观在马克思哲学中占有关键性的地位。不了解科学实践观，也就等于不了解马克思哲学的实质。对人和世界及其关系的实践理解，是马克思哲学的基本特点。科学实践观在马克思哲学中占有主导性地位。而科学、合理的实践观的确立，是马克思新哲学世界观崛起的根本标志。这个新世界观的崛起，终于铸造和实现了人类哲学发展史上的一场伟大的革命变革，有着不可估量的哲学理论价值和时代

① 马克思、恩格斯：《费尔巴哈》，人民出版社 1988 年版，第 84 页。

的现实意义。①

四 马克思哲学的使命不只解释世界更在于改变世界

在认识源泉问题的讨论中，有些同志认为，在马克思主义哲学认识论中，一方面说实践是认识的源泉、前提和基础，实践是第一性的；但另一方面又说，实践是受认识、理论、观念指导的，实践是主观见之于客观的活动。

这里，实践成了在一定观念、思想指导下的活动，它不是第一性的，而是派生物了。如此表述，有可能导致逻辑混乱和哲学上的二元论。于是，这些同志就主张：只提实践是认识的基础，而不提实践是主观见之于客观的活动。对此主张，笔者不敢苟同。

辩证唯物主义认为，一方面，认识依赖于实践，实践是认识的前提和基础。另一方面，实践是认识的目的，认识为实践服务、指导实践——使实践成为一种主观见之于客观的活动。辩证唯物主义哲学关于实践在认识论中的地位和作用的科学规定（笔者简称为"二重规定"），是符合马克思主义哲学认识论的本质特征的。我们知道，马克思主义哲学在认识论上的革命变革的根本原因，不仅仅是因为它把辩证法运用于反映论，而更为重要的是它把实践的观点引入了认识论，从而创立了区别于一切旧哲学的、以实践观点为轴心的科学的认识论。

马克思主义哲学产生之前，一切旧哲学家们都未能自觉地意识到实践在认识论中的首要地位和决定作用，未能科学地解决认识和实践的关系。相反，马克思主义哲学，特别是它的认识论的最本质特性之一，"是它的实践性，强

---

① 参见本人论文：《论马克思哲学与实践观》，载《河北学刊》1992 年第 3 期。

调理论对于实践的依赖关系，理论的基础是实践，又转过来为实践服务。"①毛泽东继承和发展了马克思、列宁关于人们在社会实践活动中，认识"从生动的直观到抽象的思维，并从抽象的思维到实践"②的原理，不但把这个原理具体化为以实践为基础的两个"飞跃"，即从感性认识到理性认识和从理性认识到革命实践的飞跃，而且全面地、深刻地阐述了实践在认识论中的地位和作用。他指出，实践是认识的源泉、认识的前提、认识产生和发展的动力，即实践是认识的基础。同时，实践又是检验认识真理的标准，是认识的目的、归宿，亦即认识指导实践、为实践服务。

实践在认识论中的这种地位和作用，毛泽东同志还用准确、简练的公式："实践—认识—实践"来概括。在马克思主义哲学认识论看来，只讲实践是认识的基础，而不讲认识指导实践，对于完整的认识过程来说，不过是"只说到问题的一半，而且对于马克思主义的哲学说来，还只说到非十分重要的那一半"③。反之，如果只说由认识到实践的飞跃，而不首先肯定由实践到认识的飞跃，那么，就会偏离唯物主义反映论的轨道而陷入唯心主义的泥坑。

因此，为了坚持哲学认识论上的马克思主义哲学路线，我们就必须坚持实践在认识论中的地位和作用的"二重规定"：既肯定实践是认识的基础，又承认认识指导实践，实践是主观见之于客观的活动。这种"二重规定"说，无疑是马克思主义的观点。

马克思主义哲学与旧哲学在认识论上的本质区别，也就在这里。

实践在认识论中的地位和作用的"二重规定"之所以是科学的，因为它

---

① 《毛泽东选集》第 1 卷，人民出版社 1991 年版，第 284 页。
② 《列宁全集》第 55 卷，人民出版社 1990 年版，第 142 页。
③ 《毛泽东选集》第 1 卷，人民出版社 1991 年版，第 292 页。

是人们对认识和实践的矛盾运动进行科学抽象的结果。

在现实形态上，认识和实践的真实关系被一种犬牙交错、齐头并进、没有谁规定谁的表面现象掩盖着。换句话说，我们一方面看到任何认识、思想、理论、计划都来源于实践，另一方面又不能不承认任何实践活动都必须先有意识、思想、计划的指导。似乎认识和实践的相互关系，只具有同时的相关性，而不具有何者居先、何者派生的规定性和分离性。这种矛盾的表面现象，使人们看不出在认识和实践的关系中，实践占据着首要的地位和起着决定的作用。

当然，我们并不反对从时间的持续性和现实形态上去考察认识和实践的矛盾运动。但是，马克思主义哲学认为，为了科学地说明和把握它们之间本来的、真实的关系，可以而且必须把它们从持续运动的链条上抽取一个完整的环节，去进行科学的考察和规定。而这样一来，我们就不难发现，任何认识、思想、理论、目的、计划，相对先前的、以往的实践活动，它们是派生的、是第二位的、是被决定的；但相对其以后的、未来的实践活动，它又有巨大的反作用，并且指导和支配其未来的实践活动。这是前后两个阶段实践的辩证统一。

显而易见，实践既是认识的基础、来源、前提和认识发展的动力；同时，又是认识的目的，是受认识、理论指导的，亦即实践是主观见之于客观的活动。由此，我们就能够做出实践在认识论中——认识过程中的地位和作用的科学的"二重规定"。这无论是在实际上，还是在逻辑上都完全符合毛泽东的"实践—认识—实践"的科学概括。有些人之所以对实践在认识论中的地位和作用的"二重规定"提出诘难，原因之一是被认识和实践相互关系的表面矛盾现象所迷惑。

实践在认识论中的地位和作用的"二重规定"之所以是科学的，因为它符合人们认识世界和改造世界的逻辑层次。毛泽东指出："不论做什么事，不懂得那件事的情形，它的性质、它和它以外的事情的关联，就不知道那件事的规律，就不知道如何去做，就不能做好那件事。"①

由此可见，在没有认识某个对象之前，就不可能产生改造这一对象的科学的、具体的目的和设想，更不可能形成如何去改造的实践计划，因而谈不上认识、理论指导实践，也不会产生有目的、有计划改造某一对象的主观见之于客观的实践活动。换言之，人们首先应该通过一定的实践活动（这种实践活动可视为初级的，它主要以认识事物为直接目的），在获得大量的感性材料，经过科学抽象、思维加工整理，达到理性认识，并以此为根据，制定出一定的实践目的、设想、计划之后，才能在这些目的、设想、计划指导下，进行合目的的、合规律的、亦即主观见之于客观的实践活动（这种实践活动可视为高级层次，主要以改造事物，创造人造物为直接目的）。

因此，从认识世界和改造世界的逻辑层次来说，人们为了有效、能动地改造事物，首先必须通过初级的实践活动去认识和理解客观事物，只有在初级阶段的实践活动的基础上，获取了客观事物的性质、发展规律的知识，形成一定的目的、计划之后，才能进入以改造世界为直接目的的高级阶段的实践过程。如果说在实践活动过程的初级阶段，一般主要地表现为能动地认识事物、获取知识、理论的话，那么，在实践活动过程的高级阶段，则一般主要地表现为认识、理论等主观性的东西指导实践。

人们认识世界和改造世界的这种客观的、必然的逻辑层次，决定了作为

---

① 《毛泽东选集》第 1 卷，人民出版社 1991 年版，第 171 页。

一个笼统的、概括的、包括初级和高级两个相互区别层次的"实践"范畴，在认识论中所占的地位和所起的作用的理论表述和理论规定，必然是"二重性"的。一方面实践是认识的基础，另一方面实践又受认识、理论的指导——是一种主观见之于客观的活动。在马克思主义哲学看来，实践活动不是一个一次性的、静止的、孤立的系统，而是一个联系的、由低级到高级不断发展的动态系统。

实践活动作为一个发展的过程，它有以认识世界为主的初级阶段和以改造世界为主的高级阶段之分。而这种区分又是与人们认识世界和改造世界的逻辑结构层次相一致、相吻合的。上述两种情形体现在辩证唯物主义的认识论中，就是对于实践在认识总过程中的地位和作用的"二重规定"。

实践在认识论中的地位和作用的"二重规定"，所以是科学的，还因为它是建立在对实践活动"二重功能"的科学分析的基础上的。

前面我们从实践活动有一个由初级到高级的发展过程以及人们认识世界和改造世界的逻辑层次的动态角度，说明了"二重规定"的正确性。那么，如果对"实践活动"做静态的分析，"二重规定"是否有科学根据呢？回答是肯定的。我们知道，任何一个实践活动，从微观的方面说，一般都有两大基本功能：一是能动地决定、推动认识的产生和发展；二是能动地、创造性地改造世界。

实践作为认识的基础，是根据实践活动的第一种功能来规定的；实践作为认识的目的，受认识指导，是根据实践活动的第二种功能来规定的。而且依据实践活动的上述两种功能，我们还可以具体地分为两种狭义的实践：能动地认识世界的实践和能动地改造世界的实践。当然，这种区分是经过科学抽象的，在现实中，实践活动一般总同时具有上述两种功能。

其实，仔细分析起来，我们认识论中讲的"实践—认识—实践"，以及实践在认识过程中的地位和作用的"二重规定"，其前后两个"实践"是已经过抽象了的，在含义、作用、功能上都不尽一致的。前一个"实践"作为认识产生和发展的基础，是认识的起点和前提；后一个"实践"作为在一定观念指导下的改造世界的实践活动，是认识的目的和归宿。正由于实践活动客观上存在着认识世界和改造世界的"二重功能"，所以人们往往在不同的意义、不同的含义上使用"实践"这一范畴。

不难发现，当马克思主义经典作家们说认识、观念来源于实践的时候，他们指的是认识世界的实践，或者说是在实践活动的认识世界这一功能意义上使用"实践"范畴的，在"实践—认识—实践"的公式中，就是前一个"实践"。当他们说实践是主观见之于客观的活动的时候，指的是改造世界的实践，或者说是在实践活动的改造世界这一功能意义上使用"实践"范畴的，在"实践—认识—实践"的公式中，就是后一个"实践"。

由于"实践—认识—实践"这一公式中前后两个实践其含义、作用、功能有明显的区别，前者是初级阶段的实践活动过程，后者是高级阶段的实践活动过程，为了准确起见，以免误解，笔者认为可以在后一"实践"的右上方再加上一撇，即写成"实践—认识—实践′"，以示与前一实践的区别。

有些同志没有注意到经典作家们往往在不同意义上使用"实践"范畴，没有意识到实践—认识—实践这一公式中前后两个"实践"是有着不同含义、不同作用的，不了解实践在认识论中的地位和作用的"二重规定"。因而做出了"自相矛盾"、"逻辑混乱"、"二元论"的错误结论。[1]

---

① 参见本人论文：《试说实践在认识论中的地位和作用的"二重规定"》，载宁夏《社会科学》1984年第3期。

五　马克思的"感性世界"理论

马克思所称"感性世界"，盖指那些包括主体人及其活动在内的、经人改变或由人创造的属人对象和人为系统。人为性、人化性和人的现实命运的相关性，是其真正实质，"现实的、感性的人"，"人的现实的自然界"，现实的、感性的社会，是其基本内容；感性的实践活动是其现实基础，而感性世界的独立性和整体性，感性世界的主体性和客观性，感性世界的历史性、现实性和未来性，感性世界的人化性和异化性，感性世界的解释性、评价性和改造性，则共同构成其基本特征。

近年来，我国哲学界越来越多的人认为，马克思当年的哲学变革的实质及其意义，既不能简单地理解为用辩证法充实了一般的唯物主义，也不能笼统地归结为用唯物主义改造了辩证法，而倾向于按照马克思本人的提法，即旨在改造周围的感性世界和现存事物的"实践唯物主义"。当然，这不仅仅是概念、名称、提法的变换，而且直接涉及对马克思哲学的性质、内容、体系、对象和功能的不同理解。笔者认为，要真切地把握马克思的哲学本性，首先应研究马克思的"感性世界"理论。因为马克思的"感性世界"理论，正是他的实践唯物主义的发源地、基石和主要内容。

（一）聚焦：现实的感性世界

自古以来，哲学就是一门典型的人文学科。它的本性规定了它的基本职能是：关注、沉思和导引人及其周围世界的境遇和命运。当然，它是以理性为羽翼，以逻辑为力量，以整体为特色，以真善美为鹄的的。马克思的实践唯物主义对人和现实世界命运的关切，超过了历史上的任何一派哲学。但是，马克思从一开始就是在非常现实的意义上去拥抱这个感性的、活生生的人和世界的。他反对抽象玄妙的空洞侈谈和醉心淡漠的自我直观。正如施密特所说："在马克思看来，'世界'不是形而上学地把握了的宇宙，而在本质上是'人的世界'。"① 这个"人的世界"，就是人们自己创造和生活于其中的现实的感性世界，是人类世世代代实践活动的结晶，是打上了人的烙印和本质力量的对象性存在。对这个包括人自身在内的现实的感性世界，马克思曾用许多类似的概念来表达，例如，"现实世界"、"感性客体"、"客体的世界"、"现象世界"等等。这些不同范畴的基本含义，是指被人们改造变革过的或者由人们创造了的、体现人性和物性的"活生生的现实世界"，"使人们成为现在这种样子的周围生活条件"②。具体地说来，"整个现存的感性世界"③，主要包括四大领域："真实存在着的、活动的人"（或"从事实际活动的人"）。"人的现实的自然界"（或"人化了的自然界"）、作为"人们交互作用的产物"的社会（或"人类社会"）和反映人们"现实生活过程"的精神世界。

马克思的哲学和整个学说，正是从这个真实存在着的"人的世界"、活生生的"感性世界"出发的。因为，在马克思看来，只有感性的、现实的存在物，对人来说，才是真实的对象性的存在物；非感性的、非现实的东西，不过是"非对象性的存在物"，"是思想出来的、亦即只是虚构出来的存在物，即抽象之产物"④。换言之，与人分离的、未被人的主体活动触及的存在物，对主体人来说，只有外在的、抽象的关系，而不是现实地、感性地存在的，世界只有作为人的活动的感性对象和感性产物，对人才有现实的意义。

---

① 施密特：《马克思的自然概念》，商务印书馆 1988 年版，第 102 页。
② 《马克思恩格斯全集》第 4 卷，人民出版社 1972 年版，第 236 页。
③ 马克思、恩格斯：《费尔巴哈》，人民出版社 1988 年版，第 21 页。
④ 马克思：《1844 年经济学—哲学手稿》，刘丕坤译，人民出版社 1979 年版，第 122 页。

以自然为例，那种"抽象的、孤立的、与人分离的自然界，对人说来也是无"。而"在人类历史——人类社会的产生活动——中生成着的自然界"，才"是人的现实的自然界"①。至于人本身、社会、精神等，也只有从"人的"、"主体的"、"对象的"、"感性的"和"活动的"方面去理解，才有现实的意义。

一旦马克思对人及其周围的世界采取了这种"人的"、"现实的"、"实践的"感性态度，就必然要重新反思哲学本身。他强调，哲学和哲学家应该关注和切入人周围的感性世界，"任何真正的哲学都是自己时代精神的精华"，它是自己的时代、自己的人民的产物。这不但说明了哲学和哲学家对"自己的时代、自己的人民"的依赖性，而且更指明了哲学和哲学家对时代、人民——感性世界的应有的现实责任感。哲学家不应该是自我吐丝织网的蜘蛛，而应该是高擎着燃烧火焰的普罗米修斯；他不应该是到夕阳黄昏才醒来的密纳发的猫头鹰，而应该是黎明来临前就报晓的雄鸡。这也就是说，"哲学不仅从内部即就其内容来说，而且从外部即就其表现来说，都要和自己时代的现实世界接触并相互作用。"因此，马克思确定不移地主张哲学家的现实职责和历史使命，就在于使哲学"成为世界的哲学，而世界也成为哲学的世界"②。

这样一来，马克思所主张和弘扬的哲学，就不再像旧哲学那样，是冷落现实世界、游离于时代和人民、不关切周围感性世界境遇和命运的孤寂遐想。他驱逐了那些"脱离现实的活动"的魔术般的玄妙"咒语"③；并且进而找到了从"抽象王国通向活生生的现实世界的道路"④。总之，当马克思一开始步

---

① 马克思：《1844 年经济学—哲学手稿》，刘丕坤译，人民出版社 1979 年版，第 131 页。
② 《马克思恩格斯全集》第 1 卷，人民出版社 1956 年版，第 120、121 页。
③ 同上书，第 120 页。
④ 《马克思恩格斯选集》第 4 卷，人民出版社 1972 年版，第 236 页。

上自己的哲学生涯和理论生活的"起跑线"时，现实的感性世界、即人的世界的状况和命运，就成了他的哲学思维的出发点和"聚焦点"，从而使自己的哲学大厦以及整个思想理论体系牢牢地建筑在这个感性世界上，这不但导引着他一生理论活动的基本思路，而且也铸造着他整个生命活动的悲壮航程。

（二）建构：感性世界的基本规定

当马克思把自己的哲学思维确立在感性世界的现实基础上之后，就风尘仆仆地开始从理论和实践上去建构这个属人的"感性世界"，并为人类争取实现一个更加合乎人道的、更加理想的"感性世界"而奋斗了终生。我们虽然不敢断言马克思已经建立了"感性世界"的完整的理论体系，但说马克思给我们留下了十分丰富的"感性世界"理论及其方法论原则，确是毋庸置疑的。广义地讲，马克思的整个理论、学说——包括他的哲学、社会学说、政治经济学和科学社会主义理论，实质上都可以归结为"感性世界"的理论，或者说它们都是以这个"感性世界"的现实境遇和未来命运为其出发点、核心和归宿点的。我们主要从哲学角度去归纳和分析马克思的"感性世界"理论。

1. 感性世界的范围和内涵

正如我们在前面所指出的，马克思在不同的情况下，曾使用了"人的世界"、"实践的、创造的世界"、"对象世界"等不同的概念去说明人及其周围的现实世界。但这些不同概念所涵盖的对象范围和本质内涵，则是基本一致的。感性世界的范围，就是人的感性活动、实践活动所及的、被"置于人的统治之下的"、人们生活于其中的、"使人们成为现在这种样子的"、"活生生的现实世界"。换句话说，只有同人发生了现实感性的相互作用——即实践活动的对象界，或者说，那些呈现和表现为人的实践活动的对象、材料、手段、结果以及主体人、主体人的各种活动本身的现象和过程，才称之为人的现实的感性世界。因此，现实的感性世界不包括或者说排除了这样几类现象：与人的一切活动尚未发生任何关系、人类不知不晓和未能触及的天然自然界，与人的思维认识发生了观念关系、已作为认识对象而存在，但尚未被人改造过或人无法变革的对象物，如太阳、银河系或人类已观察所及的约 100 亿光年的天区等；人类所虚构的不合实际的、无法实现的"虚幻世界"，如宗教中的"天堂"、"地狱"、妖魔鬼怪、"乌托邦"式的理想王国等（它们作为人的精神活动产物属于感性的精神世界，这与我们这里讲的当属另一回事）。

当然，在人的实践关系和价值关系之外的、尚未成为人的世界的感性现实的天然世界，并不是不存在的，也并不是不可认识的。马克思承认它们的客观存在性和本体论意义上的先存性。因为没有这种原始的先在自然，人的存在和人与自然的关系就无从谈起，"没有自然界，没有外部的感性世界（这里指已改造或创造的人为环境——引者），劳动者就什么也不能创造。自然界、外部的感性世界是劳动者用来实现他的劳动，在其中展开他的劳动活动，用它并借助于它来进行生产的材料"[1]。不过，尽管在人为的感性世界里，在人与自然的实践、价值关系中，"外部自然界的优先地位仍然会保持着"，但这种"优先性"、天然的原始自然与人为感性世界的"这种区别"，"只有在人被看作是某种与自然界不同的东西时才有意义"[2]。离开了与它不同的、与它相对的人或人为的感性世界，在整个原始的天然世界中，就无所谓有什么"优先地位"。

从感性世界的所及范围，我们也就大致可以明了感性世界所指的内涵。

---

[1]　马克思：《1844 年经济学—哲学手稿》，刘丕坤译，人民出版社 1979 年版，第 45 页。

[2]　马克思、恩格斯：《费尔巴哈》，人民出版社 1988 年版，第 16 页。

简单地说，所谓感性世界，就是指那些包括主体人及其活动在内的、经人改变过或由人创造的属人对象和人为系统。它是人们生活于其中的、与人直接发生生命的、实践的和人的价值的关系的周围一切，是人类自己世世代代活动、劳作的结果。因此，感性世界内涵的真正实质，就在于它的人为性（人工性）、人化性和与人的现实命运的相关性。人为性、人化性就是指感性世界的属人性质以及与人的实践活动的内在关联性。人所面对的这个感性世界，不是自满自足、自存自在的天然世界，它们是人们自己塑造和创作的结果，是人自身本质力量的外在化和对象化的积淀。它们或者是人控的对象——人只施加某种控制，但未改变其天然状况，如自然保护区等，或者是人改的对象——已被人改变过的对象，或者是人造的对象——人们活动的创造结果。与人的现实命运的相关性，就是说，人们既不生活在一个与人尚未发生实践关系的原始的、天然的世界，也不生活在一个海市蜃楼式的"虚幻世界"，而是生活在眼前这个实实在在的"感性世界"。它可望可及、可摸可触、可改可变。说穿了，这个感性世界就是人们自己，是他们的生命、他们的生活、他们的境遇、他们的苦难、他们的喜悦、他们的烦恼、他们的希望……总之，是他们的自画像和现实命运。

2. 感性世界的类别及其统一性

这个直面于人的感性世界不知要比外在于人的天然世界复杂多少倍。它在内容上千差万别，在形态上千姿百态，在外表上斑驳陆离。马克思不是一位社会现象的分类学家，没有将这个感性世界做过详尽而具体的分类，但从马克思的理论思路和大量的有关论述来看，他也有自己的原则性意见，而且在有的感性世界领域，如"人的"、"社会的"领域进行过卓有成效的研究。这里，我们不可能全面分析马克思有关的论述，只是就其基本思路做一初步概括。

第一，"现实的、感性的人"。这可以说是感性世界的主体、统帅部分。因此，马克思留下了大量论述，尤其在他理论生涯的早期阶段，更是如此。因为，"我们的出发点是从事实际活动的人……这种观察方法并不是没有前提的。它从现实的前提出发，而且一刻也不离开这种前提。它的前提是人，但不是处在某种幻想的离群索居和固定不变状态中的人，而是处在现实的、可以通过经验观察到的、在一定条件下进行的发展过程中的人"[①]。对现实的感性人，马克思主要涉及这样几个方面的内容：人与一般动物的关系，作为自然的人和作为人的人——人是自然人和文化人的统一；人与自然的关系——人来自并依赖自然，而又认识、改变、支配自然；个体人与社会人的关系——"全部人类历史的第一个前提无疑是有生命的个人的存在"，"但是，人的本质并不是单个人所固有的抽象物，在其现实性上，它是一切社会关系的总和"[②]；人的本性、人的需要、人的活动、人的生活、人的价值和人的意义；人的异化、人的命运、人的出路和人的解放；等等。

第二，"人的现实的自然界"。这是感性世界的物质性部分。广义的现实自然等于整个感性世界，因为，人来自自然界，又始终是"自然界的一部分"，而且"人靠自然界生活"；同时，人类亦可以看作是自然的合乎逻辑的进化："历史本身是自然史的一个现实的部分，即自然界生成为人这一过程的一个现实的部分。"[③] 当然，这是就它们的历史联系讲的。就其狭义性而言，马克思在"现实、感性的自然界"或说"人化了"、"人本学分的自然界上的

---

① 马克思、恩格斯：《费尔巴哈》，人民出版社 1988 年版，第 10、85 页。
② 同上书，第 23—25 页。
③ 《马克思恩格斯全集》第 27 卷，人民出版社 1972 年版，第 477 页。

基本观点是：与人分离的纯粹天然的自然界，对人来说是无现实意义的抽象存在物，因而等于'无'，但相对人和感性世界而言，又具有'优先地位'；对人的现实的自然界内涵和实质的科学规定——是人的活动对象、人的作品、人的生命（生活）材料，是'属人的'、并通过实践创造的对象世界"，是"在人类社会的产生过程中形成的自然界"或"真正的、人类学的自然界"等，自然界的人为化、人化与人的自然化（人的本质力量的对象化）的统一性；劳动生产是与自然之间的物质变换；人化自然过程与人化人过程（人自身的发展）的统一性，人化自然过程中自然属性和社会属性的统一性；自然的人化与自然的异化，人的本质对象化和异化的关系及其原因；多人与自然关系的合理、和谐发展；人对自然界的依赖、认识、占有、统治、利用；科学技术、机器工具、社会组织等因素和条件对人的现实自然发展的制约作用和促进作用；等等。

第三，现实的、感性的社会。这是感性世界的中坚部分，也是最复杂的部分。在一定意义上说，感性世界也可以等同于"人类社会"。因为，现实的感性自然，现实的、活动的人，都可以归结到"社会"范畴里来。所以，感性社会是整个感性世界的中坚、身躯、骨架。马克思一生所从事的学说探讨，就主要侧重于研究现实社会的理论（包括政治经济学）。我们这里主要从狭义上理解现实的感性社会，并依此对马克思的感性社会理论简要归纳如下：人类社会的产生及其实质——社会"是人们交互作用的产物"，社会就是社会的"一切关系同时存在而又互相依存的社会机体"①；一切人类社会生存的基本前提——物质生活的生产、新的物质需要的产生和人的生命的生产②，

---

① 《马克思恩格斯全集》第27卷，人民出版社1972年版，第477页；第4卷，第145页。
② 马克思、恩格斯：《费尔巴哈》，人民出版社1988年版，第37、15页。

人创造社会和社会创造人的统一性——"正象社会本身创造着作为人的人一样，人也创造着社会"①；人类社会静态考察的基本结构、要素和动态考察的发展规律、历史过程，即传统讲的"历史唯物主义原理"；社会的异化和政治解放、人类解放；资本主义社会形态和未来社会主义社会形态的理论；等等。

以上是马克思对感性世界的基本分类和大致思路。本来，现实的、感性的精神世界似乎可以独立出来专门作为一个"子世界"，但在整体上，马克思是把宗教、观念、思想、意识等精神现象作为社会结构、要素来考察的，因而我们也把它归到"感性社会"里，而没有抽取出来做专门的分析。

还必须指出的是，尽管我们把马克思关于感性世界的所及内容和范围分为上述三大领域，但丝毫不意味着它们是相互独立、彼此分离的。恰恰相反，马克思始终是从它们的相互联系、相互作用、有机统一的方面去规定和考察它们的。它们是相互关联的有机整体，而不是分崩离析的"独立王国"。它们相互制约而又相互规定，彼此离开了任何一方，"感性世界"都不可能存在和发展下去。它们有着共生、共存和共同发展的特性。所以马克思总是用有机的、整体的、系统的和辩证法的观点和方法，去考察它们的发生、存在和发展，去分析它们的问题，去把握它们的命运和前途。譬如，马克思认为，"人创造环境，同样，环境也创造人。""社会结构和国家总是从一定的个人的生活过程中产生的"②。"只有在这些社会联系和社会关系的范围内，才会有他们对自然界的关系"③。而"整个所谓世界历史不外是人通过人的劳动而

① 马克思：《1844 年经济学—哲学手稿》，刘丕坤译，人民出版社 1979 年版，第 75 页。
② 马克思、恩格斯：《费尔巴哈》，人民出版社 1988 年版，第 37、15 页。
③ 马克思：《1844 年经济学—哲学手稿》，刘丕坤译，人民出版社 1979 年版，第 81 页。

诞生的过程，是自然界对人说来的生成过程"。"人同自然界的关系直接地包含着人与人之间的关系，而人与人之间的关系直接地就是人同自然界的关系"（这里是指男女之间的关系，但也适用于人与其他自然物的关系和社会关系）。"社会是人同自然界的完成了的、本质的统一，是自然界的真正复活，是人的实现了的自然主义和自然界的实现了的人本主义。""共产主义，作为完成了的自然主义，等于人本主义，而作为完成了的人本主义，等于自然主义；它是人和自然界之间、人和人之间的矛盾的真正解决，是存在和本质、对象化和自我确立、自由和必然、个体和类之间的抗争的真正解决。"[①] 因此，在未来理想的"感性世界"，人与自然、人与社会、人与他人、人与人自身应达到和谐的统一，真正的"作为人的人"，应该做自然的、社会的和自身的主人——自由自觉的人。

3. 感性世界的现实基础

感性世界的现实前提和基础问题，在马克思的整个感性世界的理论中，有举足轻重的特殊意义。它是马克思感性世界理论的核心和灵魂，也是马克思实践唯物主义——实践哲学——的秘密所在和真正的发源地。

马克思比旧哲学、特别是比费尔巴哈的高明之处，就在于看到了人所面对的感性世界深层的本质和现实的基础，这就是人的感性活动，即实践活动。费尔巴哈对这个感性世界只从静态的直观去理解，采取自然主义态度，而看不到他周围的感性世界是历史的产物，是人类世代劳作的结果；而且，他对这个感性世界仅仅做单纯的感觉，而不想从实践方面去理解，更不想用实践活动去反对、去改变它。相反，马克思特别强调从实践方面去理解和把握感

---

① 马克思：《1844 年经济学—哲学手稿》，刘丕坤译，人民出版社 1979 年版，第 84、72、75、73 页。

性世界。因为在他看来，感性实践"这种活动，这种连续不断的感性劳动和创造，这种生产，正是整个现存的感性世界的基础"①。这也就是说，离开了这种感性劳动、感性的实践活动，也就根本不会有这个感性世界。因此，马克思常常把感性世界直接看作感性活动，两者具有等价性。他批评费尔巴哈："从来没有把感性世界理解为构成这一世界的个人的全部活生生的感性活动"，而这正是费尔巴哈"重新陷入唯心主义"的致命之处，尽管"费尔巴哈不满意抽象的思维而诉诸感性的直观；但是他把感性不是看作实践的、人的感性的活动"。②

那么，为什么说实践活动是整个感性世界的现实基础呢？这是不难理解的。因为，人的现实自然界是人的本质力量对象化的感性活动的结果，是"人通过自己的活动按照对自己有用的方式来改变自然物质的形态"③ 的结晶，因此，在实践活动中生成的那种自然界，才是真正现实的、属人的自然界。其次，现实的人的本质，就在于他的感性活动。费尔巴哈"把人只看作是'感性对象'，而不是'感性活动'"，所以他看不到现实的人。再次，社会无非是人与人之间交互作用的社会关系的有机整体，而"社会关系的含义在这里是指许多个人的共同活动"，因此，"社会生活在本质上是实践的"。最后，人的思维、意识最本质、最切近的现实基础，也同样是感性的实践活动。"人的思维是否具有客观的真理性，这并不是一个理论的问题，而是一个实践的问题。""凡是把理论导致神秘主义的神秘东西，都能在人的实践中以及对这个实践的理解中得到合理的解决。"④

---

① 马克思、恩格斯：《费尔巴哈》，人民出版社 1988 年版，第 21 页。
② 马克思：《1844 年经济学—哲学手稿》，刘丕坤译，人民出版社 1979 年版，第 22、88 页。
③ 《马克思恩格斯全集》第 23 卷，人民出版社 1972 年版，第 87 页。
④ 马克思、恩格斯：《费尔巴哈》，人民出版社 1988 年版，第 2、15、24、89、84、85 页。

总之，这个属人的感性世界所以有产生和发展的历史，是因为有人类世世代代的劳作；所以能存在着和生存下去，也是因为有现实存在着的和未来的人类的实践活动。离开了人的感性活动、实践活动，这个感性世界也就失去了支撑它的现实支柱和基础，也就成了无源之水而很快会干涸消失。所以，马克思指出，倘若中止这种感性的实践活动，"哪怕它只中断一年，费尔巴哈就会看到，不仅在自然界将发生巨大的变化，而且整个人类世界以及他自己的直观能力，甚至他本身的存在也会很快就没有了"①。

4. 感性世界的基本特性

从马克思对感性世界范围和实质的界定、基本内容和现实基础的阐述中，我们又可以看出马克思对感性世界基本特性的看法，他对感性世界的基本态度和把握感性世界的方法论原则。对感性世界基本特性的理解和把握感性世界的哲学方法论原则，是马克思整个感性世界理论的一个重要组成部分。但有关这方面的内容，马克思有的做过明确的论述；有的在阐述感性世界的其他内容时已蕴含于其中；有的则需要通过把握马克思的其他方面理论以至于整个学说来揭示，而这方面的研究工作却不是一时所能完成的。因此，我们在这里只能提示式地概括一下马克思在感性世界基本特性上的主要态度和观点，而这些态度和观点往往具有哲学方法论的意义。

第一，感性世界的独立性和整体性。这种独立性和整体性主要表现在内外两个方面：感性世界与天然世界有着千丝万缕的联系，它们同属于整个宇宙，而且它们相互作用、相互制约，因而显然有整体的统一性，但它们毕竟是彼此有本质的区别和独立性的，就感性世界内部各个领域来说，正如我们

---

① 马克思、恩格斯：《费尔巴哈》，人民出版社 1988 年版，第 21 页。

在前面所论及的，其彼此的独立性和整体性更是显而易见的。因此，现实的感性世界是独立性和整体性的有机统一。

第二，感性世界的主体性和客体性。现实的感性世界是人类实践活动的产物，是人的需要、目的、知识、能力等主体本质力量的对象化，因而具有主体性、人性，处处渗透着主体人的内在尺度。但人类不可能凭空地改造对象，必须有物质客体、物质手段；人类也不可能完全盲目或胡乱地创造感性世界，还必须了解和遵循物质客体的规律性，因而感性世界同时又具有客体性、物性，处处表现着客体的外在尺度。因此，"对对象、现实、感性，只是从客体的或者直观的形式去理解，而不是把它们当作感性的人的活动，当作实践去理解，不是从主体方面去理解"①，抑或反过来，只是从主体的、人的、观念的方面去理解，而不是从客体方面去把握，都是错误的。马克思认为，正确的态度和方法是，以实践为基础，以主体为轴心，从主体与客体的相互规定的关系（或说相关律）角度，去理解和把握。现实的感性世界是主体性和客体性（马克思有时称自然主义和人本主义）的有机统一，但马克思更强调和突出其主体——人的能动方面。

第三，感性世界的历史性、现实性和未来性。现实的感性世界是人类世世代代实践活动的结果，无论从人与自然、人与社会、人与自身的哪个关系来考察，都有一个历史的发展过程，因而马克思多次直接谈到"自然史"、"社会史"、"人类史"，也谈到每一代人只能在先前人类既成了的现实基础上，才有可能进行新的实践和创造。感性世界的现实性，也就是它当下存在的客观性、实在性。人所面对的这个活生生的现实的感性世界，既是过去那

---

①　马克思、恩格斯：《费尔巴哈》，人民出版社1988年版，第83页。

个感性世界的产物和继续，又是未来那个感性世界的基础和开端，在今天这个现实的感性世界里，包含和不断孕育着明天那个感性世界的因素和内容。因此，马克思既总结感性世界的历史发展过程的"一般逻辑"，又正视眼前现实的感性世界的境况，而且也关注感性世界的未来命运和前途，他竭力透视这个眼前的现实世界，"在批判旧世界中发现新世界"。感性世界是历史、现实和未来的有机统一，而马克思就是一位历史主义、现实主义和理想主义的统一论者。当然，他更为关注的是人们所面对的这个现实的感性世界以及它的命运。

第四，感性世界的人化性和异化性。眼前这个现实的感性世界虽然是人们自己劳作和创造的，但在事实上，它并非就是一个十全十美的、完全符合人道和人类共同利益的、完全有利于人类生存和发展的人化世界（这里的"人化"仅仅与"异化"概念相对而言）。人类既为自己创造了一个适合于自身生存和发展的人化的世界，同时也创造了一个不适合于自己生存和发展的、反人性、反人道、反人化的异化世界，现实的感性世界就是肯定人的人化世界和否定人的异化世界的统一。正因为如此，马克思在《手稿》等著作中，在肯定了感性世界具有人化、合人性的一面的同时，着重系统分析了"异化自然"、"异化社会"、"异化人"、"异化劳动"的大量现象及其根源。因此，他主张对这个感性世界在做肯定的理解的同时，更要做否定的理解，要对它进行再认识、再审视、再改造，进行无情的批判，使现存世界彻底革命化、人道化。为此，马克思在理论（他后期侧重于探讨资本主义社会的政治经济学和科学社会主义，其目的都是为了克服现存世界的异化而推进人化的过程）和实践两个方面做出了终身的努力。

第五，感性世界的解释性、评价性和改造性。认识（说明、解释）、评价和改造的关系是主体与客体之间最基本、最一般的关系，也是主体掌握客体的最基本的方式。眼前现实的感性世界是先前人类认识、评价和改造活动的结果，同时又是我们今天这些现实的人们进行再认识、再评价和再改造的客观对象。在这种意义上说，感性世界具有可解释性（或说可认识性）、可评价性和可改造性。马克思虽然没有直接明确提到过感性世界的评价性以及这"三性"的统一，但他多次谈到过感性世界的解释性和改造性的关系，批评旧哲学和哲学家们"只是希望确立对现存事实的正确理解"，"只是用不同的方式解释世界，而问题在于改变世界"①。至于对这个现存感性世界的态度和评价，马克思也留下了大量的思想和论述，这就是他对这个感性世界、对眼前现存事物的命运的关注，对它的悲忧和希求，对它文明、进步的赞叹和对它阴暗邪恶的揭露多过于对它的无情批判和彻底叛逆；对它未来的渴求和希望……因此，马克思实际上主要是从认识（解释）、评价（态度）和改造（实践）三个方面去把握和对待眼前这个感性世界的。这在今天，仍然具有极为重要的哲学方法论意义。

以上是马克思对感性世界特性的基本看法和把握它的方法论的基本原则，笔者只是做了粗线条的概括，难免有遗漏之处。

从马克思对感性世界的大量论述中，我们可以清楚地看到马克思哲学思想的丰富性和深刻性。马克思创造性地开拓了哲学史上的一门新哲学——实践唯物主义，即实践哲学，从而铸造了哲学发展史上的一场革命性变革，有着不可估量的时代意义和哲学的理论价值。②

---

① 马克思、恩格斯：《费尔巴哈》，人民出版社 1988 年版，第 41、90 页。
② 本人相关论文载山东大学《文史哲》，1990 年第 2 期。

第四章

实践观念与人的主体性

　　人之所以是人，是人能够理解外部世界，又能尽最大可能按照自己意向去改造外部世界。人之所以提出并按照"实践观念"去指导行动、改造世界，最根本的依据就在人自身，即人的主体性。所以，研究"实践观念"，重要的是研究人作为实践活动的主体所具有的内在本质。

一　人是特别需要研究的

　　人是需要研究、也是可以研究的，而且应该是特别需要研究的。但对我们来说，重要的是用马克思主义的立场和观点去研究。

　　（一）往往被遗忘的马克思"人"的理论

　　卢梭说过一句名言："人类的各种知识中最有用而又最不完备的，就是关于'人'的知识。"法国现代作家维尔科尔在小说《人还是动物》中的题词是："世界上一切不幸的产生，都是由于人们至今尚未弄清楚人是什么。"这些话多少告诉世人一个颠扑不破的道理：研究人是十分必要的。

人类认识世界和改造世界，说到底是为了自身更好地生存和发展。人类的生存和发展，离不开周围的自然界和由人与人相互联系交织而成的社会，以及人们的实践创造活动。因此，马克思、恩格斯认为"真正的人"应是：做自然、社会和自身主人的人。这样的人，既要按照自然界和人类社会的发展规律——即外在尺度，又要按照人自身的需要、本性、能力、方式——即怎样更好、更合理地有利于人的才能的发挥和满足其生存、发展需要的内在尺度，去改变现实、改造世界、塑造世界。要掌握和运用外在尺度，就必须认识世界；而要掌握和运用内在尺度，就必须认识和了解人自身。正如恩格斯指出：人应当、"人只须要了解自己本身，使自己成为衡量一切生活关系的尺度，按照自己的本质去估价这些关系，真正依照人的方式，根据自己本性的需要，来安排世界……不应当到虚幻的彼岸（指宗教——引者）……而应当到近在咫尺的人的胸膛里去找真理"①。然而，外在尺度和内在尺度不应是分离和对立的，而应该是相互结合和有机统一的。因此，"正像关于人的科学将包括自然科学一样，自然科学往后也将包括关于人的科学：这将是一门科学"②。人类要更好地生存和发展，就必须较深刻地认识自己和研究自己。

马克思主义是共产党人和无产阶级的科学的世界观和方法论。把它人本主义化、人道主义化——即简单地等同或归结为人本主义、人道主义，显然是片面的、错误的。但是，马克思主义理论体系同人的学说有着不可分割的内在联系，则也是不可否定的。西方许多反马克思主义的思潮和流派，攻击

---

① 《马克思恩格斯全集》第 1 卷，人民出版社 1956 年版，第 651 页。
② 马克思：《1844 年经济学—哲学手稿》，人民出版社 1979 年版，第 84 页。

马克思主义没有"人的科学"，不重视人，不关心人，没有人的地位等，完全是别有用心的。对于马克思主义理论学说来讲，它首先有广义的人的研究、人的学说，同时还有狭义的人的研究、人的学说。就广义而言，马克思主义就是关于无产阶级进而是全人类的解放的学说。马克思主义的哲学，是无产阶级和广大劳苦大众斗争的精神武器，是他们解放自身的"头脑"；马克思主义的政治经济学，是揭示资本主义从产生到必然死亡的内在规律、社会主义代替资本主义的必然规律、无产阶级在资本主义社会中的低下的地位以及作为资本主义"掘墓人"的历史使命的科学理论；马克思主义的科学社会主义，更是直接回答无产阶级作为人而解放的任务、目标、途径、策略，以及社会主义社会和未来共产主义社会基本原则的学说。总之，马克思主义是为了无产阶级和全人类真正作为人而解放、而生存、而生活、而劳动、而创造——为此而揭示人类社会发展规律，进而批判旧世界、改造旧世界和发现新世界、建设新世界的伟大学说。那些认为马克思主义与人的问题无缘的"神话"，是完全不合逻辑、不合情理、不合事实的谎言。

在狭义上，马克思主义也有着十分丰富的"人的学说"。这个人的学说，就是恩格斯概括的"关于现实的人及其历史发展的科学"①。只要我们一打开马克思、恩格斯的著作，就随处可见他们对人的关注、对人的思考。比如，在人的本质、人的本性、人的需要、人的能力、人的生存、人的命运、人的价值、人的自由、人的平等、人的幸福、人的活动、人的异化、人的解放、人的教育、人的发展以及研究人的问题的方法论等等方面，都有过大量的论述和深入的研究。

①《马克思恩格斯全集》第4卷，人民出版社1972年版，第237页。

当然，它们还需要我们去进行严肃认真的概括和提炼，去深入学习、领会并加以发掘和系统化，并结合现时代的新现实、新特点去加以完善和丰富。

然而，这个极为重要和迫切的任务，却也往往被马克思主义后继者们所误解和遗忘，这就多少为马克思主义的反对者们提供了某种"口实"。

（二）"人"是哲学的根本性问题

哲学是需要研究人的，也是应该研究人的。

首先，从哲学的本义和实质来讲，人的问题是哲学的一个根本性问题。哲学历来是一种智慧之学。但智慧不是一种单纯的知识，也不同于实用的技艺，而是应用知识和技艺去明智地指导人的活动以及理智地驾驭人和外部世界关系的一种能力；是对世界、对生命、对人生的一种明智态度；是透过人自身在世界上的地位去看待世界、把握世界、并引导人们按照自己的理想去塑造世界的一种理性航标。因此，作为智慧之学的哲学，归根结蒂可以说是对人的一种"终极关怀"：用理性的智慧从根本上寻找和理解人在世界上存在的地位、价值、使命，由此人该如何富有良知地对待世界和自我，怎样更好、更合理地生存和行动。因此，哲学的真正功能，不在于告诉人们世界是什么，而在于告诉人们世界应该是什么样的，人自己应该是什么样的，人应该怎样用理想反观现实、用理智超越现实；从哲学的本义上讲，哲学的问题说到底也是一个人的问题，哲学的世界不只是物的世界，更根本的是一个人的世界。

其次，哲学史说到底也是人的自我认识、自我解释的历史。古代哲学是一种用自然的本质来说明世间万事万物产生之因的"本体论"哲学。这种哲学是把人和人事归结为某种自然现象的学说。近代哲学是一种认识论哲学。在这种哲学中，人不再是自然的一部分，而是有理性的、能动的认识主体。

马克思主义的哲学，是一种不满足于解释世界、而更倡导改造世界的新的唯物主义哲学。在这种哲学中，人不仅是认识主体，同时更是实践主体；人不仅有理性的能动性，而且更有实践的能动性。顺着马克思哲学所指引的轨迹和近几年哲学界所探讨的兴奋点，也许我们可以大胆地做出这样一个判断：当代哲学或下个世纪的哲学，应当是某种意义论哲学和价值论哲学。如果说近代哲学主要解决认识何以可能，马克思哲学主要解决认识目的是什么——实践问题的话，那么，当代哲学则应进一步解决实践的目的即价值问题，价值问题也就是意义问题。在意义论或价值论哲学中，人是认识主体，是实践主体，也是价值主体，即是自由的主体。这样，我们是否可以提纲挈领地勾画出哲学作为人类自我认识历史的逻辑进程的大体轨迹：从"自然的人"、"理性的人"到"实践的人"、"自由的人"呢？

第三，马克思主义哲学更要研究人。这是因为，马克思当年明确地给自己的哲学规定了这样的任务：不仅要发现世界的客观规律，从而说明和解释世界，而且更在于运用规律去批判旧世界，去改造旧世界，去指导人们创造一个真善美的新世界，去促进人的自由和全面的发展。因此，按其实质来讲，马克思主义哲学才是真正最关注人、最关心人、也最应该研究人的。

马克思主义哲学研究人，首先是把人看作世界的主体，而反对把人降为世界或其他什么东西的奴隶；其次人是从事实际活动的、实践创造的主体，而反对空谈的、脱离实际活动的、抽象的、僵死的人；此外，人是在一定的社会关系、社会环境中的主体，人作为主体，始终是社会的主体，而反对或不认为有离群索居的人。按原有的哲学框架，"世界的主体"应该由唯物主义部分来说明；"活动的主体"由认识论部分（包括实践论）来研究；"社会的主体"则由社会历史观部分来探讨。关于唯物主义与人的问题的关系，马克思本人有一段话说得一清二楚："并不需要多大的聪明就可以看出，关于人性本善和人们智力平等，……关于外部环境对人的影响……等等的唯物主义学说，同共产主义和社会主义之间有着必然的联系。既然人是从感性世界和感性世界中的经验中吸取自己的一切知识、感觉等等，那就必然这样安排周围的世界，使人在其中能认识和领会真正合乎人性的东西，使他能认识到自己是人。"① 我们也许还可以再加上一句："使他能真正认识到自己是周围世界的主体。"关于马克思主义哲学认识论、实践论与人、与"活动的主体"的必然联系，马克思主义哲学社会观、历史观与人、与"社会的主体"的必然联系，那就更是顺理成章、昭然若揭的了。对此，我们就用不着多加说明。

马克思主义哲学不但要研究人，不但与人的研究有着内在的必然关联，而且马克思主义哲学必须有自己的"人的哲学"，并使之成为整个马克思主义哲学中的一个极为重要的组成部分。所谓马克思主义的人的哲学，应该是一种运用马克思主义哲学的立场、观点和方法，去揭示人的存在及其发展的一般规律的学说。这种学说要为人类在实践活动过程中自由、和谐而全面的发展提供科学的世界观和方法论。

（三）现时代需要我们去探索"人"

现时代需要我们研究人，也必须研究人。

用马克思主义基本观点和方法研究人，确立和完善马克思主义的人的哲学，既是我们哲学发展的内在需要，更是我们时代的重大课题。

这是因为：

首先，进行现代化建设，是当代世界发展的一个主旋律。社会主义现代

---

① 《马克思恩格斯全集》第 2 卷，人民出版社 1956 年版，第 166 页。

化建设应该是一个有机的整体。它不但有物的、体制的现代化建设，而且还有人的、思想观念的、精神文化的现代化建设。无疑，从深层意义上来分析，在整个现代化建设的过程中，人的现代化建设是最为根本、最为主导的。在马克思主义哲学看来，人类的文明发展史、人类创造的一切财富，都是人类自己实践创造的结晶；美好的未来也要靠人们自己去创造。社会的真正贫困在于人的素质的贫困，社会的真正落后在于人的素质的落后。因此，现代化建设应该关注人的教育、人的培养和人的建设；社会现代化是取决于人、依靠于人和最终为了人的。当代中国正在进行社会主义现代化建设，重视人的培养、教育和建设，用马克思主义理论武装人，积极推进社会主义精神文明建设，倡导艰苦奋斗、爱国主义精神，努力造就有理想、有道德、有文化、有纪律的"四有"新人，更是我们的优势所在，也是我国社会主义现代化建设的基本特色之一。

其次，人的问题是当代马克思主义与非马克思主义激烈斗争的主要焦点之一。在理论形态方面，西方的各种反马克思主义或非马克思主义的种种流派，总是这样那样地攻击马克思主义，诬陷马克思主义是忽视人、反对人的；制造种种马克思主义敌视人、马克思主义中人是"空白点"的妄语。在实践形态方面，西方的资本主义及其统治者，往往把人的自由、平等、民主和人权视为他们的专利品，攻击社会主义国家的共产党人无自由、无民主、无人权可言，并以此作为敌视、反对共产党领导的社会主义国家的"有力武器"。在我们国内，也有一些人总是在"人"的问题上大做文章。他们或者把马克思主义人道主义化；或者引进西方的各种人本主义、人道主义思潮和流派，来填补所谓的马克思主义中人的理论的"空白点"；或者把马克思主义庸俗化和简单化，忽视甚至拒绝对人进行科学的研究。如此等等，充分说明坚持用马克思主义的基本观点去研究人，确立社会主义的人道主义，完善马克思主义的人的理论，该是多么重要、多么迫切啊。

再次，在当代，随着科学技术和物质文明的迅猛发展，它给人类带来了前所未有的创造力，但也形成了前所未有的破坏力；它有力地促进了人类的生存和发展，带来了巨大的物质财富，但也酿成了人类环境、生态、能源等的巨大破坏；虽然人的物质生活日趋富足，但人们的内心世界却颇多空虚失落……诸如此类的现代文明发展中的困境，被称之为全球性的"人类问题"。用马克思主义观点来分析，这类困境和问题，正是人类改造世界活动的负效应、副作用。它们是以"天灾"形式表现出来的"人灾"；产生及克服（减轻）这些"灾祸"并摆脱"困境"，最终都取决于人类自身。面对愈演愈烈的全球性"困境"，近一二十年来，世界思想界、学术界出现了一股重新反省人、研究人的新思潮，对传统的人的学说提出了新挑战。例如，重新认识人在世界中的地位、人与自然的关系；重新反省人的能力和命运；重新怀疑人类传统的价值观念和行为方式；重新评价科学技术的进步作用和社会意义……在此基础上，他们重新喊出了"人的革命"的口号；主张通过开发和提高人的素质、充实人的内心世界、增强人类的责任感和使命感的"新人道主义"，来作为摆脱人类困境和解救人类的新的救世良方；认为这种"人的革命"、"新人道主义"，"将会为通向人类史上最好的时代打开一扇新的门"。尽管"人的革命"和"新人道主义"带有新的"神话"色彩，但他们提出的问题和思路是值得我们重视和借鉴的；对现代文明发展中的"人类困境"以及西方学者的研究成果，马克思主义者理应有自己的看法和评论，更应该有自己的科学回答。这就需要当代的马克思主义者要有理论勇气和科学精神，结合现时代的特点，去创造性地研究人的问题。但在这方面，我们过去做得还很不够。

不管从哪个方面来讲，我们的时代迫切需要马克思主义者去研究、去回答人的问题。现时代需要有现时代的马克思主义的人的理论，人的哲学。

人是世界上唯一没有达到完成状态的存在物，他在无休止地更新着他的一切——正如人自己是自己所是的理由一样，人对他自己的认识和反思也永远不会有句号。我们期待着学术界有更多更好的人的研究成果的问世。

二 实践活动的哲学人类学根据

实践活动是人类生存和掌握世界的基本方式，也是人类区别于动物的根本标志。马克思指出过，自由自觉的实践活动是人的本质特性；实际创造一个对象世界，正是人之为人的现实确证。但是，从历史发生学的视角来讲，人类自由自觉的实践活动，无疑是从动物的行为活动那里逐渐地演化而来的。

因此，对人类实践活动的本质特性和进化规律的考察，可以分别从两条相反相成的思路去着手。这就是：通过分析人类与作为动物的我们人类祖先在生理结构和行为模式上的相关性联系，阐明人的实践活动所形成的生物进化基础，进而从生物进化方面揭示人的实践活动的基本特性和发展规律；通过剖析人类实践活动与动物行为活动的相关性区别，直接从横向的、现代形态方面揭示人的实践活动的本质特点和发展规律。前者就是探讨人的实践活动的生物发生学思路；后者则是把握人的实践活动的哲学人类学视角。

如果说生物发生学的重点在于说明人的活动和动物行为在生物学上的相关联系，即它们的异中之同，从而揭示人的实践活动的生物发生学的内在根据的话，那么，哲学人类学则重点在于剖析人的实践和动物行为的各自本质区别，即它们的同中之异，从而说明人的实践活动的生物人类学和文化学的内在根据。

下面，笔者只从哲学人类学方面去考察人与动物在生理、心理、行为上的主要区别，进而揭示人的实践产生和发展的总体性根据。至于对实践活动的生物发生学考察，则准备用另一篇文章来完成。

（一）人何以告别一般动物而成为"人"

哲学人类学的基本任务，是试图从整体的角度回答：人是什么、人与动物的本质区别何在，人为什么是他现在所是的样子，人在整个世界上的根本地位和命运怎样？

当然，诸如此类的问题实质上都可以归结为"人是什么样的生物"的问题。但要对"人"的本质做出总体性的界定，这又涉及人与别的动物的关系，特别是它们之间的根本区别。

因为，只有从比较人与动物的区别入手，才能揭示人及其活动的本质。这样，以人为研究对象的哲学人类学首先碰到的一个问题是：为什么别的动物不像人这样存在和生活，或者反过来说，为什么人不像别的动物那样生存和活动？造成人与动物本质区别的最根本的原因何在？找到了这个最根本的原因，也就等于回答了人与动物的本质区别和人之为人的根据，解开了人的起源的秘密，揭示了人作为人的真正"人性"，进而人就可以依此去塑造人类自我和创造人的世界。

那么，哲学人类学是怎样来回答上述问题的呢？除宗教哲学人类学认为"人是上帝创造的物种"外，哲学人类学的多数流派，其中特别是生物人类学、文化人类学，大都依据有关自然科学知识，从生物进化——人的起源入手寻找人与动物的本质分野的。

　　生物学和进化论告诉人们，所有生物物种的生理结构和行为动作，都是由该物种的生理机体的遗传和生物机体与周围环境的适应性活动来决定的；新的生物物种的产生除了生理上的原因外，主要是由自然环境改变所形成的"压力"而导致的（达尔文的生物进化论称此为"自然选择"）；生物物种的生存和发展，是因为它在生理和行为上能适应周围环境（"适者生存"）；生物物种在进化系统的序列中越高级，它就越有更多、更复杂、更灵活的生理反应和行为反应系统去适应周围环境，因而它就越有竞争的优势和更多的生存可能。

　　显然，人类在生物进化序列中之所以高于其他别的任何生物，就在于人有比别的生物有更多、更复杂、更优越的适应能力和适应形式，人不但有着其他生物物种所具有的适应能力和适应形式，而且还有着别的一切生物所没有的适应能力和适应形式。这就是人类自己创造和发展起来的诸如技术的、语言的、智慧的、工具的、教育的、社会的、观念的等等文化的适应能力和适应形式。

　　正是人自己创造的文化的适应系统和适应模式，才使得"人"作为人而存在，并终于摆脱了一切全凭自然本能去适应环境的局面，使自己从自然界和动物界里解放出来而上升为世界的"主人"地位，从而在根本上改变了自己适应环境的性质：由对周围环境的消极、本能、被动性的适应上升为能动、实践、改造性的适应。显然，人的自创的、实践的、文化的适应系统的形成，无疑是经历了漫长的进化过程的。

　　那么，为什么唯独人能形成非自然的文化适应模式，而别的动物却不行呢？生物人类学和文化人类学认为，最根本的原因，是人、人的祖先的机体、生理和行为与环境之间是一种弱本能化的关系——即非特定化的关系，而其他动物与环境之间是一种强本能化的关系——即特定化的关系。

所谓动物的特定化关系，简单地说，就是动物与环境发生的生理的、心理的、感受的、行为的关系，在本质上是一种先天化、本能化、固定化和封闭化的关系。因此，在漫长的进化过程中，动物的生理、行为等虽有一定的改变和进化，但进化的速度极为缓慢和有限，在总体上无法摆脱自然选择的先天性和本能性而发生质的变化。换句话说，尽管动物的特定化并非是绝对僵死不变的（比如，经过人工驯化的动物可以使其特定化有所"松动"，在本能行为上会出现某种弱化现象，但这是靠人工驯化的外力作用的结果，而且在程度上很有限），但从动物的物种本性上讲，动物的整个结构——生理、心理、行为系统，大都被自然界先天地"设计"得相当完善，使得动物及其行为活动与它的生存环境之间，只能确定地发生相互对应的非开放式关系，形成较为固定不变、稳定牢靠的封闭式的物质的、能量的和信号的循环对流；动物在原则上只能按照自己所属的那个物种的生理遗传基因所先天安排好的"图式"，以及自然环境的外部刺激，去被动地感受属于它的那个特定化了的世界，去消极地进行"必然如此"的本能化了的活动。动物机体和行为以及与周围世界的特定化关系，决定了动物对周围环境所做出的生理、心理及其行为的反应，是消极适应、本能封闭的。

换句话说，动物适应环境的整个系统模式是相对固定不变的。动物只能通过改变自身的机体去顺应变化着的环境条件。而无法去有效地通过改变环境、更不可能通过创造新的环境去适应环境条件的变化。如果动物自身机体的本能调控能力不能有效地应付和适应变化着的环境，这类动物就会因不能与周围环境保持必要的平衡而绝种。

在假定环境条件不变或处于相同生存境遇的情况下，某类动物的固定不变的本能化的适应能力和平衡调节能力越强，即本能的特定化程度越高，该类动物就越有更多的生存优势。反之，那些本能化的适应能力和平衡调节能力越弱，即本能的特定化程度越弱的动物，它们就越要承受环境更大的压力，在生存上就处于更为不利的地位。然而，动物的生存境遇和周围环境并不是确定不变的，相反，它们始终处于千变万化的过程之中。

面对新的生存境遇和环境，那些本能的特定化程度越强的动物，就由生存优势转化为生存劣势，因为它们那种固定不变的本能化适应能力和平衡能力更难以对付新的、变化着的外部环境；而那些本能的特定化程度越弱的动物，则由生存劣势转化为生存优势，因为它们有更多的机会和能力去适应环境，我们人类也许就诞生在那些本能的适应能力、平衡能力已经退化到了最低限度的生物进化的那一个点上。这个"点"就是离我们人类最亲近的类人猿家族和亦人亦猿的人类先民。

那时，我们的人类祖先一方面本能的特定化能力已退化到了相当的最低点；另一方面，面对变化着的自然环境又要顽强地生存下去（任何动物都有设法生存下去的天性）。这样，在人类祖先身上就产生了机体的生理、活动结构和生存机能、生存渴求之间突出的矛盾（即生存矛盾）。

这个生存矛盾表现为：要生存下去就必须靠自己创造新的适应方式去对付生存环境的变化，亦即对环境施加主动改造的程度才能生存下去；但大自然造就的整个机体结构——生理、心理、行为的本能适应和调节能力，由于受特定化的束缚和本能化的局限又不允许机体的整个结构和功能达到对环境的现实改造的程度。

这个生物进化和生存矛盾，在我们人类祖先身上导致了两个结果：那些完全不利于生存和不适应于环境改变的特定化的东西，因长期得不到"运用"而逐渐退化；在退化的同时，为维持生存，必然要寻找和开辟出新的、非本能的进化途径和适应模式，从而弥补因退化而造成的生存"空缺"。当然，也可以反过来说，非本能的适应模式的生成过程，也是代替或排挤原来被特定化了的本能的适应方式的过程。旧的退化和新的进化，完全是同一个发展过程的两个侧面。

显然，我们人类祖先所面临的生存矛盾，导致了人和人的适应模式的诞生。这个生物进化史上的空前质变，无疑要经历过漫长的量变过程。

毫无疑问，任何生物物种都要面临并需要不断地解决自己的生存矛盾，因而任何生物物种的机体结构和功能的本能化、特定化，都是相对的，具有一定的可变性，即有一定的量变过程。但是，我们人类祖先的生存矛盾肯定要比别的动物更加突出，它们在量变的速度、范围上可能要比别的动物更大、更快些；或者我们可以从人早于其他动物完成了这个质变过程的事实，反过来推论说，人类祖先的机能的结构和功能在特定化、本能化方面，要比别的动物弱得多，具有更多的可变性和可塑性，从而使它们有可能更快地上升到"人"的地位，并开辟出非自然特定的、非自然本能的进化方式和适应环境的生存模式。

这样，我们就触及到了与动物的特定化相反的人的非特定化问题。

所谓人的非特定化，就是人的整个生存机能和全部生存活动、特别是人对周围环境的关系，在主导的本质上已超越了自然本能的限制，人已不再靠自然本能"设计"好的"指令"去从事固定不变的生存活动，因而人的行为及其与周围世界的关系已不再被特定化了，而是可变的、开放的。这样，大自然界就没有再对人规定：应该做什么或不应该做什么，应该怎样做或不应该怎样做，人对自己的行为及周围世界有了自为的、自主的、自决的、自由的和创造的"权利"。

这也就是说，与动物及其生存相比较，一个人及其生存是以另一种原则为基础的。如果说动物的生存是以特定化的本能为其基础的话，那么，人的生存则是以自己的实践创造活动为基础的。因为，人怎样生存、怎样存在，人与什么样的环境确立什么样的关系，人要做什么和怎样做，人怎样生活、怎样满足自己的需要等等，在原则上都需要由人自己去做出决定和选择，以及依靠自己去进行实践的创造。

（二）人的"非特定化"属性的表现

那么，动物的特定化和人的非特定化主要表现在哪几个方面呢？

首先，在生理结构上，同其他动物相比，人没有用以对付恶劣气候环境的天然毛发层；没有天然的攻击性器官；没有适宜于快速奔跑的肌肉组织等等。这些都是对人的生存极为不利的"生理性缺陷"。然而，人却能够直立行走，能够环顾四周，能够利用直立行走而腾出双手，有发育复杂的感觉器官，有发达的大脑和理智活动等等，这些都是人所独有的生理组织和功能。而人的"缺陷性"生理组织和"优势性"生理组织，分别从肯定的形态和否定的形态两个方面，规定了人在生理结构上的非特定化。

相反，其他一切生物和动物的生理组织和功能，一般都是被本能地特定化了的，它们几乎没有自由发展：自主灵活的余地，而只能适应于各自天然特定化了的生存环境和生命需要，就像一个萝卜一个坑，一把钥匙开一把锁一样，它们一一被特定化起来。动物在生理结构和功能上的特定化，使得它们只能被严格地限制在十分有限的自然环境中生存，并只能按照自然本能的"指令"去生活、去活动。

其次，在生存空间上，动物的特定化和人的非特定化也是十分明显的。

在自然生态系统中，每一类生物物种都被严格地限定在一个十分特殊的自然环境的空间中生存。而且，每一物种的个体之间、前后代之间，几乎大体上都拥有一个自然界先天赋予它们的基本相同的生存空间，而很少有差异和改变。

一般说来，动物在它们自己特定的生存空间中，就能"按部就班"地生活下去。但当生活环境发生重大改变时，它们往往不能顺利地适应这种变化，而且它们的机体和行为的特定化程度越高，就越缺乏足够的能力去适应和对付环境的变化，因此，动物在生存空间上不但十分有限，而且在生存空间的变动和扩展的可能性上也很小。

人要比动物幸运得多。他拥有十分广阔的生存空间，而且可以通过自己的努力不断地扩展新的生存空间。人在生物本性上无疑也有一个相对稳定的生活环境。例如，如果没有相应的条件和设备，人在超高温或缺氧等环境空间里就无法生存下去；超过一定的时间，人在水里就会溺死；等等。但是，由于人在本质上是非特定化的，他比动物有更强的适应环境的能力，有更大的活动空间。特别是人能够改变生存环境，变不利的生存空间为适合于自己生存的空间；而且能够创造新的生存环境，不断把自己的生存空间向新的深度和广度扩展。

因此，人与自己的生存空间不是固定不变的特定关系，而始终是开放的、可变的动态关系。对人说来，没有单一、特定的生存空间；在新的环境里，人能很快地创造出一套新的生存方式。

复次，在指向的对象或拥有的世界上，动物由于受自己生存欲望的直接支配并受本能指向的直接束缚。因而它们只同周围世界中那些对维持它们的生命有直接意义的特定部分发生关系。对于动物来说，周围世界只是在某个地方和某些方面才是实际存在的，而这个地方和这些方面之所以是现实存在的，就是因为能满足它的先天的生存需要。换句话说，在动物那里，它所指向和拥有的世界，仅仅是作为它的生命活动所不可缺少的那一个部分，超出它的生命活动范围之外的世界，对动物来说就是不存在的。

与动物不同，人却能指向和拥有整个外部世界。在本质上，人对整个世界开放着；整个世界也对人开放着，因此，人不会被限定在对自己生命有直接关系的对象上。人不但从功利的、生命的眼光去看待世界，而且能够站在中性的、客观的立场上去把握世界。所以，人能够超越自我的世界和生命的世界，能够与外部世界建立起多维的、开放的关系，而不像动物那样被特定在只与生命活动直接相关的狭窄的世界里。人拥有一个完整的外部世界和自身的内部世界。

再次，在接受和感知外部信号上，动物的感觉器官通常只能接受那些由它的生命本能所特定化了的刺激信号，而不能对其他刺激物及其信号产生反应、感受和体验。超出生命活动之外的刺激物及其信号，不但对动物的生存无益，反而还会扰乱它的生活秩序。

当然，人的感觉器官在质的和量的方面也是有一定范围和限度的。例如，人只有视觉、听觉、嗅觉、味觉、肤觉（触觉、温觉、痛觉），超过了这些具有各自特质的感觉器官之外的信号（信息），人就无法通过这些感觉器官去感知它们，而且每一特质的感觉器官所感知的范围也有一定的限度。比如，视觉器官只能感应波长39—70毫微米之间的电磁波，等等。但是，人的感觉器官却能接受生命价值以外的刺激及信息，而不仅仅限定在生命活动范围之内的刺激及信息，更根本的是，人能够制造各种人工的反应系统和人工的感觉器官（认识工具），并以此去代替人的感觉器官，以弥补人的感觉器官的生理局限，提高人的感觉能力，从而使人的感觉器官具有无限开放的特性；更为关键的还在于，人有发达的大脑，通过理性的、抽象的思维。人能够超时空、超物象地把握外部世界，从而能够全方位地接受来自外部世界和内部世界的信息。

最后，在效应行为上，动物通常只对那些维持自己生命有意义的外部刺激物才做出特定的行为反应。动物的效应行为是由物种本性先验地规定好了的，在相应的环境中，它只能必然如此地行动，而无法根据不同的条件自由地决定要不要行动以及应该如何行动。只要外部环境同动物的先验本能的感受图式和行为图式相一致，它就自然而然地"释放"出相应的本能行为。

反之，大自然却预先没有把人的行为活动及其方式特定化和固定化。人不具有在既定环境下只能必然如此地行动的先驱的行为图式；在什么样的情况下该做什么以及该如何做，必须由人自己自由自觉地做出决定和选择。因此，人在一定的境遇中要不要行动，采取什么样的行动和方式，对周围事物采取什么态度，与周围世界建立起什么样的关系，怎样满足自己的需求，如何创造自己的生活等，都有相当大的自由度和选择性，都要靠人自己去确定和建构，而不像动物那样是特定化的。

（三）人的动物"不完美性"成为其"人"的生物依据

总而言之，无论从生理结构、生存空间、指向对象，还是感受模式、效应行为以及与周围世界的关系等方面来看，动物都具有特定化的本性，它负有一种本能的、特定的"生命之流"。

这种生命之流按照大自然预先"设计"好的程序，源源不断地从动物的生理、心理和行为结构中流向相应的特定世界，又从相应的特定世界流回自身，由此而形成一条精巧完美的、循环闭合的"小河"。大自然也许过分宠爱和赐恩于动物，使得动物在稳定的环境中只要依其自然本能行事，就能舒适、安逸和美满地生存下去，而无须"烦恼不安"、想方设法去变革世界，去开辟新的生存方式，更无须去创造新的世界。然而，也正因为如此，动物却永远无法超越它的"生命之河"，把自己从自然界和生命世界中提升出来，开辟出一个属于它自己的新世界。这就是说，以特定的行为方式同特定的生存环境发生稳定的适应关系，正是动物生存所固有的本质特征。

　　人虽然也有一些本能的行为，但人的本能已经相当弱化（退化），特别是人的活动方式和生存方式，已基本上不受自然本能的约束。从生物人类学上说，人是一种未完成、未确定、未固定的开放性生物。大自然没有赋予人类在相应的自然环境中顺利地生存下去的本能化的、完善的适应能力。因此，从人无法仅仅靠自然本能适应环境的纯生物学的意义上看，人是不"完善"的、有"缺陷"的和"匮乏"的生物，因而人在生物学上对周围环境具有不适应性、不特定性和不完美性。

　　如果说动物是按照大自然界事先确定好的、特定化了的方式去生存和活动的话，那么，与动物相反，人则必须依靠自己的智慧、自己的活动、自己的力量、自己的创造力去生存和完善自己。但是，从生物进化过程的生存（矛盾）规律来说，人的本能弱化、不完善、不稳定的"缺陷"，又必然造成人对周围世界的开放性和新的适应性。因为人要继续生存下去就必须靠自己去奋斗和创造，去寻找和开辟新的生存方式和活动方式，以弥补自己在本能生存能力方面十分不利的自然"缺陷"。

　　而这样一来，人的非特定化的"缺陷"，又成了人不同于动物、并且优于其他一切动物的根本原因。换句话说，正因为人在本性上是不完善的、有"缺陷"的，才使人被迫去探寻和解决自己的生存困境，才使人不被自然本能和周围环境所束缚，为了生存下去而被迫去创造出新的生存方式和生存条件。

用著名人本主义心理学家弗洛姆的话说，"人是一切动物中最无能为力的，但这种生物上的弱点恰是人的力量的基础，是人发展自己独特的人类特性的大前提。"① 这种观点和论证方法，是许多哲学人类学家和人本主义哲学家们所普遍采用的，看起来似乎有些思辨，用人的"缺陷"来证明人的"优势"，也多少让人值得怀疑。

但是，人的确是一种在本能上相当弱化的生物，因而人无法凭本能生存，只能依靠自己的努力、自己的实践去创造自己的生活。这就是说，把人类祖先和人类的非特定化"本能"，看作是人的生存方式和活动方式的遗传学前提，同时也看作是人的自由开放性和创造文化能力的生物学基础，这并不是毫无根据的。起码，在生物学和哲学人类学的范围内，对于解释人的实践活动的必要性和可能性，提供了有一定参考价值的思路。

至此，我们也许完全可以得出这样的结论：人是不得不进行实践创造着的动物；人的实践之所以同动物的行为有着根本的区别，也是有其全面而深刻的生物人类学、哲学人类学的根据的；自由自觉、自主自为、开放可变、无限发展、自我完善，正是人的实践活动最为本质的特征，也是人的实践产生和发展的最为深层的根据。

三　人改造世界活动的依据

我们生活于其中的世界，与其说是自然的世界，倒不如说是人为的世界

---

① 马斯洛等：《人的潜能和价值》，华夏出版社 1987 年版，第 104 页。

或人造的世界。它是人类世世代代的实践活动的结晶，因此，人类改造世界的"这种活动、这种连续不断的感性劳动和创造、这种生产，正是整个现存的感性世界的基础"①。正是由于人类生生不息的劳动创造，人类社会才得以有连绵不绝的文明和进步，人们的物质和精神文化生活才得以不断丰富和充实，人类自身的智慧和能力才得以全面地发展起来。改造世界的实践活动在人类文明发展中的重要性，决定了从理论上探讨实践活动的必要性及其现实意义，这里笔者不准备全面地探讨人类改造世界实践活动的整个理论，只是从生物人类学和哲学人类学的角度分析一下人类改造世界的实践活动的内在必然性、必要性和可能性。

（一）动物何以是动物，人何以是人

作为有生命的自然存在物和组成社会有机体的类的存在物的人，为什么不能像一般动物那样仅仅依赖自然界所提供的现成材料就能维持生存呢？为什么非得依靠自己的努力去主动地改造周围世界，才得以生存和发展呢？人为什么能够成为自由自觉的、能动创造的主体呢？人为什么能够自觉而理智地改造世界和创造人的世界呢？诸如此类的问题，实际上也就是改造世界的根据、人的实践活动产生和存在的必然性、可能性和现实性问题。

对这些问题，哲学家通常是这样回答的：人和动物的活动都是由自身的需要决定的；正如动物如果没有肉体的生存需要就不会有动物的行为一样，任何人如果不同时为了自己的某种需要和为了这种需要的器官做事，他就什么也不能做；但动物满足需要的活动不过是一种本能的活动，不过是直接地适应、占有、消费自然所赐予的现成的生存资料的过程，它们无须去创造新

----

① 马克思、恩格斯：《费尔巴哈》，人民出版社 1988 年版，第 21 页。

的生存资料；而人与动物不同，仅仅靠自然环境所提供的现成生活资料根本无法满足其丰富而多样的需要，人要满足这些复杂的需要，必须采取现实的行动去创造自己的必需品，因而人不得不进行改造世界的实践活动；另外，由于人有独特的思维机能、意识活动，他能自觉地意识到自己的种种需要、能认识到周围世界的客观面目，能自觉地调控自己的行为，因而人是自由自觉的能动主体，能够自觉而理智地改造世界。

以上是人们对人的实践活动、创造活动产生和存在的客观依据以及基本特性的客观缘由的一般解释，这种解释当然是正确的。但细究起来，则是不够全面、不够深刻的。

比方说，我们还可以进一步追问，难道人改造世界仅仅是人的需要结构的多样性一个原因决定的吗？是什么原因决定了动物只占有自然恩赐的现成生活资料，而人则不得不依靠自己的实践活动去创造必需品呢？人为什么能成为自由自觉、能动创造、富有理智的主体？一旦我们做这样的追问和思考，就可以发现人的实践活动的一些更根本、更深层、更复杂的内在根由，从而使我们更全面、更深入地理解人的本质、人的实践活动的根据和特性。

从生物人类学和哲学人类学的观点来看，动物仅仅占有自然界现成物品的活动与人自由自觉地改造世界的活动都是有其本体根据的，也就是有自然本能根据的。动物活动的自然本能根据是动物与环境之间特定化（the spe-cializaiton）的对应关系；人改造世界活动的自然本能根据，就是人与环境之间非特定性（unspecialization）的开放（未完成、不确定）关系。

所谓动物与环境之间特定化的对应关系，是指动物与周围环境发生的任何关系——无论是生理的、心理的和行为的，都是相互一一对应、彼此直接交合地确定在一起的；而这种被特定化了的对应关系，是早已由大自然自行设计并经由动物物种生物遗传而成为本能的，因而动物与环境之间的关系，是完成式、固定式、本能式和封闭式的。

所谓人与环境之间非特定化的开放关系，是指人与周围环境发生的任何关系——无论是生理的、心理的、意识的（理智的）、行动的，都不是相互一一对应、彼此直接交合地固定在一起的；人的整个机体和功能并不是天生地为了适应某种特定的生活环境而被特定化的；人在本性上是未完成、不完善的和未确定的；人与周围关系是非特定、不确定、未完成的，因而是变动式、自建（构）式和开放式的，人在本性上的非特定化以及与周围环境关系上的非特定化的本质，和动物的特定化本质一样，都是由大自然先天所赐予和造成的，因而我们可以把它看作是一种自然的本能。

至于大自然为什么要、为什么能造就特定化的动物和非特定化的人，那应该由生物进化史来解答。我们这里暂且把它们作为一个既成的生物进化史的事实来接受，并以此为前提来讨论我们的问题。

动物的特定化和人的非特定化是它们彼此相互区别的重要标志之一。当然，我们这样讲是就动物与人的相互区别而言的，而并不是说它们各自的特定化和非特定化是完全绝对的。比如，人多多少少也有某种特定化的本能特性，尽管对人来说这是极其微弱的；而动物的心理和行为也同样具有某种程度的非特定化——可塑性，如有些动物通过人工驯化可以模仿人的某些语言和动作。

不过，我们这里主要探讨人与动物的区别以及它们的基本本性。如果从动物的物种本性上来说，动物在总的结构上是被本能地特定化了的，由于动物的特定化，亦即动物在生理、心理、行为结构及其功能上都被大自然"设计"得精致完美，动物与它的生存环境被确定地相互对应，形成固定的闭环，只能依照自己的物种的生理遗传基因所安排的"图式"去感受属于它的特定世界，去进行"必然如此"的本能活动。动物的特定化决定了动物与周围世界的关系是消极适应、完美无缺、封闭自足的。

相反，人作为人而存在，他在本性上是非特定化的，人在本能上是一种匮乏的动物，也就是说，人的生理体态（主要是各类器官）是未特定化的，人的心理形态更是开放化的，人的本能需求是极为简单、有限的，人的本能活动是极其微弱、极不完全的，他并不恒定地与某种特定的环境确定地、必然地、凝固地对应着。大自然从一开始就没有对人规定"他"应该做什么或不应该做什么，应该怎样做或不应该怎样做。

因此，人的非特定化决定了人与周围世界的关系是不确定的，是开放自为的，是积极创造的，人与什么环境建立什么样的关系，人应该做什么和怎样做，人要满足自身的什么需求和怎样实现自身的渴望，都是非特定化的、未完成的，亦即都是由人自己决定、自己完成、自己确定和自己创造的。

（二）人与动物行为的本质区别何在？

在简单地说明了动物的特定化和人的非特定化的一般规定之后，我们再来具体地分析一下动物的特定化和人的非特定化的主要表现。

第一，需求结构上的特定化与非特定化。动物的需求结构是早已被大自然特定化了的，这表现在：动物的需要在性质上被单一化，即动物只有维持其生命存在的生理的、肉体的需要，而无非生命、非肉体外的其他需要；动物满足需要的方式和实现过程也是由物种遗传规定了的；动物的需求结构（质、量，满足方式、实现过程等）是超时空、超稳定的，数万年前和数万里之外的同类动物之间，其需求结构不会有本质的、明显的不同，而且各个个体之间也是没有什么区别的，所以，动物的需要是特定化、确定化的，它们几乎没有什么可塑性、可变性、可发展性，因而各类动物之间是封闭的、同一类动物之间则是归一性的。正如马克思所说："不可能发生大象为老虎生产，或者一些动物为另一些动物生产的情况，例如，一窝蜂实质上只是一只蜜蜂，它们都生产同一种东西。"① 当然，这里的"生产"不是指人的生产，而只是指动物满足生存需要的活动。

与动物的特定化的需求不同，人的需求是非特定化的。这主要表现在：人不但有生命的肉体需要，而且还有享受的、发展的需要；不但有物质的需要，而且还有心理的、情感的、理智的、文化的等精神的需要；人满足需要的方式、实现需要的过程，主要是由后天决定的，是人们自己创造的；人的需要是不断变化和发展的，原有的需要满足了，又会产生新的需要，即便是吃、喝等生理需要，它们的性质、种类、对象以及满足方式，也"是历史的产生"，"多半取决于一个国家的文化水平"②。总之，人的需要是非特定化的，因而是丰富多样、发展变化的。

动物的特定化需要使动物满足需要的"生产"（活动）也被特定在"肉体需要"的范围里，而人的非特定化需要使人的生产活动是自由、全面、丰富、开放的。对此，马克思曾说过这样一段精彩的话："诚然，动物也生产，它也为自己营造巢穴或住所，如蜜蜂、海狸、蚂蚁等，但是动物只生产它自己或它的幼仔所直接需要的东西，动物的生产是片面的，而人的生产是全面的；动物只是在直接的肉体需要的支配下生产，而人甚至不受肉体需要的支配也进行生产，并且只有不受这种需要的支配时才进行真正的生产；动物只生产自身，而人再生产整个自然界；动物的产品直接同它的肉体相联系，而

① 《马克思恩格斯全集》第46卷（上），人民出版社1979年版，第195页。
② 《马克思恩格斯全集》第23卷，人民出版社1972年版，第194页。

人则自由地对待自己的产品。"①

第二，生活空间的特定化与非特定化。动物总是被特定在一个非常有限的特殊环境空间中生活，在整个大自然的生物进化序列中，由于各类动物在物种本性上的特定性，严格地限定在一个十分特殊的自然环境空间中生存着。例如，有的动物只适合生活在海洋深处，有的动物则只适合生活在深山丛林里，有的动物只能生活在水中，而有的动物只能生活在陆地上等等。每一种动物，只要在它们自己特定的环境中，就能"轻松自如"地生存下去。但是，一旦周围环境发生了较大的改变，动物往往经受不住环境的变化，而且它们的特定化程度越高，就越没有能力适应这种变化。一般动物不可能随着环境的变化而改变它们原来的物种本性和本能的行为模式，因而动物的整个物种往往在新的环境中被灭绝，从而为另一物种在新的环境中生存下来提供机会，即通过自然选择和淘汰实现动物物种的自我进化和自我更新。

因此，动物的特定化在各自对应的环境里是完美无缺的"优点"，但在改变了的新的生活空间里，却往往成了致命的不利条件。

尽管人类在原则上也有一个特定的生活环境，如在高温、缺氧等环境空间里就无法生存，但是，由于人不像动物那样具有狭窄、可变性很小的强固的特定化，因而他比动物更能适应环境，有更大的生活空间，有更多的生存机会，有更大的生存能力和应付环境变化的办法；人还可以通过改变环境和自身来适应自己的生存和发展。例如，人通过创造一定的人为环境和条件，使人在高温、缺氧等空间里生存下来。

因此，人与生活的空间环境不是一一完全对应的，具有很大的可变性、

---

① 《马克思恩格斯全集》第42卷，人民出版社1979年版，第96—97页。

开放性。如果在人与动物对等生活环境（如在地球上）里相互比较的话，动物是特定化的，而人则是非特定化的，正因为如此，人没有单一的、确定不变的、只适合于他的特定化了的环境，在每种生活环境中，人都能发展出一套适合于环境的创造性的文化模式和行为模式，并借以保存自己和发展自己。

对人来说，为了生存和发展，不需要改变人的整个生物本性、生理结构，而只要随着周围环境的变化，仅仅改变他的需求方式、生活方式和行为方式就行了。所以，人是唯一能够在全地球、甚至超出地球空间而繁衍、生存的开放性动物。从这种意义上说，人是一种最能适应变化多端、丰富复杂的环境的存在物。

第三，对象世界上的特定化与非特定化。对于动物来说，对象世界的一个狭窄的特定部分才与它们直接有关，这个特定部分就是对维持它们生命有直接意义的对象。在动物那里，对象世界仅仅因为是它们的生命活动的一个组成部分时才是存在的，而那些在它们生命活动范围之外的、不具有直接维持它们生命所必需的事物，就是不存在的。

所以，对动物而言，对象世界只不过是可吃的和不可吃的、性的竞争者和性的配偶、宁静的和引起惊恐的（安全的和危险的）两部分。动物只在一个很小的特定化的世界中生活，它们与世界的联系是难以想象的贫乏，它不仅不知道超出它那部分生命世界以外还存在着的任何事物，而且甚至对与它的生命活动直接相关的世界也不具有独立于它的客观性感觉。这一方面是由于动物缺乏理智和自我意识，另一方面是由于动物的生命需求与需求的对象世界已被牢牢地对应化和特定化了，以至于动动与生命的对象世界在本质上是彼此直接同一、恰到好处、完美无缺地融合在一起的。

正因为如此，动物没有必要、也无法意识到它所拥有的、占有的对象世界不过是整个现实世界的很小很小的一部分，它所知道（如果动物也有某种知觉的话）的世界的唯一部分，就是与它的生命活动息息相关的特定化了的那部分东西。

与动物界相比，人不仅不被限定在对人的生命有价值的对象世界里，而且具有对世界无限扩大着的开放性，人为了自身的生存和发展，他当然要把那些能满足自己生存需要的有机界、无机界的自然存在物，作为自己的生命对象和生命活动的一部分。

但是，人一开始就没有被限定在这一特殊的对象世界里，这是因为，人的需要不是单一的、封闭的肉体需要，而是一个丰富的、多维的、发展的和开放的系统；人能够和外部世界建立起超功利的丰富联系，能够站在中性的、客观的立场上看待对象世界，从而超越了仅仅从生命的相关物来狭窄地、功利地看待对象世界的藩篱；人还能意识到，外部对象世界是一个独立的、客观的整体，它与人的生命活动并不是直接同一的，它有着自己独立的运动规律。因此，人所拥有的对象世界不像动物那样是确定地"支离破碎"，而是非特定的有机整体；不像动物那样只是一个生命需求与生命对象完全闭合的"混合体"，而是主体世界与客体世界彼此分离的"统一体"；因而人不可能像动物那样只用本能的生命活动就能占有对象世界（动物的对象世界与动物的需求和动物活动本身是确定的、对应的、同一的），而必须通过能动地认识和变革客观事物才能拥有属人的对象世界。

第四，感受器官上的特定化和非特定化。动物的感觉器官同样也是特定化的，它只适合于特殊的生活环境和生活对象。动物的感觉器官如同一把钥匙只适合于一把锁一样，它只对那些维持其生命有价值的刺激物产生感受和体验，而不能对其他刺激物产生反应和体验。例如，雌性跳蚤只有三种感觉：

对光线、气味和温度的感受。"跳蚤的世界"主要是由三种特质的感觉和三种对应的刺激物构成的特定结构。这样，动物感觉器官只能对必需感受的东西有感觉，感觉器官在质和量上都与被感受的对象处于特定化的直接对应之中。

首先，毫无疑问，人的感觉器官在质和量上也是有特定范围和限度的。例如，人也不过只有视觉、听觉、嗅觉、味觉、肤觉等器官，超过了这些特质的感觉器官之外的对象信息，人就无法通过感觉器官去感知；每一特质的感觉器官感知的范围也有一个特定的量度。但是，虽然人的感觉器官在生理功能上有特定的界限，然而在感知外界对象上与动物相比，却不是特定化的，而是无限地向所有刺激物开放的。

其次，尽管外界世界中有大量的刺激、信息，人的感觉器官是无法直接接收的，但是，人却可以制造各种人工的反应系统和人工的感觉器官（如认识工具），去代替人的感觉器官或弥补人的感觉器官的生理局限性，从而借助于它们去获取凭人的感觉器官所无法直接接收的刺激和信息。这就使人的感受器官具有无限开放的特性。

最后，更主要的是人的感受器官——在广义上，还应包括人的思维器官——大脑，而人的大脑及其思维功能具有抽象的、推理的、超时空和超具象的特性，从而为人的感觉器官和感觉对象的开放性提供了最根本的保证。人的感觉、思维、认识等精神世界的非特定化，使得人的其他属性和活动的非特定化成为可能。

第五，行为活动上的特定化和非特定化。由于动物的生命需要与需要的对象世界（即生命世界），动物的物种本性与生存空间、动物的感受器官与感知对象都是直接同一、相互对应的，因而动物的生命活动与行为活动也是直接同一和对应的，它只在维持生命的必需的范围内而产生特定的本能行为。动物的行为是由物种本性在遗传基因体中先验地安排好的，只要在它对应着的生命环境（条件）中，它就只能必然如此地行动，它本身不能决定在每一种特殊的情境下该不该或该如何行动，它的行为方式和行为过程都是由自然预先决定的，动物不但有先验的感受图式，而且还有一套本能的先验的行为图式，只要对象世界进入或符合（对应）它的先验的感受图式和行为图式，它就自然而然地"释放"出相应的本能行为，所以，动物的行为活动不过是安排好了的特定的动作程序的"释放"，它没有、也无须自我重新选择、重新设计，也不可能修改原有的行为程序。也正因为如此，动物无法自我超越和创造性地进行活动，也无法突破被特定化了的"生命世界"（包括由生存空间、生存对象、生存器官、生存行为等组成的彻底生命化的整个动物式的世界）。

然而，大自然却没有预先把人的各种属性、功能与某种特定的环境确定地、必然地一一对应起来；人不具有在既定形式下只能如此行动的先验的行为图式，在什么情形下该做什么或不该做什么，必须由他自己在意识、反思的帮助下独立自主、能动自由地做出选择和决定。

所以，人无法也不能依靠本能活动的行为程序来实现与周围世界的物质能量、感知信息的交换，满足自身的需求。这样一来，人作为主体与外界对象之间，人的本能活动与需求渴望之间，人的生命活动与其他活动之间，并不像动物那样是直接同一、彼此合一、完美无缺、封闭自足的，而是相互分离、彼此有别的，因而存在着一条裂缝、一道破缺，无法相互形成完美闭合的"回路"。人必须自己决定自己应如何占有世界，自己决定自己在世界上应如何生活，自己决定自己该如何对待自我和世界。

总之，人向世界是开放的，世界对人也同样是开放的；人与什么环境、什么世界建立什么样的关系，人怎样满足自身的需求，怎样支配自己的行为活动，都是非特定化的，尚未确定的，亦即有待人自己去建构和确定的。因此，人的非特定化的行为活动，决定了人的活动在本性上是自由开放、自主能动的，与动物的生命化的本能活动是有本质区别的。

（三）决定人的实践行为的物种特性

从上述的简要分析中可以看出，人类之所以不得不主动地进行改造世界的创造性活动，人的实践活动之所以与动物的行为有根本的区别，是有其全面而深刻的生物人类学、哲学人类学根据的。这种根据绝不应仅仅归结为人和动物在需求结构上存在着本质区别的一个方面，而应正确地看作是它们在生理、心理、器官、需求、行为等整个有机体系统上的，以及这个有机体整体与周围环境关系上的全面的特定化和非特定化所造成的。

以往，人们通常只从人的需要结构和人的意识特性方面，来说明和解释人们的实践行为和改造世界的活动，而没有继续寻找人的实践活动的更根本、更内在、更深层的根据。这不但造成了理论上的表层性和片面性，而且在指导现实生活上，往往不把能动自主、自由创造的实践活动看作是人的本性所固有的，是人的本质的一种内在的自我实现，相反的是，常常把人的实践创造、生产劳动误认为是被动的、外在的、附加的东西，因而只注重外在的刺激和激励，而很少着眼于从根本上去进行人的自身的建设。

动物的生理及心理结构、特性、功能与周围世界就像一个齿轮系统一样，它们特定地对应着，彼此配合，相互交错，是直接同一的，因而动物没有主体与客体、自我与外界、主观世界与客观世界的区分，动物只有一种本能的生命之流。这种生命之流完整无缺、源源不断地从动物生理和心理结构流向相应的特定世界，又从相应的特定世界流回自身，形成了闭合的循环之河，使自身和世界都注入和充满了生命的意义。但也正因为如此，动物永远无法超越它的生命之流，永远只能按本能去展开它的生命活动，大自然恩赐给它们的特定化的优越性，使得它们只能确定不移地永远"安居"在动物的王国里。

与动物的特定化相反，人无论在生存需求、生理结构、感受器官上，还是在生活环境、行为活动上，都是未被特定化的，人根本无法靠其本能就可以保证和维持他的生存，人的非特定化对人类起初的生存极为不利，甚至严重危及人类的生存，因为起初的人类既没有像动物那样存在着对应的生活环境和对应的本能活动——以此就能生存下去，又没有足够的变革世界的能力和创造能力，大自然对人过于吝啬，它没有把"在特定环境下必然如此"的"确定性"恩赐给人，自然只完成了人的一半，另一半则留给人自己去完成；上帝没有"安排"好人，它让人诞生在世界上，却让人无拘无束，自己去安排自己的生活，自己去完成自己的塑造。

人就是自然的"弃子"，就是上帝的"弃儿"。他无依无靠，没有本能的引导，到处流浪，到处奔波。人处处感到与世界的分离、陌生、孤独、恐惧，但这一初看起来是一种"天灾人祸"，其实恰恰又是"因祸得福"；人的非特定化（即开放化）就是人之为人、人的创造活动的生物人类学的基本根据。

为什么这么说呢？首先，动物的生理结构及其本能引导系统使其牢牢地限制在确定的环境里，而人的极不完备的、软弱无力的本能则和更大限度的向世界开放联系在一起。对人来说，他几乎没有始终不变的、狭小的天地，而是面向一切事物、向整个世界开放的。

其次，由于人没有特定的、现成的需求对象，所以，人不仅要对现存世界做出反应，而且要积极主动地去变革现存世界，生产出属于自己的新世界。

再次，由于人在本性上是不确定的，在人的行动和人的生活中不存在凝固的、强制的、事先确定的先验图式。因此，人是一种自由创造的动物，他怎样行动、怎样掌握世界、怎样生活、成为怎样的人，主要取决于人自己，因而人就是"自己创造自己"的动物。

最后，由于人的本能、大自然给人的先天能力是十分有限的，人仅仅靠本能是无法生存的，这就迫使人自己去发展自己的各种能力以弥补其天生不足的能力系统，这样，人自己在为生存而拼搏的斗争中发展和强化了多种多样的能力。例如人的认识能力、实践能力、创造能力，创造语言、宗教、符号等文化的能力等等。因此，人的本能的未完成性、不完善性，人的本性的不确定性和非特定化，反而给人造成了无限发展的适应性和开放性，使人具有积极能动的自由性和创造性，也使人具有积极能动的意识和理智，从而使人自身和属人的世界愈来愈有丰富的内容。

总而言之，人的物种本性以及人与周围世界关系上的非特定化，决定了人改造周围世界的客观必然性和可能性，决定了人是能动的存在主体，决定了人是可塑的，可发展的，决定了人是自设计、自确立、自负责、自完善的，决定了人的实践活动是自由、自觉、创造、理智的，决定了人与周围世界的系统是能动的、开放的、全面的，也决定了与动物的根本区别、在世界中的地位和责任，决定了人作为人的价值、意义、尊严和使命。

最后还需要指出的是，人的非特定化作为一种自然本能和蕴含的潜能，它是先天的、自然界赋予的，但是，人的非特定化及其潜能的现实表现、现实展开，则是由人们的实践活动所造就的，人的非特定化的进一步强化和发展，更是由人们自己的创造性的实践活动所实现的。这就是说，人既有一种自然本能的非特定化，又有一种自己实践创造的非特定化，而它们两者的有机统一，正是彻底地展开了人在天性上和现实性上的特定化，即自由自主、开放创造、无限发展的内在本质。①

四 实践创造是人的真正本质

人是自由自觉活动着的动物。因此，人在不断地认识、解释和塑造外部世界的同时，也在不断地探索自我、认识自我和塑造自我。而且，人外向世界的活动和内向世界的活动是彼此相关、内在统一的。

这种相关的统一性就表现在：人既按照外部世界的客观尺度去规范自己的活动，又遵循人类自己的内在尺度（人的尺度）去建构自己的行为及改造世界。正因为如此，人应当"了解自己本身，使自己成为衡量一切生活关系的尺度，按照自己的本质去估价这些关系，真正依照人的方式，根据自己本性的需要，来安排世界……"②。可见，人是什么、人的本质是什么的问题，看起来好像是个抽象玄妙的形而上问题，其实是个任何时代都必须回答的形而下问题，特别是当时代和社会处于变革、转换时期，人之为人的应是什么形象问题就会凸显出来。

几乎每个时代和社会都有自己的关于人的本质、人的形象、人的应然模本。深一点看，它们往往是一定时代的思想文化产生和存在的核心结构，也在相当大的程度上构成一定社会的体制秩序和生活方式的理论基础。因为，他们直接规范着人们的思想、信念、追求；直接决定着人的价值和意义；直

---

① 本人相关论文载江苏《江海学刊》，1990 年第 4 期。
② 《马克思恩格斯全集》第 3 卷，人民出版社 2002 年版，第 521 页。

接指导着人们的生存方式和行为方式，也直接引导着培养什么、塑造什么人的问题。社会主义社会是一个培养和塑造全面发展的新人的社会。

因此，用马克思主义观点去全面地探讨人的本质，对社会主义事业的全面建设和蓬勃发展，具有重大而迫切的现实意义。

（一）人有没有自己的特有本质？

人有没有本质、能不能规定和表述人的本质，这似乎不成"问题"，但确实有人做了否定的回答。

现代西方的生命哲学把人看作是一种无规律可循的神秘的变易之流，是一种相继的短暂性和短暂的绵延性，没有任何确定的结构和本质，根本无法用科学理性加以解释和界定。存在主义哲学也否定人有一般的、确定的本质，认为人的存在是一种自由自为的存在；人有什么样的木质是由人自己选择、设计、规定的，人若有确定的本质就无法自我选择、自主设计和自由行动了。现代西方哲学人类学、文化人类学中的一些流派也认为，人是未完成的、对世界开放的，因而无完成态的、确定的本质；我们不能给开放的人下一个封闭的定义，给未完成的人下完成态的定义，给不确定的人下确定的定义。

显然，这些观点有某种程度上的合理性，比如他们注意到了人与物的不同，人有变动性、自由性、开放性、历史性、不确定性等特点。但是，由此走向另一极端而完全否定人的本质、人的规定性，则是荒唐的。

（二）人的本质就在人的相近世界里

我们认为，要想揭示人的内在本质，给人下一个较为确切的定义，首先必须把人放在与人最为相关、更为亲近的对象系统中，加以分析和比较，进而揭示人与它们的本质区别。

人来自于自然界、动物界而又在本质上有别于它们；人是在同周围世界发生直接的相互作用过程中而生存和发展的。因此，从人与动物、人与周围世界的相互关系方面去考察人的本质，就有希望抵达人的彼岸真理。给人下定义，就是确定人之为人的本质和根据。而确定人之为人的本质，就是寻找出人在周围世界中区别于他物（首先是动物）的独有特性。正如孤立单一的事物是没有本质特性一样，与周围世界、与他物没有联系的孤立的人，是根本不存在的，更谈不上有什么本质。一物的本质和属性虽然不是由同该物直接相关联、相对应的对象物中产生的，但却必须在它们相互对应的关联和关系中，才能现实地存在并表现出来。

同样，人的本质、人的特性也只有在人与动物的比较关系中，在人与周围世界发生的相互关系中，才能现实地存在和表现出来。当然，"现实的存在和表现"本身还不是"本质自身"，但却是我们走上寻找人的本质的"必由之路"。因为，"凡一切实存的事物都存在于关系中，而这种关系乃是每一实在的真正性质"[1]。

一事物的本质和根据，就是该事物内部结构、与他物的关系之中所存在的内在必然性和规律性。正如黑格尔指出："关系就是自身联系与他物联系的统一。"[2] 因此，认识一事物的本质和根据，一方面要分析它的"他物联系"——在"他物联系"中确立和体现出来的属性、特质；另一方面要分析它的"自身联系"——它从他物联系中所确立的那些特质、属性之间的联系；最后是在特质、属性之间的联系中揭示其更深层次的、完整的统一本质。认识人之作为人而存在的本质和根据也同样如此。因为，"人双重地存在着：主观上作

---

① 黑格尔:《小逻辑》,商务印书馆 1980 年版,第 281 页。
② 同上。

为他自身而存在着，客观上又存在于自己生存的这些自然无机条件之中。"①
人的存在本质就存在于人自身和周围世界的"关系"中。要寻找人的本质，
一方面必须分析人的"他物联系"——人和周围人的世界的关系，另一方面
必须考察人的"自身联系"——在同周围人的联系中确立的属人特质、属性
之间的内在关系，最后通过分析这两种关系而揭示其统一的本质，达到对人
的完整本质的科学把握。质言之，只有从人的"关系"入手，才能进入人的
本质的"宫殿"，才能发现人的本质多样性与完整性、一与多的统一；而如
果把人视为一个孤立存在的、无任何关系性存在的封闭实体，那就无法掌握
人的本质的"真谛"。

（三）人有哪些本质性特征？

从人与他物的相互关系来考察和提取人之为人的独有的基本特性，主要
有以下几个方面：

第一，自为性。我们知道，动物只是按照大自然"预先设计"好的自然
规则、自然程序而自在地存在和活动的，它们基本上不需要通过自身的特殊
努力，而只要按自然本能（性）活动，就能"恰到好处"地存在和生存下
去。相反，人的体态、器官、肢体、需求、意识及行为等，都不像动物那样
与相应的环境和对象物处于直接的、确定的对应状态。自然界事先没有给人
完全"设计"好人的生存指令。因而人不得不靠自己的努力、自己的活动和
创造来维系自身的生存。但也正由于如此，才使得人把自己从自然序列的链
条上和动物王国中分离出来，成为世间唯一靠自为而存在和发展的动物。人
就是这样的一种自为的存在物，他扬弃了与自然物、与动物界作为共同点的

---

① 《马克思恩格斯全集》第 46 卷（上），人民出版社 1979 年版，第 491 页。

自然本能，排除了自在的存在本性，达到了自为存在的高度。因此，人的自为性是人区别于他物和其他一切动物的本质特性之一。

第二，意识性。一般说来，许多高等动物也有感性的本能反应、外界刺激的信号反应和外界对象的实体感觉。但是，人的意识与动物的心理、反应有着质的区别，人的意识是自觉的，而动物的心理、感知则是无意识的、本能的，人的"意识代替了他的本能，或者说他的本能是被意识到了的本能"①。人的意识不但在形态上是自觉的、自主的，而且在指称和内容上，还有主体与客体之间的关系意识，有指向自身的反思意识和自我意识；有摆脱自身、当下现实和具体时空界限的超越意识、理想意识；有支配行为和变革对象以达到目的的评价意识、价值意识和实践意识。诸如此类的"人的意识"更是动物所不具有的。正如马克思指出："动物是和它的生命活动直接同一的。……人则把自己的生活活动本身变成自己的意志和意识的对象。他的生活活动是有意识的。……有意识的生活活动直接把人跟动物的生命活动区别开来。正是仅仅由于这个缘故，人……才是有意识的存在物，……他的活动才是自由的活动。"②

第三，社会性。同人的意识一样，人的社会性也是从动物的"群体性"演化来的。如果用恩格斯的话说，就是"我们的猿类祖先是一种社会化的动物，人，一切动物中最社会化的动物，显然不可能从一种非社会化的最近的祖先发展而来"③。这种"社会本能是从猿进化到人的最重要的杠杆之一"④。动物和人类猿类祖先的社会本能，是一种以群体的联合力量和

---

① 《马克思恩格斯全集》第 3 卷，人民出版社 1956 年版，第 35 页。
② 《1844 年经济学—哲学手稿》，人民出版社 1979 年版，第 50 页。
③ 《自然辩证法》单行本，人民出版社 1971 年版，第 151 页。
④ 《马、恩、列、斯论资本主义前各社会形态》，第 90 页。

协作行为来弥补个体能力的不足、维系该种族类生存下去的本能，它是自然界进化的一种形态，原则上都是自发、盲目地产生和形成的。而人的社会性和动物的"社会性"有着根本的不同，这种不同在于动物的共同协作是一种无意识的本能，而人却"清楚地意识到这种共同协作的好处"①。人一开始就"意识到必须和周围的人们来往，也就是开始意识到人总是生活在社会中的"②。

因此，人类社会是有意识的自觉的结合，人的有意识的社会特性代替了动物无意识的社会本能，其次，动物个体是以其不由自主的必然形式参与它所属的"群体"的，而且总是被固定在一定的"格"中，因此，个体动物参与群体并没有获得发展个体的"机会"，至多只是维持或有利于个体的生命存在。但是，个体人参与社会不但维持了他的生存，而且还从社会整体中获得了个体发展所需要的条件和机会，使个体的人发展成真正的人，从社会集体中获得了人的独立性、自主性。

第四，历史性。人的历史本质往往是被人们所忽视的，其实，人不但是有意识的、自为的、社会的存在物，而且也是一个历史的存在物。一般动物虽然，有生物遗传和出于外界环境的作用而引起的十分缓慢的进化史，但是它们没有自己创造的、绵延不断的、向上发展的进步史。因为动物在上一代与下一代之间除了生物遗传上的联系外，基本上就没有别的联系，上一代动物的生活"经验"不可能遗传给下一代，所以动物没有"知识"、"经验"、"文化"的积累和发展进程。但是人就完全不同了，他不但有生物上的遗传和进化史，而且更主要的是人有自己的文明进化史，前人所创造的

---

① 《自然辩证法》单行本，人民出版社 1971 年版，第 152 页。
② 《马克思恩格斯选集》第 1 卷，人民出版社 1956 年版，第 35 页。

一切智慧、经验、文化等都可以代代相传，不断积累、扩大，从而汇合成滚滚向前的人的历史洪流。任何人都不可能离开历史而存在和发展，而只能在历史的基础上从事自己的创造；人之所以是现在的人乃是由历史规定的；不同的过去和历史使我们有所不同，今天的我们之所以不同于人类祖先，乃是我们和祖先处于不同的历史起点上，人的本质之所以是丰富的、发展的，也同样因为我们人有自己的历史。正因为如此，马克思指出：人的"内在本性""向来都是历史的产物"①，而人类的"整个历史也无非是人类本性的不断改变而已"②。

第五，主体性。显然，动物不过是整个自然界运行"序列"中的一环，它们没有把自己从自然界提升出来而居自然之上，因而动物对自然、对自身都不具有主体性。人作为自然存在物来说，当然也属于自然"序列"中的一员。但是，人之所以把自己称为"人"，也就是把自己从自然界、动物界中划分、提升出来，并通过自己的理智和实践活动而成为自然、社会和自身的主人，从而成为自由自觉的主体性的存在物。人的主体性主要表现在：人能自觉地认识外部世界及其规律并利用它们为自己服务，人能以自身的内在尺度审视和评价周围世界；人能有目的、有选择、有计划地行动；人能创造活动工具、运用理智技巧去变节和控制对象、人能在活动中实现自己的本质力量，留下意志的烙印，人还能认识自我、寻找和塑造自我、实现和发展自我，等等。以上笔者着重从人与动物的"他物联系"方面，分析了人之为人的主要本质特性，但是这些特性只是分别从各个侧面反映了人的本质。只有这些特性的有机统一，才能全面而确切地反映出人的整体

① 《马克思恩格斯全集》第3卷，人民出版社1956年版，第567页。
② 《马克思恩格斯全集》第4卷，人民出版社1972年版，第174页。

性本质。因此在这些特性的相互关系中，必然还存在着一个更深刻的统一的本质。

（四）实践活动是形成人的本质的真正源泉

揭示人的诸多本质特性内部的统一本质，实际上就是要探讨这些本质特性之间的内在联系——"人自身的关系"的关系，说明人的诸多本质特性得以产生、存在和进化的共同基础。

我们认为，人的自为性、意识性、社会性、历史性和主体性等的有机统一的共同基础，就是人的现实的实践创造活动。这是因为：

第一，人的实践活动、创造活动是人、人类、人的本质现实生成和存在的基本前提、客观基础。人作为一个有生命的自然存在物，和任何生物、动物一样，必须依赖于外部的无机界、通过与无机界（动物和人更多的是通过有机界）的新陈代谢作用，才能生存下来。

但是，人之为人，他天生是一个自为的存在物，而不是一个纯粹被动的自然存在物，因而人不像其他动物那样仅仅以纯粹的自然存在物的角色生存在自然界，仅仅依靠自然界的现成"恩赐"来维系其生命、满足其需求，相反，人必须以自主的主体角色、通过自己的活动变革自然对象、创造属人的产品，才能作为"人"而得到满足和生存下去。"人们为了能够'创造历史'，必须能够生活。但是为了生活，首先就需要吃喝住穿以及其他一些东西。因此第一个历史活动就是生产满足这些需要的资料，即生产物质生活本身"，一旦"这种活动、这种连续不断的感性劳动和创造"被中断，整个人类世界就将不复存在。尽管人们"可以根据意识、宗教或随便别的什么来区别人和动物"，但只有"当人开始生产自己的生活资料的时候（这一步是由他们的肉体组织所决定的），人本身就开始把自己和动物区别开来。人们生产自己的生活资料，同时也就间接地生产着自己的物质生活本身"①。

所以，人的生产活动、创造活动是人作为人而存在和发展下去的首要前提，是人与动物区别开来、人的本质得以生成的现实基础，是"使人从动物界上升到人类并构成人的其他一切活动的物质基础"②，因而我们"在某种意义上不得不说：劳动创造了人本身"，"人同其他动物的最后的本质的区别"，仍然"还是劳动"③。

第二，现实的创造活动、实践活动是人和人的本质现实存在的方式，或者说是基本的、主导的存在方式。人的生命、人的内在结构、人的本质力量只有在人的功能性活动中，才能得到现实的存在、现实的确立和现实的展示。

正如马克思指出："实际创造一个对象世界，改造无机的自然界，这是人作为有意识的类的存在物（亦即这样一种存在物，它把类看作自己的本质，或者说把自己本身看作类的存在物）的自我确证"，"正是通过对对象世界的改造，人才实际上确证自己是类的存在物。这种生产是他的能动的、类的生活。通过这种生产，自然界才表现为他的创造物和他的现实。因此，劳动的对象是人的类的生活的对象化。"④

人的实践创造活动，实质上就是人的本质力量的公开的展现，实践创造物则是人的对象化、物态化了的本质力量。现实的人不是抽象封闭的实体，人的属性、本质只有通过人的现实的实践活动和其他别的一切生活活动，才能现实地存在和现实地展现出来；人和人的本质也不是完全难以把握的神秘莫测的"自在之物"，而是在人的活动和人创造的对象物中公开地展现着的，

---

① 《费尔巴哈》单行本，人民出版社 1988 年版，第 24 页。
② 《马克思恩格斯选集》第 3 卷，人民出版社 1956 年版，第 457—458 页。
③ 同上书，第 508、517 页。
④ 《1844 年经济学—哲学手稿》，人民出版社 1979 年版，第 80、81、78、79 页。

因而人和人的本质是可以被人们和主体自身所认识、所直观的。这样，人的活动、人的创造、人的实践不但是人和人的本质现实生成的基础，而且也是现实的人和人的现实本质得以存在的基本方式。

可以说，凡是一切现实存在着的人，都是活动着的、实践着的、创造着的。因此，要揭示人的完整本质，就必须把现实活动着的人作为研究的出发点，否则，就不可能全面地把握人的本质。正因为如此，马克思一以贯之地把现实的人理解为人的现实活动、感性活动，认为自由自觉的活动恰恰就是人的本质特性，"现实的个人，是他们的活动和他们的物质生活条件，包括他们得到的现成的和由他们自己的活动所创造出来的物质生活条件"①。

第三，只有在现实的实践创造活动中，人的本质才能得到现实的发展。人和人的本质是一个开放的、变动的、历史的和发展的系统。但人和人的本质的自我丰富和自我完善，只有在对象性的实践活动过程中才能提供现实的必然性和可能性。

因为，人们的实践活动、创造活动不但为自己提供了满足生理需要、维持生命存在的物品，而且，人们在活动中巩固、积累和增加了新的知识；发展了新的需要和新的能力；激发了人们追求新的理想存在物的情感、信念、乐趣、意志，此外，由人改造后的对象物构成的外部的人的世界，反过来又成为人们新的活动对象和材料，又为新的活动提供了新的手段和条件。

正是如此世代延续的实践活动、创造活动，才使人类在不断改造外部世界、不断创造出新的外部人化世界的同时，人的知识、人的需要、人的能力等人自身的本质也不断得到改造、进化，不断提高到一个又一个新的历史水

---

① 《马克思恩格斯全集》第 1 卷，人民出版社 1956 年版，第 24 页。

平，人的本质越来越完善、丰富和全面起来，从而不断地增加人的新质和不断地形成新的人。如此循环往复，以至无穷，人不断地向着自由、全面的方向生成着。这就是在人的活动、实践基础上人的自我丰富和完善的发展规律。

因此，人的活动越有深度和广度，人的活动方式越丰富多样，人和人的本质也必然越丰富和全面，人也就越能全面自由地占有自己的本质和调动自己的本质。因此，马克思反对扼杀、压抑人的本性的狭窄分工和不合理的社会制度，反对对人的实践活动、"社会活动的这种固定化"，认为"任何人都没有特定的活动范围，每个人都可以在任何部门内发展"①，唯其如此人才能全面地发展自己各方面的本质属性。

正是在可以自由地从事各种形式的活动的历史条件下，人才能"以一种全面的方式，也就是说，作为一个完整的人，把自己的全面的本质据为己有"，成为"具有人的本质的全部丰富性的人"②。

第四，人的创造活动、实践活动是人的诸多本质属性的有机统一体，或者说是使人的诸多本质属性得以实现统一的轴心和纽带。我们从人与自身的关系角度来分析人的创造活动、实践活动与人的本质——自为性、意识性、社会性、历史性、主体性之间的内在关系和统一的基础，从而进一步说明人的统一本质。

我们认为，作为人的现实本质，无疑是有机的统一整体，而不可能是支离破碎的，或者是由诸多方面的属性机械地拼凑起来的混杂体。先从自为性说，人不像其他生物那样只是靠自然界的现成生命材料而生存着的自在存在物，而是依靠自己的行为活动、生产劳动去能动地获取满足自己的需求材料

---

① 《马克思恩格斯选集》第 1 卷，人民出版社 1956 年版，第 38、37—38 页。
② 《1844 年经济学—哲学手稿》，人民出版社 1979 年版，第 77、80 页。

的，因而人是靠自己的活动而生存着的自为存在物。

显然，人的自为性只能存在和表现在人的创造活动、实践活动过程之中，抑或说人的任何一种创造活动、实践活动都具有自为性，人的自为性就是通过人自身的实践活动而生成和展开、并在实践活动中不断得到强化和推进的。这种自为的物质生产活动是"一切人类生存"、一切人类历史的"第一个前提"、"第一个历史活动"。

但是，人的历史活动一开始就产生、包含"历史发展过程的"、"历史的关系的四个因素、四个方面"：维持生存的物质生活、原有需要满足后产生的新的需求欲望、人与人之间的社会交往关系、精神语言意识活动。从人的自为活动，"从历史的最初时期起，从第一批人出现时，这三个方面就同时存在着，而且就是现在也还在历史上起着作用"①。马克思后面进而才谈到"语言和意识"的第四个方面，说明"精神语言意识"是在人类后来的历史实践活动中才形成的。但对我们今天来说，上述四个方面都可以视为共同的整体，也就是说，人的自为的创造活动、实践活动是上述四个因素、四个方面的统一。因此，人的任何活动都同时孕育和生成着、包含和体现着人的自为性、社会性和意识性。

人的自为性主要通过满足需求欲望的物质生活活动——人与自然的关系而存在和表现出来，人的社会性主要表现在人们活动中结成的交往关系，人的活动与社会关系是完全统一的，因为生产本身又是以个人之间的交往为前提的。这种交往的形式又是由生产决定的。② 没有人的实践活动，当然不会有人的社会交往关系，从这种意义上说，社会生活在本质上是实践的；人的

---

① 《费尔巴哈》单行本，人民出版社1988年版，第23—25页。
② 《马克思恩格斯选集》第1卷，人民出版社1956年版，第78页。

意识性也同样只能在人的活动中生成和存在，并构成人的活动的基本要素之一，"思想、观念、意识的生产最初是直接与人们的物质活动，与人们的物质交往，与现实生活的语言交织在一起的。观念、思维、人们的精神交往在这里还是人们物质关系的直接产物"①。人的意识的产生和发展的必要性、可能性，都是由人的实践活动所提供的。

人的历史性和主体性的产生和进化的必然性、可能性和现实性，也同样依赖于人的创造活动和实践活动。因为，"人们之所以有历史，是因为他们必须生产自己的生活，而且必须用一定的方式来进行"②。而人的主体性作为把自然的生存条件置于自己的控制之下、把社会的生存条件置于自己的控制之下、把自己的生存条件置于自己的控制之下，从而做自然的、社会的和人自身的主人，同样只有在人的创造活动和实践活动中才能现实地生成，才能表现和实现出来，才有可能成为自由自觉、自为自主的主体的人。

由此可见，人的创造活动、实践活动的基本要素、结构、特性和功能，与人的本质属性存在着直接的内在相关性和统一性。具体一点说，人的自为性、意识性、社会性、历史性和主体性等，只能在人的实践活动中生成和发展，它们是人的实践活动的产物和结果（当然在不间断的实践活动中它们反过来也规定人的实践活动）；人的自为性、意识性、社会性、历史性和主体性本身就意味着人的创造活动、实践活动，也就是说离开了创造活动、实践活动来谈人的这些本质属性是毫无意义的，人的这些本质属性的现实存在和展现过程，也就是人的创造活动、实践活动过程，此外，只有人的创造活动、实践活动过程，才具有综合、系统和完整的统一本性，它使人作为一个完整

---

① 《马克思恩格斯选集》第 1 卷，人民出版社 1956 年版，第 30 页。
② 《费巴尔哈》单行本，人民出版社 1988 年版，第 25 页注①。

的人而存在，它使人的自为性、意识性、社会性、历史性、主体性组成有机的、互补的、协调的整体并发挥和表现各自的能动作用。人的创造活动、实践活动的整体性、统一性决定了人的本质的完整性和统一性。只有这种活动，才同时需要、并同时推进人的自为性、意识性、社会性、历史性和主体性。正是在变革周围世界的实践活动中，人才同时是自为的……主体的存在物，人的种种属人的特性才得以形成和发展，人的本质的诸多属性才得以生成并结合为一个有机的整体，人的本质才得以有丰富性、开放性和发展性，才有人的个性和整体性的统一。

总之，人的最深层的、统一的本质，就在于人的创造活动、实践活动。从这种意义上说，人就是他的创造活动、实践活动；人的创造活动、实践活动就是人自身；人的创造活动、实践活动怎样，人的本质也就怎样。我们要寻找完整的人、统一的人，而这种人只有在创造活动、实践活动过程中才能存在，我们要寻找人的完整本质，而这种本质只有在人的创造活动、实践活动中才能得到揭示。

（五）做真正的"人"：自由的实践创造着的存在物

对人的创造活动、实践活动进行提炼，把人的活动再"还原"为人的本质，从而进一步揭示出它们二者的内在统一性。

人的各种本质属性必然意味着或者说导向着人变革周围世界的创造活动、实践活动，而这种实践创造活动反过来又必然地确证和导向着人的本质的丰富和完善，人通过对象性的实践创造活动创造了一个属人的世界，而这个属人的世界反过来又必然地确证和创造着人自身。

因此，人的实践创造活动与人的本质具有内在的统一的相关性。人的实践创造的活动过程就是人的本质力量现实运用、发挥和展现的过程；人创造了一个不断生成着的人的世界，就是人的本质力量对象化、现实化和物态化，同时又供自己生存、享受和发展之用，使人自身得到更新和再生，得到充实和完善，从而使人的本质提高到一个新的水平。如此循环往复，以至于无穷。人在不断地创造着人的世界，同时也在不断地创造着自己。

因此，人的最深层的统一本质，就是人在实践活动中的自我创造。马克思曾经充分肯定并汲取了黑格尔关于人的自我创造的辩证法思想。他指出："黑格尔《现象学》及其最后成果——作为推动原则和创造原则的否定的辩证法——的伟大之处就在于，黑格尔把人的自我创造看作一个过程，把对象化看作非对象化，看作外化和这种外化的扬弃；因而，他抓住了劳动的本质，把对象性的人、真正的因而是现实的人理解为他自己的劳动的结果。"[1] 就个体人来说也一样，因为 "个人怎样表现自己的生活，他们自己也就怎样。因此，他们是什么样的，这同他们的生产是一致的——既和他们生产什么一致，又和他们怎么生产一致"[2]。作为人的本质的积淀和进化的历史，也是人自己实践创造的结果，因此，人的历史也就是人的本质不断改变、不断丰富和发展的历史。

总之，人之为人、人作为人而存在的内在根据，人已是的、现是的和应是的样子，都在于人的实践创造活动。

正是由于人的实践创造，人才把自己从自在的物质世界中剥离出来而成为世界的也是人自己实践创造的人之为人、人作为人"明星"；也同样由于人的实践创造，人在改变周围世界的同时也改变着人自身；在创造着外化的人的世界的同时，也创造着内化的人的世界——作为人的人。人的这种自己

---

[1] 《1844 年经济学—哲学手稿》，人民出版社 1979 年版，第 116 页。
[2] 《费尔巴哈》单行本，人民出版社 1988 年版，第 11 页。

创造自己的人的世界和自己创造自己的人的本质的特点，就是一切社会、一切时代的一切人的共有本质，就是人的诸多本质特性的最集中、最完整、最高层次的统一本质。

据此我们也许可以给人下这样一个较为确切的定义：

人，就是世界上唯一能够自由自觉地自我创造着的实践动物。那么，从这个人的定义中我们应该得出什么样的结论呢？我们应该怎样按照这个人的形象、人的应然模式去塑造人和建构相应的人的世界、人的环境、人的社会呢？作为人，我们应该怎样无愧于人——自由自觉的自我创造的实践动物呢？自由的实践创造——这就是人的本质、人的价值、人的意义、人的理想和人的一切；就是我们的历史、我们的现在和我们的未来；就是我们时代的精神精华、我们社会的主旋律。为了做一个真正的人——自由的实践创造着的存在物、"任何人的职责、使命、任务就是全面地发展自己的一切能力……"①。

为了无愧于人，我们应该满怀深情地去进行自由自觉的实践创造，为了无愧于自由自觉的实践创造，我们应该浩然磊落地去做人的人。②

五　人是实践创造着的存在物

人是来自于自然界的高等动物。但对于文明时代的一切人来说，与其说他们生活在一个自在的天然世界的"怀抱"中，倒不如说生活在一个由他们自己塑造过的越来越人化着的感性世界里。

人类在世代相继的辛勤劳作中，既立足于天然的物质世界，又不断地为

---

① 《马克思恩格斯全集》第3卷，人民出版社1956年版，第330页。
② 参见本人论文：《论人的实践创造本质》，《天津社会科学》1990年第3期。

自己塑造着这个有别于天然世界的属人的、感性的对象世界。当然，人类在现实地创造着这个人为化的感性的对象世界的过程中，也同时现实地创造和完善着人自身。离开了实践创造活动，既没有这个直面于人的现实的感性世界，也不会有作为文明人的人。

（一）人在实践活动中"退化"而走向"进化"

现实的人，就是实际活动着的人，是不断实践创造着的存在物。

人类的进化史，就是人类顽强拼搏的奋斗史；人类文明的发展史，就是人类不屈不挠的创业史。人类的进化和发展，从来都不是一帆风顺的。因为，人的进化，同时也意味着人的本能的退化；人越作为人向前发展，他就越无法靠自然本能而生存；人越走向文明，他就越需要更多地依靠自己的创造活动。这是人类的进化和文明发展的一个基本规律。正因为如此，人类的文明发展是不可逆转、不断膨胀着的。

在艰难曲折的漫长的进化岁月中，无情的大自然使人类的先天本能日趋退化。但这种"退化"，同时也意味着人类的"进化"，因为它"迫使"人类必须自己依靠自己、创造自己，自己完善自己，自己去创造出"人"的生存方式，发展出"人"的生存能力。这就是属人的后天学能的生成和发展。先天本能的退化和后天学能的进化，是人类发展进程中互为因果的两个相反相成的侧面。对此，中国哲人王夫之也曾做过生动而有趣的描述：人裸而猿毛，人圆胪而牛有角，此乃自然天道也；然而，人故此而"辑裘以代毛"，用"铸兵以代角"；"夫人之为道，既异于天之无择矣"。他认为，自然无道无为，人道则有为，与天道抗争："人有为也，有为而求盈，盈而与天争胜。"如同"穷则思变"、"置之死地而后生"一样，人在先天本能上的退化，导致了人在后天学能上的创造："人有可竭之成能，故天之所死，犹将生之；天之所愚，犹将哲之；天之所无，犹将有之；天之所乱，犹将治之。"①

由此可见，人作为人而产生的根据，如果说大自然给类人祖先提供了进化为"人"的生物学前提，那么，完成由类人祖先向人的进化过程的直接根据，则是我们人类遥远祖先的劳动创造活动。

（二）劳动创造了"人"

恩格斯指出：生产劳动是"使人从动物界上升到人类并构成人的其他一切活动的物质基础"②。

我们完全有理由这样说，当一种"动物"主要不是依靠自然的本能行为从自然界那里直接获取生存的必需品，而是通过自己的活动去变更自然、并创造出自己所需要的新的"生命材料"时，这种"动物"就不再是一般的动物，而是一种"人"了，或者说是"人化"的动物了。因此，生产劳动是人类祖先进化为人的真正起点，是人作为人而产生和存在的真正根据。这样，我们"在某种意义上不得不说：劳动创造了人本身"③。

因此，我们完全可以得出这样的结论：人是通过自己的生产劳动、实践活动，自己创造出自己来的；人自身的活动就是人作为人的根据。

正因为如此，恩格斯才指出："人是唯一能够由于劳动而摆脱纯粹的动物状态的动物——他的正常状态是和他的意识相适应的，而且是要由他自己创造出来的。"④ 马克思当年曾经充分肯定了黑格尔关于人的自我创造的辩证法观点，而且把它称为辩证法的"伟大之处"："黑格尔《现象学》及其最后成果——作为推动原则和创造原则的否定的辩证法——的伟大之处就在于，

---

① 王夫之：《尚书引义》卷四；《续春秋左氏传博议》卷下。

② 《马克思恩格斯选集》第 3 卷，人民出版社 1972 年版，第 457—458 页。

③ 同上书，第 572 、508 页。

④ 《马克思恩格斯全集》第 20 卷，第 535—536 页。

黑格尔把人的自我创造看作一个过程，把对象化看作非对象化，看作外化和这种外化的扬弃；因而，他抓住了劳动的本质，把对象性的人、真正的因而是现实的人理解为他自己的劳动的结果。"①

因此，作为真正的、现实的人，即作为人的人，是由人自己创造出来的。人的确是世界上一种独一无二的自创性的、文化的——实践的存在物。

（三）人是开放多元的"存在物"

从这个基本的结论中，我们又可以引申出其他一些富有启发性的论点。这些论点主要有：

人是自为的存在物。人所以为人，首先由于人是"无依无靠"的动物。换句话说，"人"在进化中由于其本能退化到了最低点，因而人无法仅仅依靠本能行事就能生存下去。尽管大自然也为人类的无限生存提供了可以无限利用的物质基础和生存空间，但这不过是一种可能性而已。人类要想现实地利用自然"财富"和有效地生存下去，却不得不依靠自己的努力、劳作和创造。因此，人是世界上唯一靠自己的活动而生存着的存在物，而不是靠自然的本能自在地生存着的存在物。用王夫之的话来说，就是天有天道，人有人道，"天道不遗于禽兽，而人道则为人之独"。天道无为，人道有为。天道"行于乾坤之全，而其用必以人为依。不依于人者，人不得而用之。"②

人是开放的存在物。人作为自为、自立、自创性的存在物，同时也意味着是开放性的存在物。人的开放性是指，人无限地对世界开放着，他能不断地理解、变革和拥有越来越广泛的世界；同时人自身也无限地开放着，具有极大的可塑性和可变性，人永远没有一个完成态；人没有特定不变的具体的

---

① 马克思：《1844年经济学—哲学手稿》，刘丕坤译、人民出版社1979年版，第116页。
② 王夫之：《思问寻内篇》、《周易外传》卷一。

存在方式和活动方式；人是自组织、自完善的开放性的存在物。人是自由的存在物。人作为自为的、开放的存在物，同时也意味着人的生存方式和活动方式具有内在的自由本性。显而易见，假如人的一切行为只能按照自然的必然性、天生的本能性去"运作"的话，那人就永远只能做自然界的"囚徒"，而无法成为世界的"主人"，也无法进行作为人所特有的实践创造活动。

当然，我们说人是自由的存在物，这并不等于说人是同自然的必然性、客观的规律性相抗衡的存在物，也不是说人是随心所欲、无拘无束的存在物。我们这里讲的"自由人"，主要是指：人是一种从自然界中提升出来、从动物本能中解放出来的存在物；人能够认识理解自己的周围客观世界的现实存在及其发展规律，并能够掌握和利用它们的属性、功能、规律来为自己的目的服务；人对自身的内部世界以及自己的所作所为，都有自觉的意识；人在一定的客观条件许可的前提下，对自己的行为目标、行为方式，都具有相当程度的自由选择性；人对自己的生活方式、生存意义、存在价值，也有自我选择、自我确立的自由度；而且，人还有趋向于或者说追求自由创造的内在本性。当然，人作为自由的存在物，同时也就意味着人是一种自觉的、理性的、精神性的存在物。

人是文化的存在物。既然人是自为的开放的和自由的存在物，那人同时必定也是一种文化的存在物。这里的所谓文化，指的是非自然的、非本能的和非生理遗传性的意思。就其本质而言，文化是我们人类适应和对付自然环境、社会环境以及自我世界的一种生存方式和活动方式；同时也包括人类通过各种属人的、自为的活动所创造出来的一切东西。因此，文化就是人类自己创造出来的物质的和精神的财富以及创造这些财富的活动方式。或者可以更概括、更抽象地说，人作为人的存在、活动及其结果，就是文化。凡是属人的东西，就是非自然的、文化的东西。因此，从一定意义上讲，人是文化的存在物。而人作为文化的存在物，既指人是文化的创造者，又指人本身也是文化的产物。这是因为，文化本身就是人的存在方式；人只有在一定的文化背景里根据一定的文化模型，才能去创造新的文化；人在创造文化的实践活动的过程中，同时也被社会文化所创造。

人是社会的存在物。人作为自为的、开放的、自由的和文化的存在物，必然意味着人也是社会的存在物。因为，社会本身就是人的存在方式，就是人的自为、自由、创造和文化的表现；人只有在社会中，才能现实地生存着，才能摆脱本能而去进行自为、自由的文化创造；人只有成为社会的人，才能达到人的存在，才能作为人类社会的一分子而参与现实世界的创造。人作为社会的存在物，既意味着人是社会的创造者——社会是人类自己创造的结果；同时也意味着现实的人被社会所创造——人是社会环境创造出来的。而且，对个体来说，他只有首先被社会所创造——首先作为社会的存在物，才有可能参与社会活动去创造社会。这是因为，社会不仅是人们创造的产物，它还是人们的存在形式，还是全部人类文化的保存者、传递者。

我们之所以是现在的"我们"，首先是由我们生活和生存于其中的这个社会所教育、熏陶而塑造起来的；其次才是我们个人自己以往的活动和自己努力的结果。因此，人是最为社会化的存在物。但是，说人是社会化的存在物，这并不否定人同时也是最为个体化的存在物。人作为社会的创造物、文化的产物，是社会的；人作为自己过去活动和努力的结果以及参与社会的创造和文化的创造，却是充满着个体化色彩的。这种个体化造成了在同一社会中共同生活的人们之间的相互差别——即个性。

人是历史的、传统的存在物。既然一切的属人存在物都是人自己创造的，因此，只有人自己才能创造自己的历史。历史，就是人类以往走过的历程的足迹，是人类从古到今的一切创造活动的记录，也是人类现实活动的起点。当然，历史也可以说就是传统。传统是人类创造的全部历史文化遗产的遗传、保存和传递的形式及机制。没有传统，人类就永远只能停留在原始状态，因而也就不会有人类的进步和发展，也就不会有真正的人——文明人的诞生和存在。人作为历史的、传统的存在物，他同样也有两个方面的意义：人是历史、传统的创造者——历史和传统是人创造的结果；历史和传统则是人的创造者——人是历史和传统塑造的产物。人被历史和传统所塑造、所制约，人依赖于历史和传统；同时，人又在历史和传统所提供的基础上，超越传统，创造历史。正如马克思所指出："人的存在是有机生命所经历的前一个过程的结果。只是在这个过程的一定阶段上，人才成为人。但是一旦人已经存在，人，作为人类历史的经常前提，也是人类历史的经常的产物和结果，而人只有作为自己本身的产物和结果才成为前提。"①

人是理想的存在物。人作为自为的、开放的、自由的社会的和历史的、传统的存在物必然也是一种理想的存在物。换句话说，人作为人他永远不会停留在过去和现在的某一点上而不再继续前进。人的非稳定化决定了人是开放的、自由的、创造的生物，也决定着人永远处于不断的自我充实和发展之中，在不断地完善着自己。人是世界上最不特定化的未完成的存在物。因此，人总是面向明天、面向外界、面向新的制高点的存在物；总是追求未来、追求理想、追求新的起跑线的存在物。人是历史的存在，也是未来的存在；人是现实的存在，又是理想的存在。人是追求和创造新的理想世界的存在物。

---

① 《马克思恩格斯全集》第 26 卷第 3 册，人民出版社 1973 年版，第 545 页。

如此看来，人之为人的本质特性，是历史、开放、文化和多元的。因为，人是不断实践创造着的"存在物"。

（四）自我创造是人的天然本性

由此看来，人的确具有丰富而复杂的本质特征。人是一种有着不断发展着的存在形式的存在物；现实的人，都是不断自我塑造着、创造着的存在物。

面对这种不断丰富着的、发展着的人的本质特征，有些学者认为人是一种不可规定的、无确定本质的动物。因为，人永远都不是他现在所已经是的存在物；人不仅仅简单地、僵死地存在着，而且还在活生生地形成着，正在不停顿地生成着；人不是"现成存在着的物"，不是一种"实体"，而是现实活动着的主体；人没有确定的"成品"模式，他可以以自己的行动达到他能够成为和认为应该成为的"形象"……因此，"人根本没有属性"、"谈论人的本性是不正确的"①。

也有的学者把人的特性的多样性本身就看作是人的本质："人之为人的特性就在于他的本性的丰富性、微妙性、多样性和复杂性。"② 而有的学者则干脆就把人定义为"人就是人"③。存在主义哲学家萨特还从"存在先于本质"的命题中推论出人就是他的所有行动之和：因为，对人说来，"除掉行动外，没有真实"，"人只是他企图成为的那样，他只是在实行自己意图上方才存在，所以他除掉自己的行动外，什么都不是；除掉他的生命外，什么都不是。""一个人不多不少就是他的一系列行径；他是构成这些行径的总和、组织和一套关系。"④

---

① 转引自卡西尔《人论》，上海译文出版社 1985 年版，第 217 页。
② 同上书，第 15 页。
③ 萨特：《存在主义是一种人道主义》，上海译文出版社 1988 年版，第 8 页。
④ 同上书，第 18、19 页。

诸如此类的对人的本质的看法和论点，虽然都不是纯粹的胡说，在某些方面也给人以启迪，但它们并没有真正揭示出人的普遍的统一本质。

笔者认为，人既有丰富多样的本质特性，同时又有综合的统一本质。所谓人的普遍的、统一的本质，就是人与动物的最基本的区别和人作为人而存在的最主要、最根本的根据。这个区别和根据就是人的自由自觉的现实的实践创造活动。如前所述，人作为人而产生，是人类自己现实创造的；人作为人而存在，是人类自己现实创造的；人生活于其中的感性世界，是人类自己现实创造的；人类的历史、传统、社会、文化，是人类自己创造的；人类的未来和理想，也是由人类自己去创造的；而人的丰富本质以及人所以是和应是的一切，同样还是由人类自己创造的。没有人类自己的现实创造活动，也就没有人类和人类现在所拥有的以及将要拥有的一切。

因此，人是一种必然的——不得不去实践创造的生物，而且也是一种现实的——过去、现在和未来都进行着实践创造的存在物。创造，绝不只是少数人的事，更不只是少数人的特权，而是人作为人而存在的根据，是根植在每一个人的所有内外存在的结构中的一种内在的必然性和现实的可能性。人就是自我追求、自我造就、自我创造和自我发展的存在物。正是在现实创造的一切活动中，我们才看到了人的产生和存在的一切秘密，才揭示了人的本质的丰富性、历史性、具体性和整体性。正如马克思指出："生活活动的性质包含着一个物种的全部特性、它的类的特性，而自由自觉的活动恰恰就是人的类的特性。"① 这种自由自觉的活动，就是人的现实的实践创造活动。

现在，如果让我们给人下一个整体性的普遍定义，这个定义就是：人是

---

① 马克思：《1844年经济学—哲学手稿》，刘丕坤译，人民出版社1979年版，第50页。

在社会历史中自由自觉地、现实地实践创造着的存在物。人创造着他周围的外部世界，同时又创造着他自己的内部世界。

总之，人之为人的最基本、最深刻、最完整的统一本质，就是人的自由自觉的、千姿百态的现实的创造活动。这也就是人的实践活动发生和存在的主体性根据。而人周围的物质世界的可塑性，又为人的实践活动提供了客观性前提。因此，人的实践活动既合乎物质世界的运动规律，又合乎人的存在的内在原则，它活生生地体现了物道（天道）与人道的现实统一①。

六　改革实践与人的主体自主性

提出"主体自主性"这一概念，似乎有点标新立异。以往我们只赞颂主体（人）的能动性，而从来不提主体的自主性。其实，主体的自主性是主体能动性的基本内容和本质特性之一，也是主体能动性得以充分发挥和表现出来的基本前提条件。

为什么这样说呢？因为：所谓主体的能动性，是指人们在认识和改造世界的过程中所表现出来的一种积极、主动和创造的特性。而主体的自主性则是指人们在认识和改造世界的过程中，能够依据客观条件和自己的需求、目的、计划、聪明才智来最大限度地发挥积极性、主动性、创造性的一种能力和权利，简单地说就是主体支配自己的活动所应有的自决权。只有当主体对自己的认识活动和实践活动，对自己的所作所为以及活动成果具有足够的自主性时，主体的能动性才能得到充分的发挥。显然，人们的能动性是建立在

---

① 参见本人论文：《人是实践创造着的存在物》，《广东社会科学》1991 年第 5 期。

人们能够对自己的行为和活动自我做主、自我支配的基础上的。人离开了自主性，就不可能对自己的活动实行自我意识、自我支配、自我控制和自我调节，因而也就谈不上有主体的能动性。

主体自主性的高低强弱，是和主体能动性的大小成正比的；主体的自主性被压抑到什么程度，它就在什么程度上成为压抑者的附属物；主体的自主性受到限制和束缚，主体的能动性即积极性、主动性、创造性也就必然要受到压抑和削弱。

对此，在我国30多年所走过的历史中有着深刻的正反两个方面的经验。就拿经济体制来说，长期以来，由于各种原因，我国形成了一个不适应社会生产力发展要求僵化的模式，从而造成了政企职责不分、条块分割、国家企业统得过多过死，轻视商品生产，忽视价值规律和市场作用，分配中的平均主义等弊端，这些都削弱了生产单位和广大职工应有的自主权，压抑了企业和广大职工群众的社会主义积极性、主动性和创造性。党的十一届三中全会以来，随着改革的深入，党和政府采取了一系列尊重和扩大企业与广大职工自主权的措施、方法，使经济单位和劳动者在生产、流通、消费等领域逐步确立起其本身应有的自主性，从而极大地调动和发挥了人们的积极性、主动性和创造性。

改革的实践和经验告诉我们，主体的自主性是客观存在的，不能否定的。人不是一般的动物和机器人，而是有意识、有目的的高级动物，是有自我意识和自我控制能力的，因而凡是正常的人都必然具有不同程度的自主性。即使在一定条件下，主体的自主性受到外界压抑的时候，它也绝不会等于"零"，而是以顽强的渴求力争发挥和表现自己。大至国家、集体，小至个人，作为相对独立的主体（国家、集体是人格化的主体，或者说是主体的社会化、宏观化的表现），都内在地普遍具有自身的自主性。否则，就不可能作为主体而存在。

　　主体自主性的表现形式是多种多样的。当它以肯定的形式表现出来的时候，主体对自己的活动和行为就具有极大的能动性、积极性、主动性和创造性。而当主体应有的自主性得不到承认，或者受到严重束缚时，它的自主性就会以否定的形式表现为消极的"能动性"，如"自觉"地不求上进、无所作为；采取当一天和尚撞一天钟，或只穿袈裟，不撞钟，甚至干扰别的和尚撞钟的混世态度；如果矛盾激化，还会做出越轨行为；等等。

　　社会主义是人民当家做主的社会，它尊重和保护全体人民应有的自主性、自主权，并且创造一切条件来充分发挥全体人民的社会主义积极性、主动性和创造性。当前，全面开展的经济体制改革，就是我们自觉地解决主体应有的自主性与这种自主性在一定程度上被压抑的矛盾的又一范例。

　　哲学是时代精神的精华，改革的实践向哲学工作者提出了重视和研究主体自主性的课题。笔者认为，自主性是主体的一种内在规定性；它的内容和实质就是在一定条件下，主体对自己的活动具有充分的自决、控制、调节的能力和权利；它的表现程度和实现程度，是看主体在活动过程中其积极性、主动性和创造性发挥得如何①。

---

① 　参见本人论文：《改革与主体自主性》，《光明日报》1985 年 3 月 25 日。

第五章

实践观念与意识世界的特性

实践观念存在的必要性和可能性，是与人的精神、认知、观念、理念、理论、思维等意识世界的特性相互关联的。人们的意识世界是作为人的主体世界与作为外部对象的客体世界及其相互作用关系的能动反映，而且还具有加工组合、分析整理、干预判断等能动的创新功能。事实上，意识世界结构、功能、形态的复杂性，有些理论、认识、意识并不能直接指导和支配人们去改变现实世界。那么，什么样的意识、理论、观念是能直接付诸实践的呢？

一　意识的实践性与实践性意识

在我国的哲学教科书中，一般只论及意识的相对独立性、社会性和能动性等特性，而很少触及人类意识的实践性特点，对意识的内在本质的规定，也一般只认为意识是对客观事物和客观存在的反映，而往往忽视人类意识的实践本质。其实，现实的对象化的实践活动，或说实践性，恰恰是人类意识最直接、最主导的本质特性之一。

（一）有意识的对象化实践活动创造了"感性世界"

马克思主义哲学作为一种崭新的世界观和方法论，同一切唯心主义哲学和旧的唯物主义哲学有着本质的区别，这就是：它在承认自然物质世界在本体论意义上的先存性的同时，对包括人类意识在内的整个现实的、感性的世界，既从客体的方面，又从主体的方面去理解；所谓从主体和客体两个方面去理解，也就是从现实的、感性的实践活动方面去把握。

因为，正是这种对象性的实践活动，才使主体和客体得到了现实的有机统一，才创造了直面于人的这个活生生的感性世界。正如马克思、恩格斯在批判费尔巴哈旧唯物主义的根本缺陷时指出："他没有看到，他周围的感性世界决不是某种开天辟地就已存在的、始终如一的东西，而是工业和社会状况的产物，是历史的产物，是世世代代活动的结果。""这种连续不断的感性劳动和生产、这种对象化的实践活动，构成了人们周围'整个现存的感性世界的基础'，离开了这种感性的实践创造活动，整个人类世界以及人们的直观能力、意识活动，都不可能现实地存在和发展"①。

马克思还通过对人类意识、理论、思维、精神活动的内在要素，产生和发展的基础，以及它们存在和发展的目的、动力、价值和意义，人类意识产生的生物学前提和社会历史前提的考察，证明人的意识作为人类在对象性的实践活动基础上对周围现实感性世界及其自身行为活动的一种观念性的掌握方式，它对实践创造活动具有直接的相关性和绝对的依赖性；尤其是马克思

_____

① 以上论述参见马克思、恩格斯《费尔巴哈》，人民出版社1988年版。

通过分析生产劳动和实践活动的构成要素、内在本质及其展开的机制，深刻地揭示了人们同周围现实世界的实践关系和理论关系的实质，证明了人的实践活动是人同现实世界进行物质的、能量的、信息的变换过程的完整统一，说明人的实践活动是包含着精神意识活动、始终渗透着主体人的主观心理活动的一种客观的、对象性的现实活动。离开人的意识的纯粹物质化的人的实践活动是根本不存在的，无自由自觉的合目的性意识参与的活动，就根本不是真正人的实践活动。

因此，把意识活动和实践活动有机地联系起来，深刻地揭示出人类意识的社会实践本质和特点，正是马克思主义哲学意识论的基本特色和重要贡献之一。

（二）对象化的实践活动才能使外部世界进入意识世界

然而，在哲学史和心理学史上，有的学派把意识同周围世界和人的活动相割裂，把意识视为纯主观的东西封闭在自身中来研究，有的学派则把人的活动同意识相分离，把人的活动当作无意识的东西来探讨。

与此相反，马克思主义哲学则是把人的实践活动引入意识论的研究，主张从主体和客体、意识和活动、理论和实践、物质和精神的现实的、辩证的统一方面，去全面而科学地揭示和规定人类意识的特性。

在马克思看来，主体对外界客体的对象性的实践活动，既是人类意识产生、存在和发展的动力、基础，同时也是主体人的意识本性、意识能力和意识指向的对象性存在，或说是自我确证。因为，正是"通过实践创造对象世界，即改造无机界，证明了人是有意识的类存在物"①。意识是主体和客体之

---

① 《马克思恩格斯全集》第 42 卷，人民出版社 1979 年版，第 96 页。

间的一种观念性关系，但它无疑是以主体和客体之间的实践性关系为其现实基础和中介的。因为，显而易见的事实是，客观事物只有以各种方式和途径进入人的现实活动的领域，才能被活动着的主体在观念上、意识上所认识和把握。正如马克思指出："无论是作为客体的自然界，还是作为主体的自然界，都不是现成地直接地呈现在属人的存在物面前的。"①

客观事物不是现成地成为人们的现实的意识对象的，唯有以客观的实践活动为中介才能进入人的意识世界。作为直接现实存在着的客体，它首先是人们实践改造的对象；人和周围世界最直接、最现实的关系是实践关系。

从历史的发生学来看，也证明了主体和客体的观念，理论关系是在满足人们物质需要的实践活动的基础上发生和发展起来的。马克思认为：人们决不是先"处在这种对外界物的理论关系中"，而是通过现实的活动来取得一定的外界物，从而满足自己的生存需要。由于这一活动过程的重复，这些能满足人的需要的外界物及其属性，才能铭记在人们的头脑中，人们由此才学会"从理论上"把这些外界物同别的外界物区别开来。② 人对外界客体的对象性活动不但为意识提供了现实的内容和对象，而且也为意识提供了现实的主体。人之所以成为认识的、现实的主体，是由于人获得了一种与动物行为活动有本质区别的新的适应周围环境的现实方式——对象性的实践方式。

正是在改造周围环境的感性活动中，人才成为在实践和观念上都与环境世界既相对立又统一的活生生的主体。人们只有通过所处历史时代特有的实践活动的方式，才有可能在观念上把握对象世界。因此，意识的、认识的

---

① 《马克思恩格斯全集》第 42 卷，人民出版社 1979 年版，第 9 页。
② 《马克思恩格斯全集》第 19 卷，人民出版社 1963 年版，第 405 页。

主体是在改造和创造新的客体世界、创造人类文明成果的对象性活动过程中实现和表现出来的。人在对象性的活动中，既再生产出整个对象世界，又再生产出全新的主体自身。这就是在对象性活动过程中实现的客体主体化和主体客观化的辩证统一。

（三）主客体间的中介工具是实践性意识的结晶

但是，主体对客体的对象性活动是借助于一定的中介工具才实现着物质的、能量的和信息的双向交换的。这个中介工具可以分为物质工具和操作物质工具的方法与思维工具和操作思维工具的方法两大部分。

主体与客体之间的中介工具对意识活动也有着特别重要的意义。这不但由于它们本身就是以往意识和智力的凝结，而且就其地位和作用而言，它们既是主体改造对象的实践工具，又是主体认识对象的观念工具。主体对客体的物质改造关系和观念认识关系，都离不开使主体和客体发生现实相互作用的中介工具。因此，人对周围世界的对象性活动同时也为意识活动提供了越来越有重要意义的认识工具。

从意识活动的实践本性来考察，主体对客体的感性的对象性活动为意识提供了直接的、现实的客体、主体和工具，实质上是整个实践活动系统的观念性内化。也就是实践对象、实践主体、实践工具以及主客体之间物质的实践关系的观念反映。

这就表明，人类意识的产生和发展、内容和形式、本质和特点，首先是由人们自己的实践活动所决定的。主体改造客体的实践活动，直接成了意识产生和发展的基本动力，也是规定意识本质和结构的主要根据。因此，正如恩格斯指出，人的意识："人的思维的最本质和最切近的基础，正是人所引起的自然界的变化，而不单独是自然本身。人的智力是按照人如何学会改变自然界而发展的。"①

（四）客观的实践活动是实践性意识的外在化

人们变革周围世界的对象性实践活动，不但是人的意识最本质、最切近的现实基础，而且也是人的意识存在和表现的最基本、最直接的方式。就意识和大脑的关系来说，意识是人脑的机能，是主体内部的一种观念性活动；但就意识和对象性的实践活动的关系来讲，意识是人掌握外部世界的一种存在和活动方式。而且，人的意识归根结底是为人的对象性活动服务并在这种活动中接受检验的。表现在对象性活动以及凝结在这种活动结果中的意识，是一种外在化、现实化的意识，它们是意识世界的重要组成部分和存在形式。

马克思指出："人不仅像在意识中那样理智地复现自己，而且能动地、现实地复现自己，从而在他所创造的世界中直观自身。"② 人的意识活动也同样如此，它不但在思维着的头脑中存在和活动着，而且总是要通过自己的主体的外部活动客观地、现实地表现出来，并且积极而能动地指导主体的现实活动。

因此，意识和人的行为活动、实践活动有着不可分割的内在联系，离开了客观的现实活动，意识也就不可能产生和发展。同样，人的现实活动也不可能离开意识的参与和指导。没有意识、观念参与的活动，不是真正的人的活动。这不但是由人的意识必然要外化和表现在人的全部活动中所决定的，而且更是由人们自己的生命活动和实践活动的内在本性所规定的。

马克思认为，人的活动和动物的活动有着本质的区别。这种区别的基本标志之一，就在于人的活动是"自由自觉的活动"，而动物是和它的生命活

---

① 《马克思恩格斯全集》第 3 卷，人民出版社 1956 年版，第 551 页。
② 《马克思恩格斯全集》第 42 卷，人民出版社 1979 年版，第 97 页。

动直接同一的，它没有意识到自己和自己的生命活动的区别，但人则把自己的生活活动本身变成自己的意志和意识的对象。所以，人的生活活动是有意识的，正是这种"有意识的生命活动把人同动物的生命活动区别开来"①。人作为有意识的实践存在物，他不但能够自觉地认识和运用外部客体的客观尺度去改造世界，而且还能自觉地根据自己自身内部的尺度、目的愿望以及审美理想去进行实践活动。因此，人的现实活动是有目的、有计划、有意识的对象性活动，人不但把这种有意识的目的"作为规律决定着他的活动的方式和方法"②，而且"他必须使他的意志服从这个目的"③。

在辩证唯物主义看来，实践是意识的一个重要的本质方面，而意识也是实践活动的一个不可忽视的本质方面和主要内容。实践活动是主体和客体之间通过中介系统实现出来的有目的、有意识的客观活动。在其实质上，人的实践活动无论在要素、结构、功能上，还是在形态、过程和结果上，都是主观和客观、物质和意识的有机统一。从实践目的到实践结果的整个过程，都始终渗透着观念的东西，表现着精神的力量，实现着意识的能动创造性。实践活动作为有目的的对象性活动，它是人的需要、知识、意志、情感、本能、经验、理想等一切精神文化因素和观念力量以及人的体力等等全部本质力量的现实化、即物化的过程。因此，人所创造的现实的对象世界，是一种人的本质力量的"对象性的存在，是一本打开了的关于人的本质力量的书，是感性地摆在我们面前的人的心理学……"④。

总之，如同离开人的实践活动就无法正确理解人的意识一样，离开了人

---

① 《马克思恩格斯全集》第 42 卷，人民出版社 1979 年版，第 96 页。
② 《马克思恩格斯全集》第 23 卷，人民出版社 1972 年版，第 202 页。
③ 《列宁全集》第 38 卷，人民出版社 1986 年版，第 228 页。
④ 《马克思恩格斯全集》第 42 卷，人民出版社 1979 年版，第 127 页。

的意识，人的对象性的实践活动也是无法想象的。

在马克思主义哲学看来，物质的实践活动和现实的意识活动是人类掌握一切对象世界的最基本的方式。但是，在主体对客体世界的对象性的实践活动过程中，这两种方式是不可分割地联结在一起的。承认在物质世界先在性前提下人意识活动和人的实践活动的内在相关性和统一性，深刻揭示人的意识活动的实践本性，正是马克思主义哲学意识论和实践论的基本原则。①

二　意识作用外部世界的物质条件

学术界对物质和意识的关系、意识对物质有没有决定作用等问题，曾发生过旷日持久的探讨和争论。然而，却很少有人去专门研究如何最佳限度地发挥意识的作用的课题。笔者以为，与其抽象地、思辨地去争论意识有没有决定作用，不如去探索意识对物质为什么会产生反作用，怎样起反作用，反作用需要哪些过程、环节、条件，以及如何才能更好地发挥和提高意识的作用等这一类应用性、实践性很强的微观问题。本文不打算全面来探讨上述问题，仅择其一点，即专门就意识反作用的物质条件谈点想法，不妥之处，望学术界同行们指正。

（一）意识作用外部世界的"人脑"基质

人们在论及意识反作用的物质基础时，往往只停留于一般的肯定和宏观的表述，如意识反作用于外界物质客体是离不开一定的物质条件的。至于需要哪几类物质条件，各种物质条件之间的关系怎样？却缺乏具体的分析和微

---

① 参见本人论文：《略论意识的实践本性》，《浙江社会科学》1990 年第 4 期。

观的阐述。

笔者以为，意识在反作用于外界对象的逻辑进程中，起码存在着相互联系又彼此独立的三大类物质条件。其中第一个物质条件就是人脑（基质），或者说是人脑的细胞。无论是脑科学还是日常生活都告诉我们：一切正常的人在活动之前，在改造外界对象之前，都必然先要用脑子想一想，使之有个行动的目的和计划。正如恩格斯指出："推动人去从事活动的一切，都要通过人的头脑，甚至吃喝也是由于通过头脑感觉到的饥渴引起的，并且是由于同样通过头脑感觉到的饱足而停止。"[①]　如果外部世界是产生意识的起点的话，那么，意识反作用于外界对象的起点则是人们的头脑。

众所周知，思维、意识和人脑是相互交融、密不可分的，人脑是意识的生理基础，意识是人脑的属性和产物。意识的活动过程，也就是人脑这架复杂而精细的"机器"运转的过程。科学发展到今天，尽管还未能完全揭示出人脑意识活动过程的全部秘密，但是，意识活动的生理的物质基础——人脑的神经细胞是早已被科学所证明了的。

人脑是由上百亿个高度特殊化的神经细胞所组成的，它是一个接受、综合和重现信息的器官。目前，人们已经知道，仅仅在大脑皮层就有140亿个左右的神经细胞。大脑皮层还分成各个功能区，约有200多个，各个功能区以及各个神经细胞之间，既各司其职，又密切合作。人脑在发生意识活动时，脑神经细胞特别是大脑两半球的神经细胞就处于优越兴奋性的活动状态。

与此同时，随着神经细胞的冲动还放出一定数量的电波来。用现代电子仪器，已使神经的电特性的研究工作达到了惊人的精细程度。如果在头皮上

---

① 《马克思恩格斯选集》第4卷，人民出版社1972年版，第228页。

安放两个电极，经仪器放大后，在阴极射线示波器上便可展示出大脑活动的电波。正常人在睡眠时，出现每秒4—8次的节律慢波；而在闭目安静中，出现每秒12次以上的快速节律波动。这说明，人们的意识活动过程并不是神秘莫测的，它无非是由一种特殊的物质——人脑的神经细胞的优越兴奋性活动过程所产生的一种特性和表现。

意识活动时的这种物质基础，可以说是意识反作用于外部物质世界的一个根本性的原因。我们探讨意识活动的人脑之一内在的物质基础，对于科学地阐明意识是怎样反作用于物质以及意识的使用等问题，在微观认识领域中是极为重要的。现代科学广阔的发展前景已经预示到这一步：人们仅仅在头脑里想一想，即意识不需要经过驱动躯体，就完全有可能直接与外界对象发生联系和动作，并经过一定的中间环节，就可以有效地作用和改造客体。

比如说，想要开动某一机器，可以不接电钮，也可以不发出声音，只要脑子里想一想开动某机器的程序号码，就可以了。这种前景不是不可能的。因为，人们的物质活动过程，同时也是一种脑神经细胞的意识的活动过程，而神经细胞的物质运动又会产生一定的脑电波。人怎样想，就会产生相应的、差别极微的脑电波。如果有一种十分先进的科学仪器能够把这些差别甚微的脑电波迅速地区别开来，并经过中介仪器的处理，把它转化为能开动某一机器系统的信号，那么，人脑仅仅在有目的地想（思维的时候）就可以直接对外界对象发生作用。

几年前，美国有关科学家在这方面已经取得了初步而又惊人的成果。科学家们用一定的仪器，在被试者头皮上连接好脑电图的电极后，要求被试者重复一个特定的词，结果他们记录下了刚好在被试者说出该词前的脑波形式，并惊异地发现每个词均有其特定的波形。美国有关科学家已经能根据一定的脑波型式鉴别出约 27 个词和音节。这项工作尽管还处于早期阶段，但"看来它的前程是无量的"。

有的科学家还预测："脑波翻译的下一步是利用脑所产生的电磁波，从而不须再把电极贴到被试者头皮上"，能像无线电信号一样遨游在空间的脑电波，将被接收机直接接收。[①] 然而，即使某一天实现了这一理想，也并不意味着意识的反作用完全可以摆脱物质条件的"羁绊"，可以不需要物质基础。暂且避开其他物质条件不说，最终还是少不了人脑这一物质基础。

所以，我们把人脑既看作是产生意识活动的物质基础之一，又看作是意识反作用过程中的物质基础之一，这是符合人脑功能的实际的，也是符合辩证唯物主义认识论原则的。科学的发展，使人们不能看出，打开和揭示意识活动的人脑这一物质基础的大门已经为期不远了。同时，也进一步证明了唯物主义的这一基本原理。

意识活动的过程，实质上就是一种特殊物质的运动过程。这是意识能够对外界产生巨大反作用的原因所在。而这种特殊物质的活动过程，首先是人脑细胞能量转换、信息转换并不断放大的过程。意识这朵美丽的花，一旦失去了包括人脑在内的物质基础，它就会立刻枯竭凋谢。

（二）意识作用外部世界的肢体物能

就目前一般的科技水平而论，意识对外界物质的反作用，仅仅有人脑这一物质条件，还不可能直接作用于人体之外的客体。其间还需要其他一些中介性的物质条件，人的肉体器官和自然体力就是意识反作用的第二类物质条件。只有经过人体器官的内导作用，意识才能作用于外界对象，可以开始付

---

① 参见《自然杂志》1980 年第 5 期，第 337 页。

诸实践。

控制论的创始人维纳指出："人通过感觉器官感知周围世界。在脑和神经系统中调整获得的信息，经过适当的储存、校正和选择等过程后进入效应器官，一般来说也就是进入人的肌肉。这些效应器官反作用外部世界。"[1] 在指导实践的意识形成之后，大脑接着就下达行动的"命令"。"命令"的传达是由神经系统完成的。

这些神经系统分别与遍布全身的感觉器官、内脏器官、运动器官相联系，一方面接收体内外的信号，供大脑进行分析综合，另一方面听从大脑的"指挥"，执行大脑的"命令"。当大脑发出行动的"命令"时，就引起神经的冲动，再通过"下行束"神经把"命令"信号传递到特定的运动区域去。神经冲动到达一定的感觉器官和运动器官后，就引起这些器官的相应动作。这样，意识就经过人体的肉体器官（特别是四肢）可以直接作用于主体之外的物体了。

正如马克思指出："思想根本不能实现什么东西。为了实现思想，就要有使用实践力量的人。"[2] 人体作为意识反作用于外界对象的一个物质条件，与外界客观世界的物质是不尽相同的。对外界物质，意识不可能"随心所欲"，而对人体自身的这部分物质，则完全可以做到"令行禁止"，随时能够直接"指挥"，使其做随意的运动。意识只要通过神经而用不着其他的中介条件就可以直接起作用。

这说明，从一定意义上讲，意识反作用于物质在主体自身内部就可以达到了。换言之，意识和物质的直接统一，首先表现在人体内部，而不在其他

---

[1] 《维纳选集》，第 4 页。
[2] 《马克思恩格斯全集》第 2 卷，人民出版社 1956 年版，第 152 页。

什么领域。因为作为主体的人，自身就是物质和意识的有机统一体。当然，意识和物质在人体内部的直接统一，是一种狭义的、低级的统一。甚至连一般的高级动物也具有这种直接的统一性，因为动物的行为也是受大脑控制和指挥的。当然，人类的这种直接统一性，不能与动物的直接统一性同日而语，两者有质的区别。动物的统一性是兽性的、本能的，人的统一性是能动的、理性的、有目的的。更为根本的是，人的意识和物质的直接统一性，不仅仅只表现在人体内部，主要是表现在改造世界的实践活动中更加高级的统一性。实践中的统一性是人类所特有的。

由此看来，人的意识与物质的统一性有两个层次。一般地说，人体内部的意识和物质的统一性是实践活动中的意识和物质的统一性的前提、基础，没有前一个统一性，就不会有后一个统一性；而实践中的统一性是人体中的统一性的必然发展，或者说是必然的外在化、社会化和宏观化的表现。这两种统一性相互依存、相互制约，又可以相互转化、相互促进，而且往往是相互关联、同时态的。

不言而喻，意识如果只作用人体本身，而不作用和改造人体之外的客观世界，也就不可能作为人的意识而存在着，甚至连人本身也都无法生存下去。因为，人体运动本身不但不能提供任何能满足于人们需要的物质，反而却要消耗掉人体的一定能量。

因此，为了创造出能满足主体自身需要的"人造世界"，意识就必须操纵人体这一物质条件，与客观对象发生联系，作用和改造人体之外的物质客体。唯其如此，才能引起被改造的对象的种种变化，以适应自己的需求。意识驱使人体与外部客观对象接触、改造的过程，就是我们通常讲的实践活动的过程。

所谓实践，不是别的，实质上就是意识驱使人体、利用一定手段接触和改造客观对象的活动，是主体与客体交换信息、组合信息的过程。这种过程，从表现的形态上讲，完全是一种物质与物质的相互作用，意识则隐蔽于物质的"背后"。

总之，到目前为止，意识对外部世界的反作用，都离不开人——人的肉体器官和自然体力。"人的思维的最本质和最切近的基础，正是人所引起的自然界的变化。"[①] 意识、思维的产生需要通过"人"去改变客体，意识、思维对外界客体的反作用，需要通过"人"去改造。

（三）意识作用外部世界的中介工具

那么，要达到主体与外界对象的实践性的统一，在人体与外界所要改造的对象之间，是否还需要其他的物质条件呢？还有没有物质的中间环节呢？回答是肯定的。

我们知道，人——作为"万物之灵"的高等动物，不通过一定的物质工具，直接把自己的肉体器官及自身体力与外界对象接触的情形是很少见的。人与一般动物的一个根本区别，就在于人对客观世界的反作用，并不受他自身的肉体器官和自身体力的限制，在认识世界和改造世界中，能够凭借自身以外的物质手段、自然力量，并在实践中有目的、有计划地运用这些手段和自然力量，现实地变革外界对象，使其产生本身的自发过程所不可能产生的新的形态，更有效地实现主体的目的。所以，在实践中，人们总是永不停息地寻找、积累、改进和创造各种各样的物质手段、工具。

所谓物质手段，也就是指置于主体及其所要改造的客观对象之间的一切

---

① 《马克思恩格斯全集》第20卷，人民出版社1971年版，第209页。

实体性的中介工具。如果说人的肉体器官和自身体力是意识反作用于客体的第一座桥梁的话，那么，物质手段就是意识反作用于客体的第二座桥梁。意识必须而且只有通过人体器官、自然体力和物质手段这两座桥梁，才有可能被"引渡"到客观对象的现实的彼岸，这是实现意识的此岸和被改造客体的彼岸的实践性统一。

人类正是由于制造和运用了物质工具，才大大地延长了人的肉体器官，极大地突破了人的肉体器官的局限性和自身体力的有限性。伟大的数学家阿基米德曾形象而有趣地说过：给我一个杠杆和支点，我可以把整个地球撬起来。阿基米德一语道破了物质手段在改造世界活动中的巨大作用。

随着科学技术的进步，社会的发展，物质手段也越来越独立化、系统化和自主化，不能简单地归属于、依附于人们的肉体器官。这对于我们高度重视物质工具的建设、改革和发展，是何等重要！

总之，正由于意识的信息流经过神经系统能够驱使肉体器官和蕴藏在身体内的自然体力，进而去创造、去使用一定的物质手段，才充分显示出意识的巨大能动作用。

可以说，人类改造客观世界的艰难历程，就是一个不断为自己寻找替身的物质手段的过程。历史每向前推进一步，人们改造世界的物质手段也就提高、前进一步。而物质手段的不断丰富和发展，就使得人的肉体器官与外界被改造对象之间的距离越发拉开，而中介工具也就越来越多、越来越复杂。但是，相反的是意识的作用、人的力量、主体的能动性却愈加强大，对客观世界的改造效率不断提高。这简直是历史逻辑的"二律背反"！

记得马克思在《资本论》中曾经引证过黑格尔的这样一段名言："理性何等强大，就何等狡猾。理性的狡猾总是在于它的间接活动，这种间接活动让对象它们本身的性质互相影响，互相作用，它自己并不直接参与这个过程，而只是实现自己的目的。"① 说得多好啊！意识的反作用、理性的力量，它的"狡猾"，不在于"无中生有"、脱离一定的物质条件，而恰恰在于它依赖于一定的物质基础，在于它能"操纵"人的肉体器官、自身体力，并通过它们制造和运用一定的物质手段，去有效地改造世界。

（四）意识作用外部世界的现代智能技术

由上述分析可知，在目前科技水平条件下，人类意识对外部客观世界的反作用，一般必须具备以下几种物质条件：人脑或说人脑神经细胞；人的肉体器官是自身体力；一定的物质手段。

与此相适应，意识反作用于客观对象的大致过程是：意识——→脑、脑细胞的运动┄┄→人体器官和体力的运用——→物质手段的操纵——→外界客体的被改造。

意识和脑细胞的运动过程，实质上是同一活动过程的两种不同的属性。我们用实线（——→）来表示意识反作用于外界客体所必须具备的、永远不可缺少的物质条件；用虚线（┄┄→）来表示随着科学技术的发展，意识反作用于外界客体可能缺少、可能逾越的物质条件。

比如，以微电脑为中心的生物工程、海洋工程、航天工程、新能源等汇合起来的新技术革命，正在引起"第四次产业革命"，或酿成"第三次浪潮"，使人类开始步入"信息社会"。新的技术革命，必然带来生产的空前发展，使生产高度自动化。在自动化的趋势中，最引人注目的是机器人的生产与应用。

----

① 转引自《马克思恩格斯全集》第 23 卷，人民出版社 1972 年版，第 203 页。

机器人美妙的发展前景告诉人们：在这场科技革命中，人确有可能以生产过程的监督者和调节者的身份同生产过程发生关系。现在世界上出现了"无人工厂"，在日本丰田的几个厂里，有许多无人车间，那里只是大量的机器人在操作。日本有些厂已不上班，只在家里利用信息操作、控制工厂。今后，在意识反作用的过程中，也许有可能省去人的肉体器官、自然体力这一物质条件。

新的技术革命的迅速发展，给哲学认识论提出了挑战，将修正某些传统论点。试举一例：从时空上看，主体与客体不一定直接实践（接触）、直接相互作用，外在的感性越来越"淡"，但却反而能更迅速、更有效地改造客体，并非亲身的、直接的实践越多越好，人的自然体力的重要性在逐步被知识的力量所取代。但无论意识的作用怎样强大，它仍然要依赖于一定的物质条件。

意识的作用大小，是和它的物质条件的质量高低、先进与否成正比的。能不能最大限度地提高意识的能动作用，不但决定于意识本身的质量，而且也依赖于各种物质条件的质量，同时，还取决于意识与各种相关的物质条件能否达到最佳的结合和有机的统一。要充分发挥和提高意识的作用，就必须高度发展生产力，运用先进的科学技术，使意识起作用所需要的物质条件优质化和合理化。只有这样才能充分焕发亿万人民的智慧和才能，早日实现现代化。

由此可见，探讨意识反作用的物质条件，以及诸种物质条件之间的相互关系，对于我们正确认识和充分发挥意识在改造世界中的能动作用，从微观的角度把握马克思主义哲学认识论关于认识过程第二个飞跃的原理，正确坚持意识观上的唯物主义原则，无疑都是很有科学意义的。①

---

① 参见本人论文：《试论意识反作用的物质条件》，《宁夏社会科学》1986 年第 2 期。

三　理论的可行性与不可行性

长期以来，哲学界只满足于宏观地描述理论要回到实践、指导实践，而很少研究什么样的理论才能指导实践，指导实践的理论要具备什么条件，理论怎样指导实践等这类更为重要的问题。结果是，一方面使得哲学认识论中的一些基本问题的研究过于原则化和抽象化；另一方面则造成这样一种误解：似乎任何理论都可以直接指导实践、都具有可行性，都能转化为改造世界的物质力量。其实，并非如此。

那么，什么样的理论才具有直接指导实践的功能，理论的可行性需要具备哪些具体条件呢？本文试就上述问题做一探讨。

（一）讨论"理论可行性"的必要性

在讨论理论可行性问题之前，首先需要确定概念所指的范围。

我们这里所讨论的"理论"，是对那些准备付诸实践或已经在指导实践的思想、认识、知识，观念、设想、计划、方案、目的、纲领、路线、方针、政策、战略、战术以及自然科学中的应用科学、技术科学、工艺学、工程学等等的统称，而不包括那些不可能或尚未准备付诸实践的假说、思想、认识、知识等纯观念形态的"理论"。这就是说，世界上各种形形色色的"理论"，从其对改造世界的实践活动的直接功能和作用来看，大体上可以划分为带有实践功能的理论和纯意识形态的理论两大类型。当然，两者之间的区分是相对的。我们这里所要探讨的可行或不可行的"理论"，就是指带有实践功能或行动中的理论。

所谓"理论的可行性"，是指理论是否具有直接指导和支配人们改造世界、可不可以直接付诸实践的一种功能和特性。而"理论可行性的条件"，就是指理论要具备可行性、要获得这种功能和特性所必须具备的条件。那么，讨论理论可行性条件问题的根据和必要性何在呢？

第一，是由理论存在着非可行的可能性决定的。前面我们说过，在"理论"这个大系统中，可以分为带有实践功能的理论和纯观念形态的理论两个子系统。但是，即使在准备付诸实践或已经在指导实践的理论中，也并不是所有的理论都具有现实的可行性、能指导人们在实践中获得预期成功的。其中有的理论根本不具有可行性（不等于人们不能运用它），有的过去曾经是可行的，现在却丧失了可行性；有的现在是可行的，以后也许是不可行的，有的虽然在原则上是可行的，但未必是最优化、最佳化的可行性；等等。理论在可行性的可能状态上所存在、所表现出来的多样性，尤其是存在着非可行的可能性，这就要求人们必须分析和研究理论可行性的条件问题。

第二，是由人们改造世界的实践活动的特点所决定的。人们改造世界的活动不是盲目的，而是自觉的、能动的。理论归根到底要为实践服务，而实践则必然要求有理论的指导。但是，不是任何一种理论都能有效地为实践服务的，实践所要求直接指导它的理论也不是空洞抽象的。由于实践活动的目的性、客观性、功利性、社会性、创造性等特点，要求指导它的理论必须同样具备多方面的可行性的条件。

第三，是由理论与实践的矛盾所决定的。理论与实践并不总是"合二而一"完全统一的。它们之间常常有矛盾、有不一致的时候。理论有可能而且也往往会脱离实践。理论向实践的飞跃和过渡，理论的对象化和现实化，是一个很复杂的转化过程。在这个转化过程中，"理论"不是原封不动地、直接地"飞"到实践中去的，其间需要经过一系列的"转换"环节，一步步地接近实践。理论同实践的矛盾统一过程，也是理论向实践（仅仅从这一方面说）的转化过程，而这个转化过程，实际上就是理论不断具备和解决可行性条件的过程。

第四，是由主体人的内在本质要求所决定的。人不同于一般动物，他不但要生存，而且还要求生存得更好些；他不但要改造世界，而且还要求改造得更合理些，他不但要实际地生产出"产品"，而且还要求"生产"得更完美些；他的行为和行为结果不但要满足生理的、物质的需要，而且还要求能满足心理的、文化的、精神的、审美的、社会的需要；等等。主体人的这些内在的本质要求，必然要求指导实践的理论具有种种相应的可行性条件。

（二）理论可行性要具备哪些条件

根据理论与实践关系的特点，我们认为，作为一种可行的、可以直接付诸行动、能够直接指导实践活动的理论，起码必须具备以下一些基本条件：

1. 清晰性

理论的清晰性、明确性是理论可行性的一个最基本的条件。

所谓理论的清晰性，就是指理论要给出一定质的和量的信息。一种理论不管是否正确，只有具备一定的信息量，才能被人们接受和理解（输入），才能得其要领，指导实践活动，才能在实践中检验和修正它；才能同人们的行为及其结果相比较，进而逼近目标。反之，那些模棱两可、似是而非，既可以这样又可以那样，不着边际、不说明任何问题的非清晰性的理论，就不具有可行性。因为这种理论没有明确的信息量，缺乏确定的指令信息，使人们的行动无所适从，无法"照此办理"。

例如，某单位向上级有关部门请示一件事情如何处理，如果得到的答复是："你们看着办"，或者"请你们酌情处理"，就缺乏确定的信息量，使人们无所适从。

那么，什么样的理论才具有信息量？清晰性的理论蕴含的本质内容是什么呢？

首先，理论在一定的条件下必须有确定的观点，是非明确，不可似是而非，更不能自相矛盾。

其次，要具备可执行、可检验性，有了确定的观点，再加上确定的目的和预期的结果，理论就可以得到证实或证伪。

再次，理论给出的信息必须使主体对这种理论所指向的对象具有可感知性和可观察性。同时，当主体作用这种理论所指向的对象时，必须具有可改造性和可控制性，即这种理论应包含着一定的可观察和可控制的信息量。

只有具备上述三个要素的理论，才会有明确的清晰度，才能被人们所理解和实施。

2. 正确性

理论有了清晰性，并不就是可行的。因为，正确的理论可以有清晰性，错误的理论也可以有清晰性。因此，理论的正确性是理论可行性的又一基本条件。

理论有真和假之分，有正确和错误之别。不符合客观实际的错误理论，违背了事物发展的客观规律和人民的根本利益，所以，按其本性，它是不可行的。不过在现实生活里，错误的理论在一定条件下，也同样具有可转化性，能"指导"人们的行为，有时也会由于偶然巧合而获得暂时"成功"。当然，这种"成功"和"转化"并不能证明错误理论是真正可行的。因为这种"成功"往往会带来更大的灾难性后果，它是偶然原因造成的，不具有普遍性，不合于客观外界的规律性。所以从长远和普遍的意义上说，错误理论势必

"指导"人们走到邪路上去，导致人们行动的盲目性和破坏性。

可行的理论之所以应当是正确的，还因为人们改造世界的实践活动必须以客观世界的现实存在和发展规律为前提。客观世界决不会自动地"迎合"、"满足"人的需要，它在走着自己的必然之路，按其固有规律发展着。人们只能认识、利用这些客观规律，根据客观规律和自己的需要对改造的客体做出"合情合理"、"合规律性"的选择。

因此，客观事物及其发展规律是人们有目的的实践活动的依据和前提。列宁说得好，"人在自己的实践活动中面向着客观世界，依赖于它，以它来规定自己的活动。"① 而要保证实践活动的"合规律性"，首先要保证指导实践的理论自身的"合规律性"。

换言之，实践活动的正确性，主要来自于理论的正确性。只有正确、可靠的理论，才能做到可行、卓有成效地指导实践活动，才能转化为人们所需要的人造物，才能成为人们改造世界的物质力量。

也许有的同志会提出责问，理论在未付诸行动之前，怎么谈得上、怎么知道它是正确或错误的呢？不错，理论的正确与否，最后要由实践来检验。我们这里所讲的理论正确性是相对的。我们这里要求可行理论必须有正确性和真理性，是一种内在的逻辑要求，或者说是一种理想化、标准化的要求，虽然在现实中不可能完全做到，但人们有可能做到，并且应该尽量去做到。这是由于人们在实践活动之前，可以运用非实践性的方法和途径去证明理论的相对正确性，如运用科学思维的推理方法、逻辑证明的方法、思想实验的方法和小规模的试点方法等。在大规模实践活动前，人们运用这些方法证明

---

① 《列宁全集》第 38 卷，人民出版社 1986 年版，第 200 页。

理论的正确性和可靠性，可以避免许多重大失误。

一个理论、一个政策、一个计划，如果被上述方法证明为不正确或不可靠的，那么，这种理论的真理性概率就不会高，实践的成功率也不会大，因而就不能认为是切实可行的。这就要求人们必须以冷静的头脑和科学的态度对待指导实践的理论，不能认为凡是理论都是可以运用于实践的。

因此，在理论付诸实践之前必须进行科学的分析、论证。尽量判定真伪，确定其是非。阻止那些没有根据或缺乏准确性的理论；阻止那些武断的、轻率的、虚构的"理论"付诸实践，以防止随意性，避免盲目性。

3. 具体性

理论具备了清晰性和正确性，并不等于是完全可行的。理论的具体性，是理论可行性的又一基本条件。

可行理论的具体性要求。是由理论和实践的不同特点所决定的。先从理论的特点来看。人们的认识总过程存在着两大阶段：一个是从个别提高到特殊，再由特殊提高到普遍：一个是由普遍回到特殊。然后再由特殊回到个别。作为认识成果的理论，也存在着一般的理论、特殊的理论和个别的理论。换言之，理论是一个具有不同层次性的复杂的大系统。如果就其适用范围、抽象程度和对象指向的多少来看，可以相对区分为一般的、特殊的和个别的这样三个层次的子系统理论。

拿毛泽东同志在《中国革命战争的战略问题》中所举的"战争规律"为例，就有一般战争规律，特殊的革命战争规律，更加特殊的中国革命战略规律。当然，这种"特殊性"还可以再进行若干层次的划分。因此，理论如同"金字塔"一样，具有不同层次的抽象性、普适性。越抽象、越一般的理论，层次就越高（塔顶）；越个别、越具体的理论，层次就越低（塔底）。对此，我们可以称之为"理论金字塔"。

抽象的、一般的理论，"站得高，看得远"，因而有更大的普遍适应性，但它却不能直接指导实践，只有经过一系列的中间转化环节，才能进入实践活动领域，所以，它们只能间接地指导实践。而那些处在塔底部分的理论，却有具体性的优势，甚至直接同人们的实践活动"融合"在一起，成为"行动中的理论"而能够直接地指导和参与人们的实践活动。

可行理论的具体性要求，更是由实践的具体性特点所规定的。我们知道，人们改造世界的实践活动，总是具体的、历史的、个别的、特殊的，总表现为实践的主体同个别、具体事物之间的相互作用。

实践的具体性主要表现在：

第一，实践的目的是具体的。马克思指出："一个目的如果不是特殊的目的，就不成其为目的，正如行动如果没有目的就是无目的、无意义的行动一样。"①

第二，实践活动的形式和过程是具体的。实践活动是一种感性的、物质的活动，是通过具体的形式、途径和方法所表现出来的主体与客体之间直接的相互作用。

第三，实践活动所指向、所要改造的对象也是个别的、具体的。

第四，实践活动的时空条件也是具体的。任何一种实践活动，都是在特定的空间和时间条件下进行的。

总之，现实的实践活动总是具体的，而实践活动的具体性特点，自然要求直接指导它的理论也必须具有相应的具体性。理论的具体性越高，越接近

---

① 《马克思恩格斯全集》第 1 卷，人民出版社 1956 年版，第 287 页。

于实践，它的可行性比率也就越高，于是就越能直接指导实践活动。教条主义的错误，就在于不懂得直接指导实践活动的理论必须是具体的，所以具体性是理论可行性的一个基本条件。

4. 主体性

可行性理论不但要正确地、具体地反映客观事物的本质及其发展规律，具体地解决"真"的问题；而且还要真实地反映实践主体自身的一定需要和利益，具体地解决"利"的问题。

这就是说，作为直接指导实践的理论，必须体现和包含着主体的一定实际需要、愿望和利益，从而包含着主体的因素、主体的内容，即可行性理论的主体性。理论的主体性要求某种理论的运用能够给实践主体带来一定的实际利益。我们认为，如果一个理论仅仅具有科学性和真实（理）性上的可行性，而不同时具有主体需求性和意志性上的可行性，那么，它的实施和实现，给主体带来的可能不是"利"，而是"害"。

例如，"点石成金"在过去是一种美好的空想，但在科学技术高度发达的今天，只要用高能加速器就可以使铅变金。今天，"点石成金"在科学性、真理性上是可行的。然而，由于成本昂贵，在经济上是得不偿失的，因而从主体性要求和效用标准来讲，"点石成金"的理论和实践是不可行的。

可见，一种理论、思想只有当它符合人们的需求和利益，适应社会的需要时，才能进入实践领域，转化为现实。马克思说过："理论在一个国家的实现程度，决定于理论满足这个国家的需要的程度。"[①]"任何思想，如果不和客观的实际事物相联系，如果没有客观存在的需要，如果不为人民群众所掌

---

① 《马克思恩格斯全集》第 1 卷，人民出版社 1956 年版，第 467 页。

握，即使是最好的东西，即使是马克思列宁主义，也是不起作用的。"①

理论的可行性所以要具有主体性内容，这首先是由人类的内在需求本性所决定的。我们知道，具有理性的主体人，总不会干那些于人、于己、于社会无利无益的事。正如马克思所指出的："任何人如果不同时为了自己的某种需要和为了这种需要的器官而做事，他就什么也不能做。"②

其次是由实践活动的本性决定的。实践活动在本质上是一种人类为了自身的特定需求和利益而从事于改造自然和改造社会的自觉的物质活动，它要按照主体人的意志、需要、愿望、设想把客观事物改造成"为我之物"，创造出"合目的性"的人造客体，从而满足自己的一定需求。所以，实践是"事物同人所需要它的那一点的联系的实际确定者"③。如果没有反映主体自身一定需要和利益的意志性、意欲性的因素介入指导实践的"理论"之中，那就根本不会有产生实践活动的现实依据，也根本谈不上会产生理论对象化的现实可能性。

正因为如此，在可行理论中总是包含着实践主体用自身的一定需求和利益同外界客体、同被改造的客体相比较、相权衡而产生的价值意向。实践主体总是把某一理论的实施所要消耗的"成本"同实际能取得的成果相比较、相权衡而产生效益判断。当然，在解决理论的主体性（利益、效用、功利）问题时，必须正确地处理好长远利益与眼前利益、整体利益与局部利益、间接利益与直接利益之间的正确关系。不然的话，尽管"在第一步都确实取得了我们预期的结果，但是在第二步和第三步却有了完全不同的、出乎预料的

---

① 《毛泽东选集》第 4 卷，人民出版社 1991 年版，第 1404 页。
② 《马克思恩格斯全集》第 3 卷，人民出版社 1956 年版，第 286 页。
③ 《列宁全集》第 23 卷，人民出版社 1990 年版，第 84 页。

影响，常常把第一个结果又取消了"①。

5. 社会规范性

理论具备了主体性，说明理论的应用符合或能够给主体带来一定的实际效益和功利，能够满足主体的一定需要和利益。但是，从理想化和社会性要求方面讲，解决了"利"的问题的理论，并非就是完全可行的。因为，对某一实践主体有"利"的理论和行为，并不一定对他人、对社会也同时是有"利"的。事情常常是这样，有时对实践主体是有利的，但对他人和社会是有害的；或者对他人和社会是有利的，但对某一主体则是有害的。

我们知道，主体与社会、个人与他人始终是一个既对立又统一的矛盾体。主体始终是社会的主体；理论始终是社会的理论；实践也始终是社会的实践。人们的一切理论活动和实践行为无不在社会中发生和完成。主体的需要的产生和满足，必然要受到社会需要的制约。社会中的各个主体及其行为总是相互联系、相互制约和相互作用的。一定的社会为了调整人们之间以及个人和社会、个人和集体之间的关系，就产生和形成了要求每个社会成员必须遵循的种种社会规范和行为准则。如法的规范、道德规范、传统规范等。按照这些社会规范行动的，社会就认为这是善行；违反这些社会规范的行为，社会就认为这是恶行。

因此，人们在运用一种理论进行一项实践活动时，就必须对这种理论和实践行为是否符合社会伦理、国家法律和社会公共利益等规范做出判断。这就是说，可行的理论应该具有符合社会规范的内在规定和特点。主体如果无视社会的规范，只顾自己的需要和利益，有意或无意地损害他人和社会的共

---

① 恩格斯：《自然辩证法》，人民出版社1971年版，第158页。

同利益，那么，他就会受到社会的各种形式的制裁和谴责，结果反而损害了自己的个人利益。

可行理论所包含的社会规范性判断，主要是要从理论上正确解决实践活动的合理性及"义"和"善"的问题。社会规范的最高准则，是有利于社会和人类的生存与发展。有利的理论和行为，在社会规范的意义上就是可行的；有害的理论和行为，就是不可行的。按照这一规范准则，在现实生活中有不少理论和行为不能认为是真正可行的。总之，准备付诸实践的可行性理论，必须符合和反映（并包含）社会规范性、合理性、正当性、善的原则的内容和特点。

6. 审美理想性

从优化的原则和理想化的要求来说，可行性理论还必须具备审美的理想性。

所谓理论的审美理想性，是指在可行性理论中反映、体现和包含着主体的审美需求、审美观念以及按照美的规律来改造世界的审美意向。

可行性理论的审美理想，具体内容主要包括：

第一，反映实践主体的审美需要。

第二，反映实践主体与主体之外的环境之间的美或非美的审美关系，如什么样的环境和条件才能同主体的审美要求相适应，怎样才能使劳动工具，譬如机器的结构、造型特点同操纵机器的主体相互和谐等。

第三，反映实践主体与实践活动的结果——劳动产品之间的审美关系。

人和动物不同，实践活动所要取得的结果事先就以观念的形式、理想的形式存在于人们的头脑之中，而这个预期的结果是体现和包含着主体的审美需求的。无论是主体自身、主体的实践活动，还是实践活动的过程及其结果，无不渗透着美的感知、美的理想、美的价值和美的创造。马克思指出：人的生产活动和实践活动，是既按照客观事物的本质和规律的（物种）外在尺度，又按照自己的本质力量和需要的内在尺度来进行的，因而"人也按照美的规律来建造"①。

按其本质而言，人的劳动是自由的劳动。劳动绝不仅仅是一种为了满足生理上的物质需要而被动的行为，它同时也是一种为了满足人在精神上的审美需要而自觉的"创作"活动。人的任何合乎规律的行为，都是人的本质力量的对象化。美就是主体的美的需求、美的追求，以美的规律为依据的人的本质力量的对象化。

所以，在实践活动的过程中，主体对自身和自身的行为，对客体和环境的利用等，都是按照美的需求和美的规律来"建造"的。同样，主体对自己的实践结果、劳动产品，也是既按照物的性质、结构和运动规律来"建造"，又按照主体自己的审美需求和美的规律来"建造"的。

因此，实践活动的过程，对主体来说，不仅是一个单纯支出一般体力的过程。同时也是发挥自己的审美能力和艺术表现能力的过程，实践成果、劳动产品既确证着主体的体力和智慧，又同时沉淀着主体的美的创造力和情感，因而主体改造世界的活动，既是为了得到物质上的享受，又是为了得到精神上的享受，其中包括美的享受。

正因为如此，主体在自己的实践活动及其产物的观照中，发现了自己的本质力量的伟大，体会到了自己的自由创造的胜利，从而产生喜悦，获得了美感。顺便指出，研究技术设计、劳动过程、生产过程和劳动产品（商品）

---

① 《马克思恩格斯全集》第 42 卷，人民出版社 1979 年版，第 97 页。

中的审美规律，对于提高生产劳动的质量，调动劳动者的生产兴趣、积极性和创造性，促使劳动者的全面发展等等，都具有不可忽视的重要意义。但在我国，技术美学、生产美学、商品美学等学科却没有得到应有的重视和发展，这种状况是需要认真改变的。

既然实践过程和结果是按照美的规律来建造的，那么，作为直接指导实践和准备付诸实践的可行性理论，就不能不包含着对美的规律的认识；不能不反映主体的审美理想、审美价值和审美观念；不能不在实践活动之前，预先从理论上解决"美"的和按照美的规律来建造的问题。于是可行性理论就必须具备审美的理想性的条件。

7. 实践性

实践性是理论可行性的又一基本条件。所谓理论的实践性，是指在可行性的理论中包含着对未来实践活动过程的超前反映的内容，或者说，可行性理论必须对主体未来的实践活动实行认识和反映，并包含于自身之中。

理论的清晰性、正确性、具体性、主体性、社会规范性和审美理想性，虽然多多少少、直接间接地涉及未来实践活动，但还没有综合地、完全地解决实践主体如何改造世界、怎样进行实践活动等实践性的问题。而解决怎样改造世界、未来如何行动的问题，是理论直接进入实践活动领域最后所要完成的、也是最关键的一个环节。

我们知道，人的实践活动具有高度的自觉性、计划性和创造性。人离开动物愈远，实践活动就愈有计划性和自觉性。实践活动的计划性和自觉性的最集中表现，就是主体对未来实践活动规律的超前反映和把握。实践活动的这一特点，要求直接指导它的理论必须具有基于现实而又高于现实的理想性高度，尤其必须具有关于未来应该如何行动，怎样改造世界的实践性高度。

这不仅是必要的，而且也是可能的。因为，人有高度的意识能动性，主体人具有主客体的双重建构功能，他自身既是主体，又可以转化为客体。因而人能够把"自己的生命活动本身变成自己的意志和意识的对象"①。人的"生命活动"，其基本的方面就是生产劳动、实践活动。"意志和意识的对象"，就是认识的对象。

事实也正是这样，人们在现实地改造世界之前，就事先在头脑的观念中模拟着未来的实践活动，设计了未来实践活动的过程，建立了未来实践的模型。这是通过人们的自我意识、创造性思维和观念中的思维活动而实现的。

可行性理论的实践性内容，具体表现在以下几个方面：

第一，观念地设定实践目的，即创造未来的人造客体。

第二，观念地筹划未来实践活动的人、财、物等条件。

第三，观念地确定未来实践活动的形式、途径、方式和方法。

第四，观念地综合各种因素，设计未来实践活动的阶段、步骤和过程。

第五，观念地分析、比较和选择最佳、最优的实践方案，并做出改造客体、进行实践的决策。

理论只有事先解决了如何行动、怎样改造世界的实践性问题，对未来的实践活动过程做了预先设计和超前反映之后，才能直接指导实践，付诸实施。

以上笔者对理论可行性的条件做了一个初步的分析，也许并没有完全穷尽理论可行性的全部条件，但上述七个方面无疑是最基本、最主要的方面。

此外，还必须说明的是，理论的可行性毕竟还是一种观念范围内的东西，如果不切实际地付诸实践，那么，再可行的理论也只是一种可能形态上的

---

① 马克思：《1844 年经济学—哲学手稿》，人民出版社 1979 年版，第 50 页。

"可行"。

还有，理论的可行性不完全等同于实践的可行性，理论的可行性需要在实践活动中得到检验、修正和完善。

（三）从理论"可行性"分析中得出的几点结论

通过对理论可行性的分析，我们起码可以得出如下几点结论：

1. 理论的对象化过程，理论指导实践的过程，是一个十分复杂的过程。理论回到实践，理论付诸行动，必须具备各方面的条件，其中包括理论本身的可行条件在内；同时还必须经过一系列的中间转化环节，其中包括理论本身不断向可行性转化的中间环节在内。列宁指出："观念的东西转化为实在的东西，这个思想是深刻的，对于历史是很重要的。并且从个人生活中也可看到，那里有许多真理。"① 但过去，我们无视这些"转化的真理"，对理论自身的可能性缺乏具体的分析，对理论转化为实践的过程的中介环节和中介条件研究不够，以致造成了在理论和实践上的主观主义、教条主义和经验主义等等失误。

2. 实践是受可行理论指导的，理论自身越可行、越具备可行性的条件，实践活动也就越有成效。许多实践上的失败或实践效果不理想，往往是由指导实践的理论的非可行性或可行性条件不充分所造成的。人们要想提高改造世界的能力，要进行有效的实践活动，首先就必须研究和解决理论上的可行性，提高人们的理论思维能力，加强各种可行性研究和论证（如发展战略的可行性、方针政策的可行性、投资开发的可行性、工程项目的可行性的论证等等）。这样，就可以提高实践活动的计划性、科学性和有效性，避免不必要

---

① 《列宁全集》第38卷，人民出版社1986年版，第117页。

的浪费和失误。

3. 马克思关于人们是按照物种的尺度和人的本质力量的内在尺度去建造世界、去改造世界的理论，在马克思主义哲学理论中占有不可忽视的极为重要的地位。改造世界的"两个尺度"的理论，为我们理解理论转化为实践、理论与实践结合的机制。为我们揭示实践活动的主体性根据，提供了一把不可多得的钥匙。人类的实践活动，都不同程度地表现出对真、利、义、善、美的本质力量的追求和再生（再创造）。实践活动就是人的各种本质力量内在尺度的对象化，而人们在实践活动之前是能够、也必须去意识和把握自己的本质力量的，并且转化为理论的尺度、观念的尺度而纳入实践活动。因此，要提高理论的可行性和实践的有效性，就必须十分重视人的全面发展，完善人的本质力量，提高主体人的内在素质，以及自我意识和理论反思的能力。

4. 必须科学地对待理论和运用理论。提出一个理论，规定一项政策。制订一个计划，设计一项工程等等，都应该全面地进行可行性分析研究和论证。实践主体在运用和贯彻某理论、思想的时候，绝不可教条主义的机械地照搬照抄，而必须结合具体的实践活动创造性地加以运用。普遍真理所以要同具体实践相结合，其根本的原因就在于理论只有具备多方的可行性条件，才能真正指导实践。但是没有实践主体、执行者、实施者的再创造，理论就不可能有效地指导实践。在今天，建设中国特色的社会主义是个总图样，它需要创造性地化为各部门、各地区、各条战线的小图样、分图样。离开了这些小图样，大图样就会落空。

5. 我国当前的改革，是一项创造性的实践活动，它需要有可行的改革理论的指导；要想使我们的改革富有成效地发展下去，就必须尽量使改革的理论、改革的方针、改革的设想、改革的计划做到比较全面地符合"理论可行性的各方面要求"，即具备可行性的条件。为此，我们必须加强对改革实践的理论研究，总结改革的经验，使理论跟上改革实践的发展，更好地指导改革，为改革服务，保证我们的改革顺利而有效地向前迈进。

总之，讨论理论的可行性及其可行性的条件，不仅可以丰富和发展马克思主义哲学认识论的一些基本原理，而且对于帮助人们科学地进行理论活动和实践活动，具有十分重要的方法论意义。①

（四）主体与客体之间的三层意识关系

主体和客体是贯穿于整个认识论的一对最基本的范畴。探讨主体与客体间不同性质、不同阶段、不同层次的相互关系，无疑是很有意义的。这里只试图简略地探讨一下主体与客体间意识关系的层次性问题。

1. 人与外部世界不只存在事实性的认识关系

从主客观的极限性质上讲，主体对客体、人对外部世界存在着物质的和意识的二重联系。物质的联系在客观的实践活动中发生、显现和解决；意识的联系则在观念的认识活动、价值评价活动和观念改造的活动中发生、显现和解决。这就是说，通过客观的实践活动的"杠杆"和内导作用，或者说在实践活动的基础上，主体对外界客体的观念把握、意识联系有着"认识的"、"评价的"和"观念改造的"三个不同的层次。

然而，向来人们总认为主体对外界客体的意识关系只有"认识的"一个层次。因而在马克思主义哲学认识论中，除了讲人认识世界的一些原理之外，根本不谈主体对客体的价值关系和观念改造的关系。可喜的是，近几年来，随着对"主客体"问题的重视和深入的研究，学术界已经有人提出，人对外

---

① 参见本人相关论文：《宁夏社会科学》1986 年第 6 期。

部世界的观念把握可以区分出两个层次：认识的和评价的。但是，笔者认为，主体对客体、人对外部世界的意识关系虽然不只是"认识的"一个层次，但也不只是"认识的和评价的"两个层次，而应该是"认识的、评价的和观念发行的"三个层次。这才是全面的、符合实际的。

2. 主体思维把握客体的认识、评价和观念改造的三层关系

认识的意识、评价的意识和观念改造的意识，虽然都是主体对客体、人对外部世界的观念反映、观念把握，但三者却体现着主体和客体的不同质的关系。

主体对外界客体的认识关系，就是指人对外部世界的客观事实、客观情况只进行如实的反映，只"按照事物的本来面目及其产生情况来理解事物"，而"不附加以任何外来的成分"，在认识过程中，主体力求排除自身的主观因素的干扰。因此，主体对客体的认识关系，其根本性质是属于一种事实性的关系，我们可以称它为事实认识。它的直接目的和任务，只解决客体、外部世界本身"是什么"、"是怎样"的客观事实；它的要求是主观符合客观、认识符合对象；它的结果是主体对外界客体的理解、陈述、解释。事实认识的检验是确定其真假、对错；事实认识的路线是从外界客体到主体、外部世界决定主体的认识意识。按照唯物主义的基本原理，在主体与客体的实践活动的物质关系基础上，主体对客体、人对外部世界的意识关系，首先应该、也必然是主体如实地、客观地反映和把握客体本身"是什么"、"是怎样"的事实性、科学性的认识关系。因为，只有认识了客体、对象的属性和规律，才能谈得上对客体、对象的评价、选择、利用和改造。也只有这样，才能从根本上坚持唯物主义的基本原理。

但是，认识世界的最终目标是为了改造世界，以适应主体的特定需求。

而主体要按自身的需求、愿望去改造客体、对象，那么，在现实地改造客体的实践活动之前，在事实性、科学性认识的基础上，主体就必须有关于反映自身的一定需求和利益以及用此与外界客体的一定属性、功能相比较、相权衡而产生的价值意识。因此，主体对外界客体意识关系的第二阶段、第二个层次是价值关系。

价值关系是外界客体的一定属性、功能同主体自身的一定需要、利益之间的一种肯定的或否定的利害关系。价值关系的活动表现形式是主体对外界客体的评价、选择。评价（选择）所要解决的目的和任务，是规定外界客体"应是什么样子"、"应怎样"的价值、功用问题；评价所着重反映的不是外界客体自身的事实性的客观内容，而是外界客体对社会、对主体的利害、好坏的功利价值：评价活动不但不排除主体的主观因素，而且总是以主体自身的特定需要和利益作为评价的标准、权衡的尺度，力求把主体自身的因素和内容附于、赋予外界客体，或者说力求从外界客体中挖掘出主体的因素，也就是主体把自身的内在价值尺度运用到外界对象上去；评价活动的路线是从主体到客体，使外界客体适应主体，客观符合主观。所以，主体对客体、人对外部世界的价值关系，其根本性质是一种功利性的关系。

主体对外界客体的价值关系，仅仅是主体对外界客体的一种观念性的评价活动，只在意识中解决了主体对外界客体要不要去追求、去改造的问题，而没有解决"要怎样"改造、"要怎样"进行未来实践活动的问题。不错，有了事实认识和价值意识，就有了按外界客体的"物种尺度"和按主体的"内在尺度"去改造客体的事实和价值根据。马克思认为，动物仅仅在直接肉体需要的支配下，按照它自身所属的那个（动物）种的、本能种的尺度去活动，而生活在社会中的人，却能按照任何物种的尺度去进行生产活动、实践活动，"并且懂得怎样处处都把内在的尺度运用到对象上去"①。主体既然能按照外界客体、对象本身的尺度和自身需求的内在尺度去改造外界客体，那么，人的改造世界的实践活动必定具有高度的自觉性、能动性和计划性，而不是自发、盲目的。在现实的改造世界的实践活动之前，主体也必然在头脑中事先就有了具体的实践目的、愿望、计划、方法、方案，诸如要把外界对象改造成什么样子，要创造出一个什么样子的新的人造客体，为此应该如何改造、怎样行动、采取什么办法、步骤、手段等等问题，都有一个大致的轮廓梗概。这种能动性、创造性，当然是人所特有的。马克思指出："蜜蜂建筑蜂房的本领使人间的许多建筑师感到惭愧。但是，最蹩脚的建筑师从一开始就比最灵巧的蜜蜂高明的地方，是他在用蜂蜡建筑蜂房以前，已经在自己的头脑中把它建成了。劳动过程结束时得到的结果，在这个过程开始时就已经在劳动者的表象中存在着，即已经观念地存在着。他不仅使自然物发生形式变化，同时他还在自然物中实现自己的目的。"② 恩格斯也说过："人离开动物愈远，他们对自然界的作用就愈带有经过思考的、有计划的、向着一定的和事先知道的目标前进的特征。"③ 主体对客体的事实认识，解决了主体对客体的本质、规律是怎样的观念把握（理论掌握），从而使未来的实践活动有了客观的、科学的依据；主体对客体的价值评价，解决了主体对客体的属性和功能是否适应自身需求的意向把握（功利掌握），从而使主体产生了"要占有"、"要改造"客体的内在意向和未来实践活动的评价指标。然而，"当着某一件事情（任何事情都是一样）要做，但是还没有方针、方法、计

---

① 《马克思恩格斯全集》第 42 卷，人民出版社 1979 年版，第 97 页。
② 《马克思恩格斯全集》第 28 卷，人民出版社 1973 年版，第 202 页。
③ 《马克思恩格斯选集》第 3 卷，人民出版社 1956 年版，第 516 页。

划或政策的时候，确定方针、方法、计划或政策，也就是主要的决定的东西。"① 因此，在事实认识和价值评价关系的基础上，主体对客体的意识关系，还必然合乎规律地要进展到观念改造性的第三个阶段、层次。所谓主体对客体的观念改造的关系，是指在事实认识和价值评价之后、在未来实践活动之前，主体对外界客体和自己未来实践行为"要怎样"、"要怎么办"的一种观念上的实践性关系。它是对未来实践活动的对象、条件、方法、步骤、途径、过程和实践结果的观念规划和"超前反映"。它主要不解决认识、说明、解释和评价、选择外界客体，而是按主体自身的需求、利益、意志、愿望、目的去改造客体和创造性地勾画未来实践活动以及由实践活动所引起的人造客体。用列宁的话说，就是人的意识不仅反映客观世界，并且创造客观世界，人给自己构成世界的客观图画。或者像马克思所指出的，动物是和它的生命活动直接同一的，它不可能把它自己的活动作为意识的对象，而人却能够对自己的未来生活活动、生产活动、实践活动实行超前性的反映和把握，把自己的实践活动转化为自己的"意志和意识的对象"，从而使人对自己的实践活动实现自觉的自我调节和自我控制。可见，主体对外界客体的观念改造的关系，其根本性质是一种观念中的实践模型、观念中的实践活动，是一种在观念范围内的主体对客体的实践性关系。所以我们把它称为"观念改造"的关系。"观念改造"，虽然还是一种观念的、主观的东西，但它已不是一般的观念和意识。因为，它主要体现着主观见之于客观的过程，反映着由事实认识、价值评价向改造世界的实践活动的逻辑推移，表现着主体对外界客体的改造性关系，意味着主体对外界客体的认识和评价过渡到了有目的、

---

① 《毛泽东选集》第 1 卷，人民出版社 1991 年版，第 326 页。

有计划地影响和反作用于外界客体的开始。

由此可见，主体与外界客体的意识关系，从动态、发展和过程的角度讲，必然存在着事实认识、价值评价和观念改造的三个阶段、三个层次。主体对外界客体的观念把握过程，是主体适应客体—客体适应主体—主体观念地改造客体的辩证发展过程。

3. 认识、评价和观念改造三层意识的相关性

主体与客体的意识关系的上述三个层次，各自在特性、目的、任务、功能等方面都是有明显区别的，都有各自不同质的规定性；分别说明主客体间的不同性质的关系；分别体现主客体间在相互联系、相互制约的发展过程中所依次递进的逻辑顺序和不同的阶段。显然，三者之间是彼此有别、相互独立的，但在主体对外界客体的统一的意识活动的进程中，它们又是密切联系、相互渗透、彼此制约的。

在马克思主义哲学认识论中、特别是在由"自在之物"的外界客体转化为"为我之物"的认识总过程中，三者是不可缺一的。缺少了任何一个阶段、层次，都将无法构成"实践—认识—实践"的认识总过程；也将无法全面地、完整地、如实地说明和把握主体与客体的相互关系，同时也不可能说明主体与客体的不同关系是如何相互区别、相互联系和相互过渡的。

三者的联系是显而易见的。事实认识是价值评价的基础，事实认识和价值评价又是观念改造的前提；而价值评价是对事实认识的运用和发展，观念改造则是事实认识和价值评价的进一步运用、贯彻和发展。主体对外界客体的价值评价和观念改造，必须依据于对客体的本质和规律的科学认识，主体对客体的事实认识越正确、越科学，价值评价和观念改造也就越可靠、越合理、越可行；而由于事实认识可以合乎逻辑地发展、过渡到与主体联系更密

切的价值评价和观念改造的更高层次、更高阶段上，使得主体对外界客体的认识具有强烈的目的性、积极性和能动性，因而价值评价和观念改造对事实认识有着积极的促进作用（有时也可能有阻碍作用）。事实认识与价值意识的统一，就是真善美、合需要性、合目的性与合事实性、合规律性的统一，这种统一就体现在观念改造之中。观念改造的意识活动既然是在事实认识和价值评价的基础上发展、形成起来的，因而它不但显现着事实认识和价值评价的有机结合，而且还表现着事实认识、价值评价和主体要改造客体、反作用于客体的内在意向的三者统一。由此看来，事实认识、价值评价和观念改造是一个意识活动过程中的三个不同层次和阶段，它们彼此独立、相互有别，又彼此有机联系而不可分割。

4. 认识、评价和观念改造三层意识的顺序性

从科学抽象的、逻辑的顺序上看（现实中主体与客体的不同层次的关系往往是犬牙交错的），主体与客体间的相互关系的产生和发展的一般进程，首先是在客观的实践活动中，主体对外界客体发生初始的、带有一定盲目性的、低级的物质性关系。在此基础上，主体对外界客体就产生了事实性的认识关系。因为，在对外界客体尚未有科学的认识之前，就不可能进行合理、可行、自觉的价值评价，也谈不上进行合目的性、合规律性的高级阶段的实践活动。但当主体仅仅对外界客体的本质和规律有了"是什么"、"是怎样"的事实性认识时，主体还不可能直接意识到客体是否能满足或多大程度上能满足自身需求的功利意义，也不可能产生要占有客体的对象模型、观念改造客体的实践模型。因此，随着主体对外界客体的事实认识的产生和完成，必然就发生了主体对外界客体的价值评价的关系。当主体从自身需求、利益出发对外界客体的特定属性和功能做出肯定的评价时，主体就有意识地、自觉地导致自

身必须进行实践活动的目的模型和去追求、占有客体（的属性和功能）的对象模型。至此，就不可避免地产生了主体对外界客体的观念改造的关系。这就是说，事实认识、价值意识不可能越过"观念改造"这一层次，直接进入客观的实践活动阶段；而客观的实践活动也不可能没有"观念改造"这一意识活动的直接规定和指导。因为，客观世界在走着自己的路，它不会自动地满足主体的需求，要实现对主体有意义的价值，使目的模型、对象模型现实化、物化，只有通过主体自身的实践活动；而要进行有效的客观的实践活动，事先又必须、也必然在观念上解决"要怎样"进行实践活动、"要怎样"改造客体的问题。因而在主体与客体的价值评价关系之后，合乎规律的是主体对外界客体的观念改造的关系。由于在主体与客体的观念改造关系的意识中，既包含着进行未来实践活动的动力、根据和必要性，又解决了进行未来实践活动的可能性和现实性，因而在主体与客体的观念改造关系之后，随之而来的是主体对外界客体的现实的改造、客观的实践活动。这样，主体与客体又进入到了一个更自觉、更高级的物质性的联系之中。①

---

① 参见本人相关论文《江海学刊》1985 年第 2 期。

第六章

实践观念与价值世界的尺度

之所以一般性的认知成果、理性认识需要转化为实践观念，才能现实地指导实践活动，一个关键性问题，就是人有对自己需求和行为效果的"合目的性"、"合不合算"的价值反思和价值预判。这就是主体性很强、利害关系十分复杂的价值世界。对价值功利关系的取舍判断，是实践观念存在的基本理由，也是其基本内容之一。我们哲学上、理论上、思想上和现实生活中对许多问题的争论，大都是由我们的世界观、价值观、人生观的不同而造成的。

在前一章中，我们已经从认识、评价和观念改造三个层面，分析了主体与客体间三大类意识的特点、功能等问题，其中"评价意识"就是"价值"问题。下面，我们从更多侧面来讨论价值问题。

一 价值的含义、要素和生成的根据

近年来，价值的哲学问题，引起了我国哲学工作者的极大关注和兴趣。

然而，人们对诸如"价值"、"价值认识"、"价值真理"等基本概念的理解，还存在着分歧。目前，学术界普遍流行"价值"是由"主体与客体"构成的"二要素"说。笔者认为，仅仅从静态的、实体的方面去考察是远远不够的，比较科学的方法，应该从静态与动态相结合、实体与特性相结合的方面，去揭示价值所蕴含的要素、特点及其生成的根据。

（一）价值的哲学内涵是什么

价值是什么？迄今为止，哲学界尚未有一个统一的表述。归纳起来，有以下几种说法：（1）"价值是客体对于主体的有用性，是客体的一种满足主体需要的属性"；（2）"价值是表示客体对于主体所具有的积极的或消极的意义"；（3）"价值是客体自身属性对主体需要的满足，是主体需要对客体自身属性的肯定关系"；（4）"价值是客体与主体需要之间的肯定与否定的关系，即利害关系"；（5）"价值是能满足主体一定需要的客体态势，亦即客体对主体的特殊效用关系"；（6）"价值是客体同主体之间，前者满足后者的需要的这样一种关系的反映"；（7）"价值是主体人根据自己的需要自觉地、有意识地赋予客体的属性，它反映了主体对客体的态度"；等等。对价值的上述界说和表述，既有共同的地方，也有差异之处。其共同点是：都从主体需要与客体（属性）的相互关系上，加以把握；都是"价值"为主体与客体之间一种满足关系的关系性范畴，而不认为是实体性的概念。然而，其具体的差别点则是多方面的：第一，有的表述仅仅把价值看作是客体对主体的"有用性"和"效用关系"，突出了客体的功利意义，这有可能忽视非功利性的价值，如道德价值等。第二，有的表述把价值看作是"积极的或消极的意义"、"利害关系"，而有的则认为是"肯定的关系"、"积极的意义"。显然，前者是从价值的正、负两个方面来界说"价值"的；后者则只从正价值的意义上来把握"价值"。第三，有的表述把价值看作是主体与客体之间的满足关系的"反映"。这实际上是把作为反映对象的"价值"和作为对价值对象认识结果的"价值"概念混为一谈了。第四，有的表述仅仅把价值看作是主体赋予客体的属性，是主体的一种"态度"。这显然是偏颇的。因为，它只看到了价值的主体性，而忽视了价值的客体性、客观性，且很难同那种认为价值是人的主观因素和心理感受的产物的主观唯心主义价值观划清界限。

笔者认为，作为哲学范畴的价值，它的最基本、最一般的含义，是指客体对主体的生存与发展所具有的作用和意义。这里的作用和意义，自然有积极与消极、肯定与否定、正与负的两种态势之分。但作为最一般的规定，这两种正反态势没有必要在定义中直接表述出来，此外，我们用"对主体的生存与发展"来限定价值的性质和范围，以取代目前普遍流行的"主体的需要"，这是对"主体的需要"的具体化和精确化。因为，"需要"是一个歧义性很大，内容十分复杂，性质差异悬殊，范围极为宽泛的范畴。而不是主体的任何一种"需要"都能构成主体与客体之间现实的价值关系的，也不是任何一种什么"需要"都能成为衡量客体有没有"价值"的基准的。只有对主体人的生存和发展的需要有意义的客体，才能成为有价值的客体；只有对主体人的生存和发展有意义的需要，才是客观的、有根据的、符合必然性的、合理的、真实的需要。

此外，有些同志在揭示价值的本性和实质时，往往把哲学意义上的"价值"同经济学中的"使用价值"相互混淆，这也是不足取的。

第一，哲学意义上的"价值"，不但包括物质价值、经济价值、有形价值，而且还包括精神价值、政治价值、无形价值，具有广泛的普适性，而不仅仅限于经济学范围里的"使用价值"。

第二，哲学意义上的"价值"，不但包括主体与客体之间的功用关系、功利关系，而且还包括道德价值、审美价值等非功利性的关系。主体人的生存和发展的需要是全面的、丰富的，既有一般"生存"的需要，又有全面发展的需要。

价值是客体对主体的生存和发展所具有的一种作用、意义。这表明，价值不是由主体的生存和发展的需要单方面所产生的，也不是由客体单方面所决定的，它是主体与客体相互联系、相互作用、相互规定的产物。客体的自身属性虽然是价值的承担者，但若不同主体的生存和发展的需求（为叙述方便，本文下面一般简称为"主体的特定需求"，并以此与"主体的需要"相区别）相联系、相融合，就无所谓"价值"。反之，如果对价值仅仅从主体的特定需求方面去理解，也同样取消了"价值"。价值是主体、客体间的一种满足、需求的关系。

因此，价值范畴是一个关系性范畴，而不是一个实体性概念。对"价值"来说，其主体性和客体性（价值的要素、内容不仅仅只局限于这两个方面，但最主要、最基本的是这两个方面）都是不可或缺的。价值既是客体属性的人化、需求化和主体化，同时又是主体需求的对象化、客体化和现实化，是客体性和主体性的辩证统一。这就是价值的哲学本性和实质。正如马克思所指出的："价值"这个普遍的概念是从人们对待满足他们的需要的外界物的关系中产生的。

（二）主客体间价值关系的基本内容和要素

价值并非是只由主体性和客体性两个要素所组成的，而是由多种要素、多方面内容所组成的一个集合对象（集合概念）。概括起来，构成价值的基本要素至少有以下六个方面。

1．价值的客体要素

价值是主体和客体之间需求与满足需求的关系和意义。

在这种关系、作用和意义里，客体和客体的属性、功能是价值的承担者，是主体与客体之间产生价值关系的客观前提。

但是，客体及其属性和功能本身并不直接就是价值。因为，离开主体和主体特定需求及其他因素，自在自为而独立存在的事物和属性，只能是"自在之物"和"自在属性"，而不是现实价值的承担者。在人类认识能力和实践能力触角之外的客观事物和属性，对人类的生存和发展来说，是一种非价值形态的存在物和属性。当然这并不是说它们是没有价值的，这种价值是自在的价值，是有待认识和利用的价值，或者说是"潜在的价值"。

价值的客体性内容，在价值化的过程中占有重要的地位和作用。客体和客体的属性、功能是价值得以产生的客观根据和物质基础。当然，满足主体特定需求的客体，即价值客体，既包括自然的客体，又包括社会的客体，同时还包括"原始物"（不经改造就具有价值的客体，如阳光、空气、雨水等）的客体、"人造物"的客体和作为客观精神的客体。客体的多样性，客体属性和功能的丰富性，以及它们发展的无限性，从主导方面规定了主体各种需求的多样性①和需求发展的无限性。因而主体与客体之间价值关系也具有多样性、复杂性和历史变迁性。总之，客体性是价值的一个基本要素和特性，它是一切价值都必须具备的载体和承担者，价值的质的种类和量的程度，在很大程度上都直接取决于价值的客体性内容。

---

① 《马克思恩格斯全集》第19卷，人民出版社1956年版，第406页。

2. 价值的主体要素

价值不但取决于客体，同时还取决于主体及其主体的生存和发展的需求性，离开了主体和主体的特定需求，客体就只能是尚未价值化的客体。因此，价值关系首先是由主体和客体两个方面共同规定的，而不可能只取决于主体抑或客体的任何一方。因为，一物与另一物的关系，是二物之间的关系，不能说它是属于哪一物的。①

既然如此，同客体和客体属性本身还不是价值客体、价值属性一样，主体和主体的需求本身也不是价值主体、价值需求。只有主体被价值化、主体需求被价值化，即主体同客体发生价值关系的时候，才能形成价值主体和价值需求。有一种观点认为，有不同的需要，就有不同的价值，有多少种需要，就有多少种价值；需要的改变，同时也是价值的改变。这种观点实际上在很大程度上把主体的需要和价值混为一谈了。在其现实性上，主体的不少需要并不能实现，或者在一定时期内难以价值化。比如，远古的人们也有"上天揽月"的需求，但这在当时仅仅是一种美好的理想而已。再如，我们今天也有"呼风唤雨"、使自然现象"听从"人们安排的需要，但这种需要在相当历史时期内还不可能进入现实的价值化过程。这就是说，主体的需求是价值关系产生的基本要素和根据之一，主体需求的价值化，还必须取决于客体等其他因素。

主体的需求一旦转化为价值的需求，它就作为一个基本要素进入价值形态之中并发挥其独有的作用。如果说客体和客体的属性是价值的载体、承担者的话，那么，主体和主体的特定需求则是价值产生的依据、缘由。在价值形态中，主体要素是价值的"灵魂"和"生命"。因为，正是主体和主体的

---

① 《马克思恩格斯全集》第42卷，人民出版社1979年版，第24页。

特定需求，直接规定着价值的性质和方向。一个客体有什么样的有用性，对主体有什么样的作用和意义，虽然不完全取决于主体和主体的特定需求，但总是相对主体的某种需求而言的，是以主体的某种需求为基准的。因此，当我们考察事物、特别是事物的具体价值属性时，不能脱离主体的一定需求。人们的一切活动都是为了满足某种需求，因而人们的活动也就侧重于它所需求的那一点上。由于客体属性和功能的多样性，它就能同具有不同需求的主体发生价值关系。如一条鱼，对渔民（生产者）、对市民（消费者）、对动物学家、对经济学家、对欣赏者等，都有不同的价值侧面。这一方面是由鱼本身的属性所决定的，另一方面又依赖于主体的一定需求。如果离开主体的特定需求，就无法断定客体的具体的有用属性、价值属性，也无法确定主体和客体之间具体的价值关系及其基本性质，同时也无从理解价值生成的根据和意义。

3. 价值的社会要素

考察价值的实质，尤其需要分析价值的社会性质。所谓价值的社会性，是指在客体属性价值化和主体需求价值化的同时，还有一个"社会需求"参与其中并得到价值化的环节和机制。真正的价值既是主体需求与客体属性的统一，又是社会需求与客体属性的统一，真正的价值既对主体（个体）的生存和发展有意义，也对社会的生存和发展有意义。然而，个别主体的需求与社会主体的需求并不总是相互吻合、始终一致的。但是，无论是一致，还是不一致，当主体的需求与客体的属性发生价值关系时，作为具有社会性和能动性的主体，不但要站在自身需求的立场上对这种价值关系做出判断和选择，而且同时还要站在"社会主体"[①]、"社会需求"的立场上对这种价值

----

① 参见马克思《剩余价值学说史》第 3 卷，人民出版社 1978 年版，第 154 页。

关系做出判断和选择，进而还要对主体自身的需求与社会需求之间的"价值关系"做出评价和选择。在此情景中，主体人具有个人与社会、个人需求与社会需求的双重属性和建构，或者说是这种双重属性被集中地显现出来。这样，在主体与客体的价值关系中，就必然有第二个主体——"社会主体"参与其中，就有第二个价值坐标——"社会需求"的渗入。因此，任何一种价值和价值关系的生成，都包含着社会性的要素和存在着社会性的根据。这主要是因为：

第一，对主体的生成和发展有意义、能满足主体需求的价值客体，除少数原始价值客体（如阳光、空气等）外，绝大多数是社会的客体，是社会活动的产物，是由社会所提供的。离开了社会，主体就不可能获得能够满足自身需求的价值物。

第二，作为主体的人不仅是自然存在物，而且是社会历史的存在物。自然界造就了人的生命体，社会则造就了作为人的"人"。所以马克思指出："人的本质是人的真正的社会联系"①。作为具有社会性的主体人，他不但能意识到自身的存在和需求，同时还能意识到他人、社会的存在和需求。

第三，人的需求不是生物性的需求，它在本质上是一种社会性的需求。因为，人的需求是在人们的社会历史活动中产生、发展和实现的。马克思指出："我们的需要……是由社会产生的，因此，我们对于需要……是以社会的尺度……去衡量的。"② 而且，"需要是同满足需要的手段一同发展的，并且是依靠着这种手段发展的。"③ 需要的对象和满足需要的手段，都是社会历史

---

① 《马克思恩格斯全集》第42卷，人民出版社1979年版，第24页。
② 《马克思恩格斯全集》第16卷，人民出版社1962年版，第492页。
③ 《马克思恩格斯全集》第23卷，人民出版社1972年版，第559页。

的产物。

总之，"为了进行生产，人们便发生一定的联系和关系；只有在这些社会联系和社会关系的范围内，才会有他们对自然界的关系，才会有生产。"① 这里虽然讲的是一般的生产，但对价值和价值关系的形成、"生产"也同样是适用的。因为，只有在社会关系中，主体与客体才能形成价值关系。

从另一方面讲，生产的过程，也就是价值产生和实现的过程。

因此，价值总具有社会性，价值关系也是一种社会关系，在价值中必然含有社会性要素。

4. 价值的实践要素

实践因素作为构成价值的内在成分和价值关系产生的基本依据之一，并不是很难理解的。因为，实践活动是价值和价值关系形成的基本途径；价值目标的形成就是实践目的的确立，在价值和价值关系中逻辑地蕴含着实践关系，而且，实践又是价值现实化、对象化的根本手段。

什么样的客体和客体的哪些属性能进入价值关系而成为价值物？主体的哪些需求能进入价值关系而成为价值需求？这在很大程度上取决于主体的实践能力和实践活动。只有在实践活动中，主体与客体才能发生直接的、现实的相互联系和相互作用，才能实现客体的主体化和主体的客体化。恩格斯指出，"劳动和自然界一起才是一切财富的源泉，自然界为劳动提供材料，劳动把材料变为财富。"② 离开了实践活动、生产劳动，客体、"材料"就不可能自动地转化为"价值"、"财富"。正如列宁所说的，世界不会满足人，而人决心改变世界，获取价值物。

---

① 《马克思恩格斯选集》第 1 卷，人民出版社 1956 年版，第 362 页。
② 《马克思恩格斯选集》第 3 卷，人民出版社 1956 年版，第 508 页。

正是通过实践活动的内导作用，一方面是主体需求的对象化，另一方面是客体及其属性的价值化。主体既为自身创造出对象，又为对象创造出新的"自身"，使主体与客体在价值关系中相互规定、相互渗透和相互转化。马克思指出："不仅客体方面，而且主体方面，都是生产所生产的。"①正因为构成价值要素的基本前提——主体和客体等方面都是社会实践活动的结果，因而价值和价值关系必然要受到实践活动的限制，它们之间具有内在的相关性。

实践不仅是价值产生的基础和实现的基础，而且也是价值中的一个重要内容。实践活动过程也就是追求价值的过程，实践的目的也就是价值的目标。价值目标的形成和价值关系的确立，也同时意味着主体对现实客体的不满足，要求按照自身的需求和意志去改变现实，创造新的价值客体，因此，主体对世界、对客体的价值掌握，既要面对事物的现状，又要预见未来；既要反映客体及其属性，又要反映自身的特定需求；它不但教人去认识、去说明客体，而且更教人去行动、去实践、去改变世界、去占有价值客体。这样，在价值意识、价值关系中，必然以内在的意向表现着对客观世界施加改造的反作用，体现着主体为了达到自己的特定需求而力图改造世界的意欲和要求，包含着要改造世界的实践性因素。

实践性因素使价值得以现实地确立，并使价值具有可行性、意向性和外向性；一旦其他条件具备，价值关系中的实践性因素就外导为客观的实践活动。

5. 价值的认知要素

人们对外界客观事物本身的认知（即通常讲的"事实认识"）和对主体

---

① 《马克思恩格斯选集》第 2 卷，人民出版社 1972 年版，第 95 页。

与客体之间价值关系的判断，在现实的认识活动过程中总是相互依赖、相互影响、相互渗透的。一方面，人们在认识外界事物的过程中，总是渗透着价值观念，使人们的认识具有明确的目的性、指向性和选择性。当然，在主体尚未认识外界事物的属性、功能、本质和规律之前所具有的"价值观念"，只是一种凭过去经验、凭信仰而产生的确认任何事物必有某种作用的"泛价值"意识。这种"泛价值"是笼统而不是确定的，是抽象而不是具体的。因为，当人们对某一事物还尚未认知之前，就谈不上这个事物是否具有什么确定的价值属性，能否满足或在多大程度上能满足主体的特定需求的问题，因而无法做出具体的、确定的价值认识和价值判断，形成具体的价值目标。

另一方面，科学的、正确的和具体的价值观念，必须以事实性的认知为前提和基础，并且包含着对外界事物反映的认知要素。列宁曾经指出："认识只有在它反映不以人为转移的客观真理时，才能成为对人类有机体有用的认识，成为对人的实践、生命的保存、种的保存有用的认识。"① 真理性的认知，就是人们对客观事物的本质、属性、规律和未来发展趋势的如实把握。这对形成科学的价值观念是绝对必需的。因为，只有具备关于外界事物的丰富知识，掌握外界事物的发展规律和属性、功能的真实知识，才能使主体准确地判断事物满足自身需求和社会需求的可能性，使价值判断具有切实的真理性和可靠性。认知的真实性、可靠性和价值的客观性、可行性是统一的。人们对外界事物的事实性认知愈深刻、愈丰富、愈全面、愈科学，价值判断和价值关系也就愈有客观性、愈有合理性、愈有可靠性，对价值目标的追求也愈有成效性。

----

① 《列宁选集》第 2 卷，人民出版社 1984 年版，第 139 页。

客体的哪些属性、功能能进入主体的视野范围和价值关系中，不仅与客体自身、主体需求和实践因素有关联，同时还与主体的认知有直接关系。比如，铁这一客体，在远古人手中和在现代人手中，其用途和功能是大不相同的。而"铁"的哪些属性和功能与主体发生什么样的价值关系，这直接与主体的认知水平相联系。另外，还与主体的认知结构有极大关系。具有某种特殊知识和专业修养的人，常常只注意、只偏爱客体的某些价值属性或功能，而对其他的属性或功能则往往视而不见。这正如马克思所说的那样："忧心忡忡的穷人甚至对最美丽的景色都没有什么感觉；贩卖矿物的商人只看到矿物的商业价值，而看不到矿物的美和特性；他没有矿物学的感觉。"[1]

因此，科学的、可行的价值和价值关系，必须依据于对外界事物的事实性认知，以事实性认知为前提和基础，并且进而将这种事实性认知作为一个主要内容包含于价值（价值观念、价值关系）之中，成为一个内在的基本要素。

6. 价值的情感要素

情感是人们对世界的一种特殊的反应形式和掌握方式，它是伴随着主体对客体的认识活动、价值活动和实践活动而产生的对客体是否符合、是否满足自身特定需求的一种态度、一种体验，如热爱、意愿、理想、意志、信念、好恶、决心，以及道德感、美感、社会感等，都是情感的具体内容。情感通常以主体满意或不满意、肯定或否定、赞赏或厌恶、愉快或愤恨、喜欢或悲伤、热忱或冷淡等心理机制表现出来，并对主体的活动（包括价值活动）起着积极的、能动的或消极的、被动的作用。

---

[1] 《马克思恩格斯全集》第 3 卷，人民出版社 2002 年版，第 306 页。

情感所以成为价值的一个内在要素和价值关系生成的一个内在根据，这是因为：作为主体的人，并非无情无义的"草木"，而是"具有意识的、经过思虑或凭激情行动的、追求某种目的的人"①。在人们的认识活动、价值活动和实践活动中，没有人的情感活动、意志活动是不可想象的。列宁说："……没有'人的感情'，就从来没有也不可能有人对于真理的追求。"② 主体在认识和改造客体的活动中，不仅获得对客体的事实性认知，同时还根据主体的特定需求对客体形成一定的情感体验，进而产生对客体有目的、有意识地掌握（包括认识和改造）的意志、意念和志向，形成一种强大的情感力量。情感是人对客观事物的一种态度和体验，而人们对客体取怎样的态度，产生怎样的体验，是以客体能否满足或在多大程度上满足主体的特定需求为主要依据的。价值目标和价值关系一旦产生，同时也就确立了主体对客体的一定的情感态度和情感体验。正态价值是主体力图要占有和实现的对自身有积极意义的目标，正态价值关系是客体能够满足主体一定需求的肯定关系，因而在价值观念和价值活动中，必然渗透着主体的强烈的情感因素。

在主体的价值活动中，情感是在一定理性支配下，自觉地确定价值目标、并为实现价值目标而有意识地、能动地支配、调节其行为的心理现象。人们在各种活动中所表现出来的主动性、积极性、创造性和顽强性，是人情感作用最明显、最集中的表现。

以上分析的价值的要素既是价值和价值关系产生的基本条件，又是构成价值和价值关系的基本内容，同时又是价值和价值关系的基本特性。科学而完整的价值系统，应该是上述诸要素、诸内容的有机综合，是合客体性、合

---

① 《马克思恩格斯选集》第4卷，人民出版社1995年版，第247页。
② 《列宁全集》第25卷，人民出版社1988年版，第117页。

主体性、合社会性、合实践性、合认知性、合情感性的辩证统一。这些要素和特性相互联系、相互制约、相互作用和相互结合在一起，形成了一个共同的"价值基准"和"价值态势"，直接决定着主体与客体间价值关系的性质、价值的质（种类）和量（范围）、价值的水平和规模；直接规定着主体价值活动的能力和条件。因而价值始终是具体的、历史的、发展的。

（三）价值形成的根据和可能

在人们的一切活动中，总是直接或间接、或多或少地渗透着价值的因素的。对价值的追求是认识的最终目的、推动认识向前发展的最后动力；也是改造世界的实践活动的最后目的、推动实践向前发展的最后动力。人们不是纯粹为了认识而认识，也不是为了实践而实践的。人们的一切活动同人们的一定需求和利益具有或多或少的相关性，马克思主义在创立唯物史观的过程中，由于发现和揭示了人们活动与一定需求之间的内在相关性，就同那些仅仅以思想而不是以人类生存和发展的需要来解释人们行为的唯心史观划清了界限。人类认识和实践的过程，就是追求价值、实现价值的过程。正是由于人们的一切活动归到底是为了满足自己生存和发展的需求，即人类活动的目的性原则，才构成了价值和价值关系的最一般、最后的根据。

人对价值目标的设定和追求，是主体人的能动性的一个本质特征和表现，也是人的活动区别于动物活动的一个根本标志。如果说人的活动的目的性原则是价值和价值关系生成的必然性根据之所在的话，那么，人的活动的能动性原则则是价值和价值关系得以确立和实现的可能性原因之所在。人的能动性最突出的表现是：人不但是主体，同时也是客体，具有主体—客体的双重建构性；人不但能够认识和把握外界客体的属性和发展规律，而且同时还具有自我意识，能够把自身的需求、自身的本质和自身的活动作为把握的客体。人的活动是自觉的、能动的，他"懂得按照任何一个种的尺度来进行生产，并且懂得怎样处处都把内在的尺度运用到对象上去；因此，人也按照美的规律来建造"①。这种内在尺度不是客体自身的尺度，而是主体人的需求、价值、本质和美感的尺度。主体要能够自觉地意识到这种内在尺度、并且贯穿在自己的活动中、运用到对象上去，没有能动性的特点和功能，是不可能做到的。主体人的意识性和能动性功能，一方面能够把外界客体纳入人的特定需求的视野里，受到价值的衡量、评判和选择，使客体进入价值化、主体化的过程；另一方面，能够处处把主体自身的需求等内在的价值尺度赋予外界客体上，使主体自身进入对象化、客体化的过程。从而使价值和价值关系得到现实的生成。②

二　"事实检验"与"价值检验"

真理检验的复杂性问题是真理标准讨论中所遇到的一个重要理论问题，哲学界尚存在着分歧意见。笔者也想就这个问题谈一点看法。对直接指导人们实践活动的认识、思想、设想等观念的检验，为什么是复杂的呢？其中原因是多方面的，但笔者认为关键是对这些认识、思想、目的、设想等观念性东西的检验，不只单纯地存在着一维性的检验，而是存在着双重性的检验，即事实检验和价值检验。

所谓"事实检验"，是看人们的认识、观念是否符合外界的客观事实；

---

① 《马克思恩格斯全集》第 42 卷，人民出版社 1997 年版，第 97 页。
② 参见本人论文：《价值的含义、要素和生成根据》，《学术月刊》1986 年第 10 期。

所谓"价值检验",是看被改造的客体的变化即实践结果,是否符合人的实际需求和利益。价值检验又可分为实践者本人的价值判断和社会、他人的价值判断两个方面。我们所说的价值检验是指这两个方面有机的统一体。事实检验着重解决的是人们的认识、观念是否合规律性、合真实性的问题;价值检验则着重说明人们的实践行为及其结果合理与否亦即是否合需要性、合目的性、合社会正当性等问题。比如,实践结果如果符合实践者原定的设想、观念,就意味着"成功",反之叫"失败"。成功说明了直接指导实践行为的认识、观念一方面正确地、如实地反映了客观存在的事实或事物发展的规律性,另一方面也说明了被改造的客体的变化是符合实践者的需求、利益的。所以,事实检验和价值检验往往具有同时的相关性。至于失败的实践活动,事实检验和价值检验的同时相关性则是以否定性的形式出现的。

正由于事实检验和价值检验存在着这种同时相关性,人们也就容易忽视客观上存在着检验的"双重性"。然而,只要人们稍微深入一步,透过它们的同时相关性,就可以发现"双重检验"分离性。作为事实和不以人的意志为转移而存在着的实践结果,人们一看就明了,不同的阶级、不同的人都不会有多少异议,因而只涉及实践结果与原先认识、观念相一致与否的事实性问题的"事实检验",是比较容易解决的。但在对同一实践行为及其结果的评价上(不是事实的存在),却往往会产生各种不同的看法,甚至完全相反的看法。例如,盗窃活动、投机倒把活动、国民党反动派对红军第五次的"围剿"、曾国藩对农民起义军镇压的"成功",作为事实,作为他们的行为结果与他们原定设想的相一致或基本上相一致的事实检验来说,是很清楚的。但革命者、广大劳动人民却决不会给直接指导和支配他们实践行为的认识、观念以"正确"、"合理"、"真理"等美名。原因就在于这时候人们是从社会历史进步、阶级地位、利害关系、社会伦理等价值观念的角度去评价他们的实践行为及其结果的，亦即是用"价值标准"去检验的。由此可见，事实检验和价值检验虽然有同时的相关性，但它们又有着相对独立的分离性。

那么，存在着事实检验和价值检验的内在根据在哪里呢？简单地说，是由于直接指导当事人实践行为的认识、观念的内容本身就内在地存在着事实性和价值性的两重属性。换言之，人们要想有效地进行实践活动，一方面必须对外界客观事物有一个规律性、真实性的认识，另一方面又必然地按照自己特定的需求、利益等价值观念去规定自己的实践行为。唯有这两个方面的有机统一，才会有现实的实践活动的产生。但实践者的需求、利益即价值观念总是与他人、与社会的需求、利益即社会的价值观念相联系的，因而他人、社会也就有权利对实践者的价值观念及价值观念的外在化、现实化——实践行为、实践结果进行评判、"检验"。所以，对直接指导实践活动的认识、观念的检验，客观上必然地存在着事实检验和价值检验两个方面。

当然，无论是事实检验还是价值检验，两者最终都必须通过实践活动。但一般说来，事实检验在眼前、现实、局部、实践者本人的实践活动范围内就能得到解决，而价值检验则主要诉诸社会的、历史的实践活动，通过长远、宽广的亿万人民的实践活动才能解决。因此，只有亿万人民的社会实践，才是检验真理、认识、观念的真正标准。

由于对直接指导实践活动的认识、观念的检验同时客观上存在着事实检验和价值检验，所以，我们一方面不能单纯地以当事人、实践者的认识、动机、观念是否获得实现、达到预期结果去断定其认识、观念是否正确，其实践行为及结果是否正当、合理，而不考虑或忽视价值判断、价值检验，否则，诸如指导某些人盗窃等破坏性活动的认识、观念，也就会美其名为"真理"

了。另一方面我们也不能单纯地以是否满足需要、利益去断定其认识、观念是否真理，而不问其需要、利益是否合规律性、合真实性，否则，就难以同有用、有利就是真理的实用主义划清界限。事实检验与价值检验是相互区别又相互联系、相互制约的，我们不能以事实检验去取代价值检验，也不能用价值检验去排斥事实检验，把两者绝对地割裂开来或者把它们混为一谈都是不对的。

在关于真理检验、真理标准问题的讨论中，笔者觉得应该严格地确定范围，即必须区分是在事实检验的意义上，还是在价值检验的意义上，或者在两者的同时性意义上来谈论"标准"、"检验"等问题。在争论的各方中，一般都不明确区分两种不同性质的检验：事实检验与价值检验。但另一方面却又在"两重检验"的意义上来规定、谈论"真理的标准"、"真理的检验"，因而引起了不少的理论混乱。笔者以为，把事实检验与价值检验明确地区分开来，并与实践活动和直接指导实践活动的认识、观念联结起来去探讨它们的区别和联系，是很有意义的。①

三　价值真理、实践真理与真理的阶级性

真理有无阶级性是哲学界长期争论的一个老问题。笔者认为，要解开这一叫人困惑的哲学之谜，就需要深入考察主体与客体之间的全部意识关系和人的认识过程，揭示出在不同意识关系、不同认识阶段上的不同类型的认识和真理及其特性。本文通过对主体与客体之间整个认识过程和全部意识关系

---

① 参见本文相关论文：《"事实认识"与"价值检验"》，载《哲学研究动态》1983 年第 2 期。

的初步分析认为，认识过程可以相对区分出事实认识、价值认识和实践认识这样三个阶段，与此相应，真理亦有事实认识的真理（简称"事实真理"）、价值认识的真理（简称"价值真理"）、实践认识的真理（简称"实践真理"）之分。在一定的社会历史条件下，只有价值真理和实践真理，才可能含有阶级性。

（一）真理、真理的阶级性

为便于讨论，我们先从真理、真理的阶级性的基本特性谈起。

马克思主义认识论认为，真理是一个反映主体与客体相互关系、相互作用的认识论范畴。它是在主体与客体的相互联系、相互作用的过程中而形成的一种积极的、肯定的认识成果。离开了主体或者离开了客体的任何一方，都不可能有现实真理的产生和存在。这就是说，真理既不是纯粹主体本身及其产物，也不是纯粹客体自身及其产物。真理的本性就在于主体与客体的内在符合、内在一致。

既然真理是主体与客体两个方面相互作用、相互规定的产物，那么，真理的阶级性也同样必须由主体与客体两个方面共同来规定和构成。顾名思义，所谓真理的阶级性，就是指真理中所包含着的主体的阶级需要、阶级利益和阶级意志。真理的阶级性必须是和客体的属性、规律性内在符合、内在一致的。更具体地讲，"真理的阶级性"这一命题，它有两个方面的逻辑前提和两个方面的内容：一是被认识到的客观上符合一定阶级需要、利益和意志的客观事物的本质及其发展规律，这是来自客体的内容，可用"合阶级需求的规律性"的命题来表述；二是被认识到的符合客观事物的本质及其发展规律的一定阶级的需要、利益和意志，可用"合事物规律的阶级性"的命题来表述。正如与主体的阶级性无关的真理就不是"有阶级性的真理"一样，与客

223

体的规律性无关的阶级性，也就不是"真理的阶级性"。真理的阶级性或说有阶级性的真理，就是指在人们正确的认识中所体现着的"合事物规律性与合阶级需求性"的辩证统一性，是主体自身或所代表的阶级利益、阶级意志与客体的本质、发展规律相互吻合、相互渗透、相互一致的一种社会特性。只有在主体既正确地认识和把握了客体的本质、属性及其发展规律，又正确地认识和把握了自己的"阶级性"，并且这种阶级性恰好与客体的规律性相符合、相一致的情况下，作为主体与客体内在一致、内在符合的真理，才有可能包含着一定的阶级因素。

（二）认识过程的阶段性与真理的类型

那么，什么类型的真理，才是主体的阶级性与客体的规律性的内在符合、内在统一呢？要回答这一问题，关键在于找到解开主体与客体相互关系、相互作用过程全部秘密的钥匙。因为，没有阶级性的真理也好，有阶级性的真理也罢，都不过是主体与客体相互作用、相互渗透的产物。

从极限和科学抽象的意义上讲，主体与客体之间存在着二重关系，即物质的和意识的。物质性的关系在改造世界的实践活动过程中发生和解决，意识性的关系在认识和把握世界的活动中发生和解决。真理就是在主体与客体的意识性关系中产生和存在的；为了揭示真理的不同类型及它们与主体阶级性的关系，就必须分析和考察主体与客体之间由始到终的整个意识关系的演进过程。

我们认为，主体与客体之间意识关系的一个相对完整的过程，就是由客体到主体，再由主体到新客体的过程，即客体的主体化和主体的客体化的过程。这一过程亦可用由实践到认识，再由认识到新的实践的公式来表述。然而，如果我们不仅仅满足于、停留于这一过程的宏观描述上，而是对这一过

224

程做一番微观的分析，那么，我们就可以发现，在客体—主体—客体、实践—认识—实践的认识总过程中，存在着一些由此达彼的"桥梁"和中间层次、中间转化环节，可以划分出几个相对独立的阶段。下面我们就对认识总过程及其阶段性做一微观的分析。

唯物主义哲学的基本原理早已雄辩地证明，主体与客体的意识性关系不是凭空产生的，它必须建立在物质性关系的基础上，即客观的实践活动的基础上。主体只有在同客体的物质性接触、在改造世界的实践活动中，才能现实地产生主体与客体之间的意识性关系。离开物质性的实践活动的"杠杆"作用和内导作用，主体与客体的意识性关系也就无从发生。因此，物质的实践活动是我们讨论主体与客体之间意识性关系、认识性关系的逻辑前提。在实践活动的基础上，主体与客体的意识关系、认识关系，首先是主体对外界客体的事实性的认识。这是因为，人们要想在实践中得到预期的结果，实现自己的目的，就必须依据客观事物的发展规律，按客观事物的本性和发展规律办事，正如列宁指出"外部世界、自然界的规律"是"人的有目的的活动的基础"①。因而反映事物的属性和规律，解决外界客观对象"是什么"、"是如何"的事实认识，是整个认识过程中的第一个认识阶段。

所谓主体与客体之间的事实性认识，就是指主体如实地、客观地反映客体，按外界客体的本来面目而不附加任何主观的东西，去认识、理解和说明客体。事实认识反映的对象是客体的属性、本性、规律性及其客体与客体之间的客观联系；事实认识的直接目的在于弄清和解决客观事物本身"是什么"样子，揭示客观事物自身的本质和规律，事实认识的功能是观念地描述、

———————

① 列宁：《哲学笔记》，人民出版社 1988 年版，第 200 页。

解释和说明客体；事实认识涉及的范围是真假、对错的问题，一般不直接触及客体有何用处，能否满足人们的需求以及如何改造世界等功利性和实践性问题。因此，作为对外界客体如实反映和把握的事实认识，其根本特性是属于主体与客体之间的一种客观性的意识关系。在事实性认识中，除了语言、概念、判断、范畴等这类主体的思维形式外，不含有主体的利益、意志、愿望、阶级性等这类主体的内在尺度、内在规定性。一般说来，在人们对某一事物的本质属性，功能和发展规律尚未基本认识之前，就谈不上这个事物是否有什么有用性，能否满足主体的某种需求、利益等问题，因而很难做出这一事物有没有价值或者有多大价值的较为具体和明确的价值判断。因此，事实认识是其他不同类型认识的前提，在认识总过程中处于基础性的层次和阶段。

主体与客体的意识关系发展到事实认识的阶段，并没有停滞下来，它仍然按其自身的内在逻辑而向前运动着。因为，人类就其本性来讲，认识客体的本质和规律，归根到底是为了改造客体、占有客体，以满足主体的需要。马克思指出，人的活动不同于动物的活动，"他不但使自然物发生形式变化，而且还在自然物中实现自己的目的"，"在对自身有用的形式上占有自然物质"[①]。

人类认识活动和实践活动的这一特点，决定了主体在事实性认识的基础上，还必须进而反映和把握自身的一定需求、意志（包括在阶级社会里主体的阶级性因素）以及用此与客体的属性、功能、规律相比较、相权衡而产生的价值意识。价值认识一方面要求认识主体必须确立、理解和把握

---

① 马克思：《资本论》第 1 卷，第 202 页。

自身的需求、利益、愿望、意向；另一方面要求主体必须依据事实认识提供的认识成果，将客体的结构、属性、功能、本质和规律作为（转化为）事物对主体有用性、价值性的东西来把握。这就产生了主体与客体之间的价值关系。

价值关系就是主体的一定需要、愿望、意志与客体的属性、功能和发展规律之间的一种肯定的或否定的利害关系。价值认识就是主体对这种利害关系的评价和判断的活动。价值意识就是主体通过对这种利害关系的评价和判断的认识活动，而产生和确立起来的一种关于客体有无价值和价值大小的功利（广义的）观念。

价值认识与事实认识不同，它的目的和任务，主要不在于解决客体的属性、功能和发展规律"是什么"、"是怎样"的问题，而是解决客体有没有、能不能满足主体的一定需求的利害问题；它反映的对象主要不是客体单方面的客观内容，而是主体与客体之间的价值关系，因而它反映的内容，不但不排除主体的因素，而是必须以主体的需求、利益等主体的内在尺度作为评价的标准，并力求将主体的内在尺度依附于、赋予客体，或者说将客体的属性、功能和发展趋势等外在尺度纳入主体的内在尺度之中。这也就是马克思讲的，动物只能按它自身所属的那个种的、本能的尺度去活动，而人则能按照任何物种的尺度和自己的尺度去进行活动。①

因此，价值认识的产生，一方面离不开客体，另一方面也离不开主体。价值意识就是主体与客体两个方面相互规定、相互融合、相互作用的产物。而只要主体的需要、利益等主体的内在尺度与客体的属性、功能和发展规律

---

① 参见《马克思恩格斯全集》第42卷，人民出版社1979年版，第97页。

等事物的尺度是有机统一、相互吻合，并且是符合社会进步的，那么，这种价值认识就是价值真理。

主体与客体的意识关系和认识过程，进入价值认识阶段，仍然继续向前运动并进入更高层次的实践认识阶段。如前所述，价值认识只是在观念中解决了主体对客体要不要去追求、去占有、去改造的问题，而没有进一步解决主体"应如何"去追求、"应怎么"去占有、"应怎样"去改造的实践性问题。

然而，人们改造世界的实践活动，是一种有目的、有计划的创造性的物质活动。实践活动要求直接指导和支配它的意识，一方面必须具有基于客观现实而又高于现实的（价值）理想、目的的高度；另一方面又必须具有指导主体自身怎样改造世界的实践性高度。这就决定了主体在事实认识和价值认识的基础上，进行实践认识。

所谓实践认识，是指在改造客体的实践活动之前，主体对外界客体（包括条件）和自己未来实践行为"要如何"、"应怎样"、"怎么办"的一种认识活动。实践性认识的结果是形成实践意识、实践观念。①

我们知道，与一般动物不同，人的实践行为不是自发、盲目的，而是自觉、能动的。人在现实地改造客体之前，在未来的实践活动之前，事先就形成了未来实践活动的对象、条件、方法、步骤、途径、过程、目标、计划和实践结果等观念的模型。人类改造世界的实践活动的一般特点，就是在实践活动现实地进行和实践结果现实地产生之前，首先就在头脑中观念地确立起来了。实践活动就是实践观念的现实化、对象化。

---

① 对"实践观念"的具体论证，参见拙作《理性认识回到实践活动的中间环节初探》，《哲学研究》1983 年第 2 期。

马克思指出："蜜蜂建筑蜂房的本领使人间的许多建筑师感到惭愧。但是，最蹩脚的建筑师从一开始就比最灵巧的蜜蜂高明的地方，是他在用蜂蜡建筑蜂房以前，已经在自己的头脑中把它建成了。劳动过程结束时得到的结果，在这个过程开始时就已经在劳动者的表象中存在着，即已经观念地存在着。"① 恩格斯也指出："人离开动物愈远，他们对自然界的作用就愈带有经过思考的、有计划的，向着一定的和事先知道的目标前进的特征。"②

实践认识是主体对未来实践活动的过程和实践结果的观念规划和超前反映，它主要不是说明、解释、描述和评价、选择客体，而是按照主体对客体的事实认识和价值认识，去观念地改造客体和观念地勾画未来实践活动的过程以及由实践活动所引起的人造客体；它主要不是反映现存客体，不是判断现存客体对主体的有用性和意义问题，而是在此基础上根据外部对象的尺度和自己内在的尺度，去观念地创造理想的客体，主体给自己构成世界的新的客观图画；它不但把客体的本性、主体的本性和主体与客体之间的价值关系作为把握的对象，而且主要的是把自己未来的生命活动、实践活动及其过程作为认识的对象。

因此，实践认识、实践观念的根本特性，是主体在观念中占有和改造客体的活动，是在观念范围内主体对客体、对未来实践活动的一种实践性关系。对实践性关系的认识，我们称之为实践认识；实践认识的产物就是实践意识、实践观念。而正确的实践观念，就是实践真理。

当主体与客体的意识关系发展到实践认识的阶段，主体形成了科学的、

① 《马克思恩格斯全集》第 28 卷，人民出版社 1973 年版，第 202 页。
② 《马克思恩格斯选集》第 3 卷，人民出版社 1956 年版，第 516 页。

完整的、具体的实践观念，也就解决了如何利用事实认识、科学知识来为实践服务；如何运用自己的意志来达到自己的目的；如何使客体服从自己并按自己的需求和意向发生变化；以及由此而应该如何行动、如何改造世界等等实践性问题。这就意味着实践观念具备了直接指导和支配实践活动的动力和功能，能够导致主体越出观念的范围，进入改造世界的实践领域。

由原来的实践活动到事实认识，再由事实认识到价值认识，进而到实践认识，最后又回到新的实践活动，这就是主体与客体之间意识关系的全部内容性认识的完整过程。

与这一过程的阶段性相关联，笔者认为，真理也可以相对分为三种不同类型的真理，即事实真理、价值真理和实践真理。

当然，这三种不同类型（层次）的认识和真理之间，不是彼此绝对割裂的。在上述分析中我们也可以看到，它们是相互联结和转化的。事实认识（真理）是价值认识（真理）和实践认识（真理）的基础，价值认识既包含着事实认识，并且是事实认识的继续和深化，又是导致实践认识的产生和由事实认识向实践认识过渡的依据，而实践认识不但以事实认识和价值认识为基础，同时还包括事实认识和价值认识，它是事实认识和价值认识合乎逻辑的展开和具体化。另一方面，在现实的认识过程中，这三种认识和真理常常是彼此交融、犬牙交错的。对外界客体的事实认识过程，同时也可能是价值认识和实践认识形成的过程，反之亦然。

然而，尽管它们之间的关系十分密切，甚至是同时、同步的，但这并不妨碍我们对主体与客体之间的意识关系的层次性和认识过程的阶段性，做出科学的抽象和逻辑的分析，并且根据它们各自的本质特性相对地独立出来。这正如实践和认识的关系一样，在其现实的形态上认识和实践是浑然一体、难解难分的，但从抽象和逻辑的角度去分析，它们毕竟是同一过程彼此有别的两个方面。

（三）什么样的真理才有阶级性

从上述分析可知，在主体对客体的事实性认识的意识关系这一层次上，主体仅仅只是客观地、如实地按客体的本来面目反映了客体的属性、功能和发展规律。事实认识的内容是客体本身所固有的，它独立于主体，是与主体没有内在联系的。这就是说，在事实性认识中，没有渗入主体的利害、好坏、需求等这些主体的内在尺度、内在规定性，因而由事实认识所产生的事实真理，不可能含有主体的阶级性。例如自然科学中的基础理论，社会科学中揭示社会事实本身和发展规律的理论，都不会有阶级性和主体性。

然而，在价值认识和实践认识的意识关系中，情况就很不一样了。因为在这两个阶段上，主体不但如实地反映了外界对象的客观内容，而且还反映了主体自身的需要、利益、目的、意志等主体的内在尺度，并当主体的内在尺度同客体的对象尺度相一致的时候，就形成了价值认识的真理，进而主体又将事实认识、价值认识同未来的实践活动过程和实践结果统一起来，形成实践认识的真理。而在价值真理和实践真理中，客体的内容、尺度与主体的因素、尺度是彼此合一的，主体的目标、意志、计划与未来的实践活动过程及其结果（在观念中）是相互统一的；做到了合目的性、合需要性、合意向性与合事实性、合规律性、合实践性的有机融合。

这就是说，价值真理和实践真理的内容，是由主体与客体两个方面共同来构成和规定的，是主体与客体相互作用、相互渗透、相互交融的产物，因而必然是主体与客体两者的"合二而一"，具有主体、客体的二重特性。因为主体与客体之间的关系，是"一物与另一物的关系，是二物之间的关系，不能说它是属于哪一物的"①。

因此，在价值认识（真理）和实践认识（真理）中，必然包含和存在着主体的需求、利益、目的、愿望、意志等主体的内在尺度、内在规定性。这就决定了这两种类型的真理在阶级社会里有可能合乎逻辑地含有阶级性。

不过，需要指出的是，价值真理和实践真理虽然包含着主体的内在尺度和规定性，但这种尺度和规定性并不完全等同于阶级性。显然，主体的需求不等同于阶级的需求，主体的利益不等同于阶级的利益，主体的意志也不等同于阶级的意志。需求、利益、意志、愿望、目的这些主体的内在尺度不是抽象而是具体的，内容不是单一而是十分丰富的，它们具有层次性、历史性、变动性，在不同的社会、不同的关系里有不同的内容、不同的表现形式。只有当主体的需求、利益和意志等包含、体现了主体所属那个阶级的需求、利益和意志的情况下，主体的内在尺度、内在规定性才会有阶级性。真理的阶级性是主体的内在尺度、内在规定性在阶级社会里的一定条件下的具体内容和表现形式之一。

这里还需要说明的是，我们并不认为事实认识、事实真理是与主体完全无关的。真理既然是一个反映主体与客体间一定关系的认识论范畴，那它必然是由主体与客体两个方面共同来构成的。任何真理，正如不能离开客体而存在一样，也不能离开主体而存在。真理总是这样那样地包含和体现着主体的规定性。但是，主体的规定性有内在规定性（即前面所讲的需求、利益等）和外在规定性之分。事实认识、事实真理中的主体规定性，就是主体的外在规定性，这主要表现在事实认识、事实真理离不开主体的语言、概念、

---

① 马克思：《剩余价值学说史》第 3 卷，人民出版社 1978 年版，第 154 页。

判断、推理、文字等思想的形式。而价值认识（真理）和实践认识（真理），不但具有思维形式这些主体的外在规定性，而且更包含着主体的内在规定性、内在尺度。

有人认为，承认真理有阶级性就会否定真理的客观性，而陷入"公说公有理，婆说婆有理"的困境之中。其实不然。因为，真理中的主体内在尺度和规定性（包括阶级性），只有符合外界事物的客观内容，与客体的属性、发展规律相一致，才能进入真理"之门"，才能转化为真理的一种规定性。其次，客体的内容与主体的因素的统一、融合，不可能是随心所欲的，也不可能是以主体的主观愿望为转移的。因为事情只能是这样：不可能是客体来适应主体，相反，只有主体去适应客体。所以，承认真理中含有主体的内在尺度、内在规定性（包括阶级性），根本不会否认真理的客观性。

还有人认为，社会意识形态、理论、思想是有阶级性的，但真理是没有阶级性的。这一论点同样是很难成立的。不错，真理与意识形态、理论、思想是不完全等同的。但是，真理难道不是意识形态、理论、思想中的内容之一吗？正确的理论、思想和意识形态就是真理。要知道，真理可以是单一的，也可以是复合的；可以是整体中的部分，也可以是一个系统。例如，马克思主义理论就是由许多真理所组成的复合真理、系统真理。而这种系统化了的真理，就是理论、思想、意识形态。很难想象，只有错误的理论、思想和意识形态（非真理的）才有阶级性，而正确的理论、思想和意识形态（真理的）却没有阶级性。

总之，价值真理和实践真理是可能会有阶级性的。这两类真理所以有可能含有阶级性，根本的原因就在于它们的内容，即客体的对象尺度和主体的内在尺度、客体的事实性与主体的需求性、客体的规律性与主体的目的性是可以相互统一的。

（四）真理的定义与真理的阶级性

在过去的讨论中，否认真理有阶级性的人，总是用传统的真理定义来证明自己观点的正确性和对方观点的荒谬性。他们首先错误地把真理的阶级性解释为一种与客体的本质、规律性毫无联系的纯粹主观的东西，接着强调真理不过"是人们对客观事物及其规律的正确反映"，最后做出结论说，真理是绝对地排斥主观性东西的，因而真理不可能有阶级性。的确，如果真理的上述传统定义是全面的、准确的、科学的，那么，真理的内容就只能由客体单方面来规定，完全与主体的因素无关。而真理的内容构成和规定性一旦与主体的需求、利益、目的、意志、阶级性无关，真理当然也就谈不上有什么阶级性了。

因此，要使某些真理有阶级性的论点能够成立并令人信服，就必须证明真理的内容构成和真理的内在要素是由主体与客体的两个方面共同来决定的。而价值认识的真理和实践认识的真理，正如我们前面所论证的，它们是由主体与客体两个方面的内容共同构成的。它们必然地包含着主体的内在尺度和规定性。这样一来，就有必要用真理的新定义来代替传统的定义。

我们认为，主体与客体的意识关系可以分为事实认识、价值认识和实践认识这样三个不同的层次。事实认识的真理，虽然也已经具有了主体的规定性，即主体的形式规定性（思维形式），但还不具有主体的内在尺度，因而不存在、不包含着阶级性。传统的真理定义，也正是在主体与客体间的事实性认识的意义上来规定和界说的。满足于这一定义，就等于只停留于一般的、低级的唯物主义的反映论水平上，而没有上升到实践的、辩证的，即马克思主义哲学认识论的高度。它既没有充分体现主体与客体的矛盾运动和"实践—认识—实践"的认识总过程，也不符合事实。因为，主体与客体间的意识（真理）关系并非只有事实性认识的一个方面，同时还存在着价值认识和实践认识的意识关系。不但在事实性认识的层次上、范围里有真理，而且在价值认识和实践认识的层次上、范围里也同样有"真理"可言。

所以，传说的真理定义没有概括所有真理的本质和特性，它只适用于事实认识的真理，而不适用于价值认识的真理和实践认识的真理。可见，传统的定义是不全面、不准确、不科学的。

我们认为，真理是主体与客体达到内在一致、内在符合的观念。这一定义，概括了所有真理的本质特性，比传统定义更为科学，它适用于一切真理，而且与真理的阶级性不矛盾。我们把真理定义为是主体与客体的内在一致，不但符合现实认识当中的事实，符合主体与客体之间意识关系三个阶段的事实，而且也是有一定理论根据的。著名的唯物主义哲学家狄德罗说："真理就是我们的判断与现实的一致。"①

这里，我们温习一下黑格尔关于真理是"概念和客观性的同一"的思想，更是很有启发的。大家知道，黑格尔把真理区分为"形式的真理"和"较深意义的真理"。"形式的真理"是指主体对客体的简单事实、现象本身"是什么"、"是如何"的正确认识。黑格尔认为，这种正确的认识，只能称为"肤浅的真理"。他说："人们最初认为的真理就是：我知道某物是如何存在着的。然而，这只是对意识而言的真理，或者是形式的真理，——只是正确性而已。而按照更深的意义来说，真理就是在于客观性和概念的同一。"在黑格尔看来，"真理是认识和客体的一致"，"观念是概念和客观性的统一，

———————————

① 狄德罗：《关于〈私生子〉的第三个谈话》。

是真理","真理也不是枯燥的'是'——它实质上是过程。"①

因此,黑格尔强调指出:"一切问题的关键在于:不仅把真实的东西或真理理解和表述为实体,而且同样理解和表述为主体。"② 不但黑格尔认为真理是主体与客体的内在一致,而且经典作家们也常常指出真理是主体与客体的内在一致的东西。马克思说过:"我对我的环境的关系是我的意识。"③ 马克思的意思是说,像观念、认识、真理这些意识范围内的东西,是由主体与客体两个方面来规定的,因为它们不过是主体与客体相互关系的一种反映。列宁有关这方面的论述就更多了。在《哲学笔记》中,他往往用"概念和客体的一致","概念和事物的一致","概念和实在的统一","主体和客体的统一"等命题来表述真理。他说:"真理是认识和客体的一致(……)对一致来说,两方面都是重要的。""卓越的地方是:黑格尔通过人的实践的、合目的性的活动,接近于作为概念和客体的一致的'观念',接近于作为真理的观念。""从主观的概念和主观的目的到客观的真理。"列宁还明确地指出,在一些意识、真理中,可以包含和体现着主体方面的内在内容,并且主体的内在规定性可以渗透到客体之中:"概念的形成及其运用,已经包含着关于世界客观地联系的规律性的看法、信念、意识。""观念、认识是(智慧)为了使无机界受主体的支配以及为了概括(……)而沉入无机界中的过程……" "主观的意识以及它向客观性的沉入。"④

---

① 以上引文转引自《列宁全集》第 38 卷,人民出版社 1986 年版,第 211、185、20、334 页。
② 黑格尔:《精神现象学》上册,人民出版社 1979 年第 2 版,第 10 页。
③ 《马克思恩格斯全集》第 3 卷,人民出版社 1956 年版,第 34 页。
④ 《列宁全集》第 38 卷,人民出版社 1986 年版,第 185、203—204、204、139、207—208、219 页。

真理作为主体与客体之间的内在统一，具有过程性和层次性。在这种统一的过程中，主体与客体是可以相互"沉入"、相互"渗透"的。因此，我们必须"修正"真理的传统定义，在深入研究主体与客体的相互关系、相互作用以及不同类型真理的基础上，给出新的科学的真理定义。由此看来，研究真理的定义和讨论真理的阶级性是密切相关的。

（五）经典作家们否定过真理有阶级性吗

经典作家们有没有肯定过或否定过真理的阶级性？这又是一个有争议的问题。否定真理有阶级性的同志常以经典作家们没有明确肯定过真理的阶级性作为立论的理论根据。我们认为，经典作家们虽然没有明确肯定过真理有阶级性，也没有明确否认过真理有阶级性，但是，在他们的许多论述中却包含着承认某些真理有阶级性的思想。同时，他们的理论体系、理论著作的事实本身也表明某些真理是可能会有阶级性的。

大家知道，马克思曾有一个深刻的思想：实践结果、人化自然、人造物是主体自身本质力量、内在尺度的确证、对象化和客观化，亦即是主体自身的需求、利益、理想、目的、改造客体的计划等主体内在尺度、内在本质的现实化。马克思把人自己创造的对象世界称作"人的类的生活的对象化"，"人的本质力量的打开了的书本"，是"感性地摆在我们面前的，人的心理学"，并且指出："实际创造一个对象世界，改造无机的自然界，这是人作为有意识的类的存在物的自我确证。"

之所以如此，马克思论证道：作为主体的人的活动不同于动物的活动，人一方面能够把握"真"，如实地认识客体的"物种尺度"，以便按客观对象的本质和规律去改造对象；另一方面，人又能够把握"善"，用主体自身的价值尺度去评价客体，并观念地追求、占有和改造客体，形成未来实践活动的观念模型，以便"处处都把内在的尺度运用到对象上去"①。如果说"物种尺度"、"对象尺度"主要体现了主体与客体之间的事实关系、"真"的关系，那么，"本质的力量"、"内在的尺度"则主要体现了主体与客体之间的价值（善）关系、实践关系，并可以在一定条件下含有阶级性因素，因为阶级性无疑也是"人的本质"、"内在尺度"的一种表现。

恩格斯指出，共产主义真理既正确地反映了社会历史运动的必然规律的客观事实，同时也体现和包含了无产阶级的阶级性："在共产主义作为理论的时候，那么它就是无产阶级立场在这个斗争中的理论表现，是无产阶级解放的条件的理论概括。"② 作为共产主义的真理（具有系统性和层次性），首先必须正确地反映社会主义、共产主义社会必然要代替资本主义的客观规律。但不能仅仅把它归结为、等同于这种社会发展客观规律的事实性真理。它还包括对社会客体进行评价，反映无产阶级的利益以及如何改造社会、无产阶级怎样获得解放并怎样建立和建设新社会的价值性、实践性的真理。这样，共产主义真理才是全面的、完整的。否则就不能称为科学共产主义。

在马克思主义看来，空想社会主义之所以是空想的，其主要原因就在于它们对资本主义社会这个客体只诉诸价值的评判，仅仅进行了揭露、咒骂和抨击，而缺乏客观的、科学的、事实性的认识，没有论证和揭示资本主义社会的发展规律，同时也没有说明和找到如何改造、消灭资本主义以及如何正确地建设新社会等实践性问题。马克思关于资本主义必然灭亡，社会主义必然胜利的学说作为一个理论体系，之所以是科学的真理，就因为它既包含了

---

① 以上引文参见马克思《1844年经济学—哲学手稿》，刘丕坤译，人民出版社1979年版，第50—51、80—81页。

② 《马克思恩格斯全集》第4卷，人民出版社1972年版，第312页。

马克思对资本主义社会的内在本质和发展规律的如实反映，具有高度的客观性和事实性，又体现了马克思站在无产阶级的立场上，根据无产阶级的阶级利益、要求、愿望对资本主义社会的价值性评价，具有强烈的主体需求性、意志性和功利性；更显现了马克思对如何消灭资本主义、怎样实现社会主义的实践性的意向把握，具有明显的目的性和实践性。因此，作为"事实性认识"、"价值性认识"和"实践性认识"三者高度有机统一的"资本主义必然灭亡，社会主义必然胜利"这一科学的真理，无疑具有阶级性。它既体现了社会发展的客观必然性，也体现了无产阶级要按照自己的世界观和自己的阶级意志去改造、去建设社会的愿望。可见，某些真理可以有阶级性，与真理的客观性并不矛盾。

列宁也曾经指出：在马克思主义的理论、真理中，其高度的科学性和革命性不是偶然地而是"内在地和不可分割地结合在这个理论本身中的"[①]。因为马克思主义的理论和真理，如果只是反映了客体本身"是什么"、"是怎样"的客观事实，而不对客体做出价值评价和指明如何改造客体、指导实践，那就不是完整的马克思主义。

事实上，大凡一个完整的理论体系和著作，其内容一般都由事实性认识、价值性认识和实践性认识三个方面所构成。事实认识部分是作者（主体）对客体的本质和规律的如实反映；价值认识部分是作者在事实认识的基础上对客体能否满足一定主体（包括阶级）的需求而做出的功利好坏的评价；实践认识部分是作者在前二者的基础上对客体所做出的改造性、实践性的设想。马克思主义的理论体系、理论著作也是如此，都包含着相互联系而又相互有

---

① 《列宁选集》第 1 卷，人民出版社 1995 年版，第 81 页。

别的三个组成部分。拿马克思的《资本论》来说,我们也可以相应原则地分为三大部分。一部分是马克思对资本主义社会发展规律"是什么"、"是怎样"的如实反映和把握;另一部分是马克思对资本主义社会、社会主义社会的合理与否、善恶与否、好坏与否等等的价值评价;还有一部分是马克思对资本主义社会、社会主义社会"要怎样"、"要如何"的观念性改造,即实践性认识(当然,这种区分是内在的、逻辑的区分,在《资本论》的体系中三个方面往往是相互交错的)。前一部分不具有阶级性,而后两部分却明显带有阶级性因素。

总之,从经典作家们的有关论述,从马克思主义的理论体系和经典作家们的著作所包含的内容来看,某些真理有阶级性的观点是可以成立的。[①]

---

① 参见本人论文:《价值真理·实践真理与真理的阶级性》,载《浙江省委党校学报》1986 年第 3 期。

第七章

实践观念与实践活动的逻辑

实践观念之所以是"实践观念",自然是与人的实践活动直接相关联的。实践观念的本质内容,实际上是对主体人的未来实践活动内和过程的超前反映。实践活动的逻辑,在很大程度上就是实践观念的逻辑。因此,探讨实践活动的特性、规律,是揭示实践观念本质的内在需要。

一　人的实践本质

《中国社会科学》摘要:本文首先对现行的一些实践定义做了一番辨析,从中引出探讨实践本质的方法论原则问题——历史与逻辑相统一、唯物论和辩证法相统一、人的实践本质和实践的人的本质相统一。作者运用这些方法论原则对实践本质进行具体考察,提出了"实践活动是主体和客体之间能动而现实的双向对象化过程"的见解,并从人的实践之创造性本质、人的主体

性意识之特点、实践活动本身的特性和功能、人的实践的主体性之自为目的
诸方面着重对实践的双向对象化本质做了较详细的论证。

　　人与周围世界的关系以及人在世界中的地位、责任和使命问题，是任何
形态的哲学都无法完全回避的基本问题。

　　马克思主义哲学的诞生之所以实现了哲学史上的一场伟大变革，既超越
了一切唯心主义哲学，又克服了一切旧唯物主义哲学的局限性，关键在于它
用科学的、彻底的实践观点和思维方式去把握哲学的基本问题。

　　可以说，当年马克思创立的哲学，是一种在肯定自然界先在性的前提下，
以革命的、批判的实践活动为基础，以变革旧世界和建设新世界为灵魂，以
人和周围世界的自由和谐发展为目标的崭新哲学。系统地研究人类的实践活
动，深刻地理解马克思主义哲学中的科学实践观，对于我们正确认识马克思
主义哲学的实质和变革意义，科学把握马克思主义哲学以及它的全部理论的
内在统一性，都有重大的理论和现实意义。

　　（一）对现行实践本质观的评析

　　实践活动早已为历史上的许多著名哲学家所关注，有的也试图揭示实践
的本质以及它在人类社会发展中的地位和意义。但总的来说，马克思主义哲
学产生以前的所有旧哲学，都未能真正了解实践的本质和意义，更没有建构
起科学的实践观。这一神圣的哲学使命，是由马克思主义哲学完成的。我们
从马克思 1845 年写的《关于费尔巴哈的提纲》中，可以清楚地看到，正是革
命的、对象性的实践活动，成了马克思超越旧哲学、确立自己的新哲学的关
键性基石。

　　然而，在马克思之后的马克思主义哲学中，虽然实践仍占有十分重要的

地位，但是我们也不能不看到这样的事实：人们并没有全面而系统地整理过马克思的实践（劳动）理论，也没有建构起马克思主义哲学的完整形态的实践理论。同样，人们也曾高度重视过对实践活动本质的研究，给实践下过不少定义，取得了不少研究成果。但我们也不能不看到，总的说来，人们并没有科学而准确地揭示出实践活动的完整本质。

下面，我们拟对现行的实践本质观做一简要的评析，并以此作为我们探讨实践活动本质的起点。

对实践活动本质的哲学把握，首先是通过给实践范畴下定义来表现的。不同的实践定义一般总是反映着不同的实践本质观。

我国哲学界较为流行的、有代表性的实践定义主要有：

• 实践是人们对客观世界的改造活动，或者说是改造物质世界的客观活动。

• 实践是人们有目的、有计划、自觉地改造世界的活动，或者说是人们自由自觉地、有意识地改变现实事物的合目的的活动。

• 实践是社会的人运用一定的工具改造客观世界的现实的、能动的、感性的物质活动。

• 实践是主观见之于客观的社会活动。

• 实践是主体和客体之间的一种实际的相互作用，或者说是主体和客体之间实际的物质、能量和信息的变换过程。……

应该说，上面列举的种种实践定义，都各有自己所持的某种根据和理由，也有一定的合理之处，有的定义甚至已经接近于揭示出实践活动的真正本质。

但是，笔者认为，这些实践定义都有进一步商讨的必要。这里不可能逐一细评这些定义，而只能简要地、概括地分析一下它们的不足之处。

就其实质和要旨而言，我们可以把上述诸多实践定义归纳为以下几种类型：

第一，从人的实践活动同一般动物活动的区别、实践活动同精神活动的区别的角度，揭示和规定了人的实践活动的基本特点。多数实践定义都是从这样的角度指出了实践活动具有能动性、客观性、物质性、现实性、感性、目的性、历史性等特点。但是，仅仅从实践活动的特性方面给"实践"下定义，并不能完整和贴切地揭示出实践活动的真正本质。因为，实践特性和实践本质是有区别的——特性的东西不过是本质的东西的重要组成部分和具体表现；同时，实践特性也无法涵盖和包括实践活动的全部内容，实践活动的内在本质既表现在它的特点上，同时也表现在自身的内容上。

第二，多数实践定义着重从"变革和改造世界"的角度，去界定和揭示实践活动的本质。但是，把实践定义为对"自然和社会"的直接变革和改造活动，有两个致命的缺陷：一是忽视了实践活动对人自身、人的内在世界的"改造"功能，也就是说，把改造主体自身的活动以及在改造客观世界的过程中实践对主体自身的"改造"作用，排除在"实践"之外了；二是忽视了非直接改造客观世界的活动，例如，根据一定的理论、计划、设想、假设和目的去探索和认识世界的实践活动。

第三，多数实践定义往往只从实践者，即人、主体方面去揭示实践活动的过程和功能，而忽视从客体方面来规定实践的本质。这固然可以突出和强调实践主体的能动性以及主体在整个实践活动过程中的主导地位，但如果忽视实践客体对实践主体的规定性及其在实践活动过程中对主体的反作用，就不可能确切和完整地揭示人的实践活动的本质。其实，在实践活动的整个过程中，实践客体并非单纯承受主体能动力量的被动的"受体"。

实践活动的主体和客体不可能只有改造与被改造、作用与被作用的单向式的关系和过程。

第四，也有一些实践定义已接近揭示实践活动的真正本质。例如，把实践定义为"主体和客体之间实际的相互作用"过程，基本思路是可取的。但这个定义并没有进一步揭示实践是一种什么性质、主体和客体是怎样相互作用的。一般说来，人类的所有活动都可以看作是主体和客体之间的实际的相互作用。此外，把实践看作是"主体和客体之间的物质的、能量的和信息的变换过程"，是"主体和客体、主观和客观、物质和精神、观念和实在的相互作用、相互统一的过程"等，基本上接近揭示了实践活动的本质。但是，它们作为实践的定义，表述上过于累赘，而且不十分确切。

（二）揭示实践本质的方法论原则

要真正揭示实践活动的内在本质，首先需要掌握研究实践问题的科学的方法论原则。在探讨实践活动的内在本质时，我们至少应遵循以下几个方面的方法论原则：

1. 历史和逻辑相统一

所谓历史的方法，就是从历史的或发生学的原则出发。不但把人类实践活动的历史看作是合乎规律的客观的发展过程，还要从人类实践活动的起源、发生和演化方面揭示实践活动的内在本质。人类的实践活动是从人类祖先的活动方式历史地演化而来的：人之所以能形成人所特有的实践活动方式，是由于周围环境的选择压力和早期人类自身机能的驱使，在不得不去改变外界环境的情形下，才合乎必然地"创造"出来的。因此，从历史发生学方面来讲，实践活动是人类一种带有自为性的新的进化方式，而这种进化方式是在自然环境（对人的作用）的改变和人对外界环境的改变的"双重力量"的交互作用下形成的。

所谓逻辑的方法，就是从成熟或典型形态的实践活动入手，运用结构和功能相结合的分析方法，去探讨实践的基本要素、内外结构和主要功能，进而揭示出实践活动的运动规律和内在本质。笔者认为，现代形态的实践活动和早期人类的实践活动在基本要素、关系结构和基本功能方面是大致相同的。也就是说，它们的实质都是主体的人通过运用一定的手段和方法现实地处理、掌握周围对象世界的一种基本的存在方式，是主体和周围对象世界之间既对立又统一的交互作用过程。这是任何历史时代的实践活动都共同具有的基本特性。

2．唯物论和辩证法相统一

实践活动决不仅仅是人的孤零零的封闭式的"自我活动"，它是以客观世界的现实存在为前提和基础的。这个现实存在的客观世界不但构成了实践活动的对象，为人们的实践活动提供了无限广阔的物质舞台，而且也为实践活动提供了活生生的活动主体。相对于人类社会来说，自然的物质世界无疑具有先在性，它"先于人类历史而存在"，是人类产生和发展的物质前提。如果"没有自然界，没有外部的感性世界，劳动者就什么也不能创造"①。马克思明确指出，人类社会生活和生产劳动有两个基本前提："（1）是主体的自然，（2）是客体的自然"；而无论是劳动主体还是劳动客体，起初都是"预先存在"的，是一种"自然存在"②。

实践活动的唯物主义本性，还表现在它的逻辑结构上。一般说来，在

---

① 参见马克思、恩格斯《费尔巴哈》，人民出版社 1988 年版，第 21—22 页；马克思《1844 年经济学—哲学手稿》，人民出版社 1979 年版，第 45 页。

② 参见《马克思恩格斯全集》第 46 卷（上），人民出版社 1979 年版，第 487—488 页。

人的实践活动中，存在着来自实践客体的客观逻辑、来自实践手段的工具逻辑、来自主体内心世界的观念逻辑和来自主体行为的活动逻辑这样四大逻辑结构。现实的实践活动就是上述四大逻辑结构相互作用、协调统一的过程。

然而，人的观念逻辑结构在本质上不过是人自身的活动逻辑结构的历史性内化；人的活动逻辑、工具逻辑则主要是物质世界的客观逻辑的运用和再现。因此，从归本的意义上讲，实践活动的全部逻辑结构都是物质世界客观逻辑结构长期积淀的结果。这就告诉我们，探讨和揭示人的实践活动的本质，必须始终不渝地坚持合理形态的唯物主义，决不能把人的实践活动看作是可以离开物质世界的、纯粹主体性的一种活动。

在实践活动问题上，我们既要坚持唯物主义的基本原则和方法，又要坚持和运用辩证法的原则和方法。人的实践活动所要解决和处理的是人和世界的关系。在实践活动过程中，虽然实践客体是现实存在着的，客观世界的规律和力量也总是这样那样地在规定、制约着实践主体和整个实践活动的过程。但是，作为现实的实践客体，它并不是主动地呈现给主体的，客观世界从来就不会主动地将"物自体"转化为实践的对象；实践活动的方向、目标、方式、方法、步骤等，在其主导方面是由实践主体来决定的；在实践活动的产生、展开的整个过程中，人始终是发动者、调控者和操纵者。因此，在揭示实践活动的本质时，如果只见"物"而不见"人"，只看到客观世界和外部环境在决定人，而看不到实际活动着的人也在规定着客观世界和外部环境，那么，我们也同样无法到达实践活动的真理"彼岸"。

在人的实践活动问题上，唯心主义哲学的根本错误，在于只看到人的作用、意识的作用，而无视客观世界的在先性地位；旧唯物主义哲学的主要失足之处，则在于只从自然物质决定人的方面看待实践活动，无视或轻视了人作为实践主体在实践活动过程中的能动作用。与旧哲学不同，马克思主义哲学的科学实践观，是一种既坚持唯物主义基本原则，又体现辩证法的合理形态的实践观。这种科学合理的实践观，始终从人与世界、主体与客体两个方面，去全面地把握人的实践活动，在坚持唯物主义基本原理的基础上，同时又强强和突出主体人的积极的能动性。

3．人的实践本质和实践的人的本质相统一

在坚持唯物的和辩证的方法论原则的基础上，还需要进一步坚持人的实践本质和实践的人的本质相统一的方法论原则，亦即进一步揭示人在实践活动中的能动性、主体性和自我发展的特性。所谓人的实践本质，是指人本质上就是一种实践创造着的存在物：人作为实践创造着的人而产生、存在和发展，获得各种丰富的规定性，从自然世界和动物界提升出来，生存和生活在"人的世界"里……一句话，人作为人而存在的基本的、主导的根据，就在于人自身的实践创造活动。没有这种实践的创造活动，"人"就只能同一般的动物为伍，就不可能有人的本质、作为人而存在。因此，人的主导性、完整性的本质就是人的实践创造活动。

如果说人的实践本质着重回答和揭示实践为什么是人的本质的话，那么，实践的人的本质则主要揭示实践怎样成为人的本质。马克思说，人的工业、实践过程和结果"是人的本质的打开了的书本"、"人的心理学"，但"迄今人们从来没有联系着人的本质，而总是仅仅从表面的有用性的角度，来理解这部心理学"①。这就告诉我们：必须联系人的本质去探讨人的实践，即揭示

---

① 马克思：《1844 年经济学—哲学手稿》，人民出版社 1979 年版，第 80 页。

实践活动的人的本质。所谓实践的人的本质，就是实践活动的人的意义，即实践活动中人的本质、人作为人的一切的生成和发展。

人的实践本质和实践的人的本质相统一的方法论原则，要求我们既要看到人的实践活动产生和发展的必然性，看到主体人对实践活动的"发动"、"驱使"、"调控"以及对外界客体的改造作用，同时又要看到外界客体以及整个实践活动过程对主体人的反向塑造的作用；既要看到实践活动着的人是实践的主体，又要看到人同时也是人自己的实践客体；既要看到在实践创造活动的历史进程中，人创造了一个属人的对象世界——人的本质外在化了的感性世界，又要看到人同时也创造了一个属人的主体世界——内在化了的人的本质世界。因此，遵循人的实践本质和实践的人的本质相统一的方法论原则，我们就有可能揭示出实践的存在根据、人在实践中的主体性地位、人在实践中的自我创造和自我完善等本质的规定性。

运用历史的和逻辑的相统一的方法论原则去考察实践的本质，我们看到，实践活动是在自然环境的"迫使"下，早期人类为维系其生存而通过自身机体的活动和运用一定的手段改变环境的一种存在方式。这种人与环境的现实关系及其通过这种现实关系而表征出来的实践的本质功能，即使在现代最为成熟、发达的实践形态中，也以其内在的必然逻辑而存在并承继下来。坚持从唯物的和辩证的相统一的方法论原则去把握实践，也就是要求我们从人和世界、主体和客体之间的相互关系的哲学基本问题的高度，去揭示实践活动的"中介"、"关系"本质。而运用人的实践本质和实践的人的本质相统一的方法论原则去把握实践，则是在人和世界、主体和客体关系的基础上，进一步从主体人和实践活动的相互关系的深层结构上揭示实践活动的内在本质，尤其是实践主体在实践活动中既是主体又是客体的深层本质，从而使我们看到，正是在实践活动中，外在的属人世界和内在的主体世界是互为前提、互为因果、互相创造、共同进化和发展的。

（三）实践的双向对象化本质

科学的方法能为我们深入探讨实践的本质提供正确的方向。但方法本身还不能代替我们对实践本质的具体研究和科学把握。实践活动是人和世界、主体和客体、人和活动本身（以下我们把这三者统称为"主体和客体"）之间的一种现实的相互作用的过程。但是，如仅停留于此，就不可能确切地揭示出实践的真正本质。因为，对实践范畴的这种一般的、原则的规定，并没有回答实践活动到底是主体和客体之间一种怎样的相互关系和相互作用。

事实上，从最广泛的意义上讲，宇宙间的任何实体、任何事物之间都普遍存在着相互联系和相互作用，而且这种相互作用也会在对方身上留下"印记"。因为有作用力就有反作用力。动物的活动也会引起环境的某种变化。此外，凡是人的一切活动，无论是现实的还是观念的，都可以说是人和客观世界之间的某种相互联系和相互作用。因此，仅仅把人的实践活动看作是人和客观世界之间的一种相互联系和相互作用，或者是实际的、物质的、改变环境的相互联系和相互作用，显然还远远没有揭示出实践活动的真正本质。那么，人的实践活动的真正本质是什么呢？亦即人的实践活动究竟是人和世界之间一种怎么样的关系和作用呢？为了论述的方便，我们先给实践活动下一个笔者认为比较准确的、能体现实践活动内在本质的定义：实践活动是主体和客体之间能动而现实的双向对象化过程。

这个定义是由三个方面的内容所组成的："主体和客体"，"能动和现实"，"双向对象化"。

　　首先是"主体和客体"的问题。

　　"主体和客体"实际上是人的实践活动的一种要素性的特点和内容。当然，这是就实践活动的最基本的、两极化的要素而言的。一般说来，实践活动还应包括手段、工具的要素。但是，工具的实质是人的主体性结构和主体智慧能力的一种外化，是人的肢体器官的延伸和放大，是一种外化地存在着的"主体"；或者更确切地讲，工具是主体和客体的一种物态化的统一，是主体和客体相互对象化之后而凝结成的一个属人的对象世界。因此，工具在本质上可以归结为主体和客体的要素。

　　在现实的实践活动中，实践的人通常是实践活动的主导者，是能动的作用者，但实践的人也往往是被作用、被规定、被改造的对象。对象性存在着的实践客体，也并非始终是消极被动的"受动体"，它在实践活动中也通常规定和作用着主体，并且不可避免地渗入到"主体"之中，转化为一种主体性的存在。实践主体和实践客体之间的这种相互依存、相互规定、相互渗透和相互转化的辩证性，正是实践活动中主体和客体之间实现"双向对象化"的基本前提和内在基础。其次是"能动和现实"问题。

　　人之所以是实践的主体，之所以能把外界事物连同人自身都作为认识和改造的客体，主客体之间在实践活动中之所以能实现"双向的对象化"，主要就在于人有其"能动性"。"能动性"是人的活动区别于物的运动和一般动物活动的一种本质性的特点，亦即它反映和标志着实践活动的"属人性"的特点。没有这种属人的能动性，就谈不上有主体的人和人的主体性活动，人的存在和活动就同动物的存在和活动没有本质的区别，人的实践活动也就不可能是双向的对象化活动。不错，人首先是一种自然的存在物，但是，"人不仅仅是自然存在物，他还是属人的自然存在物，也就是说，是为自己本身而存在着的存在物，因而是类的存在物。"[1] 人作为自然存在物进化的最高形态的产物，在他身上集中了自然存在物所具有的全部精华，同时又产生了一些为其他自然存在物所不具有的新的特性。这就是：人不是消极地依赖自然环境所提供的现成条件来维持自己的生存，而是通过以自己的力量和活动去改变和创造对象世界的属人方式来维持自己的生存和发展。这种"能动性"和"自为性"是人以外的任何自然存在物都不具有的，因而人是世界上独一无二的一种"能动的自然存在物"[2]。

但是，"能动性"只是属人的特性，亦即是人的所有活动都具有的特点，而不是人的实践活动所特有的。因此，对实践活动的特点的揭示不能只停留在"能动性"上，还必须进一步揭示出既"属人的"又"属实践的"的本质特点，亦即还需要分析实践活动区别于非实践活动——观念的、认识的活动——的特点。这就是实践活动的"现实性"特点。就一般而论，人们是通过观念的活动和实践的活动这两种基本方式掌握对象世界的。不过，在现实的形态上，人们的观念活动和实践活动是内在地统一的。从人类整个社会历史活动的过程来看，人们的观念性活动归根到底是从属于实践活动的。观念性的东西产生于实践活动，并且最终总是为实践活动服务的。实践活动是人们观念活动的基础和内容。但是，实践活动同观念活动毕竟各有自己的特点：观念活动不具有感性的现实性和现实的对象性（化）；而实践活动则具有直接的现实性和现实的对象性（化）。

黑格尔和列宁在谈到人的观念、理论活动和实践活动的本质区别时指出："实践高于（理论的）认识，因为实践不仅有普遍性的优点，并且有直接现

---

[1]　马克思：《1844 年经济学—哲学手稿》，人民出版社 1979 年版，第 122 页。

[2]　同上书，第 120 页。

实性的优点。"① 马克思也明确指出："人不仅象在意识中那样理智地复现自己，而且能动地、现实地复现自己，从而在他所创造的世界中直观自身。"② 这是对实践活动所特有的本质特点的科学概括。头脑中的观念活动在它尚未进入实践领域、尚未开始纳入主体和客体之间的客观的对象化过程之前，它是一种主观的映象、主观的存在，因而不具有外部的感性的现实性；它们至多只是一种潜在的、待转化的"现实性"。相反，实践活动则突破了人脑内部的主观意识活动的界限，是主体和客体之间一种直接的、实际的相互作用、相互对象化的过程，因而实践活动具有直接的、感性的、外在的现实性。这种直接的、外在化的现实性，就是人的实践性活动所特有的，区别于非实践性活动的本质特点。因此，我们把实践活动定义为既"能动"而又"现实"的"双向对象化过程"。

最后，需要更详细说明的是"双向对象化过程"。

"主体和客体"、"能动和现实"是哲学界在规定实践定义时较为普遍的提法，但"双向对象化"则是鲜为人知的一种表述。尽管也有偶尔从"对象化"方面去规定实践定义的哲学论文，但总的说来，我国哲学界持此种见解者实在是寥寥无几。尽管也有人把实践活动看作是一种实现人的目的、人的本质力量的对象化的客观活动，但却往往只局限于主体的对象化——主观见之于客观的单向式的对象化，而忽视在实践活动中主体自身被对象化这一极为重要的过程。

所谓对象化，人们一般把它理解为主体人通过自己的实践活动把自己的理想、目的、意识、知识、能力等人的本质力量外化为现实对象的过程，以

---

① 《列宁全集》第 38 卷，人民出版社 1988 年版，第 230 页。
② 《马克思恩格斯全集》第 42 卷，人民出版社 1979 年版，第 97 页。

及实践主体通过对象性活动而把自身的本质力量物化为对象世界，从而使对象世界成为体现主体规定性的属人的存在的那种特性和状态。而在笔者看来，"对象化"是实践主体和实践客体在发生对象性关系和对象性活动中的相互规定、相互依赖、相互转化和相互实现的过程。确切地说，"对象化"是指作为互为对象的实践主体和实践客体相互渗透、相互创造的过程。在对象性的实践活动中，主体对象化（外化）为"物态性"的客体，而客体则对象化（内化）为"人态性"的主体。因此，对象化就是发生对象性关系的实践主体和实践客体双向的相互转化和相互创造的双重化过程，是客体的主体化和主体的客体化的能动而现实的有机统一。

这种对象化的活动是人的实践活动所特有的本质，而一般动物的活动和人的纯观念性活动都不具有这种对象化的特性。仅仅依靠本能化的行为和自身机体的改变去适应周围环境，并由此而获得它所需要的生存资料，这是动物的生存方式。与动物相反，人却通过自己的实践创造活动让周围环境来适应自己，并且能够在自然界的基地上创造出一个适宜于人类自己生存、享受和发展的对象化的世界——"人的世界"。这正是人的活动和动物行为最鲜明的本质区别之一。人通过自觉的、有目的的、有意识的实践活动，把自己的目的、意志和能力对象化到客体之中，在这个对象客体上留下人的主体性印记，使客体主体化并为主体服务，从而成为人的一种合目的、合意志的对象性存在。因此，这个对象化的现实世界，既是人的对象化的确证和表现，也是对象的主体化的确证和表现，是人和物互为对象化的现实统一。正是这种自由自觉的、能够创造出新的对象世界的活动，才是人所特有的对象性活动，才是一种使主体和客体互为对象化、即使主体客体化和客体主体化的现实的属人的活动。

　　当然，并非人的所有活动都具有这种对象化的特性，也不是人的所有活动都能创造出现实的属人的对象世界。那些仅仅停留在头脑中、尚未进入和构成实践活动过程的一个现实要素和环节的思想、观念、理论、认识等主观性的东西，虽然也是主体和客体之间某种相互作用的产物，是客观对象的属性、本质及其发展规律或正确或错误的反映，因而也是一种客体的主体化结果。但就其本性而言，这是主体对外界对象的一种观念形式的把握，而不是直接现实性的物态化把握；是主体对外界对象的一种说明和解释，而不是对外界对象的现实改变，即并未创造出一种合目的、合意志、合主体的新的对象世界。

　　毫无疑问，实践活动作为人的一种整体化活动，自始至终——永恒地包含着理论的、观念的、精神的"酵母素"。从实践活动的历史形态来讲，理论的、观念的东西本身就是实践活动的必不可少的内在组成要素；合理的观念、正确的认识，科学的理论或迟或早、或直接或间接地总会转化为实践的存在形式，进入主体的实践活动领域并现实地外化为客体性的存在。同时，人的实践活动是自由自觉的活动，是有目的、有计划、有意志的活动，而这样的活动必然包括观念的要素、知识的成分、精神的力量。更值得指出的是，有许多理论的认识活动、精神的文化活动，它们本身就是人的实践活动的存在形式之一。例如，那些事先就有目的、有计划、有方案的精神生产活动和理论认识活动，直接就是人的实践活动。

　　因为，只要主体把自己的目的、计划、设想通过自己的现实的客观活动对象化出去，并在活动的外界对象上留下主体的"印记"，同时主体在这种客观的活动中又有新的"收获"——即丰富、充实和发展了主体自身——主体被对象化了，这种现实的客观活动就是主体的本质力量对象化和主体自身被对象化——即主体和客体双向对象化的过程，因而也是人的现实的实践活动。诸如科研人员根据一定的理论假设和计划而进行的科学考察活动、科学探索活动和科学实验活动；教育工作者的教学活动；文艺工作者的演出活动；作家的创作活动；党、政、军、企事业单位的组织管理工作；等等，都是现实主体和客体之间能动而现实的双向对象化的实践活动。把这些活动一概拒之于实践活动之外，显然是不合理的。

当然，那些仅仅存在于头脑中的思想观念，以及那些毫无目的、毫无计划的本能性的行为活动，则不属于人的实践活动。因为它们还不具有现实的、能动的和双向对象化的本质特性。由此可见，把实践定义为主体和客体之间能动而现实的双向对象化的过程，有助于我们澄清许多理论是非，使我们能够科学而完整地理解人们的实践活动，而不至于过于狭窄、片面地认识实践活动。

（四）实践双向对象化本质的证明

为什么说实践活动的内在本质是主体和客体之间能动而现实的双向对象化过程？或者说，"双向对象化"作为人的实践活动的本质，其主要根据何在呢？

第一，是由人的实践创造本质所决定的。

我们知道，人的现实存在和现实生活始终面临着这样的深刻矛盾：人有着属人的对象性需要，但大自然和外部世界却不能直接地为人提供满足这种需要的对象。人为了维持自己的生存和发展，就不得不依靠自己的力量，通过自己的实践活动去改变外界对象，生产出自己的需求对象，因此，人是自己创造着自己的生活和自己的活动方式的一种存在物。正如马克思所说，人们是什么样的，这取决于他们生产什么，取决于他们怎样生产，取决于他们怎样表现自己的生活。因此，现实存在的人就是现实活动着的人，"人们的存在就是他们的现实生活过程"①。而人作为现实活动着的实践创造者，必然意味着人是一种对象性的存在物。因为，人需要有满足专属于人所特有的需求对象，但这种需求对象必须是主体自身意识到的，并且是作为实践的目的事先观念地存在着的。也就是说，人必须把自己的内在需求作为对象性的观念目的，进而必须把它转化成现实的对象性的客观存在，才有可能满足自己的需要，——人的需求需要对象化；另一方面，人想使自己的需求对象化，得到现实的满足，又必须充分发挥和运用自己的本质力量和理性智慧，才有可能实际地实现自己的理想和目的，——人的本质力量和理性智慧也需要对象化。

但是，人需要什么样的对象和怎样满足需要，不仅是由人自己决定的，而且还取决于外界的客观条件。人的需求和目的必然要受外界客体的规定和制约，这就是人的需求、目的的被对象化——客体主体化的内容和形式之一。同时，也正因为人的需求、目的只有通过自己的本质力量和理性智慧的现实对象化，才有可能得到现实的满足，所以人们必须在自己的活动中充实和武装自己的本质力量，正确地使用和发挥自己的聪明才智。要做到这一点，人们又必须正确地认识和理解自身和外界客体，不断地积累和总结实践经验，合理地占有和消费实践客体（产品），因而人的本质力量和理性智慧又是受自身的实践活动和外界客体所规定、所影响的。这就是说，人的本质力量和理性智慧也需要被现实地对象化。在丰富多彩的对象性的实践活动中，人们不但现实地运用着自己的本质力量，而且也日益充实和丰富着自己的本质力

---

① 参见马克思、恩格斯《费尔巴哈》，人民出版社 1988 年版，第 11、15 页。

量。正是在这种主体和客体相互作用的现实活动中，属人的需求对象和属人的本质力量才共同地被创造出来。

第二，是由人的主体性意识的特点所决定的。

实践活动着的人是有意识的、自由自觉的能动的存在物。人作为有意识的能动的存在物，它可以表现在自为、自觉、自主、自由和自创性等许多方面，但其中最为突出的是存在于上述各个方面之中的"主体性意识"。主体性是指人作为主体存在物所具有的规定性。人有人性，但人性并不等于人的主体性。主体虽然是人，但人并不因此就自然而然地具有真正的主体性。人作为真正的主体，他必须是有相应的主体价值、主体能力、主体地位、主体权利和主体意识的现实统一体。所谓主体性意识，就是人意识到自己是主体，是主体人对自身主体价值、主体地位和主体使命等的确切认知，也就是主体人对自己内外一切活动的自我统一状态的自我性意识，它在相当的程度上属于一种自我反思性的意识。

显然，主体性意识主要是一种指向主体自身及其活动的意识。因此，主体人在对象性的实践活动中，不仅能够把实践客体作为自己的意识对象，使客体的本质和客体的逻辑转化为主体性的结构和主体性的逻辑，而且还能够把主体自身的本质力量和活动也作为自己的意识对象。因而人也就能够把发展自身的本质力量和完善自己的实践活动作为自己所要实现的目的之一。所以，马克思指出，人可以"对自己说来成为对象性的东西"；人只有把人类的本质"力量当作对象来对待"，才能"作为属人的存在物实际表现出来"；人能够"把自己的生活活动本身变成自己的意志和意识的对象"，因而人具有"同他自己的活动……的关系"和"劳动者同劳动产品……的对象的关系"，以及"人和自己本身的关系"。这样，人不仅能在自己的意识中认识自身，而且能在实践活动和"他所创造的世界中直观自身"①。由于实践活动的主体是有意识的能动的存在物，他具有强烈的主体性意识，因而他能够把自己的内心世界、理想目的、本质力量和生活活动——即把主体自身作为自己认识和改造的客体。

而这样一来，有意识地、自觉地丰富和发展人自身的本质力量，也就不可避免地成了主体实践创造活动的内在目的之一，使得实践主体在对象性的实践活动中，一方面把主体的内在规定性和本质力量现实地对象化出去——通过改造客体使客体对象凝结和体现为主体的本质力量，另一方面则把主体的实践活动和客体的外在规定性现实地对象化回来——使主体自身凝结和体现着客体及自身实践活动的客观逻辑，从而丰富和发展主体。因此，人的主体性意识为实践活动的双向对象化过程提供了内在的基础和现实的可能性。

第三，是由实践活动本身的特性和功能所决定的。

实践作为主体和客体之间物质的、能量的和信息的相互交换的过程，尽管主体和客体各自都有相对的独立性，但它们必然都有被对方所规定，所作用、所改造的可能性。不但实践主体可以通过物质的活动把自己的生命和本质力量"贯注到对象里去"②。而且客体也可以通过在主体人的客观活动中的"现实显现"，把它的规定性和规律性的"力量"注入到主体之中。这就是说，实践主体和实践客体以及它们之间的相互作用过程，始终具有开放的、可塑的特性。

在实践活动过程中，实践主体始终能够自觉地意识到自身的本质力量及

---

① 马克思：《1844年经济学—哲学手稿》，人民出版社1979年版，第77、116、50，48、51页。
② 同上书，第45页。

作用，也能够自觉地掌握客体的本性、规律及作用，进而能够根据自己的实践目的和主客体的各自本性，自觉地调控自己的实践行为。自觉而能动的实践主体为了合理、有效地改造客体和调控自身的活动，必然会形成这样的意识："我"不但需要在实践中把自己的本质力量现实对象化，而且还必须不断地从客体和实践活动中获取知识、经验和信息，并以此来充实和提高自己的实践能力。实践作为有目的、有计划、有意识的人的活动，决定了实践活动及实践结果具有确证主体本质力量的对象性、现实性的特点。实践活动的过程，是主体的目的、理想、计划的实现过程；但主体为了实现自己的目的、理想、计划，就必须现实地运用和发挥自身的本质力量。

因此，在实践活动的目标、规模、程度、方式及结果等实践要素和整个实践过程之中，必然会体现着主体的理想目的和本质力量；实践活动的现实展开过程以及塑造出来的现实对象，就是主体自身本质力量的现实的自我确证，是现实地、感性地存在着的人的本质力量。而实践活动及其结果对主体本质力量的现实的、对象性的确证特点，又决定了主体一方面可以把自己的本质力量现实地对象化出去，另一方面又有可能现实地直观和把握外化了的自己的本质力量，从而自觉地巩固和充实、丰富和完善自己的本质力量。

此外，人的实践活动还具有社会历史性的特点，这也决定了实践活动是一个不断累积、进化的历史过程。人类实践活动的社会性和历史性，使得实践主体的本质力量也具有历史的继承性和社会的互补性。在这种互补习得和积累继承的基础上，人的本质力量不断地得到新的充实和发展。离开了人类历史积累起来的作为传统文化和物质财富形式存在着的人的本质力量，人们就不可能成为真正具有属人本质力量的实践主体。

正如马克思指出，属人的能力、"五官感觉的形成是以往全部世界史的产物"；人类历史和传统文化是人的本质力量打开了的、公开展现着的书本，是人自己通过劳动而诞生和发展的自我确证；社会"财富"就是"人的对象化了的本质"①。因此，"一个人的发展取决于和他直接或间接进行交往的其他一切人的发展"，现实的人不但"继承着前代积累起来的生产力"②。而且通过分工和劳动的交换从社会方面获得才能。

人有着"从事物物交换和互通有无的倾向，这种倾向大概不是偶然出现的，而是运用理性和语言的结果。……动物不能从事交换，……人则不同。在人那里，各种各样的才能和活动方式可以相互补益"③。只要人们不停止自己的实践活动，他们的属人的本质和力量也就不会停止发展；而且由于实践的历史继承性和社会的互补性，使得人们的知识、才能、本质和力量，必然会不断地进步和发展起来。

实践活动的上述特点决定了它具有两大基本功能：客体的改变和主体自身的改变。实践既创造了一个属人的对象世界，也创造了一个属人的主体世界；实践既是一种能动而现实地改造客体世界的活动，也是主体能动地自我改造、自我创造的活动；实践既是主体本质力量的运用和发挥的过程，又是主体本质力量产生和发展的过程。

正是由于人的本质和力量是在生产劳动、实践活动中产生和发展的，所以马克思指出，实践和生产不仅创造了一个确证人自身本质力量的现实的对象世界，而且也创造了人自身。他认为黑格尔在抽象、神秘的形式中正确地

---

① 参见马克思《1844年经济学—哲学手稿》，人民出版社1979年版，第79—84页。
② 《马克思恩格斯全集》第3卷，人民出版社1956年版，第515页。
③ 同上。

抓住了"劳动的本质",即"把对象性的人、真正的因而是现实的人理解为他自己的劳动的结果",亦即黑格尔"把劳动看作人的自我创造的活动"①。在马克思看来,人作为一种实践创造着的、有意识的能动的对象性的存在物,他不仅按自己的本质力量和形象来构造对象世界,而且他在构造对象世界的实践运动中,还同时现实地塑造着自身:"当他通过这种运动作用于他身外的自然并改变自然时,也就同时改变他自身的自然。"②

第四,是由人的实践的主体性的自为目的所决定的。

当我们说人是一种实践创造着的存在物,人的实践活动也是人的本质和力量的一种自我创造的活动时,也就等于说:人自身就是实践活动的一个基本的自为性目的。

对此,康德曾做过令后人称道的阐述。他认为:"人,总之一切理性动物,是作为目的本身而存在的,并不是仅仅作为手段给某个意志任意使用的,我们必须在他的一切行动中,不管这行动是对他自己的,还是对其他理性动物的,永远把他当作目的看待。……一切通过我们的行动去获得的对象,永远只有有条件的价值……而理性动物则称之为人。因为他们的本性就已经表明他们是目的本身……所以,人……是客观的目的,也就是说,人之为物,其存在本身就是目的,而且是这样一种目的,这种目的是不能为任何其他目的所代替的,是不能仅仅作为手段为其他目的服务的,因为如果没有人,就根本没有什么具有绝对价值的东西了……所以,……要有一个最高的实践原则……这个原则的根据是:理性的本性是作为目的本身而存在的。……实践的律令就是下面这句话:你的行动,要把人性,不管是你身

_____

① 马克思:《1844年经济学—哲学手稿》,人民出版社1979年版,第100—101、116、128页。
② 《马克思恩格斯全集》第23卷,人民出版社1972年版,第202页。

上的人性，还是任何别人身上的人性，永远当作目的看待，决不仅仅当作手段使用。"①

在康德看来，人是有理性的动物，他具有绝对的价值，他的存在本身就是目的，所以人要把自己的人性——理性本身作为目的来看待，这个理性目的是人的道德实践的最高原则。应该说，康德的这一思想是深刻而有合理之处的。不过，康德没有看到，人的理性本身是通过人的实践活动才生成和发展的，而且人的"本性"是人的各种本质力量的总和，绝非仅仅是"理性"一个方面。至于康德把人的实践只看作是道德行为，那就更是片面了。

黑格尔把人的存在和人的劳动看作是绝对精神自我运动的一个环节。但他通过这种唯心主义的辩证运动和对意识的对象化的神秘把握，却也抓住了劳动的本质是人的自我创造的活动。"在黑格尔看来，自我创造、自我对象化的运动，作为自我外化和自我异化的运动，是绝对的、因而也就是最后的、以自己本身为目的的、自满自足的、达到自己本质的、人的生命表现。"②

马克思批判地吸收了康德和黑格尔的合理思想，同时又极大地丰富了人的实践的主体性的自为目的的理论。马克思指出，"人的根本就是人本身"，"人是人的最高本质"③。这无疑是说，人是人自己的根据，人是人自己的最高目的。但马克思所理解的人的本质和目的，是指在社会历史实践活动中人的本质和力量的丰富和发展。当然，那种全面的、自由发展的人，只有在共产主义的自由王国里才能真正实现。但是，这并不是说在非共产主义社会里，人和人的实践就应该只是达到别的什么目的的手段。所以，马克思反对那些

---

① 参见《西方哲学原著选读》下卷，商务印书馆 1982 年版，第 317—318 页。
② 马克思：《1844 年经济学—哲学手稿》，人民出版社 1979 年版，第 128 页。
③ 《马克思恩格斯选集》第 1 卷，人民出版社 1972 年版，第 9 页。

把人和人的生产实践仅仅作为谋生、增加财富手段的理论以及异化的社会现实。

马克思认为，如果把人和人的生产劳动只作为谋生和增加财富的一种手段的话，那么，这种"人"和"人的生产劳动"就是异化的人和异化的劳动。不过，从人类历史发展的进程来考察，这种异化的人和异化的劳动带有一定的历史必然性。因为，在这种异化形态的劳动实践中，人的本质力量客观上也被创造出来了，人的全面自由发展是以历史上的人的片面发展为其进步之代价的。

但是，马克思指出，人类应该用更合理的、更适合于人自身发展的新的社会形态——社会主义、共产主义社会——去取代旧的社会形态。因为，在社会主义、共产主义的新的社会形态里，"是通过人并且为了人而对人的本质的真正占有"，"是人向作为社会的人即合乎人的本性的人的自身的复归"。在那里，"人以一种全面的方式，也就是说，作为一个完整的人，把自己的全面的本质据为己有。"[1]

由此可见，在马克思看来，人有着以自我为目的的特性，人有发展自己的本质力量和从事生产劳动的需求。[2] 这也就是说，人和人的本质力量的发展就是人的主体性的自为目的。这种主体性的自为目的，是主体的人的自我实现、自我发展和自我创造的内在根据之所在。

因此，马克思主张，人们在改造客体世界、生产满足自己需求对象的同时，还有丰富和发展自己的本质力量的使命："任何人的职责、使命、任务就

---

[1]　马克思：《1844年经济学—哲学手稿》，人民出版社1979年版，第73、77页。
[2]　参见《马克思恩格斯全集》第46卷（下），人民出版社1980年版，第112页。

是全面发展自己的一切能力。"①　马克思甚至认为，人"只有在他摆脱了这种需要（指肉体的需要——引者注）时才真正地进行生产"②；只有在"物质生产领域……这个必然王国的彼岸，作为自由的本身的人类能力的发展，真正的自由王国"，才算真正开始了。③

人的实践所具有的主体性的自为目的的特性，决定了人是一种对象性的存在物，人有进行对象性实践活动的内在本质和内在需要。而人的这种对象性存在和对象性活动的本质，必然要求在人的实践活动中，一方面使自己的主体性本质力量现实地对象化，另一方面又使自己的主体性本质力量现实地被对象化——把丰富和发展自身的本质力量作为实践活动的基本目的。

总之，现实的人作为实践创造着的存在物，他必然是一种对象性的存在物，一种既把自身的本质力量对象化出去、从而塑造出属人的对象世界，又把身外的客体内在地对象化回来、从而不断自我创造和完善的存在物。实践的双向对象化本质揭示了人类社会存在的一切矛盾的最终根源，即在实践活动双向对象化过程中的主体和客体之间的矛盾运动。

换句话说，在对象性的实践活动中，包含着人类社会一切矛盾的真正"胚胎"。这就不难理解，马克思为什么认为"全部社会生活在本质上是实践的"④。"全部所谓世界史不外是人通过人的劳动的诞生"⑤ 史。因此，当我们顺着实践活动的主体和客体之间的双向对象化的矛盾运动去考察人、人类社

---

①　《马克思恩格斯全集》第 3 卷，人民出版社 1956 年版，第 330 页。

②　马克思：《1844 年经济学—哲学手稿》，人民出版社 1979 年版，第 50 页。

③　马克思：《资本论》第 3 卷，第 963 页。

④　马克思、恩格斯：《费尔巴哈》，人民出版社 1988 年版，第 85 页。

⑤　马克思：《1844 年经济学—哲学手稿》，人民出版社 1979 年版，第 84 页。

会和人类历史时，就有可能真正揭开被考察对象的"斯芬克斯"之谜。[①]

二　实践是主客体间的对象性活动

探讨实践活动中主体和客体之间的对象性关系以及实践活动的对象化本质，对于揭开人、人与世界的关系、人类社会及其历史的"秘密"，具有根本性的方法论的意义；对于我们正确理解和掌握马克思的整个理论（不仅仅是哲学）的内在相关性、完整统一性，也将具有至关重要的、整体性的方法论的意义。

本文仅根据《1844 年经济学—哲学手稿》，就马克思的实践活动理论的核心内容——对象化理论做一初步探讨。

（一）什么是实践对象化

马克思的实践对象化理论，是在批判黑格尔唯心主义对象化理论基础上建立起来的。

马克思在批判地汲取前人研究成果的基础上做了创造性的研究，建立了自己的科学的实践对象化理论。这一理论首先在《手稿》中得到了深刻的论述。贯穿于手稿中的基本思想是：人、人类社会、人类历史以及人周围的现实的感性世界，都是通过人类自己的实践活动（劳动）现实创造的，而人的实践活动是作为主体的人同外部世界互为对象、互为作用、互为制约和互为生成的一种历史过程。马克思指出："全部所谓世界史不外是通过人的劳动的诞生，是自然界对人说来的生成，所以，在他那里有着关于自己依靠自己本

---

① 参见本人论文：《论实践本质》，载《中国社会科学》1991 年第 4 期。

身的诞生、关于自己的产生过程的显而易见的、无可辩驳的证明。"① 正是从实践对象化本质来审视人及整个与人相关的世界，马克思才有如下的思想：

人同外部世界是一种对象性的关系。因为人必须以外部世界为满足自己需求的对象才能生存和发展，因而人是受身外对象所制约的对象性存在物；同时，这些身外对象作为人的需求对象它们确证和表现着人的本质及力量，也有被人所规定的一面。人身外的对象是人所需要的对象，而人也是身外对象的一种对象，它们互为对象。②

人的本质、人的物种的特性和类的特性，是"自由自觉的活动"，是对象性存在物的"对象性的活动"。③ 马克思认为，人们是什么样的，取决于他们生产什么、怎样生产，取决于他们的生活，取决于他们的生产和生活的物质条件，总之是取决于他们的客观活动、实践活动。④ 人的本质当然主要不是人的自然肉体的特性，而是人的自我创造的产物——主体性本质，即人作为"真正的主体不是以纯粹自然的、自然形成的形式出现在生产过程中，而是作为支配自然力的那种活动出现在生产过程中"⑤。人的存在和人的本质是人自己的对象性活动，而人的对象化则是证实、显示、实现、丰富人的本质力量的过程。

人类社会是人类自己的对象性实践活动创造的。人是社会的类的存在物。"人的本质是人的真正的社会联系"，而这种"真正的社会联系……是个人在

---

① 马克思：《1884 年经济学—哲学手稿》，刘丕坤译，人民出版社 1979 年版，第 84 页。
② 同上书，第 120—122 页。
③ 同上书，第 50 、120 页。
④ 马克思、恩格斯：《费尔巴哈》单行本，第 11 页。
⑤ 《马克思恩格斯全集》第 49 卷（下），第 113 页。

积极实现其存在时的直接产物"①。人在对象性的实践活动中，不仅同自然界发生关系，而且必须以一定的方式结合起来共同活动和相互交换其活动——即必然发生人与人之间的社会关系。"社会——不管其形式如何——究竟是什么呢？是人们交互作用的产物。"② 对象性的人在社会中创造属人的对象世界，同时在创造对象世界中也创造社会本身。"正象社会本身创造着作为人的人一样，人也创造着社会。"而这种双向的相互创造，是通过人的对象化实践活动实现的。

因此，马克思说："实际创造一个对象世界，改造无机的自然界，这是人作为有意识的类的存在物（亦即这样一种存在物，它把类看作自己的本质，或者说把自己本身看作类的存在物）的自我确证。"③

由此可见，人的实践对象化是人的本质力量对象化（主体的客体化）和对象的本质力量对人的对象化（客体的主体化）的统一。从人的本质对象化方面来说，人的生产劳动，人的实践创造、工业，是"人的本质力量的公开的展示"；劳动、实践的结果是"产生的对象性的存在"，是"以感性的、外在的、有用的对象的形式，以异化的形式摆在我们面前的、人的对象化了的本质力量"，是"人的本质力量的打开了的书本"。

因此，劳动、实践活动过程是"劳动者把自己的生命贯注到对象里去"、耗费自己力量的过程，"劳动产品是固定在对象中的、物化为对象的劳动，是劳动的对象化。劳动的现实化就是劳动的对象化"④，从对象向人的对象化——主体化方面来讲，对象首先是人的生活资料，同时也是人的对象性

---

① 《马克思恩格斯全集》第42卷，第24页。
② 《马克思恩格斯选集》第4卷，人民出版社1972年版，第320页。
③ 马克思：《1884年经济学—哲学手稿》，刘丕坤译，人民出版社1979年版，第75、50页。
④ 同上书，第81、80、45、44页。

活动的资料，没有这些"借以劳动的对象，劳动便不能生存"，因而"感性的外部世界"作为人的"劳动的对象"和"肉体生存"的对象，直接规定着人的生存和人的活动①；对象"只能是我的本质力量之一的确证"，人越拥有丰富多样的对象，也就越有丰富的本质力量，正像人在实践活动中赋予对象以人的属性一样，对象也在这种活动中赋予人以对象的属性——从而丰富、发展人的本质力量，使客体、对象主体化："人的感觉、感觉的人类性……由于相应的对象的存在"，才不断产生和发展起来②；此外，人还必须占有、扬弃对象，使对象化出去的人的本质再重新返回自身，从而维持主体的存在和再生能力，这是"使外化回到自身的、对象性的运动"③，也是对象转化为人的存在、对象的本质力量贯注到人自身里去——客体的主体化——的过程。

因此，实践对象化是主体的本质力量外在化和客体的本质力量内在化的双向对象化的统一，也就是主体客体化和客体主体化的统一。正由于如此，在对象性活动中，人改造对象，对象也改造人；人创造了一个外在化的属人世界，也创造了一个内在化的属人世界——作为人的人自身，人创造着环境，环境也创造着人；"只有当对象对人说来成为属人的对象，或者说成为对象化了的人"，只有当人对对象说来成为属对象的人或者成为被对象化了的人，亦即人和对象互为生成、互为创造的统一时，"人才不致在自己的对象里面丧失自身"④，人才能全面自由地发展。

这就是马克思对实践对象化的一般规定。也是马克思要求我们对周围现

---

① 马克思：《1884 年经济学—哲学手稿》，刘丕坤译，人民出版社 1979 年版，第 45—46 页。
② 同上书，第 79 页。
③ 同上书，第 127 页。
④ 同上书，第 78 页。

实世界的一切事物既要从客体对象方面，又要从主体人方面去理解——即从人的对象性活动方面去把握的缘由之所在。

（二）人的对象性活动的唯物主义基础

人的对象性活动的唯物主义客观基础——客观世界普遍存在着的自在自足的对象性关系，是马克思对象化理论的基本内容之一。

我们知道，客观存在着的一切事物，都是普遍地相互联系和相互作用的。事物之间的这种相互依存、相互制约、相互转化的关系，就是一种自在自足的对象性关系。换句话说，"对象性"、"对象性关系"也可以看作是事物之间普遍存在的相互作用的特性。因为，"一个在自身之外没有自己的自然界的存在物，就不是自然的存在物，就不参与自然界的生活。一个在自身之外没有对象的存在物，就不是对象性的存在物。"一个存在物如果没有别的存在物作为自己的对象，它就是一个封闭的、僵死的、唯一的实体（怪物），它就无法存在和发展。反之，一个存在物如果本身不是别的存在物的对象，它也就等于没有任何别的存在物作为自己的对象，它就同别的存在物没有任何对象性的关系，它的存在也不是对象性的存在，因而也是不存在的。

所以，马克思说，"非对象的存在物，这是非现实的、非感性的，只是思想出来的，亦即只是虚构出来的存在物，即抽象之产物。"客观存在的事物总是普遍地相互联系和相互作用的；现实存在的事物总是和它周围的事物处于互为对象的关系之中，事物的存在和本质也总是通过互为作用、互为对象的关系而表现出来的。马克思以太阳和植物的对象性关系为例，说明了世界上客观事物互为作用的对象性关系的普遍性："太阳是植物的对象，是植物所不可缺少的、保证它的生命的对象，正象植物作为太阳的唤醒生命的力量的表现、作为太阳的对象性的本质力量的表现而是太阳的对象一样。"①

由此可见,"对象"、"对象性关系"的含义是指:一事物在它自身之外有对象,它同时也是对象的对象;或者说构成互为对象的存在物各自表现和确证着对方的存在、对方的生命、对方的本质和力量。任何一个现实的事物,它的本质和属性都只能通过对象性的关系表现出来。

客观事物普遍存在着的互为作用、互为依存、互为生成和互为确证的对象性关系,正是人的对象性存在和对象性活动的客观基础;人和世界、主体和客体之间的对象性关系及其对象性的实践活动,则是客观世界现实事物的对象性关系由自在飞跃到自为、由盲目飞跃到自觉的一种质的发展形态。

(三)　现实的人是对象性的存在物

马克思站在辩证的唯物主义立场上,明确提出了自己对象化理论的"主体观"——人是"对象性的存在物"。马克思从以下几方面做了论证:

首先,"人直接地是自然存在物"。人之为人,虽然不能完全等同或归结为一般的自然存在物,但人来自于自然界,是整个自然存在物进化和发展序列中的最高形态上的一环,人的肉体和机体直接就是自然界进化的产物,它必须每时每刻地依靠自然界的别的存在物才能生存下去。因此,人和其他植物、动物一样,如果不同周围世界的自然存在物发生现实的对象性关系,那就根本不能存在,人必须在他自身之外有对象存在,他才能现实地存在。

因此,人是一种对象性的存在物。正如马克思指出:"作为自然存在物,而且是有生命的自然存在物,人一方面赋有自然力、生命力,是能动的自然

---

① 马克思:《1884 年经济学—哲学手稿》,刘丕坤译,人民出版社 1979 年版,第 121—122 页。

存在物；这些力量是作为禀赋和能力，作为情欲在他身上存在的；另一方面，作为自然的、有形体的、感性的、对象性的存在物，人和动植物一样，是受动的、受制约的和受限制的存在物，也就是说，他的情欲的对象是作为不依赖于他的对象而在他之外存在着的；但这些对象是他的需要的对象；这是表现和证实他的本质力量所必要的、重要的对象。说人是有形体的、赋有自然力的、有生命的、现实的、感性的、对象性的存在物，这就等于说，人有现实的、感性的对象作为自己的本质、自己的生命表现的对象；或者等于说，人只有凭借现实的、感性的对象才能表现自己的生命。说一个东西是对象性的、自然的、感性的，——这就等于说，在它之外有对象……"[①]。

换言之，人作为有肉体、有生命的自然存在物，"只有依靠……自然物——不管是表现为食物、燃料、衣着还是居室等等——才能生活。……人靠自然界来生活。这就是说，自然界是人为了不致死亡而必须与之形影不离的身体。说人的肉体生活和精神生活同自然界不可分离，这就等于说，自然界同自己本身不可分离，因为人是自然界的一部分。"[②] 因此，人是一种在自身之外必须有感性的自然存在物作为维持和表现自己生命的对象性的存在物。

其次，人作为现实的对象性的存在物，也是由人的"属人"物质所决定的。马克思说："人不仅仅是自然存在物，他还是属人的自然存在物，也就是说，是为自己本身而存在着的存在物。"如果说人作为自然存在物着重讲的是人不得不被自然外界对象所规定，人无论如何离不开自身之外的自然对象，即人的"受动性"的话，那么，人作为属人的自然存在物则着重揭示了人的"为己性"、"自为性"的"能动性"的特质。

---

① 马克思：《1884 年经济学—哲学手稿》，刘丕坤译，人民出版社 1979 年版，第 120—121 页。
② 同上书，第 49 页。

也就是说，人如果仅仅是自然存在物，他就和其他自然物、动植物完全一样，只能消极被动地适应周围的自然对象，同身外之物只能发生自在的、本能的对象性关系。因此，马克思在指出人是自然存在物的同时，也明确指出：人是有生命力的、有意识的、自由自觉的"能动的自然物"。对人来说，身外对象的自然存在物并不是直接地、现成地、完全地能满足人的需要的；而人自身的自然器官和机能事实上并不完全是由自然界所直接提供的，它同时也是由于人自己的社会历史活动才成为属人的自然存在物的。"正象属人的对象不是在自然界中直接呈现出来的那个样子的自然对象一样，人的感觉，就它作为对象而直接存在着的那个样子而言，也不是属人的感性、属人的对象性。无论是作为客体的自然界，还是作为主体的自然界，都不是现成地直接呈现在属人的存在物面前的。"①

这就是说，人的自然机体和人身外的现实的自然界，并不是作为现成的属人存在物直接和自动地满足人的需要的，它们都是人们自己实践创造的产物。在《手稿》的"私有财产和共产主义"一节中，马克思详细地阐述了属人的机能、感官的感觉、人的本质力量，即人作为自然存在物而呈现和存在的"人类性"，"都只是由于相应的对象的存在，由于存在着人化了的自然界，才产生出来的。"而在自然界向人化自然界的转化，即自然界向作为属人的现实的自然界的转化，则是在人类的实践活动中生成的，是通过工业生成的。正是在人的实践活动中，自然界才成为"属人的效用"，人才和周围世界发生真正的属人的对象性关系。"人同世界的任何一种属人的关系……是通过自己的对象性的关系，亦即通过自己同对象的关系，而对对象的占有。"②

---

① 马克思：《1884 年经济学—哲学手稿》，刘丕坤译，人民出版社 1979 年版，第 122 页。

② 同上书，第 122 、79、81 、77 页。

因此，人不仅和其他自然存在物一样，必然地要同周围事物发生对象性的关系，而且人作为属人的自然存在物，还必然地要通过自己的实践的创造活动和观念的认识活动，才能现实地占有外界客观世界和人的自身世界，才能创造出适合于自己生存的属人的自身和外界对象——即人的世界。因而人必须自觉地意识到自己同世界的对象性关系，能动地把外界事物和自身作为活动的对象；同时又必须把自己的本质力量和理想目的现实地对象化，通过自己的活动有意识地塑造出属人的对象世界，从而创造出新质态的对象性关系。

所以，人作为对象性的存在物，主要地不是由人的自然存在物的特质所规定，而是由人的属人的、有意识的、能动的、实践创造的存在物的特质所决定的。

正因为如此，人同世界的对象性关系，既不同于一般自然存在物之间的自在的对象性关系，也不同于动物对外部世界的本能的对象性关系，而有着自己特殊的本质特性。这就是：人同世界的对象性关系是自为的、能动的、实践的对象性关系；人是实际活动着的主体，外界对象是人的活动的客体。这种主体和客体之间的对象性关系是人所特有的。正是在自为、自觉的主体和客体的对象性关系的意义上，马克思指出："凡是有某种关系存在的地方，这种关系都是为我而存在的；动物不对什么东西发生'关系'，而且根本没有'关系'；对于动物来说，它对他物的关系不是作为关系存在的。"[1]

再次，人作为对象性的存在物也是由人的"类"的特质所决定的。人作为属人的、自为的和能动的存在物，必然意味着是"类的存在物"。所谓

---

[1] 马克思、恩格斯：《费尔巴哈》，人民出版社1988年版，第25页。

"人是类的存在物，这不仅是说，人无论在实践上还是在理论上都把类——既把自己本身的类，也把其他物的类——当作自己的对象，而且是说（这只是同一件事情的另一种说法），人把自己本身当作现有的、活生生的类来对待，当作普遍的因而也是自由的存在物来对待。"社会性（即"类"）是人的重要本质和力量之一，也是人类存在、活动和掌握客体对象的基本前提之一。离开了类、社会而孤零零的、离群索居的现实人，是根本不存在的。正是在社会中借助于社会的力量，人才作为人而现实地生存和活动着。

因此，社会性、类性既是人同世界产生主客体对象性关系的基本前提条件之一，也是这种对象性关系的重要内容之一。马克思说，"人的第一个对象，即人"，对人说来，"他自己的感性，只有通过另一个人，才对他本身说来作为人的感性存在着"。

人有自为性和主体性意识，因而他能认识自我、占有自我和实现自我。这样，他必然要产生同自身（把自身作为客体、对象）的关系，但"人同自己本身的关系只有通过他同其他人的关系，才对他说来成为对象性的、现实的关系"。人的本质力量和人的属人的器官及机能，也是以往全部社会历史的产物。

不仅如此，人同身外之物的对象性关系，也只有通过社会的类的形态和力量，通过以他人为对象，才是可能和现实的。因为人为了满足自己的生活的需要，仅凭个体的力量是根本无法同外界强大无比的自然力量相抗衡的，因而个人无法现实地改造客观世界并创造出适应于自己需要的客体对象。为此，人们只有通过联合的力量、历史积聚的力量和相互补益的力量，才能有效地改造客观世界。

因此，人"是作为类的活动的人的活动和作为类的本质力量的人的本质

力量"（通过分工和交换等）而存在和活动的，自然界的属人本质——即自在
自然向为我自然、属人自然的转化，只有对社会的人才是可能的；人们的一
切生活活动、生产活动及其"成果的享受，无论就其内容或就其存在方式来
说，都具有社会的性质"①。

因此，现实人必须具有类的意识、类的需要、类的本质、类的力量和类
的活动，而人的类的特性必然意味着人是对象性的存在物，属人的主客体之
间的对象性关系又必然是以社会性为介质、为纽带的。

可见，"人是对象性的存在物"这一命题包含着极为丰富和深刻的内容，
它在马克思的对象化理论中占有基础性的地位。

（四）人的对象性活动的必要性和可能性

马克思认为：人的属人本质和主体能力同客体对象的属人本质和性质存
在着内在的相关律；而这种内在的相关律是在对象性的实践活动中产生和实
现的。

在马克思看来，人的本质力量的实现和发展程度，既取决于主体自身的
性质，又取决于与主体的本质力量相对应的对象的性质；而对象之成为人的
现实对象，成为人的本质力量对象化了的属人的现实，同样也既取决于客体
对象的性质，又取决于与对象性质相适应的人的本质力量。

人和对象之间的这种内在相关律还表现在：人的本质力量及其活动越丰
富、越多样、越强大，人就越能塑造丰富多样的属人的对象；"正象人的本质
规定和人的活动是形形色色的一样，属人的现实也是形形色色的"。反之，人
越能创造出和拥有丰富多样的属人的对象，也就越能确证、肯定、呈现和发

---

① 马克思：《1884 年经济学—哲学手稿》，刘丕坤译，人民出版社 1979 年版，第 122、48、49、82、
53、101、75 页。

展人的本质力量："因为我的对象只能是我的本质力量之一的确证，从而，它只能象我的本质力量作为一种主体能力而自为地存在着那样对我说来存在着。"①

因此，主体的"属人的本质"和"主体的能力"越能"客观地展开"出自己的丰富性，越能在对象性的实践活动中发挥和运用自己的本质力量，他就愈加拥有自己丰富的本质力量和属人的现实对象。反之，人的本质力量越贫乏，他所创造和拥有的属人对象也就越有限；而人拥有的属人对象越有限，也就越限制和阻碍人的本质力量的发展。因此，马克思深刻地指出："忧心忡忡的穷苦人甚至对最美丽的景色都无动于衷；贩卖矿物的商人只看到矿物的商业价值，而看不到矿物的美的特性；他没有矿物学的感觉。因此，一方面为了使人之感觉变成人的感觉，而另一方面为了创造与人的本质和自然本质的全部丰富性相适应的人的感觉，无论从理论方面来说还是从实践方面来说，人的本质的对象化都是必要的。"②

人之所以能够把自己的本质力量现实地对象化，人的对象性活动之所以是可能的，也是因为人和身外的客观世界具有内在的统一性。对此，马克思主要从两个方面阐述：从客体对象方面来说，自然界为人的实践活动提供着生活资料和活动资料："自然界、外部的感性世界是劳动者用来实现他的劳动，在其中展开他的劳动活动，用它并借助它来进行生产的材料。"

也就是说，外部客观世界本身为人的对象性活动提供了客观的物质基础和前提条件。从实践主体方面来讲，人具有把外部世界和"自己的生命活动

---

① 马克思：《1844 年经济学—哲学手稿》，刘丕坤译，人民出版社 1979 年版，第 77 页注①，第 79 页。

② 马克思：《1884 年经济学—哲学手稿》，刘丕坤译，人民出版社 1979 年版，第 79—80 页。

本身变成自己的意志和意识的对象"的能力，人"懂得按照任何物种的尺度来进行生产，并且随时随地都能用内在固有的尺度来衡量对象"和塑造对象。

更主要的是，人作为"对象性的存在物对象性地活动着，而只要它的本质规定中没有包含对象性的东西，那它就不能对象性地活动。它所以能创立对象，只是因为它本身是为对象所创立的，因为它本来就是自然界。因此，并不是它在创立活动中从自己的'纯粹的活动'转向对象之创造，而是它的对象性的产物仅仅证实了它的对象性的活动，证实了它的活动是对象性的、自然存在物的活动"①。这也就是说，人并不是凭空地进行"纯粹的活动"和创造对象的，人作为对象性的存在物，他是一个牢固平稳地站在地球上的有现实生产力、有现实形体和有现实自然力的人，亦即人有客观的物质力量。

这些客观的力量是自然界赋予人的。因而在人的本质力量中包含着自然界赋予人的对象性活动的能力。人通过后天习得和自己的实践活动所获得的智慧等精神力量，一般是通过人的自然体力等物质力量而在对象性的活动中发挥作用的。因此，主体人身上客观地存在着的自然力——由自然对象所规定、禀赋的物质力量，说明人和物质世界具有适应性、统一性和同构性，因而人有进行对象性活动的主体性条件和可能。

（五）对象化活动的基本特点

主体和客体的统一只有客体对象的本性和主体的本质力量相适应、相统一时，人才能产生对象性的活动；人作为主体，在人的规定性中包括和存在着外界自然、身外客体的本质，因而主体和客体是有同构性的；对象性活动是主体和客体相互作用、相互消融、相互扬弃、相互统一的过程；对象性活

---

① 马克思：《1884 年经济学—哲学手稿》，刘丕坤译，人民出版社 1979 年版，第 45、50、51、120 页。

动的结果——属人的对象世界是主体和客体相互作用、相互统一的凝结；外界对象的属人性和主体自身的属人性是互为前提、互为条件、互为生成和互为发展的。

正因为如此，马克思主张对人周围的现实事物既要从客体方面去理解，又要从主体方面去把握，亦即从人的感性的、对象性的活动去审视现实的人（主体）和现实的对象（客体），才能真正符合事情的本来面目，才能切中它们的本质和要害。

自然、人和社会的统一。马克思指出，现实的、人化的自然的产生；人的自然的属人存在；现实社会的生成和创造，是一个有机统一的过程。人的对象性活动是自然、人和社会现实相互作用的动态化表现，离开了自然、人和社会的统一，就不可能有人的对象性活动；同样，人的对象性活动既是自然、人和社会统一的产物，又是这种统一的原因。人的对象性活动无疑是自然、社会和人相互统一的基本途径，也是它们三者统一化地存在和发展的基本形态和根本动力。

能动和受动的统一。在对象性的实践活动中，充分体现和确证了"人的能动和人的受动"[①] 的统一性。因为无论作为自然存在物的人——实践主体，还是作为人的活动的对象——实践客体；无论是人的生命存在还是人的生命活动；也无论人在当下的存在和面向未来的发展，人和人的对象性活动既有能动性，又有受动性，既有被规定性，又有选择自由性，既离不开外界的客观条件，又离不开自己的主观努力和创造，既要认识、掌握和利用身外的客观的物质力量，又要自觉地意识到和充分发挥人自身的主观的精神力量。总

---

① 马克思：《1884 年经济学—哲学手稿》，刘丕坤译，人民出版社 1979 年版，第 77 页。

之，人的对象性活动既是受外部因素、外部规律、外部力量和外部条件制约的客观活动，又是自由自觉的能动的活动。

个体性和社会性的统一。人的对象性活动就其活动主体和活动形态而言，是个体性和社会性的统一。个人不能离开社会而存在，社会也不能离开世代无数的个人而存在；个人的所有活动都具有社会的特质，而社会的一切活动都要通过无数的个人表现出来。因此，马克思说，个人要作为人而存在并现实地表现自己的本质力量，只有通过习得和掌握社会的"类的力量"才是可能的："人同作为类的存在物的自身发生现实的、能动的关系，或者说，人使自身作为现实的类的存在物、亦即作为属人的存在物实际表现出来，这只有通过下述途径才是可能的，即人实际上把自己的类的力量全部发挥出来（这仍然只有通过人类的共同活动，只有作为历史的结果，才是可能的），并且把这些力量当作对象来对待。"[①] 但作为对象性的、能动的主体性存在物，每个人都有各自独特的主体意识、内心世界、理想价值、品性气质、情感意志，并总是在自己的实践活动和生活活动中加以现实地对象化。

因此，在越能充分发挥人的积极性和创造性的社会里，人的活动、人的本质和人的创造物就越有更多的个人特性。正如马克思指出："随着对象性的现实在社会中对人说来到处成为人的本质力量的现实，成为属人的现实，因而成为人固有的本质力量的现实，一切对象也对他说来成为他自身的对象化，成为确证和实现他的个性的对象。"[②] 马克思认为，在自由人联合体的未来共产主义社会里，就将是一个高度社会化的社会，届时也是一个个人的本质力量全面发展的、丰富个性的社会。在那里，人及其活动的社会性和个体性将

---

① 马克思：《1884 年经济学—哲学手稿》，刘丕坤译，人民出版社 1979 年版，第 116 页。
② 同上书，第 78—79 页。

得到高度而有机的统一。

　　属人性和客观性的统一。所谓"属人性"，包括自为、自创、自觉、自由、能动等含义，它和人的"主体性"概念的含义相接近。但是，人的对象性活动不仅具有属人的特性，而且还有客观的、现实的、物质的、外在的特性。马克思针对黑格尔把人的实践活动视为自我意识的"纯粹活动"，把人的活动所构造的对象看作不过是意识的一种"假象"、"外壳"、"外化"，因而对象具有"虚无性"的唯心主义观点，明确地指出，人的实践活动是一种对象性的活动，是不可能离开人身外的对象而存在的，因而人的活动并不是从自己到自己的纯粹活动，更不是纯粹自我意识的活动；人作为实践主体，他是有生命、有形体、现实的、感性的、对象性的存在物；人的身外的对象作为实践客体，更是客观地、实在地存在着的；人的对象性活动及其对象性的产物，不过只是证实了这种活动的客观的、现实的对象性而已。

　　因此，马克思说："有生命的、自然的、具备并赋有对象性的亦即物质的本质力量的存在物，也拥有他的本质之现实的、自然的对象，这是完全自然的。同样完全自然的是，他的自我外化就是创立一个现实的、然而以外在性的形式表现出来的、因而不从属于他的本质并且凌驾于他之上的对象世界。这里并没有什么难以理解的和不可思议的东西。"[①] 这就有力地说明了人、人的活动及其创立的对象世界具有物质性、客观性和外在现实性的特质。

　　特别值得一提的是：马克思还指出了人创立的对象世界尽管体现和确证着人的本质力量，具有属人性，但对象世界一旦创立出来并外在地客观存在着，就不能说它是完全从属于创立者的了。因为，对象世界一旦作为结果在

---

　　① 马克思：《1884年经济学—哲学手稿》，刘丕坤译，人民出版社1979年版，第119页。

实践中创造出来，便具有了自然所赋予的物质性和客观实在性了。因此，人的对象性活动是属人性和客观性的统一。

外化性和内化性的统一。所谓"外化性"，就是实践主体把自己的理想目的、本质力量通过实践创造活动现实地对象化出去，并注入到外界被改造的客体对象之中。人的对象性活动就是人的主体性、人的内在世界和人的本质力量现实的、感性的外在化、对象化的过程；而人的对象性活动的产物"是以感性的、外在的、有用的对象的形式，以异化的形式摆在我们面前的、人的对象化了的本质力量"①。但是，人的对象性活动不仅具有现实的外化性，而且还必须具有反向的内化性特点，否则，人的对象性活动就是不完整的、异态化的过程。

所谓"内化性"，就是使人自己创造的对象世界重新回到主体人自身，被主体自身所扬弃、所占有、所消费；使对象化了的人的本质力量重新回到人自身的怀抱；使外化了的属人的对象返归人自身所有，并被主体自身所内化——客体对象的主体化。当然，马克思指出，如果把这种对象的主体内化理解为"当我们直接占有它，吃它，喝它，穿戴它，住它等等时，总之，当我们消费它时，它才是我们的"，那么，这是"私有财产"带给人们的一种"如此愚蠢而片面"的观点②。因为，这种内化虽然也包含着占有和消费，否则主体就无法维持生存和再生产的能力，但它更应该看作是主体的一种"自我享受"、"自我实现"，是人以全面的、完整的方式对自己本质的全面的"据为己有"；它是人的属人本质和主体能力、人的生命和人的对象性活动的再生产和再创造。

---

① 马克思：《1884年经济学—哲学手稿》，刘丕坤译，人民出版社1979年版，第81页。
② 同上书，第77页。

可见，任何完整、肯定、合理形态的对象性活动，都应该是外化和内化的统一，亦即主体的对象化和对象的主体化、对象世界的创造和对象世界的扬弃的现实统一。

（六）对象化与异态化

在《手稿》中，"对象化"概念主要指实践主体把自身的理想目的、需求愿望、本质力量经过现实和客观活动贯注到外界客体之中，使人的生命及本质力量转化为对象性存在的过程。

当然，马克思有时也在人被对象所规定、对象转化为人的存在的意义上使用"对象性"、"对象化"概念。而我们现在所说的实践对象化，则明确界定为主客体之间双向互为的对象化。因此，马克思认为把外在性看作是双向对象化的有机统一，是指主体一方面将自身的本质和力量对象性外化出去，并通过这种外化的对象性活动现实地改造对象客体，从而创造出属人的对象世界；另一方面主体在外化的对象性活动过程中又受对象客体的规定和限制，必须认识和掌握对象客体的本性，并占有和扬弃对象世界，使主体的本质和力量以及对象世界重新回到自身，这就是客体对象的内化过程，亦即客体的主体化过程。

人的实践活动和人作为对象性存在物的本质规定之一，它确证着人的对象性活动的现实性、实在性、客观性和感性的特征，而不应笼统地视为"异化"和"缺陷"。例如，马克思把实践的分工和劳动的交换看作是人的活动和人的类的本质力量的"人的本质力量的显然外化了的表现"。通过批判和改造黑格尔的劳动对象化理论，马克思看到并合理地揭示出了黑格尔对象化理论的"伟大之处"：它把人的实践创造看作是一个过程，把实践的对象化看作重新占有、扬弃对象（即人们有时译为"非对象化"、有时译为"失去对象"之词的含义），和看作外化及其对这种外化的扬弃，因而就劳动活动的积极意义而言，黑格尔认为"劳动是人在外化范围内或者作为外化了的人的自为的生成"①。黑格尔的这一观点是合理可取的，马克思也常常在客观性、现实性、感性、直观性以及主体的对象化的意义上，直接使用黑格尔的"外化"、"外在性"的范畴。

双向对象化是主体的本质力量的客体化和客体的本性、内容的主体化的有机统一。对实践主体说来，这种统一也就是主体被外化和客体被内化的统一。任何完整形态的对象化，都是主体和客体、主观和客观的外化与内化的对立统一。双向对象化就是这种对立统一关系的"中性"形态和结果，是主体人的"主观活动与其物质内容的结合"，是任何时代的任何实践活动都普遍具有的本质特性。

在《资本论》中，马克思认为不应当把生产劳动、实践活动" 在一定历史发展阶段上所具有的特殊社会性质结合在一起"的要素、特性与" 属于同所有一定社会形式无关的、作为人与自然之间的永恒的劳动过程"的要素、特性混为一谈。因此，马克思指出："劳动过程首先要撇开各种特定的社会形式来加以考察"，而这样一来，生产劳动和实践活动就是指人用来实现主体和外界客体之间物质变换的过程，是人通过自己的活动按照对自己有用的方式来改变和占有外界客体的双向对象化过程。②

生产劳动和实践活动的这种双向对象化本质，是一切形态的实践活动所具有的，它是实践主体和客体之间相互作用的对立统一的现实表现，是" 人

---

① 马克思：《1884 年经济学—哲学手稿》，刘丕坤译，人民出版社 1979 年版，第 101、116、117 页。
② 参见《马克思恩格斯全集》第 47 卷，人民出版社 1979 年版，第 68 页；第 23 卷，人民出版社 1972 年版，第 201 页；《资本论》第 3 卷，第 921 页。

类生活得以实现的永恒的自然必然性"，是人类和人类社会得以生存和发展的永恒的客观基础。

但是，实践活动的双向对象化是通过主体的现实外化和客体的现实内化而实现的，一旦外化和内化出现过度的分离或对立，人的实践活动就会出现异化的现象。不错，在任何社会和历史时代，人的实践活动必然在一定的程度上是外化和内化的双向对象化的统一过程，因为，对实践主体来说，如果只有外化的对象化——主体的客体化，而无内化的对象化——客体的主体化，那么，人的实践活动或者就成了无目的、无计划的盲目行为，或者实践主体就成了"不食人间烟火"的"非对象性存在的怪物"。主体要继续生存和维持再实践的能力；实践活动本身要连续不断地进行下去，它必须是在一定程度上、一定范围内以一定的形式实现着主客体之间的外化和内化的双向对象化的。

问题是，实践主体的本质和力量对象性地外化出去、并且现实地凝结成属人的对象世界后，主体自身的本质和力量就同外界客体的物质融为一体，就成了独立于主体自身的一种客观存在和外在于主体自身的类的（社会）存在。这种客观的独立性和外在性，实际上既意味着主体的本质和力量的现实确证和现实物化（因而可以说是人的本质和力量的实现，但这是单向的对象化和实现），同时也意味着使主体的本质和力量从主体那里分离、独立、外化出去的否定性方面。这种分离、独立、外化的否定性形态的运动过程和属性，在一定社会历史条件不允许和主体自身无足够的能力使外化出去的本质力量重新合情合理地"收"回来（内化）的情况下，就会导致异化现象的产生。因此，实践活动的对象性外化的特性，是产生实践活动异化性的客观基础和内在的可能性之根据。

　　这就不难理解，对象化、特别是外化和异化概念有着极为密切的联系。因而马克思在谈到劳动、实践的"异化"时，往往同时并列出现"外化"的概念。虽然"外化"不直接等同于"异化"，但如果实践活动的"外化性"超出了正常的范围——外化到了完全独立于主体、甚至否定或反转过来奴役主体自身的话，那么，这种"外化"也就成了"异化"。显然，实践活动的对象化的外在性特点为异化的产生提供了某种客观的前提和可能性；而"异化"则是实践活动外在性的扭曲态和否定态的表现。

　　在《手稿》的"异化劳动"一节中，马克思系统而深刻地分析了人的生产劳动、实践活动本身异化的主要环节，即实践主体（劳动者）的劳动同他的产品之间的异化关系；劳动活动本身的异化；实践主体同自己"类本质"的异化；实践的、现实的世界中人与人之间相互关系的异化。马克思认为，现实世界里的一切异化现象都根源于人类的实践活动本身。而人类的实践活动本身为什么会存在异化——即"人怎么使他的劳动外化、异化"？

　　马克思认为这归根结底是一个"人本身"的问题，也就是人类自身及其本质力量的历史发展的问题。在一定的历史发展阶段，人类的生产劳动、实践活动不可避免地会存在着某种形态和某种程度的异化现象。只有到了实践主体和实践客体之间达到全面、和谐、自由的双向对象化的历史阶段，人类才有可能从根本上消除异化现象。

　　（七）对象化与共产主义社会

　　马克思认为，共产主义社会就是一个主客体之间全面和谐的双向对象化的社会，是一个人们的本质和能力得到全面自由发展的社会，是一个为了人和人的自身能力全面发展的社会，因而是一个人的实践活动的主体外化和内化有机统一的无异化的社会。

　　显然，在马克思那里，"异化"是一个社会性、历史性的概念，因而它有产生也有消亡。但要消灭（扬弃）异化，则需要社会生产力的高度发展；需要人的本质的全面丰富性；需要人的能力的全面提高；特别需要扬弃"私有财产"等社会的和历史的条件。扬弃私有财产的社会，就是共产主义社会。马克思指出："私有财产一方面是外化了的劳动的产物，另一方面又是劳动借以外化的手段，是这一外化的实现。"① 这就说明，无论是作为"劳动的产物"还是作为劳动外化借以实现的"手段"，私有财本身就是人类实践活动的一个基本要素和环节之一。因此，扬弃"私有财产"，实际上就是扬弃、克服实践活动本身异化的一个重要内容和形式。而扬弃私有财产之所以对于克服实践活动和社会现实中的异化现象有着至关重要的意义，是因为在以私有制为社会关系基础的资本主义社会里，"私有财产"作为"产物"和"手段"越来越互为前提、互为融合一体；它在生产劳动实践中的地位和作用越来越突出；它在整个社会关系和社会生活中的地位和作用也日趋强化；它正在日益驱使生产劳动的异化走到自己历史的尽头。

　　正是从这种意义上，私有财产成了扭曲人的本质和力量现实对象化的基本根源，阻碍实践创造活动外化和内化有机地、合情合理地统一的主要因素，因而也成了克服和消除实践活动本身及其社会上其他异化现象的关键环节。也正因为如此，马克思主张要用共产主义去代替私有财产的制度，才有可能真正解决实践活动和社会上各种不应有的斗争和矛盾，才有可能消除异化而使人类真正合乎人性地对待自己的本质，使实践活动全面和谐地实现双向的对象化。

---

　　① 马克思：《1884年经济学—哲学手稿》，刘丕坤译，人民出版社1979年版，第54页。

所以，马克思指出："共产主义是私有财产即人的自我异化的积极的扬弃，因而也是通过人并且为了人而对人的本质的真正占有；因此，它是人向作为社会的人即合乎人的本性的人的自身的复归，这种复归是彻底的、自觉的、保存了以往发展的全部丰富成果的。这种共产主义，作为完成了的自然主义，等于人本主义，而作为完成了的人本主义，等于自然主义；它是人和自然界之间、人和人之间的矛盾的真正解决，是存在和本质、对象化和自我确立、自由和必然、个体和类之间的抗争的真正解决。它是历史之谜的解答，而且它知道它就是这种解答。"① 共产主义既然是对人的自我异化的扬弃和人对人的本质的真正占有，当然也就意味着人的实践创造活动已不存在着异化和产生异化的现象，或者说是以人的实践活动的无异化性为前提的。

因而马克思在前半段阐明了自己对共产主义的基本见解后，接着在后半段就说明了这种共产主义的哲学基础，即在实践活动和现实世界中完成了"自然主义"——用自然界及其规律来解释一切的学说——和"人本主义"——以人为中心为本位并用人来说明、解释世界的观点——的统一，解决了实践活动和现实世界中产生、导致异化现象的各种矛盾和抗争。这样，在共产主义社会里，实践的对象化将是自由自觉、合情合理的双向的对象化；人在对象性活动中自身本质和力量的对象化、外在化，将不会成为完全独立于、分离于主体的异化性存在，更不会成为反转过来否定、奴役主体自身的异化力量。相反，它将是对人自身本质和力量的真正占有、真正确证和真正实现，因而实践创造活动中的主体外化和客体内化将真正实现和谐的统一。由此可见，在马克思那里，共产主义是和人的实践活动的本质内在地联系在

---

① 马克思：《1884 年经济学—哲学手稿》，刘丕坤译，人民出版社 1979 年版，第 73 页。

一起的，它是人类实践活动历史发展的必然产物，是对人的实践活动的真正本质的"完成"和"体现"。

因此，马克思认为，共产主义社会的人将是完整的、全面的和有丰富本质的人；实践的人将全面地占有自己的本质和自己创造的一切属人的东西："对私有财产的积极的扬弃，也就是说，通过人并且为了人而对人的本质和人的生活、对对象化了的人和属人的创造物的感性的占有"，但这种"占有"不能简单地理解为享受、享有，而应看作是人对自己本质的全面的实现。① "因此，私有财产的废除，意味着一切属人的感觉和特性的彻底解放；但这种废除之所以是这种解放，正是因为这些感觉和特性无论在主观上还是在客观上都变成了人的。"

共产主义的新社会一方面要以人的丰富本质和全面发展的人为其产生的基本条件，另一方面它本身"也创造着具有人的本质的全部丰富性的人，创造着具有深刻的感受力的丰富的、全面的人"。不但人已不再是一种自我异化的、被当作对象物看待的东西，而且对象世界也已不再是异己的即私有财产这种同实践主体相分离、相对立的对象世界，而成为"属人的对象"，成为充分展现人的丰富本质和力量的现实。

随着对象性的现实在新社会里到处成为人的本质力量的属人的现实，因而成为人本身固有和应有的本质力量的现实，一切对象对主体说来也就成为他自身的对象化；而主体则从对象化现实所具有的、体现了人自身的全面丰富的本质力量中，确证着自己、肯定着自己、实现着自己和发展着自己的新的人的本质。② 因此，共产主义新社会既是一种人的解放，也是一种对象

① 马克思：《1884年经济学—哲学手稿》，刘丕坤译，人民出版社1979年版，第77页。
② 同上书，第78、80页。

（物）的解放，而归根到底是人的实践创造活动的解放。当然，这种解放是人类在全部实践历史发展基础上通过异化、进而扬弃异化而得到自我创造、自我解放的过程。"共产主义本身并不是人类发展的目标——人的社会的形式"，"它是人的解放和复归的一个现实的、对历史发展次一阶段说来是必然的环节。共产主义是最近将来的必然形式和能动的原则。"①

这也就是说，作为扬弃私有财产的共产主义，只不过是真正合乎人的本性的人类自身发展的起点，扬弃私有财产并不是人类发展的真正目标，它是下一阶段历史发展——人的全面自由发展的自我创造的新时代——的必然环节和必要前提。

总之，共产主义意味着人在自己的实践创造活动中成了自身本质力量的真正的主人，是对人自身本质力量的现实占有，是"人的本质力量的新的显现和人的存在的新的充实"②，是"人的本质的现实的生成，是人的本质对人说来的真正的实现，是人的本质作为某种实在的东西的实现"③，也是人的对象化和对象的人化的内在统一，更是人的实践活动的真正本质——主客之间双向对象化——在经过了被扭曲、被异化的历史形态之后而实现其本来应有形态（本来面目）的新的历史起点。

对象性存在物的人对象性地活动着。对象在人的对象性活动中被人化，人在自己的对象性活动中被对象化；人在改变身外对象时，也同时改变着人自身。对象的人化、人的对象化，或者说客体的主体化、主体的客体化，这是人和人生活于其中的世界共同发展的规律。

---

① 马克思：《1884 年经济学—哲学手稿》，刘丕坤译，人民出版社 1979 年版，第 85 页。
② 同上书，第 85 页。
③ 同上书，第 128 页。

实践的这种双向对象化既存在于每一个具体的实践活动之中，也存在于社会实践活动的整个历史过程之中。而且在不同的社会历史时期，实践的对象化具有不同的社会历史形式。主客体全面和谐、合情合理的对象化与片面的、异化的对象化往往有着质的区别。

追求和争取合理的、全面的实践对象化形态，既是人的实践创造活动本身的内在要求，也是人类历史发展的根本目的。正因为如此，马克思认为，未来的理想社会，是一个自由的王国，在那里，人和世界将合理而全面地共同发展，人的实践活动也将抛弃它的异化形态，恢复它的内在本性——全面的双向对象化。①

三　实践活动的尺度

从本质上讲，实践活动是一种主体的客体化和客体的主体化的客观的双向对象化过程。所谓主体的客体化过程，就是人们按照自身的内在本性、力量、尺度去改造客体的过程。所谓客体的主体化过程，就是人们遵循外界客体的内在本性、规律、尺度来改造主体的过程。因此，实践活动既遵循主体尺度又遵循客体尺度。实践活动的主客体尺度包括多方面的内容，概括地说，有利、真、善、美四大尺度。本文在说明实践为什么要遵循有关尺度的基础上，着重探讨功利和真理的尺度。

人的实践活动，是一种确定和实现人的本质力量的自由自觉的现实的感性活动，也是一种创造有价值意义的、理想的对象世界的活动，因而人所改

---

① 参见本人论文：《论马克思的实践对象化理论》上、下篇，陕西《人文杂志》1990 年第 6 期和 1991 年第 1 期 。

造过的客体和所创造的客体，无疑具有属人的、主体性的特质，凝结着实践主体的本质力量，是主体塑造的"剧本"、"作品"。所以，马克思指出：现实地创造一个对象世界，就是实践主体本质力量的对象化的自我确证。人在实践活动中把自己的本质力量对象化出去，这是人的自由自觉的实践创造活动所特有的，别的任何动物的活动都无法做到这一点。马克思指出："动物只是按照它所属的那个物种的尺度和需要来进行塑造，而人则懂得按照任何物种的尺度来进行生产，并且随时随地都能用内在固有的尺度来衡量对象，所以，人也按照美的规律来塑造。"①

　　一切动物，为了自己的生存和繁殖后代，必然要同它的生存环境进行物质的、能量的和信息（符号）的交换，在某种意义上也不得不进行"生产"和"塑造"活动。但它们只能按照自然的本能、所属的物种的"尺度"去进行生命的活动，即为维持自己的生命和后代的生命的"生产"活动。动物的"生产"活动只是一种单纯的自然生命过程，是动物对自然规律和周围环境的本能的适应性活动。它虽然也会引起活动客体和周围环境的某种变化，但这种变化并不体现和确证超出动物自然本能之外的新的"尺度"，而只是一种自然存在物（有生命）对另一种自然存在物之间的相互作用的过程。虽然动物的物种尺度和生命的生产活动也体现和遵循着自然规律，但是，动物意识不到自然的规律和尺度，更谈不上自觉地运用它们，在动物的生命活动中所体现出来的"合规律"性，是通过自然选择和进化的生物性反应实现的。因此，动物的活动不可能创造出一个超乎它们本能之外的新的"理想世界"，即动物不可能有自由自觉的改造世界的实践活动和创造活动。

---

　　① 马克思：《1844年经济学—哲学手稿》，人民出版社1979年版，第50—51页。

　　显然，人的实践创造活动与动物的本能的生命活动有着本质的区别。人的实践活动可以"按照任何一个种的尺度来进行"，能够自觉地"懂得"和意识到所遵循的尺度，并且"懂得怎样处处都把内在的尺度运用到对象上去"的。因此，人的实践活动是一种自由自觉的现实的对象化活动，是一种实现人的本质力量和理想、意志的创造性活动。人能够按照自己以外的任何一种事物的尺度和自己内在的尺度去改造世界，创造出属于人的理想客体。只有现实创造着的人，才能摆脱狭隘的、特化的、本能的物种尺度，才能自由自觉地意识到和遵循着全面的、不断发展着的内外尺度。从这种意义上说，人较之动物是一种"万能"的、普遍的存在物。正是由于人的实践创造活动，遵循着丰富多样的、不断发展着的外部尺度和内部尺度，人才有可能把外部世界日益全面地变为"人的无机的身体"，日益广泛地成为自己活动的"作品"，"成为人的本质力量的现实，成为属人的现实，因而成为人固有的本质力量的现实"[①]。

　　马克思在哲学史上首次比较全面地阐述了人的活动尤其是人的实践创造活动的尺度。他不但看到了人的实践活动的尺度与动物的"生产"活动的尺度的本质区别，而且揭示了人的生产实践的基本特点和它的尺度的多样性。人类既自由自觉地依照外部世界的客观尺度去塑造世界，又自由自觉地按照自己内在世界的主体尺度去建构世界。现实的实践创造活动过程，就是实践主体把自己的内在尺度和物的外在尺度加以观念的意象统一之后，现实地"运用到对象上"的对象化、物态化的过程。因此，对人类周围的现实的感性世界、属人的对象世界——人类世代活动的结果，不仅要从物的客观（客

---

　　①　马克思：《1844 年经济学—哲学手稿》，人民出版社 1979 年版，第 78 页。

体）方面去理解，而且还要从人的主体方面去把握。正是由于马克思从实践创造活动——主客体之间双向对象化的现实统一的方面去理解这个现实的世界，才实现了哲学思想发展史上的伟大的革命变革。从主体和客体两个尺度现实统一的思路去把握人的活动及现实世界，正是马克思新哲学世界观的秘密发源地。

人的实践活动作为一种自由自觉的、有目的的主客体之间双向对象化的客观活动，主要是通过对外部世界的实践性掌握，既合规律又合目的地创造出自己心向往之的新的理想客体，使本来外在于实践主体的客观世界转化成为属人的世界的过程。因此，在现实的实践活动中，人们不仅需要把握和遵循外部世界的客观尺度，而且还需要使自己的活动符合和遵循主体自身的内在尺度。对人的实践活动和生活活动中的"人的内在尺度"，恩格斯曾有过鲜为人知、却极引人深思的论述：人应当"了解自己本身，使自己成为衡量一切生活关系的尺度，按照自己的本质去估价这些关系，真正依照人的方式，根据自己本性的需要，来安排世界……。"①

恩格斯着重指出了必须按人自身的本质和尺度去改造周围世界的问题。这是很值得回味的。马克思在谈到外部的"物种的尺度"和人自身的"内在固有的尺度"时，还提出了一个"人也按照美的规律来塑造"的美的尺度，按马克思的论述和理解来看，"美的尺度"显然不同于客观尺度和内在尺度。这样，马克思实际上谈到了人的实践创造活动所遵循的三种尺度，即"物种的尺度"、"内在的尺度"和"美的规律"（尺度）。

当然，人类的实践创造活动到底遵循哪几种尺度以及如何确切地表述它

---

① 《马克思恩格斯全集》第 1 卷，人民出版社 1956 年版，第 651 页。

们，这是可以研究和探讨的。但马克思和恩格斯关于人的实践活动和生活活动必须遵循一定的尺度的思想，是十分深刻和正确的。

笔者将以马克思和恩格斯关于人的实践活动应遵循外界的客观尺度、人自身的内在尺度以及美的规律（尺度）的三尺度思想为基础，具体地探讨人的实践创造活动所遵循的尺度问题，并试图把人的实践活动应遵循的尺度进一步区分为利、真、善、美四大类型。利、真、善、美以及它们在实践创造活动过程中的现实统一，既是人类在改造世界的实践活动中普遍应该遵循的原则和尺度，也是整个人类的一切生活领域应该遵循和高扬的标准、规则，同时也是全人类古往今来所努力追求和奋斗不息的崇高理想。①

四　实践活动的情感意志律

在实践创造活动中，人是以自己的整个身心、灵肉、全部本质力量去改造对象世界的。因此，人所发动的实践活动过程，既不同于自然物之间的纯粹客观化的运动过程，又与动物同周围世界之间的纯粹本能化的活动过程有本质的区别。人的实践创造活动既体现物的原则，又体现人自身的原则，既存在着物质的运动规律，又包含着精神的活动规律，既涉及自然世界，又关联社会和历史。因此，人的实践创造活动有着诸多基本特点。过去，人们一般从客观性、能动性、社会性和历史性角度去界定实践的特点，而忽视了实践自身所独有的内在性特点和实践主体的丰富特性。

对于实践自身的内在特性笔者已有诸多论述，此文只侧重谈实践主体的

---

① 参见本文论文：《论实践活动的功利尺度和真理尺度》，此文为刊发在《宁夏社会科学》1992 年第 1 期。

基本特性——情感意志律。

"情感意志律"是人的实践活动又一重要特点。人在改造世界和其他所有活动过程中，始终渗透和伴随着各种情感和意志因素。因为，人非无情无义的草木，而是有意识、有思想、有精神、有感情、有意愿、有信念、有意志的活生生的高等动物，古今中外的一切创造人的世界的活动主体，"全是具有意识的、经过思虑或凭激情行动的、追求某种目的的人"①，在实践创造中，人"除了从事劳动的那些器官紧张之外，在整个劳动时间还需要有作为注意力表现出来的有目的的意志"②。

人的思想意识、精神观念，一般分为理性因素和非理性因素。理性因素是以自觉的思想、清晰的思维逻辑为基础的思想观念，如思想、理论、知识、科学、计划、目的、技能等等，它们的主要特点是诉诸头脑的理性思维。非理性因素是以非深思熟虑、非逻辑思维为基础的心境情态，如本能、动机、欲求、情感、情绪、兴趣、爱好、激情、意志、信念、信仰、习惯、态度、决心、体验、直觉、幻觉、灵感、潜意识等等，它们的基本特征是诉诸人们的心理体验。

我们这里讲的"情感意志律"，指的就是人们在实践活动中所表现出来的各种非理性因素。当然，共同统一而构成人的精神世界的理性因素和非理性因素是相互渗透的，而不是截然分开的。但是，两者之间的差别以及各自在人的行为活动中的独特地位和作用，则是不可忽视的。

如果就行为活动的临场态势而言，人的非理性因素主要表现为一种渗透在整个活动过程始终的精神状态、心理状态。这种精神状态和心理状态最主

---

① 《马克思恩格斯选集》第4卷，人民出版社1972年版，第243页。
② 《资本论》第1卷，第202页。

要的可以概括为两个方面：情感和意志。

情感是人们在活动过程中，由一定的活动目的和环境氛围而诱发的对外界客体和自己行为的一种心境、态度和体验，是一种心理反映形式和活动过程，通常表现为欲求或厌弃、喜悦或悲哀、欢乐或忧愁、热爱或憎恨、满意或不满意、肯定或否定等。

主体对客体和自身行为的肯定性的心境、态度和体验，属于正态情感，而主体对客体和自身行为的否定性的心境、态度和体验，则属于负态情感。当外界客体和主体行为能满足给定需要、能实现一定价值时，主体就会产生喜悦、快乐、激奋、热忱、向往、爱好、激情、信心、信仰等正态的情感体验和情感表现。反之，则会产生不悦、不快、失望、悲伤、痛苦、不安、焦虑、担忧、沮丧、悔恨甚至愤怒等负态的情感体验和心理情态。

一般说来，正态情感对主体的行为活动起着积极的、能动的作用，而负态情感对主体的行为活动则起着消极的、抑制的作用。因此，无论是积极的情感还是消极的情感，都直接影响主体的行为活动，都会产生相应不同的实践效果，积极的情感对于有效的实践活动来说，并不是可有可无的、无关紧要的东西。正如马克思所指出："激情、热情是人强烈追求自己对象的本质力量。"① "人的情感力，就是人有目的地追求、占有外界对象和实现自身价值的一种强大的精神力量。如果说'没有'人的情感，就从来没有也不可能有人对于真理的追求"② 的话，那么，同样，没有人的情感，就从来没有也不可能有人对于实践活动及其效果、对于属人和理想世界的追求，也不可能有人对于美好生活的向往和追求。人的情感既是人自身的一种生存和发展的

---

① 《马克思恩斯选全集》第 42 卷，人民出版社 1979 年版，第 169 页。
② 《列宁全集》第 20 卷，人民出版社 1989 年版，第 255 页。

方式，同时也是驱使人为了自身的生存和发展而发奋创造的动力之一。伟大的科学家爱因斯坦说过，"感情和愿望是人类一切努力和创造背后的动力"。他甚至认为，科学家们"每天的努力并非来自深思熟虑的意向或计划，而是直接来自激情"①。

意志是最高层次的非理性因素，也可以看作是情感心境的升华和现实的行为化，是主体在一定理性精神和需求指导下，自觉地选择和确定行为模式，并为展开其行为模式和实现其行为自觉地支配、控制和调节自己行动的心理过程。意志也可以分为正态意志和负态意志两大类。

例如，崇高理想，坚定信念，积极进取，无私无畏，改革开拓，坚强毅力，精神饱满，不屈不挠，专心致志，热情激奋，刚毅果断，顽强拼搏等等，就属于正态的意志，而患得患失，胸无大志，左顾右盼，盲目草率，优柔寡断，朝令夕改，懈怠保守，踌躇徘徊，惊慌胆怯，萎靡懒散，忧郁埋怨，心神不定，以及执拗顽固，一意孤行，僵化刻板等等，则属于负态的意志，即意志薄弱的表现。

在实践活动过程中，人的意志心境和行为主要体现在两个阶段上。一是选择和确定行为模式，即建构和确定实践观念模式的过程；二是实施和执行既定的行为模式，努力克服障碍和困难，进而完成其实践目的的过程。

就第一阶段来说，意志的作为主要表现在选择行动目的、改造的对象、实践的工具、行动的方法等方面。由于在任何一次的实践活动中，人们都面临着不止一个，而是几个或许多可供采纳的目的，这就会使人发生心理上的冲突和障碍，在不同的目的之间举棋不定，特别是在各个目的的价值和意义

---

① 《爱因斯坦文集》第 1 卷，第 397、10 页。

相近时，这种心理冲突和困难就更加尖锐。因此，行动目的的确定离不开意志的努力和意志的选择。目的确定后，就需要确定被改造的客体和对象。在主体所面对的整个世界中，到底哪些事物、哪个客体可以成为最能满足主体需要和最能体现主体目的的现实的改造对象？究竟应该如何安排它们的主次先后、轻重缓急？这也同样需要意志活动的参与和帮助，通过分析、比较、权衡和选择来确定。在行动目的和改造对象确定之后，为保证行动的合理性和有效性，以小的代价换取大的效益，又需要选择实践活动的各种中介工具，设计和确定实践活动的方式方法、途径步骤、策略技巧。

因此，在建构和确定行为模式或者说实践观念的整个过程中，始终有意志活动的参与，含有意志活动的成分，留有意志活动的烙印。在这一阶段上，意志的努力和作用，主要表现在主体是否能迅速而合理地选择和确定行为模式的果断性上。在执行和实施行为模式的阶段上，可能由于知识经验的缺乏，周围环境的不理想，主客观条件的不稳定，事前考虑不充分、不周全或准备不足，在实施过程中会出现许多新情况、新问题，以及行动本身就需要付出艰巨的体力或智力劳动等等，这些都势必会产生种种困难和障碍，势必会带来种种不愉快的心理体验和感受。

这就需要通过意志的努力，消除、克服妨碍自己行动贯彻到底的种种困难。例如，通过强化坚定的信念，激发热烈的情感，树立顽强的斗志，激励无畏的勇气，调动拼搏的毅力，培养发奋的精神等意志的活动，来克服前进中的障碍和困难，消除或减少半途而废，懒散畏难，徘徊忧虑，颓废彷徨，无所作为等负态的意志，即意志薄弱。因此，在执行和实施行为模式的阶段上，意志的强弱和作用的大小，主要表现在能否坚定而顽强地克服困难，始终为实现目的而坚定不移地努力奋斗，即意志的坚定性上。

当然，这种坚定性不等于僵死刻板。在条件发生较大变化的情况下不修正原来的行为模式的"一意孤行"，不但不是坚韧的意志品质，而恰恰是意志薄弱的特征。

总之，人的一切有目的的活动和行为都是一种意志活动，在这种活动中，积极的意志品质的特征是：自觉性、果断性、坚定性、顽强性、自控性和自制性。积极的意志是保证实践活动取得成功的基本条件，正如法国细菌学家巴斯德说："告诉你使我达到目标的奥秘吧，我唯一的力量就是我的坚持精神。""大凡有价值的成就，在面临反复挫折的时候，都需要毅力和勇气。"①一个人如果缺乏崇高的信念、执着的追求、无畏的勇气、坚韧的毅力、敏捷的果断、顽强的斗志和锲而不舍、不屈不挠的精神，就不可能成为一个有所作为的人，更不可能取得惊天动地的丰功伟绩。

在主体的现实活动过程中，意志和情感是统一的，而不是界限分明、彼此分离的。我们可以把意志看作是情感的提升、强化和行为化，也可以把情感看作是意志的表现和确证。例如，像热烈的激情、坚定的信念、执着的追求等等，都很难说只是情感而不是意志，或只是意志而不是情感。其实，它们都是情感和意志的有机统一和现实的展现。这种现实的统一和展现，就是带有行为化的心理活动、精神面貌和精神力量。主体的精神力量作为人的情感力和意志力的统一，在创造人的世界的实践活动中具有特殊的地位和作用。

概括地讲，其作用和意义主要有以下几个方面：

第一，情感力和意志力是主体的实践能力的一个重要组成部分。人除了观察、分析、记忆、判断、推理、思考等认识能力外，还有与外界对象进行

---

① 贝弗里奇：《科学研究的艺术》，科学出版社1979年版，第144页。

物质的、能量的变换和创造人的世界的实践能力，如支出体力、激发行为、操作工具的能力等。但是，人的任何活动和任何能力的展开及发挥，都离不开人的情感、意志等精神力量的驱使、支撑、调控和支配，实践活动的展开和实践能力的发挥也同样如此。和认识能力、实践能力一样，情感和意志等非理性的精神能力（心理能力），也是构成人的主体能力的一个重要方面，而且，它们总是渗透和融合在认识能力、实践能力之中。在实践活动和实践能力展开过程中的情感和意志力，表现为主体的注意力、选择力、决断力、坚韧力、致志力、冲动力、激励力、自控力、自制力等。诸如此类的精神"能量"、精神力量，都是实践能力的重要组成部分，也是实践活动不可或缺的基本前提之一。

第二，情感力和意志力可以转化为实践活动的动机和动力。情感和意志作为主体人的积极性、能动性和创造性的内容和表现之一，精神、心理生活作为人的存在形式、人的价值、人的意义和人的生活的一个组成部分，它们本身就可以转化为主体所追求、所需要的一个相对独立的行为目标和动机，以求得自身精神上的满足和自尊自爱、自我创造的人格上的自我实现。另一方面，情感和意志是主体行为和实践活动展开的心理基础和心理机制，它们不但参与选择和决断活动的目的以及建构未来的行为模式，而且对主体的实践行为有激发和制止的功能。因此，在一定条件下，情感力和意志力可以成为驱使、发动、延续或抑制、中止主体行为活动的一种动因和动力。

第三，情感力和意志力是激发、调动和发掘主体实践能力、创造能力的"催化剂"。主体能力是一个不确定的变量，它的发挥程度与主体的精神心态直接相关。情感力和意志力作为主体的非理性的精神力量，当然是属于主体能力的一个部分。但相对主体的其他能力来说，它们则是激发、调动和挖掘主体能力（其他方面）的一种"杠杆"、"催化剂"。在具体的实践活动过程中，人们可能一般地使用和发挥自己的实践能力、创造能力，也可能尽最大努力调动和发挥自己的才干和能力，亦可能完全或不完全地消极怠工，马虎了事，不愿干或不太情愿干，干点活儿又不干多少。

因此，主体在实践活动中自身能力和潜力的发挥程度，是有一个很大的变量的。主体能力的发挥程度（变量程度）虽然取决于众多因素，但直接起这种作用的正是人的主体精神，因为，人的行为活动是由人的精神支配和调控的，其他方面的激发因素对主体能力发挥程度的影响，都是通过主体精神的内导作用而实现的。

总之，一个有理想、有信念、有激情、有毅力、有志趣、有决心等正态情感和意志的人，就能斗志昂扬、精神饱满地充分挖掘自己的潜力和才干，就能自觉地激发自己的活力和创造力，就能最大限度地发挥自己的实践能力，从而取得最优的实践效果。

因此，注重主体人的心理心态、精神风貌的建设，努力培养主体人的积极的、热烈的情感，自觉磨砺和锻炼主体人的坚强意志，造就优良、健康的情感心境和意志品质，对于提高主体的能力、合理而有效地改造世界，都具有十分重要的意义。这是人的实践活动和人创造属人世界的"情感意志律"的特点和规律给我们的一个有益启示。①

---

① 参见本人论文：《论实践活动的情感意志律》（笔名石晓），载《宁夏社会科学》1992 年第 5 期。

第八章

实践观念与实践性认识过程

与解决"是什么"、"是如此"的事实性认识（理性认识）不同，实践观念是一种直接解决"要什么"、"要怎样"的行动性观念，或者叫"实践性意识"。但是，人们形成实践观念、修正完善实践观念的过程，也是一种认识过程。但这种认识主要不是"事实性认识"，而本质上是一种"实践性认识"。

一　理性认识是如何转化为实践活动的

笔者在《理性认识回到实践活动的中间环节初探》^① 一文中，对理性认识回到实践活动的转化过程做了探讨，认为理性认识作为人们对外界客观事物的内在本质和发展规律的一种事实性认识，一般不可能单独、直接地指导

---

① 该文载《哲学研究》1983 年第 2 期。

和支配改造世界的实践活动，在理性认识回到实践活动的过程中，还必然存在着一个直接体现实践主体一定需要、利益、意志和要求，反映实践主体对外界客观事物和自己未来实践活动过程及其结果"要什么"、"要怎样"、"要如何"的"实践观念"这个中间转化环节。

由于篇幅所限，《初探》一文只是提纲挈领地把实践观念的内容概括为四个方面，未做具体阐述。这里，我们想在《初探》的基础上，试图从理性认识回到实践活动的整个转化过程的角度，把实践观念所包含的四个方面的内容有机地联系起来，从而对实践观念的内容做一个较为完整、具体的探讨。为行文方便，本文仍采用"实践观念"这一范畴。

（一）理性认识转化为实践观念的根据

理性认识是人们借助于抽象思维所把握到的关于外界客观事物的内在本质、内部联系和发展规律的一种认识。根据这一界说，理性认识的内容是对外界客观事物本身"是什么"、"是怎样"、"是如何"的客观事实、客观情况的如实反映，而没有掺入人的因素。

这种事实性认识，对于形成完整、科学的实践观念是必需的。因为，实践观念只有以正确的理性认识为基础，把关于被改造客体的相对完整、具体的认识包含于自身之中，才能使自己具有一定的客观依据和科学性，才能卓有成就地指导实践法。人们对被改造对象的认识越完整、具体，越客观、正确，实践观念就越可靠、越能合理地指导实践。很显然，实践观念不仅依赖于理性认识，而且还必须把理性认识包含于自身之中。然而，作为直接指导实践活动的实践观念，仅有关于客观事物、被改造客体的认识，是远远不够的。

这是因为，它们都不过是人们对客观事物的一种事实性认识，其结果，只告诉人们客观事物、客观情况是什么、怎么回事。而改造世界的实践活动则是按人的意志、需要、利益、愿望、目的把客观事物改造成为"应是什么样子"。如果没有实践观念按人的需要和意志给实践活动提出任务和要求，那么，实践活动也就不会产生，人的"实践活动"也就称不上是真正人的实践活动了。正如黑格尔指出："如果世界已是它应该那样，则意志的活动将会停止。因此意志自身就要求它的目的还没有得到实现。"① 由此可见，理性认识虽然本身具有转化为实践观念的一定根据，但它不可能单独、直接地指导和支配改造世界的实践活动。

实践观念除了包含理性认识之外，还有其他方面的内容。人们常说，由于理性认识是对客观事物内在本质、内部联系和发展规律的认识，因而人们可以借助于它，对事物的未来发展趋势进行预测和判断，做出切合实际的科学预见。所以，理性认识本身是能够单独、直接指导和支配实践活动的。这种说法是不够科学的。一般说来，科学的预见，可以分为预述性（这是理性认识可以直接提供的）和预设性（这是理性认识不能直接提供的）两种类型。前者只对事物的未来发展做出事物本身"是什么"、"是怎样"的客观描述；后者则是人们对未来自己争取的事物和自己未来实践行为"要什么"、"要怎样"的能动设定，附有控制目的，具有定向性和指令性。

可见，前者只是得出和传递关于未来事物的解释性信息，描述未来事物的可能前景和状态；后者则是"指示"，是人们对未来有目的地利用、改变和创造新事物（人造物）的实践活动的信息。虽然后者必须以前者为根据，

---

① 黑格尔：《小逻辑》，商务印书馆 1980 年版，第 420 页。

而且还包含了前者，但前者只有在一定条件下转化为后者，才能直接指导、支配改造世界的实践活动。

总之，理性认识为实践观念的产生提供了一定的科学根据，具有转化为实践观念的可能性。理性认识是人们对客观事物发展规律和未来发展趋势的认识和把握，而人们要想在实践活动中得到预期的效果，就必须依据客观事物的发展规律，按事物的客观规律办事。

正是从这种意义上，列宁指出："外部世界、自然界的规律"的"区分"，"乃是人的有目的的活动的基础"①。但是，我们说理性认识具有转化为实践观念的根据和可能，并不意味着它本身是实践观念。人的实践活动不仅依据客观事物的发展规律去改造事物，而且也还按照实践者自身的一定需要、利益、意志去改造事物。因此，理性认识要直接为改造世界的实践活动服务，还有待于进一步地转化。

（二）"是什么"是如何转化为"要什么"的

那么，回答外界客观事物本身"是什么"、"是怎样"的理性认识，是如何转化并纳入实践观念的呢？实现这种转化的关节点、契机是什么呢？各种各样的科学理论、理性认识以及客观世界的客体，它们的哪一部分能进入人们的运用领域、实践领域呢？无疑，这种转化和选择往往要受人们驾驭客体的各种物质手段和各种知识能力的限制，然而，其根本的原因是主体自身的一定的需求和利益。

黑格尔说："人为了自己的需要，通过实践和外部自然界发生关系，他借助自然界来满足自己的需要，征服自然界。"对此，列宁评论道："黑格尔在

---

① 列宁：《哲学笔记》，人民出版社 1988 年版，第 200 页。

这里已经有历史唯物主义的萌芽"① 了。众所周知，生产活动是人类改造世界的实践活动的最基本的内容和形式，而"人们的物质需要推动了生产活动的社会实践"。马克思明确指出："任何人如果不同时为了自己的某种需要和为了这种需要的器官而做事，他就什么也不能做。"② 这就是说，当实践主体认识、意识到自己的一定需要和利益之后，就会引起活动的动机、行为的动因、实践的目的；进而又产生旨在满足需要的决策、方法、途径和活动。因此，马克思主义一贯认为，我们必须用人们自身的一定需要而不是用思维去解释人们的实践行为。

列宁也指出："必须把人的全部实践……作为事物同人所需要它的那一点的联系的实际确定者。"③ 也就是说，客观事物只有在符合人的需要的情况下，才能进入人们的实践领域；同时，人的需要引起人的实践行为；反过来讲，也只有经过实践活动，才能改变事物，现实地创造出新客体，以适应和满足人们自己的实际需要。因此，无论是科学理论、理性认识，还是外界客观事物，当它们尚未直接满足人们的某种需要和利益时，对我们改造世界的实践活动来说，它们不过是外在的、异在的东西。一般说来，人们对理性认识运用的选择，被改造客体的选择，对实践活动的手段、方法、形式等等的选择，总是以自己的一定需求和利益为主要依据。正是由于实践主体自身的一定实际需求和利益，才使得主体所获得的理性认识由回答客观事物本身"是什么"、"是怎样"的纯理论性、知识性的东西，转化为实践观念的"要什么"——亦即实践目的，从而指导实践活动。

---

① 《列宁全集》第 38 卷，人民出版社 1988 年版，第 348 页。
② 《马克思恩格斯全集》第 25 卷，人民出版社 1974 年版，第 926 页；第 3 卷，人民出版社 1956 年版，第 286 页。
③ 《列宁选集》第 4 卷，人民出版社 1995 年版，第 453 页。

毫无疑问，关于被改造客体的相对完整、具体的知识（包括理性认识）和人们一定的需求、利益，是实践目的赖以产生的基本前提。人们提出什么样的实践目的，总是由自身的一定需要、利益和对客观事物的认识、理解决定的。需要和利益变了、发展了，对客观事物的认识前进了，实践目的也就会跟着变化和发展。马克思指出：实践目的、实践"任务是由于你的需要及其与现存世界的联系而产生的"①。

显然，你要理解和把握这种联系，没有关于被改造客体的相当知识，也是不可能的。实践目的提出，说明主体已经不只是服从事物，而是在开始"命令"事物，要求客观事物按自己的需要、意志发生变化了。因为，实践目的体现着实践主体对事物的现状不满足和要争取什么、要改造什么、要创造什么的愿望和要求。实践目的不是对未来要发生的事物的简单预测，因为那些不符合人们需求、意志的未来可能发生的东西，不可能成为人们争取实现的实践目的。只有那些经过改造、能符合实践者一定需要和利益的未来可能发生的东西，才能成为人们去争取实现的实践目的。

然而，实践观念如果仅仅停留在"要什么"的实践目的上，仍然不能直接、有效地指导和支配实践活动。因为有了实践目的，并不等于找到和解决了达到目的的途径、方法、手段、步骤等等。

因此，体现实践主体"要什么"的实践目的，同样需要进一步地转化。

（三）"要什么"是如何向"要怎样"转化的

选择和确定实践目的，就要从需求、从理想的角度预先规定采取实践行动后带来的实践结果，它表现了实践者的愿望。在实践目的的基础上，实践

---

① 《马克思恩格斯全集》第3卷，人民出版社1956年版，第329页。

主体还需要进一步解决在未来行动中"要怎样"改造世界、"要如何"进行实践活动的问题。

这就是实践规划（计划）所要解决的任务。实践规划是为了达到预期的实践目的，对人们自己的未来实践活动做出的一种"设计"，使未来实践活动的有关信息转变成怎样进行有目的的实践活动的指令，或者说是对未来实践活动的途径、步骤、方法、过程的一种创造性的"超前"反映和"设计"。实践规划首先把实践目的具体化、准确化和定量化。实践目的也同其他事物一样，有一个从混沌的、定性的状态到愈益明确、具体、完善和定量的发展过程。

因此，提出实践目的后，还须把它具体化。否则就难以具体、有效地指导实际活动。马克思说："一个目的如果不是特殊的目的，就不成其为目的，正如同行动如果没有目的就是无目的、无意义的行动一样。"[1] 所谓"特殊的目的"，也就是指具体的、精确的目的。只有具体、特殊的实践目的，才是实践活动所要求、所需要的。

比如，当我们开始提出"要生产汽车"这一实践目的时，不能说这时候的目的已经是具体、精确的，实际上它还只停留在"要生产汽车"的定性规定上，还是比较笼统、模糊的。因而仍无法直接指导生产汽车的具体生产活动。所以，定性状态的实践目的必须进一步具体化、定量化。在"要生产汽车"的这一总目的的周围形成一个多层次、多水平的次目的、附设目的的目的群。如生产什么型号的汽车，生产多少汽车，汽车质量、成本、技术参数、造型等等。生产（什么型号）汽车这一总目的是必须达到的；诸如成本要

---

[1] 《马克思恩格斯全集》第1卷，人民出版社1960年版，第287页。

低、质量要高等次目的是应努力达到的；至于造型美观等附设目的是希望达到的。这样就使定性的实践目的定量化了。

"目的群"中各个具体目的的重要性程度，可以列一个目的层次曲线图来表示：

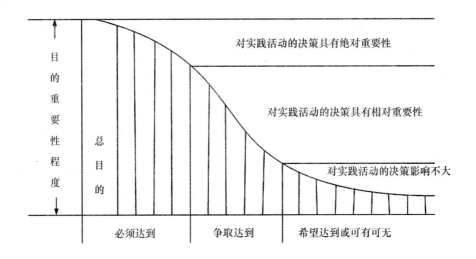

在实践目的具体化、定量化之后，实践规划还应解决实现目的的种种客观条件，如物质手段、工具、材料等等，这些客观条件是实践目的与客观事物打交道的"中介"，没有它们，再好的目的也无法实现。

有了实现目的的客观条件，实践规划进而必须寻找和解决掌握、利用客观条件，使目的得以顺利实现的方法、途径、步骤等，也即观念性地勾画出未来实践活动的整个过程，解决"要怎样"改造世界、"要如何"进行实践活动的问题。毛泽东同志指出："当着某一件事情（任何事情都是一样）要做，但是还没有方针、方法、计划或政策的时候，确定方针、方法、计划或政策，也就是主要的决定的东西。"①

有了实践目的，也就有了应该达到的尺度；有了实现目的的客观条件，也就有了达到目的的依据。如果解决了实现目的的方针、政策、方法、途径，再综合未来实践活动可以预测到的各方面内容、因素，在观念中勾画出未来实践活动的基本过程的"模型"，估计到实践活动可能带来的不良后果、"副作用"，并制定出防止和消除不良后果的措施，那么，就会形成科学的、完整的实践观念，进而能直接有效地指导和支配改造世界的实践活动。

（四）实践观念是如何转化为实践活动的

以上我们从联系和转化过程的角度，分析了实践观念的四个方面内容。实践观念的这些内容，为什么能直接指导和支配人们的实践活动呢？这是由实践观念的功能和特性所决定的。

在实践观念的内容中，存在着转化为实践活动的内在根据和基本动因（力）。这是因为：

实践观念的内容之一，是关于被改造对象相对完整、具体的认识，它不仅包括具有抽象、普遍性的理性认识，更包括在理性认识基础上、按实践要求对被改造对象各个方面的具体性认识，这就使实践观念具有客观的、科学的根据，为直接、有效地指导和支配实践活动奠定了牢固的基础。而主体自身的一定需要和利益，使一定的理性认识转化为实践观念、并包含在实践观念之中，开始为实践服务；同时也使实践观念内在地包含着转化为实践活动的矛盾和动力，进而导致实践目的的产生。

实践目的体现了实践主体决心用自己的实际行动来改造客体、以满足自

---

① 《毛泽东选集》第 1 卷，人民出版社 1964 年版，第 326 页。

己的需要和利益的主观愿望和要求，它反映着这样一种矛盾状态：主体所期望、追求的东西尚不存在或归主体所有。因此，实践目的具有强烈的实践性。一旦人们提出实践目的，就有进行某种实践活动的需要。因为，唯有经过自己改造现实事物的实践活动，才能满足自己的需求和利益。

这也就是说，在实践目的这一范畴里，就已经内在地包含着（反映着）引起实践行为的潜在可能性。黑格尔说："行为的必然性在于：目的本来就是与现实关联着的，而且目的与现实的这个统一性就是行动的概念。""当我们提出一个目的在前面时，……我们决心要作某件事，这意思是说，主体从它单纯自为存在着的内在性向前走出来，要与那在外的与他对立的客观性打交道。于是就形成了由单纯的主观目的到那转向外面的合目的的活动的进展。"① 如果说实践目的包含着引起实践行为的必然性和可能性，那么，根据各种条件，为达到实践目的而把目的具体化，并进而制定了实践方法、途径、步骤、措施等等的实践规划，则必然地表现为实践活动的现实可能性。因为，实践规划不只是解决了某件事、某个实践活动要不要做的问题，而且是解决了人们要怎样去做、如何去进行实践活动的问题。

因此，实践观念具有明显的"实践性"、"外向性"、"指令性"、"务实性"。正由于它具有这些独特的功能和特性，才使得它不同于一般的科学理论、理性认识，而能直接、有效地（转化为）指导和支配实践活动。

总而言之，当人们取得了关于外界客观事物本身"是什么"、"是怎样"的理性认识之后，还需要根据自身的实际需要和利益，使"是什么"的知识转化为"要什么"的实践目的，并进而形成"要怎样"改造世界、"要如何"

---

① 黑格尔：《精神现象学》上卷，商务印书馆 1962 年版，第 271 页；《小逻辑》，商务印书馆 1980 年版，第 392 页。

进行实践活动的实际规划，确立起完整、科学的实践观念。只有这样，才能实现由理性认识向实践活动的辩证转化。①

二　理性认识回到实践的过程也是一个认识过程

按照传统的流行观点，人们在实践活动中获得了感性认识，再经抽象思维上升到理性认识之后，就能直接拿理性认识去指导实践、改造世界了。譬如常见的说法：认识过程的第一个飞跃（即从感性认识上升为理性认识），解决的是认识世界、形成理论的问题；而认识过程的第二个飞跃（即理性认识回到实践活动），解决的是理性认识指导实践、实现理论的问题。似乎在第二个飞跃的过程中，没有一个继续认识的问题。不错，理性认识回到实践的过程，是有一个指导与被指导、检验与被检验的问题；认识过程的这第二个飞跃，也的确主要解决的是人们改造世界、实现理论的问题。但是，在这一过程中，理性认识与未来实践活动的关系，实际上并非仅仅只存在着指导与被指导、检验与被检验的关系，而同样客观地存在着一个继续认识的问题。

（一）中介的"应用性认识"

这个认识过程具体可以分为两个小阶段：首先是处于理性认识与未来实践活动"中介"阶段的认识活动；其次是在实践活动过程中的认识活动。后者一直为人们所肯定，而前者始终被人们所忽视或否定。为此我们着重谈谈前一阶段的认识活动。

---

① 参见本人论文：《理性认识回到实践活动的转化过程再探》，湖南《求索》1983 年第 4 期。

一般说来，理性认识不能单独地、直接地指导实践活动，在理性认识回到实践活动的过程中，还存在着一个"实践观念的中间转化环节"。实践观念产生和形成的过程，无疑是一个复杂的认识过程；它是实践者的一种认识成果。但这种认识活动及认识结果与感性认识、理性认识有着相互不能替代的不同的认识内容、特点、功能和目的。

为叙述方便，我们暂把这种认识活动及认识成果称为"形成实践观念的认识"，或简称为"应用性认识"，以区别于作为认识过程意义上——而不是作为认识、知识的水平层次意义上——的感性认识和理性认识。

应用性认识是介于理性认识与未来实践活动之间的一种认识活动，它是在理性认识的基础上，一方面应用理性认识的成果，并以此为指导、为依据、为出发点；另一方面又要继续去解决理性认识所没有直接涉及的、解决的、只有在触及受理性认识指导的未来实践活动时才会出现的新的认识问题。

那么，应用性认识在认识上要解决哪些主要的问题，有哪些主要的认识内容、认识特点呢？它与认识过程中的感性认识和理性认识有哪些主要的区别呢？下面试做探讨。不过必须说明的是，我们通过对应用性认识所特有的认识内容的阐述，试图同时说明它的特点、它与感性认识和理性认识的主要区别，而不另做赘述。

（二）对被改造的客体、实践活动矛盾特殊性的认识

我们知道，理性认识虽然具有普遍适用性的特点，但它又具有一定的抽象性、概括性和对事物反映的间接性。可是，人们改造世界的实践活动，就其实践的目的、计划、过程和结果以及被改造客体来说，却总是具体的、历史的、个别的、特殊的。

314

这就决定了在理性认识之后，未来实践活动之前，必须依据已达到的理性认识的一般性知识，继续完成对某个被改造的客体、实践的目的、计划、过程、结果等与实践活动有关的因素的矛盾特殊性的认识，切实地做到一般与特殊、共性与个性的有机结合。只有完成了这一认识内容、任务之后，人们才谈得上改造世界的问题。

人们在认识客观事物的过程中，为了获取、把握客观事物的本质属性、内在规律，必须采用科学的抽象，往往需要在典型、理想的环境和条件下或者说在相对"纯粹"状态条件下，去考察、分析和认识客观对象。

但实际上，客观存在的事物，总是包含着错综复杂的矛盾，因而具有多种多样的现象、特性。为从根本上掌握事物，人们可以先抓住事物的主要矛盾和特性，忽略其他次要的方面或特性，撇开那些非本质的、偶然的、外部的现象，舍弃、排除在现实感性表面上所直接提供的许多复杂的情形。正如马克思所指出："对于各种现象要在它们的合乎规律的、符合它们的概念的形态上来进行考察；也就是说，要撇开……现象来进行考察。"① 马克思在《资本论》中就运用了这种科学的抽象方法。他说，只有这样，"才能在考察这个现象时，不致被那些起干扰作用的、与真正的过程不相干的从属情况所迷惑"②，从而真正揭示出客观事物和过程的内在联系、本质属性和发展的规律性。因此，"一切科学的（正确的、郑重的、不是荒唐的）抽象，都更深刻、更正确、更完全地反映着自然"③。

理性认识通过科学抽象等方法，能使人们把握事物的内在本质和发展规

① 《马克思恩格斯全集》第25卷，人民出版社1974年版，第212页。
② 《马克思恩格斯全集》第23卷，人民出版社1972年版，第189页。
③ 列宁：《哲学笔记》，人民出版社1993年版，第181页。

律，这当然是它的长处、优点，因为只有这样，它才具有普遍指导性、适用性。但理性认识的这种优点、长处，对人们的实践活动，从一定意义上说来，却是"短处"、"缺点"。因为，"任何一般只是大致地包括一切个别事物。任何个别都不能完全地包括在一般之中"①。共性不能代替个性，一般不能代替特殊，普遍规律不能代替它在各个领域具体环境中具体事物、具体条件下的特殊表现。

理性认识也不能完全取代人们实践活动所面对的具体、个别事物的矛盾特殊性。相反，人们在改造世界的实践活动之前，必须把理性认识所提供的一般性原理，化为适应于人的实践活动、改造具体客体所需要的特殊的、完备的、具体的认识（知识）。所以，在理性认识的基础上，还有待于把理性认识的普遍性知识同特殊、具体的个别事物的认识（知识）相结合。否则，一般离开了个别，抽象离开了具体，也就失去了现实的指导意义，一般性知识的理性认识也就只能悬在空中，对人们实际问题的解决、对人们改造世界的实践活动没有丝毫的真正用处。

人们改造世界的实践活动，总具有复杂性和多样性，总是个别的、具体的，总表现为实践的主体同个别具体事物之间的相互作用。同时，由于客观事物的相互普遍联系、相互制约，人们在实践活动中不但要看到直接被改造的某一客体的特殊矛盾，还要知道这一客体同周围其他客体的关系。还有，现实中的事物总是在多种规律的作用下产生、存在和发展变化的。

因此，处于实践前的应用性认识，决不能像抽象思维、理性认识那样，为达到对事物的本质属性、规律性的认识，而可以撇开事物的非本质现象、

---

① 《列宁选集》第 2 卷，人民出版社 1995 年版，第 713 页。

偶然因素、矛盾个性的次要方面，可以把事物相对孤立起来，在理想的、典型的环境和条件下去考察、认识事物。相反，应用性认识则必须使在相对"纯粹"条件下获得的理性认识，与实践活动所面对的具体环境、条件和个别的对象相互联系、结合起来，并针对实践活动的复杂性、综合性特点，需要同时运用几门或多种方面的知识，才能使改造客体成为现实化。以生产内燃机的实践活动为例：不但需要热力学、空气力学、化学反应动力学知识；需要理论力学、材料力学、固体物理知识；还需要声学、振动物理、润滑摩擦学以及金属学、材料学、数学等等知识，甚至还要有工艺学、美术等方面的知识。只有把这各门各类的科学知识有效地结合起来，才能创造出好的和比较好的内燃机来。而这一有机结合、综合的过程，显然是一种复杂的认识过程，它要解决许多矛盾的特殊性。

生产内燃机改造自然的实践活动是如此，人们改造社会的实践活动就更如此了。因此，当人们提出具体的实践目的、运用理性认识成果的时候，不但要有符合客观事物的一般规律性的认识（知识），而且还必须认识和把握被改造客体、实践活动的具体性、复杂性和综合性等矛盾特殊性。实现一般与特殊、共性和个性、普遍性的科学理论、理性认识同个别事物的特殊性、具体性知识相结合。这一认识活动、认识任务，是由介于理性认识与实践活动之间的应用性认识所进行、完成和解决的。人们只有不仅从一般规律性的理性认识出发，而且还特别需要从具体事物的特殊性认识出发，产生出和形成具体、完整的应用性知识，制定出具体、完备的实践目的、计划等，才能进行现实的、有效的实践活动。

就人们认识过程的程序来看，客观上总要经历着两个认识过程：一个是由特殊到一般，一个是由一般到特殊。人们在实践活动中得到的感性认识向理性认识的飞跃，以及理性认识回到实践活动的飞跃，实际上就是一个从特殊到一般，再从一般到特殊的认识过程。而由一般到特殊的这一特殊的认识活动，在我看来，大致与我们说的应用性认识相当。

在一个完整的认识进程中，人们总是先由认识事物表面个别的和特殊的方面开始，再逐步扩大到认识事物的一般性和普遍性的东西，达到对客观事物内在的、本质的、规律的理性认识。当人们的认识从特殊上升到一般之后，然后就以这种一般性的认识为指导，继续向着那些尚未研究过或尚未深入研究过的各种具体事物进行研究，找出其事物的特殊本质，以补充、丰富和发展一般性认识。这种由特殊到一般、再由一般到特殊的认识进程告诉我们，那些即使科学的、正确的科学理论、理性知识，如果不再和具体事物、具体实践活动相结合，不继续完成对被改造的客体、实践活动的矛盾特殊性的认识，不继续完成由一般到特殊的认识过程，那就会事倍功半，变成僵死、无用的东西，不能真正有效地运用于实践活动，为人们改造世界服务。

过去人们更多地重视从特殊上升到一般的认识过程，而往往忽视从一般到特殊的认识过程，认为一般、普遍的东西如果是对客观事物的正确认识，是普遍适用的，那就可以把一般、普遍的东西直接运用于实践，可以到处"套用"了。这种人不懂得这样的道理：一般是从特殊中抽象和概括出来的，是事物的共同本质，是共性。但一般与特殊之间不是完全等同而没有区别的。一般性、规律性的理性认识对于应用性认识及其实践活动是完全必需的。

可是，我们在用一般指导特殊，在进行现实、具体的实践活动之前，还必须看到事物所具有的矛盾特殊性，看到实践活动的复杂性和综合性，把一般与个别有机地结合起来，完成被改造客体和实践活动有关因素的矛盾特殊性认识，并综合各方面知识，使其一体化。这些认识内容、认识活动直接涉及人们改造世界的实践活动，目的明确、针对性强，是实践活动之前的应用性认识所具有的特点和主要内容之一，也是区别于理性认识的标志之一。

事实说明，谁如果不把一般与特殊有机地结合起来，不在理性认识的基础上，继续进行和完成应用性认识，谁就不可能有效地改造世界，就会犯教条主义的错误。教条主义不懂得一般存在于特殊之中，只抱着一些现成的普遍性的理论，不知道在实践活动之前，应该加以具体化，并完成新的特殊的认识，以补充、丰富和完善一般性的理论。

应用性认识的认识内容、任务和特点之一的这种一般与特殊、理性认识与具体事物和实践活动矛盾特殊性认识相结合的认识活动，如果从改造世界和认识进程的意义上说来，它高于理性认识，因为，它不只是普遍性，也不只是特殊性，而是普遍性与特殊性的有机结合。它的普遍性"不只是抽象的普遍，而且是自身体现着特殊、个性、个别东西的丰富性的这种普遍"[1]；它的特殊性也不只是感性所表现的个别性，而是把理性认识的普遍性融合于具体、个别之中的特殊性。

（三）对实践活动的价值性认识

价值性认识也是应用性认识的重要内容和特点之一。

首先需说明的是，我们这里讲的"价值"，不是政治经济学中的"价值"，而是作为一个哲学意义上的"价值"范畴。

价值是一个很复杂的概念。在日常生活中，它的笼统含义是指某事物、某行为具有某种积极的有用性（有效性）[2]。价值的概念用法也很广泛，例如

---

① 列宁：《哲学笔记》，人民出版社 1993 年版，第 98 页。

② 价值（value）和有效性（validity）都是从拉丁语 valēre 一词派生的。

有"社会价值"、"人生价值"、"知识价值"、"文化价值"、"人的价值"、"审美价值"、"学术价值"等等。

而我们这里所说的"价值",是指人们自己的实践活动以及由实践活动所引起的对象化了、创造出来的新客体是否具有某种有用性、有效性和社会合理性;"价值认识"是指人们在实践行动之前,对自己即将进行的实践活动和实践活动结果是否具有某种有用性、有效性和社会合理性以及能否满足自己某种事先已确定的实际利益和需要的一种判断。

实践活动前的价值认识,具体一点说,包含以下两层意思:

其一是实效(物)价值,它指的是某项实践活动所消耗的"成本"、"费用"与实践活动结果所实际获得的功能、效用的一种比值关系。实效(物)价值的认识,主要解决的是人们对某个客体值不值得改造、某个实践活动值不值得进行的问题,侧重于实践活动的实际效果。它是人们进行实践活动的先决前提之一。按我们人类的本性来说,那种无效的"义务劳动",总是异在的、排斥的。

其二是无形价值,它指的是改造某个客体、进行某项实践活动是否符合社会伦理道德和公共利益等等社会规范性的一种善与恶、合理与否的理性判断。无形价值的认识,主要解决的是人们对某个客体应当不应当改造,某个实践活动应该不应该进行的问题,侧重于解决实践活动的社会合理性。这也是在实践活动之前,人们不得不考虑、权衡的。人们的实践活动总具有社会性,总要受人们之间的社会性制约。

很明显,价值问题,离不开人,离不开人们具体的实际利益和需要,离不开人们改造世界的实践活动,否则就无价值和价值认识可言。只有当涉及对自然和社会的改造,因而只涉及人们的社会实践活动的情况下,才产生价值的认识。当然，并不是说外界的客观事物与价值问题毫无关系。客观事物本身也总是潜在地包含着价值因素，不可想象，如果客观事物不依赖于自身所固有的某种属性，就能满足人们某种实在的利益和需要。但它潜在的价值因素仅仅是一种可能性。由对事物的反映而产生的认识、知识，严格地说，还没有能把事物的潜在价值转化为现实的价值，只有涉及利用这些知识，并服务于改造世界的实践活动时，客观事物和知识所潜在包含的价值因素才会现实化。

　　无论是感性认识，还是理性认识（也包括应用性认识的一部分认识内容），都是对客观事物的"反映"、"摹写"，只涉及客观事物"是什么"、"是怎样"的"事实认识"，而不涉及价值认识。在人们对某一事物的本质属性、发展规律尚未基本认识之前，自然谈不上这个事物是否具有什么有用性，能否满足人们的某种实际利益和需要的问题，因而客观上做不出价值判断，从而更谈不上改造世界的实践活动是应当还是不应当、是应该还是不应该进行和应如何进行才是合理的无形价值判断了。

　　更何况在人们未认识这一事物之前和认识活动过程中，本身既无法也不应该涉及价值认识。因为价值认识势必导致"顺我者昌，逆我者亡"的选择性，这种选择性往往对事实性的认识、理论性的认识活动起干扰和阻碍作用。著名物理学家朗之万指出："有一个具有深刻意义的事实，就是经验告诉我们，即便是为了要在技术和科学的应用方面获得真正新的和内容丰富的结果，往往也只有最无利害关系的、彻底摆脱对于目前实利的关怀的研究才是最有效的。""科学家只有当他首先关怀理解问题为其主导思想的时候，才能于原来目的之外发现一些最重要的行动的可能性，总是最出乎意料的才是最有实效的。这样的例子是非常多的。电的应用使我们那么自豪，在今天已经深入到我们生活的每一个细节里面；这些应用，由于发现了和掌握了一种看不见的流体，才有可能给予我们地球一个神经系统和消灭掉各国间的距离，而这些发现和应用都是出自库伦、伏打、法拉第、安培等人的研究工作的结果，他们研究工作的唯一目的原来是要分析和认识电的现象的深刻性质的。"①

爱因斯坦也指出："科学家所得到的报酬是在于昂利·彭加勒所说的理解的乐趣，而不是在于他的任何发现可以导致应用的可能性。"在爱因斯坦看来，"科学的唯一目的是指出'是'什么的问题。至于决定'应该是'什么的问题，却是一个同它完全无关的独立问题。"②

朗之万和爱因斯坦的上述论点，尽管在某些地方不够确切或话说绝对了一点，但他们认为："理解"与"应用"、"是什么"与"应该是什么"，事实认识与价值认识之间有明显的区别、甚至有相当程度的独立性，则是正确可取的。自然科学领域是这样，社会领域也同样。人们只有认识了社会本质、社会发展的客观规律"是什么"、"是如何"的前提下，才谈得上对社会发展规律的自觉利用，进行改造社会的实践活动。

因此，感性认识、理性认识和应用性认识的一部分内容，属于理论性的、事实性的认识，认识的直接目的是为了获得客观事物及过程的规律性知识，或如黑格尔所说"认识的目的一般就在于排除那与我们对应的客观世界的生疏性"③。

但是，作为直接支配实践活动的目的、计划等观念和应用性认识的大部分内容则不同。人们改造世界的实践活动，其直接目的是为了把被改造的对象转变成为适合人们自己某种实际利益和需要的"人造（事）物"，所以，

---

① 朗之万：《思想与行动》，第 84 页。
② 《爱因斯坦文集》第 1 卷，第 304 页。
③ 黑格尔：《小逻辑》，商务印书馆 1980 年版，第 378 页。

实践活动所要解决的是人对外部世界"要什么"、"要怎样"、"应该怎样"的问题。人们总是根据自己的利益、需要和目的、计划来进行改造世界的社会实践活动。马克思在《费尔巴哈论纲》中所说的"改造世界",其"改造"一词并不是指盲目的、无目的、无需要、无利益和无选择地"改造"。马克思使用的"改造"（Verandern）一词,本身就包含着向"某一目的"改变的意思。

因此,当涉及改造世界的实践活动时,或者说在进行实践活动之前,客观上必然存在着一个价值认识问题。人们总要对自己行将进行的实践活动是否能带来或多大程度上能带来适合自己的实际利益和需要的某种有用性、有效性,做出实效价值判断,并从社会相互制约的角度,对自己的实践行为及后果做出无形的价值判断。

但是,事实认识与价值认识、理性认识与应用性认识并不是绝对对立、截然分开的,要做出科学的价值判断,就必须以事实认识为前提、为依据,就必须运用已有的科学原理、定律、规律性的理性认识,并以此为指导,继续完成对被改造客体和实践活动有关因素的矛盾特殊性、具体性的认识,使自己的实践目的、计划、愿望,尽可能建立在严密可靠、有科学根据的基础上,使价值认识建立在已有的正确的事实认识的基础上。人们对客观情况、客观事物的事实认识愈深刻、愈正确,就愈能自觉地按客观规律办事,价值认识也就愈有客观性、愈科学、愈切合实际,因而实践活动也就愈有成效、愈有合理性。

所以列宁指出：对客观事物的事实认识,只有在它正确地反映客观真理的时候,才会成为对人们自己实践活动有用的东西。[①] 总之,如果人们对客

---

① 《列宁选集》第 2 卷,人民出版社 1995 年版,第 139 页。

观事物"是什么"、"是怎样"的事实认识是错误的,"那么我们关于这种事物可能有什么用途的判断,必然也是错误的,而我们的尝试就必然要失败。"①

因此,直接指导、支配人们实践活动的实践目的、计划等观念,必须把"是什么"、"是如何"的理性认识与为"要什么"、"要怎样"服务的应用性认识有机地结合起来,必须把关于外界客观事物的事实认识与涉及实践活动才会产生的价值认识有机地结合起来,"要"以"是"为依据,价值认识以事实认识为前提;"是"以"要"为归宿,事实认识最终为价值认识服务。

总之,价值认识以及与事实认识的有机结合,是实践活动之前才产生的所特有的认识内容,因而也是应用性认识所必须完成、解决的一个认识任务。对于马克思主义者来说,必须坚持事实认识与价值认识的有机统一,既反对那些劳民伤财、不讲实践效果的无谓之举,也反对那种不讲事物发展规律,有利、"有用即真理"的实用主义;既反对那种只顾实效价值、排斥无形价值,不顾他人利益、公共利益的狭隘主义、个人主义,也反对那些只讲无形价值、排斥实效价值,不讲实际效果的说教主义。

(四) 对实现目的的途径、方法的认识

实现目的的途径和方法,也就是人们改造客体、进行实践活动的途径和方法。当人们认识了某个客体的本质属性和发展规律并提出需要改造它的实践目的之后,接着而来的另一认识任务是:必须解决运用什么方法、采用什么方式、经过什么途径去改造的问题。

毛泽东指出:"我们不但要提出任务,而且要解决完成任务的方法问题。

---

① 《马克思恩格斯选集》第 3 卷,人民出版社 1972 年版,第 386 页。

我们的任务是过河，但是没有桥或没有船就不能过。不解决桥或船的问题，过河就是一句空话。不解决方法问题，任务也只是瞎说一顿。"① 所以，毛泽东同志一贯号召我们的干部，必须"成为懂得理论、懂得路线、懂得政策、懂得方法的专家"②。人们要想卓有成效地改造世界，就不但要有关于客观事物规律性的理性知识，而且还要根据这种规律性的认识和人们自己的实践目的，制定出种种改造某一客体的实践活动的方式、方法、途径和手段。而这一工作、认识任务，由于它直接与人们改造世界的实践活动相联系，所以没有改造世界的实践活动的直接需要，人们也就不会提出和解决所谓改造客体、进行实践活动的途径、方法问题。

黑格尔说过："在生活中我们有了目的。于是我们便反复思索达到这个目的的种种方法。在这里目的便是普遍，或指导原则。按照目的，我们便决定达到这目的的手段或工具。"③ 人们总是根据已有的规律性的理性认识、被改造对象的矛盾特殊情况认识自己的目的，去寻找和选择改变对象的方法，去制定实践活动的途径、方式和方法。

正如马克思指出：在劳动过程的结果中，"劳动材料获得形式，获得一定的属性，创造这些属性是整个劳动过程的目的，并且作为内在目的决定劳动本身的特殊方式和方法。"④ 人们的实践目的，"是作为规律决定着他的活动的方式和方法的。"⑤ 当然实践目的和实践活动的方式、方法，只有在正确地认识了事物之后，才能确定，"只有在努力追求认识世界时，才可以找到丰富

① 《毛泽东选集》第 1 卷，人民出版社 1964 年版，第 139 页。
② 毛泽东：《关于农业互助合作的两次谈话》（1953 年 10 月、11 月）。
③ 黑格尔：《小逻辑》，商务印书馆 1980 年版，第 74 页。
④ 《马克思恩格斯全集》第 47 卷，人民出版社 1979 年版，第 69 页。
⑤ 《马克思恩格斯全集》第 23 卷，人民出版社 1972 年版，第 202 页。

行动的最可靠的方法。"① 改造客体、进行实践活动的途径、方式、方法，在很大程度上取决于达到事物本质属性和规律性的理性认识，但理性认识与对改造世界的实践活动的途径、方式和方法的认识之间有着不同的关系。理性认识确定外界对象、客观情况是什么、是如何，而方法、方式则表明人们的实践活动应该如何，必须怎样进行。

马克思主义是目的与途径、手段，任务与完成任务的方式、方法的统一论者。如果有了很好的目的、任务，而没有或不解决实现的途径、方法问题，也不过是"海市蜃楼"罢了。人们的实践活动不仅需要有对外界事物本质属性、规律性的知识，而且还要掌握对它们的利用以及改造客体的方式、方法的认识。

由于事物的复杂性、矛盾的多样性，人们改造某一客体的实践活动的途径和方法，即使在条件确定的情形下，也往往有几种或多种。但在确定的条件下，相对地总存在着一种最佳的途径和方法。因此，人们在实践活动之前，不但要尽可能把改造某一客体的实践活动的多种途径和方法，都认识到和找出来，而且还要经过反复的分析比较、全面衡量利弊得失，找出一种相对最佳的途径和方法，以便使自己的实践活动做到合理化、最优化，并取得最佳的实践效果。而不管是寻找改造客体的实践活动的各种各样的途径和方法，还是找出最佳的途径和方法，都是人们在改造世界的实践活动之前，在理性认识基础上（之后），必须解决的一个认识任务。这个认识活动，是应用性认识的又一个重要内容和特点。

综上所述，理性认识虽然具有普遍适用性，但又具有抽象性、一般性，

---

① 朗之万：《思想与行动》，第 83 页。

因而人们在现实的实践活动之前，还需要在理性认识的基础上，依据一般性的理性认识，继续去认识实践活动所面临的具体事物矛盾的特殊性；也由于理性认识不直接与人们未来的改造世界的实践活动相联结，因而一般也不涉及人们实践活动的价值认识和实践活动的途径和方法的认识。上述三点，是应用性认识的主要内容和根本特点，也是它区别于理性认识的主要标志。这些认识内容和特点以及认识的直接目的是为改造世界的实践活动服务的，都是理性认识所不直接具有的。这就决定了在理性认识之后，在未来实践活动之前，必然有一个新的、特殊的认识活动，这就是我们所称的应用性认识。

这种认识活动一方面是对达到了事物规律性的理性认识的运用、具体化和继续；另一方面又直接与被改造客体相对应、与未来实践活动直接相联系。它的认识内容是十分广泛和复杂的，本文只对它的主要认识内容、特点做了一个初步的探讨。

从上述的初步分析中，我们可以得出这样的结论：从理性认识回到实践活动的过程，不单纯只是一个指导与被指导、检验与被检验和实现理论的过程，而同样也是一个内容十分丰富、复杂的认识过程。①

---

①　参见本人论文：《理性认识回到实践的过程也是一个认识过程》，载《浙江师范学院学报》1983年第 3 期。

第九章

实践观念与新的"实践论"

随着实践观念、实践理性、实践意识、实践认识的深入研讨，哲学工作者们越来越感到，我们不能只止步于传统的哲学认识论里兜圈子，而应该开拓创新，大胆探索实践规律问题，也就是人类如何更好地按照利、真、善、美的尺度去指导自己的行为，更合乎客观规律和合乎人性地改造世界的问题。这就需要建构起真正研究实践问题的"实践认识论"或"实践哲学（新的《实践论》)"。

一 研究实践规律，发展实践认识论

"伟大的实践需要伟大的理论。"

的确，中国 11 亿多人民正在进行的建设中国特色的社会主义的伟大实践，正在从事的现代化建设和改革开放的伟大事业，必然需要、也必然会培育出与这一伟大实践相适应的、并能指导它的伟大的实践理论。实践理论，也可以称为行动理论、实践观念等。那么，实践理论、实践观念等存在的认识论依据何在？它们有什么内在的本质规定和发展规律？它们与人们的认识活动和实践活动关系如何？诸如此类的问题，就是哲学的实践认识论所要研究和回答的。

（一）当代中国实践的认识论启示

当代中国实践的认识论启示，无疑是多方面的。我们认为，其中最根本的一个，就是哲学认识论应该重视、而不应该轻视或回避对人们改造世界、创造世界的实践活动，以及对实践规律、行动规律等实践性问题的研究。在今天，对当代中国实践的哲学认识论研究，甚至可以说是认识论研究的一个重心和突破口。

通过这种研究，一方面帮助当代的中国人确立起与当代实践相适应的科学的实践观念和行动理论，从而发挥哲学认识论的方法论指导功能；另一方面，又可以丰富和充实我们的认识论，从而推动认识论自身的完善和发展。

当今中国伟大实践的最基本的方面，就是社会主义的现代化建设实践和改革开放的实践，也即中国特色的社会主义建设实践。与这一伟大实践相适应的理论概括，就是"有中国特色的社会主义"。作为指导当代中国人民改造当代中国，建设富强、民主、文明的社会主义现代化国家和改革开放实践的实践理论、行动旗帜的"有中国特色的社会主义"，它包含着十分广泛和丰富的理论内容。

然而，从哲学高度来把握这个理论系统，它的丰富内容在本质上是由两个侧面、两个子系统组成的。一是关于我国国情、我国现状、我国所处历史阶段"是什么"、"是怎样"的事实性、规律性、客观性的理论认识，这主要体现在社会主义初级阶段的理论上；二是关于在这个国情基础上，如何进行现代化建设，怎样进行经济的、政治的、文化的和党自身的建设，怎样进行改革开放，以及现代化建设的道路、任务、目标、条件、途径、方法等的实践性理论，这主要表现在我们党从社会主义初级阶段的实际出发，而得出的一系列实践结论和确立的一系列指导方针上。

当然，对我国国情和现状等"是什么"、"是怎样"的理论认识和怎样进行改革开放、现代化建设的实践认识，是一篇文章的两个部分，是有机统一而不可分离的。它们共同构成了"有中国特色的社会主义"。

从逻辑和事实上看，人类丰富多彩、千姿百态的活动，最基本的方面就是认识世界和改造世界这样两大系统。个别的主体活动是这样，群体的主体活动也同样如此。正如毛泽东同志指出的："共产党领导机关的基本任务，就在于了解情况和掌握政策两件大事，前一件事就是所谓认识世界，后一件事就是所谓改造世界。"[①] 认识世界与改造世界的相对独立性和它们的有机统一性，对于不同历史时期的社会性实践过程来说，表现得更为明显。我国新民主主义革命时期和社会主义建设时期的社会实践，都充分证明了这一点。在新民主主义革命时期，我们党在把马克思主义与我国当时实践的结合中，找到了有中国特色的革命道路，把革命实践引向了胜利，这是当时对中国社会在"认识世界"和"改造世界"上的双重飞跃。在今天，中国共产党人又把不断发展着的马克思主义与现代化建设实践相结合，开始找到了一条建设有中国特色的社会主义的道路，开辟了社会主义建设的新阶段，这同样是对当代中国社会在"认识世界"和"改造世界"上的双重飞跃。

---

① 《毛泽东选集》第 3 卷，人民出版社 1964 年版，第 802 页。

从中国新民主主义革命实践和当代中国社会主义建设实践中，我们应该得出重视对人们改造世界的活动、对实践活动的规律和行动规律的认识论研究的结论。在今天，尽管我们党已经确立了指导当代中国实践的实践理论、行动纲领——中国特色的社会主义，但是，对它的哲学认识论的研究、分析、说明和概括，我们的哲学工作者做得还很不够。

再说，"中国特色的社会主义"作为指导当代中国实践的总的蓝图，如何具体化为各地、各部门的分图，乃至怎样进入各个实践主体的实践观念之中，还有大量的哲学认识论问题急待探讨。通过对人类实践活动、对人的行动规律、对当代中国实践的研究，我们一定会丰富和发展马克思主义的实践认识论。

这就是当代中国实践给我们的一个认识论启示。

（二）研究实践规律，发展马克思主义哲学的实践认识论

我们提出研究实践规律，发展实践认识论的观点，有些同志也许觉得奇怪：我们现行的认识论不是特别强调"实践"吗？不是有人甚至称传统的认识论就是"实践论"吗？

的确，我们的传统认识论是高举"实践"大旗，高扬"实践"地位的。然而，只要人们稍微做一深入分析，就可以发现，在传统认识论中，"实践"这一范畴的地位仅仅在形式和表面上高于其他范畴，在实质上，由于我们一贯以来仅仅把认识论只看作是认识发展规律的科学，因而很少探讨人们改造世界的规律、实践活动发展的规律，只是简单地把实践活动归结为认识过程中的一个环节，如认为实践是认识发展的基础和动力，是认识的目的、检验认识的标准等。

从认识系统的角度探讨实践，并把实践活动归结为认识过程的一个环节

而纳入认识系统，当然是科学而必要的。然而，现在我们提出"实践认识论"，则是从另一个角度来研究实践规律，这就是从人们改造世界、实践活动本身这个系统，并把认识活动归结到实践系统来讨论实践的运行和发展规律。从哲学角度去研究实践规律的理论，就是我们说的"实践认识论"。

那么，实践认识论存在的理由和根据何在呢？对此，我们做一简要的论证。

主体与客体的关系始终是哲学尤其是认识论的基本问题。就主体与客体关系发生、展开和运动的一般过程讲，主要包括客体的主体化和主体的客体化这样两大阶段。客体的主体化过程，实际上就是认识、认知过程。

在认识过程中，主体通过种种内在的、外在的途径、方法、手段、形式去获得关于客体的知识，进而从知识形态、科学理论形态上掌握客体。它的实质，主要在于认识客体本身是什么、是怎样的本质和发展规律，把客体内化为主体的知识观念，从而满足人类认识世界的本性和为自己实践、生活服务的需要。人们关于认识的客体与主体，认识的本性与实质，认识的过程与阶段，认识的发生与发展，认识的动力与条件，认识的目的与标准，认识的形式与方法，认识过程的规律与机制，认识的要素与结构，认识的工具与手段等等，就是客体的主体化过程的理论，也即认识系统的理论。这方面，我们是比较熟悉的。

然而，对于主体的客体化过程，传统的认识论则探讨得不多。过去，人们一般都以为对客观事物达到了理性的、规律性的认识，就可以运用于改造事物的实践活动了。其实，现实情形远为复杂得多。对事物、对象本质的、规律性的"是怎样"的认识，当然是正确的、有效的实践活动所必需的一个主要条件，因为，"不论做什么事，不懂得那件事的情形，它的性质，它和它以外的事情的关联，就不知道那件事的规律，就不知道如何去做，就不能做好那件事。"①

但是，事物本身的规律性知识，这只是人们改造世界的一个条件、一个根据，而不是充分的、所有的条件。从客体方面讲，眼前的、现存的、自然的客体，并不总是能直接满足人类需要的，人类还必须根据自己的需要和目的等去改变客体。从主体方面讲，人不是一般的动物，它是一种永远不满足于客体现状而创造自己理想世界的动物。马克思指出，人们在改造世界、实际生产一个对象，即在主体的客体化的过程中，既按事物的外在尺度，又按主体自身的内在尺度去进行："动物只是按照它所属的那个种的尺度和需要来建造，而人却懂得按照任何一个种的尺度来进行生产，并且懂得怎样处处都把内在的尺度运用到对象上去；因此，人也按照美的规律来建造。"②

人不但能够认识和懂得外界物的尺度，人自身的物种尺度；而且能够自我认识和懂得人的本质、人的需要、人的目的、人的意志等内在尺度；并且使外在的尺度和内在的尺度得到统一；进而既按照事物的客观规律，又按照人自身的理想、需求；既按照科学的、真的原则，又按照人道的、善的、美的原则去发动、指导、控制、调节实践活动，创造出一个新的、人化的、合目的性的客体，现实地完成主体的客体化过程。再从实践活动的本质特征来看，也证明客体的主体化与主体的客体化是有许多本质区别的不同过程；客体的规律性知识并不能单方面地直接起动、规定和指导主体的客体化过程。改造世界的实践活动的本质特征，是按主体的知识、意志、需要、愿望、目的、理想把现存的客体改造成为"应如此"的新客体，使客体服从于人的尺

---

① 《毛泽东选集》第 1 卷，人民出版社 1964 年版，第 171 页。
② 《马克思恩格斯全集》第 42 卷，人民出版社 1979 年版，第 96—97 页。

度和意志。正如黑格尔指出："理智的工作仅在于认识这世界是如此，反之，意志的努力即在于使得这世界成为应如此。"①

实践认识论存在的根本理由，不但在于客体的主体化与主体的客体化、认识世界与改造世界之间的种种区别，更主要的还存在于认识活动与实践活动、认知系统与实践系统，各自遵循着不同的原则，具有不同的目标、不同的形式、不同的结果、不同的机制。总之，有着不同的特殊规律。

主观见之于客观、观念转化为实在、主体转化为客体的实践系统，是一个包括广泛内容的十分复杂的过程。在这个过程中，与认知系统一样，也同样存在着大量的特殊规律和真理。列宁说过："观念的东西转化为实在的东西，这个思想是深刻的：对于历史是很重要的。并且从个人生活中也可看到，那里有许多真理。"② 毛泽东同志在新民主主义革命时期，就曾广泛地研究过"主观见之于客观"的实践系统的种种规律和环节，例如，关于"行动规律"、"指导战争规律"，战略，战术、策略，计划、方案，方针、政策，工作方法，工作作风，革命的对象、任务、动力、目标，革命的过程、步骤，革命的道路、形式、条件等等这类属于"怎样做"的实践系统的规律和问题。当然，继承这些遗产，并提炼和上升到一般的实践认识论的高度，还有待于我们去整理和研究。

我们提出要注重研究实践活动系统，发展实践认识论，也是与马克思主义哲学本质特性相吻合的。大家知道，当马克思开始成为"马克思"的时候，他就发出了发聋振聩的新的哲学宣言："哲学家们只是用不同的方式解释

---

① 《小逻辑》，商务印书馆 1980 年版，第 420 页。
② 《列宁全集》第 38 卷，人民出版社 1988 年版，第 117 页。

世界，而问题在于改变世界。"① 马克思一再强调："对实践的唯物主义者，即共产主义者说来，全部问题都在于使现存世界革命化，实际地反对和改变事物的现状。"②

而旧唯物主义则不同，"它认为只是自然界作用于人，只是自然条件到处在决定人的历史发展，它忘记了人也反作用于自然界，改变自然界，为自己创造新的生存条件。"③ 由此可见，实践性是马克思主义哲学的基本特征；注重研究实践系统的规律是马克思主义哲学的题中应有之义。

那么，实践认识论研究什么、有哪些内容？实践系统的规律有哪些？诸如此类的问题是有待哲学界同行们共同研究的。笔者这里只能谈点原则性的想法。

实践认识论的研究对象和范围，自然是人类改造世界的实践活动以及与此有直接联系的过程。笔者认为，主要应包括：实践主体与实践客体；认知系统与实践系统的关系；世界的价值、意义与改造世界的根据；实践活动的必要性与可能性；实践活动的性质和特点；实践活动的结构与过程；实践活动的类型和形式；实践的目的与手段；实践活动的原则和尺度；实践活动的科学性与人道性；实践活动的规律性与合理性；实践活动的规模与效益；实践活动的自主与控制、管理与调节；实践活动的可行性与优化；实践活动的知识化、技术化、社会化；实践活动与实践观念的关系以及它们产生、展开、进化的机制；实践活动对历史进步、社会生存和社会文明的作用和意义；实践活动与主体人的全面、自由的发展；实践活动系统的连续性、稳定性与改

---

① 《马克思恩格斯选集》第 1 卷，人民出版社 1956 年版，第 19 页。
② 同上书，第 48 页。
③ 《马克思恩格斯选集》第 3 卷，人民出版社 1956 年版，第 551 页。

革、创新、更替；等等。凡与改造世界、实践规律有关的哲学性问题，都是实践认识论所要研究的。

在这块既熟悉而又十分生疏的哲学园地里，只要我们的哲人们辛勤耕作，想必定会获得丰硕的果实。在今天，我们不妨从当代中国的实践、从改革开放的实践、从现代化建设的实践、从中国特色的社会主义建设的实践入手，来逐步建筑我们的实践认识论的哲学大厦。

（三）实践认识论与当前认识论研究

下面，我们试从实践认识论的角度，就当前认识论研究中的某些倾向谈点不成熟的看法。

第一，认识论研究中的纯知识化与实践化。我们认为，从认知活动系统和实践活动系统展开对认识论的研究，无疑是深化认识论的两大支柱和主渠道。从这两大方面展开研究，与客体的主体化和主体的客体化过程也是吻合的。因此，它们应该是有机统一的。然而，我们的传统认识论一直把认识论只视为研究认识活动、知识系统本身的一门学问。近年来，又有不少人主张认识论的纯认知化，有意无意地回避、淡化对实践活动的研究。自然，一切认识论都必须研究认识活动本身，否则，何谈"认识论"？但是，我们的认识论已经不是旧哲学范畴里的"认识论"，而是马克思主义新哲学中的一个基本组成部分，它必须充分体现马克思主义哲学的实践本性，重视对人们改造世界的实践活动的研究。对实践规律、实践系统的研究，一直是、也是当前认识论研究中的一个薄弱环节，因而亟待加强。

第二，认识论研究中的自然科学化与社会化。自然科学中的认识论问题，过去是相当忽视的，这些年有了明显的加强，并取得了不少研究成果。可是，我们也不能认为过去的认识论对社会问题研究已经相当深刻，并富有成效了。

事实上，对社会发展规律、对社会有机体、对社会现象的认识论研究，在不少方面仍是空白，是有待开垦的处女地。我们不应该只注意自然科学中的认识论的问题研究，而忽视社会实践系统的认识论探讨，用前者取代或者贬低对后者的研究，抑或反过来，都是不明智的。从一定意义上讲，当前尤其应注意对社会认识论的研究。实践证明，我们对人类社会发展规律、对社会经济发展规律、对社会体制、社会运行和管理机制、对社会文化和意识形态发展规律，以及对我国社会国情、发展阶段等的认识，曾经都是很肤浅和模糊的。

第三，认识论研究中的主体化与客体化。毋庸讳言，忽视主体性问题的研究，是传统认识论中的一大缺陷。认识论的深化、认识论中许多理论难题的解决，都与主体性问题的深入研究分不开。主体性问题成了近年来认识论研究的热门话题，更是青年哲人的兴奋中心。这当然有其历史的和逻辑的原因。笔者为主体性研究所取得的历史性成就而高兴，也为淡化客体性研究而忧虑。高扬主体性原则是可以的，但把一切都归结为人、归结为主体性，恐怕欠当。当然，很少有人会这样说，问题是我们不应该忽视对客体的研究，不应该离开客体性、实践性谈论主体性。不然，辛勤的研究，良好的愿望，也会变成一种抽象的空谈。所以，我们赞成从主客体的相关角度，从客体的主体化和主体的客体化角度，从当代中国的社会实践角度，去深化主体性的研究。

第四，认识论研究中的微观化与宏观化。不满足于对认识论问题的一般描述，而开始注意对认识论问题的微观分析，这是近年来认识论研究中的又一个特点。强调对认识过程内在机制，认识活动的生理、心理基础，认识活动中的理性与非理性因素，认识活动的发生过程、建构过程等等微观问题

（相对而言的）的探讨和研究，当然是必要而有重要意义的。但是，我们的认识论无论是过去还是现在，对认识系统和实践系统的宏观研究，其实也并非像人们所认为的那样理想。从整个历史实践、社会实践、科技形态、文化形态等等宏观的认识运动和实践运动来研究，我们做得也还很不够。因此，对认识论的微观研究、宏观研究也应该同时并举。

第五，认识论研究中的两极化与中介化。长期以来，我们的哲学理论中似乎有一个约定的公理：就是凡称得上是哲学范畴的，一定是相反相成、成双成对地出现的，否则，就没有资格进入哲学的宫殿。这种两极化的思维方法和研究方法，在今天仍然不同程度地存在着。这对哲学研究来说，有一定合理性，但也有某些不良的副效应。这主要表现在往往忽视对各种范畴，尤其是对成对范畴之间的中介环节的研究。我们以往的哲学理论在一定程度上脱离实践，显得单调而又高高在上，干巴巴而又包罗一切，就与忽视中介环节有关系。其实，对中介环节的研究，也是哲学理论、哲学认识论发展的一大生长点，而且这也是社会实践一直提出的、迫切需要研究的一个大课题。比如，认识世界与改造世界是如何联系，怎样结合和相互过渡、相互作用的？我们一直讲马克思主义理论必须与中国具体实践相结合，可是，理论与实践结合的具体过程、具体形式是什么？存在不存在结合的一般规律和模式？怎样使它们有效地、内在地结合起来？在结合过程中会出现哪些认识论问题？这些中介问题都是一篇篇很大的文章。在把马克思主义基本原理同中国实际相结合的问题上，我们党做过艰难的探索，取得过巨大的成就和经验，也经历过反复的曲折，付出过巨大的代价。历史和现实的经验与教训一再证明，深入切实地加强对中介结合环节的哲学研究，是多么的重要啊。

认识论被人们普遍认为是最有发展前途的哲学前沿阵地之一。的确如此，哲学认识论需要研究、令人感兴趣的课题实在叫人应接不暇。而重视对实践规律、实践系统的研究，无疑是认识论研究中的一个大题目。我们希望哲学界广大同人通过对实践规律尤其是当代中国的伟大实践的哲学研究，尽快地建立起实践认识论，进而把整个认识论的研究推向一个新的时代高度。①

二　对建构"新实践论"的探讨和初步建议

《教学与研究》编辑部组织的"实践规律"讨论会纪实：《教学与研究》编辑部于 1988 年第 1 期发表了王永昌同志撰写的《研究实践规律，发展实践认识论》一文，为了深入开展实践规律的探讨，北京市哲学会和《教学与研究》编辑部于 1988 年 5 月 21 日在中国人民大学联合召开了有 20 多名青年哲学工作者参加的"实践规律"学术讨论会。大家本着"百家争鸣"精神，畅所欲言地对"实践规律"进行了有益的探讨。现把讨论涉及的主要问题和讨论情况概述如下：

（一）深入探讨"实践规律"具有重大理论和实践意义

发言同志认为当前提出"实践规律"来讨论，不但有深刻的理论意义，而且有很大的实践意义。就理论意义来说，在当前加深对这一问题的研讨和理解，对加深理解和丰富马克思主义哲学体系、改革马克思主义哲学教学体系及改变当前哲学落后于改革、建设实践的状况有很大的意义；就实践意义来说，在当前加深对"实践规律"的理解和认识，并自觉地把它与我国当前的社会主义改革和四化建设的实际密切地结合起来，对促进有中国特色的社

---

① 原载《教学与研究》1988 年第 1 期。

会主义建设实践有不可估量的伟大的指导意义。

（二）我国哲学界多年研究"实践"的情况

发言同志认为"实践"应当是哲学研究的一个非常重要的问题，哲学发展史上，有许多哲学家都程度不等地认识到这个问题的重要，并在自己的研究中涉及和探讨了它，并做出了自己历史的贡献。但不少是在思辨范围或是停留在感性水平上，都未能抓住它的实质。只有马克思、恩格斯把对它的研究由思辨回到了现实、由感性提高到理性，把哲学由只是说明世界的手段变成改造世界的手段。马克思把自己这种辩证唯物主义称为实践唯物主义，由于把它又用之于历史的研究，称为历史唯物主义，从而形成了完整的马克思主义哲学。马克思、恩格斯在自己以后的理论研究和实践活动中都没有放弃对这种实践唯物主义的研究和应用，《资本论》就是这种研究和应用的代表性成果。

我国哲学界，以毛泽东同志为代表，在把马克思主义与中国革命实际相结合的过程中非常重视马克思主义哲学对"实践"研究的传统，对我国革命实践和"实践"的内涵、外延及其在认识中的作用都做了深入的研究，并写出了像《实践论》那样的光辉专著，用它指导了中国革命，并取得了革命的胜利。

新中国成立后，我国哲学界在多次学术讨论中，也非常重视对"实践"的研究，像对"实践"的本质、特性和"实践是检验真理的唯一标准"问题的讨论就是证明，这些讨论有的取得了非常好的社会效果。但是从近几年来我国哲学研究的现状和社会主义改革、建设的需要来看，我国的哲学研究远远落后于改革和建设实践的需要，在哲学教学和理论研究中对"实践"的研究，特别是对当前改革和建设实践的研究都做得不够，很有必要迅速改变这种落后的状态。

（三）我国哲学界在"实践"研究方面存在的问题

发言同志对在"实践"问题研究方面存在的问题谈了自己的看法，有以下几点：

1. 近几年来对马克思、恩格斯关于"实践"在马克思主义哲学中的重要地位及把自己哲学称为实践唯物主义的意义，认识得不够，研究得更不够。

2. 对"实践"的定义、内涵、外延都不够明确、清楚。一些争论往往是由于各自理解不同而产生的。马克思、恩格斯、列宁对"实践"有没有下过定义不清楚，毛泽东定义实践是"主观见之于客观的东西"是否准确，有同志认为该定义范围太窄，容易束缚人们对"实践"的理解和运用。

3. 对马克思主义哲学关于"实践"的理解还没有脱离黑格尔的影响，把实践作为认识中的一个环节而不是作为独立的主导性东西去理解。

4. 对"实践"的研究只是停留在宏观的一般化的研究上，对微观具体的像本质、要素、特点构成、层次、横向、纵向及相互之间的关系等研究得不够或是根本没有研究。

5. 对"实践"理论和"实践活动"的实际都研究得少，特别是对一些行为实践、像道德行为实践等就研究得很不够。

（四）对我国哲学界改进研究"实践"状况的建议

发言同志对怎样改进当前对"实践"研究的现状提出了许多建议，有以下几条：

1. 根据现在对"实践"研究不够重视的情况和当前改革、建设实践的迫切要求来看，很有必要把"实践"作为重要对象深入开展研究。有的同志建议建立新的实践论。要把"实践"作为重要对象研究，建立新实践论，现有"实践"定义范围太窄，许多东西包括不进去，是不是给它另下定义，改变过去从实体活动下定义为从关系上去下定义。

2. 黑格尔在自己哲学中处理"实践"和"认识"关系时，把实践不是作为高于认识的范畴处理，而只是把实践作为认识中的一个环节对待。马克思在建立自己哲学中，把实践提到非常重要的地位。但后来的一些马克思主义哲学家没有能够坚持马克思对实践的原意，反而受黑格尔影响，把实践仍作为认识的一个环节处理，使许多有关的问题不好解释清楚。建立新实践论，必须把它和认识分开，保持实践的独立性或一元性，在实践高度上去研究实践。为了同以前的认识下的实践研究分开，建议是否用人的"活动"范畴去代替"实践"这一范畴。但也有人认为"实践"和"认识"根本就分不开。

3. 实践活动是人的活动，实践的目的是为了人自己，新实践论应着重研究实践的人。对实践的研究应从文化、价值角度去研究。总体说，应是以人为中心，以文化、价值为两翼去开展对实践的研究。

4. 任何一种学说都有自己适应的范围，建立新实践论要先研究它的适应范围，在什么范围不但有适应的可能性，还有适应的可行性。要看到实践的两重性，实践固然能出真知，但不一定能出真理，实践不一定都能为人带来好处。实践能改造主客体，但有的实践只能改造主体观念，对客体不能进行任何的改造（如天体观测实践）。实践在不同的范围内有不同的活动规律，不能生搬硬套。

5. 要认识实践的多样性和复杂性。多样性，是说有多种多样的实践，如个人实践、群众实践、具体实践、抽象实践、生产实践、社会实践、科学实践等；复杂性，是说多种多样的实践在现实中总是错综复杂地交织在一起的。

6. 对实践要进行历史的动态的研究，考察其产生、发展的历史及其由初级实践到高级实践发展的过程及其相互关系。

7. 对实践研究考察的方法，可以由初级到高级、由简单到复杂，也可以先高级后初级、先复杂后简单，进行多角度多方位的考察研究。

（五）深化"实践"问题研究面临的若干重大课题

发言同志就建立新实践论提出了一些认为需要进一步深入探讨的问题，概括起来有以下这些：

1. 实践的科学定义、本质、规律是什么？

2. 实践的种类有多少，区分的标准是什么？

3. 实践的相对性和绝对性之间的关系是怎样的？

4. 原始人、近代人、现代人的实践和实践活动有什么特点，有没有本质的区别？

5. 实践的主体性、认识的主体性和主体性人是否同一，区别是什么？

6. 人是有理想的动物，他总是根据自己的创造去改造世界，为什么有些东西一经改造却变成了反对自己的东西，这与实践有什么关系？

7. 为什么有些客体自然美，有些客体就不自然美，有些不自然美的经改造后而变美，而有些自然美经改造后反而不美，这与实践有什么关系？

（六）新实践论的初步构想

发言同志对新实践论的构想提出了自己的一些看法。

首先论证了建立新实践论的可能性和可行性，认为把"实践"作为独立对象进行研究，不但有可能性而且还有可行性，要把这种可能性变成可行性必须突破过去那种把实践作为认识一个环节的老框框：即实践—认识—实践这一模式，而使"实践"和"认识"各自成为独立的、逐步进行的相互渗透的过程。它们的关系是"上下"、"内外"的关系。"上下"是说实践过程是认识过程的基础,认识是实践的反映和指导;"内外"是指认识是实践的内化,实践是认识的外化,把这两个过程在思维中分开,进行分别的研究是完全可能的。其次有的同志谈了对新实践论体系的构想:新实践论或实践哲学的组成有两个部分:基础理论和应用理论。基础理论是阐述关于实践本身的系列理论:实践的本体论(定义、内涵、外延);实践的要素和结构;实践的过程与阶段划分;实践的运动与进步;实践的类型、形态;实践与认识的关系;实践结果与社会的关系……以上可简称为关于实践和实践规律的理论。应用理论是阐述实践方法论,主要是说明对实践规律的运用。

具体地说有三个方面:(1)实践活动规范:根据实践规律做出实践活动的一般模型和规范,以保证实践的成功;(2)实践活动的评价论:对实践各要素、各环节及总过程的评价(依据、准则)和评价程序的规定,以及对这些规定的再评价;(3)论实践方法:对各种实践方法的比较、分析、判断。实践方法有四种(即四层次):实践感性经验;实践观念;应用科学、技术科学和管理科学;实践方法论。其中实践方法论是前三种的总概括,处于最高层次,是关于实践方法的一般理论。①

---

① 《教学与研究》编辑部于 1988 年 5 月举行实践规律讨论会:"深入开展实践规律的探讨"。载《教学与研究》1988 年第 4 期。

附　　录

笔者的硕士论文等相关材料

附录一　笔者与实践观念

岁月如梭。自开始琢磨一些哲学问题以来，一晃已过去近 20 个年头（注：本文写于 1995 年）了。回首"思想炼狱"的进程，虽无"丹果"获取，但在考验人类理性思维能力的哲学天地里，也算洒了点汗水，翻了点泥土，留了点痕迹。就自我感觉而论，笔者以为其中最值得回味的，恐怕要算实践观念的理论了。

（一）意想不到的评论

不知何因何故，笔者在学术研究和学术论著创作方面，总要追求一些新见解、新观点，哪怕不一定是成熟的。在笔者看来，无新意之论、之作，实称不上学术之成果。

1980—1982 年笔者在杭州大学攻读哲学硕士学位期间，起初确定的学位论文选题是《列宁辩证法体系的思想》，但经过半年时间收集资料和研究，觉得自己很难在这个领域提出多少新观点，便果断放弃这一选题。后受当时学术界讨论存在与思维关系之影响，转而对意识、认识问题发生兴趣。然而又不满足于学术界一些同志抽象地讨论思维与存在、意识与物质的关系，而是顺着意识、观念、认识怎样才能更大、更好地发挥作用的务实思路展开了自己的研究。随后有感而发，撰写了《试论意识反作用的物质条件》、《理论可行性条件初探》等文章。在此基础上，确定了《理性认识回到实践活动的中间环节初探》为硕士学位论文的选题。经过几个月苦苦思索，在广泛借鉴和吸收学术界已有研究成果的基础上，大胆地提出了自己的新见解，认为，只解决外界客观事物"是什么"、"是怎样"的认识、理论，一般不能直接指导和规范人们的实践活动，在由认识活动向实践活动的运动过程中，必然存在着一个旨在解决活动主体"要什么"、"要怎样"的实践性观念活动的中间环节，即实践观念阶段。实践观念是实践主体对正在进行或未来的实践活动的目的、对象、条件、方法、手段、步骤、过程和结果的一种超前性的观念反映，带有强烈的主体性、实践性、指向性和建设性。人是不断追求和创造理想世界的动物。能动地建构起实践观念正是这种创造本性的集中体现。

显然，提出实践观念不只是个概念、范畴的标新立异，而是触及一系列重大哲学问题的新领域。例如，它涉及认识、观念的特性和作用问题，涉及认识与实践的过程和阶段问题，涉及人类改造世界的基本尺度问题，涉及真理与价值、主体与客体的关系问题，也涉及对马克思主义哲学特性和体系的理解。正因为如此，实践观念一经提出，就受到了哲学界同行们的广泛关注和评论。

《哲学研究》1983 年第 2 期在刊发笔者的硕士学位论文《理性认识回到实践活动的中间环节初探》时，专门发了编者按：

> 本文提出，在理性认识回到改造世界的实践活动过程中，必然地存在着一个观念的中间转化环节，可以称之为"实践观念"。文章从理论、事实和哲学史等方面论证了为什么存在中间转化环节，并分析了"实践观念"的含义、内容、特点及其在认识总过程中的地位。此文关于从理性认识到实践的飞跃是如何实现的论述有启发作用，值得一读。从理性认识到实践的飞跃，是马克思主义哲学认识论的一个基本理论问题。搞清楚这个问题，无论在理论上还是实践上，都具有重要的意义。但过去哲学界对此研究得不够，发表的专论也甚少。我们刊载这篇文章，期望

引起读者的注意，以就这个问题进行深入的研究和讨论。

该文于 1984 年被中国社会科学院评为优秀论文。我国著名哲学家夏甄陶教授和赵光武教授对本文发表了评论。现将两位教授的评论抄录于后：

本文提出了一个具有重要理论意义和现实意义的课题，它涉及到理论在实际应用中的一个重要认识论问题。文章从理论、事实和哲学史等方面，论证了理性认识回到实践活动确实存在着中间环节，并对作为中间环节的实践观念的意义、内容、特点、地位作了一些分析。为继续深入探讨这个问题，提出了一些有启发性的意见。但是，对于作为中间环节的实践观念的细节，如实践观念是如何形成的，创造性思维在形成实践观念中的作用，在实践观念中主体和客体、真理和价值的关系怎样，文章的分析似嫌不够。

评阅者：夏甄陶　1984 年 9 月 8 日

王永昌同志的《理性认识回到实践活动的中间环节初探》一文，对于长期缺乏研究的重要课题，进行了有成效的探索，具有开创性；基本理论观点正确，对所提问题从理论、历史、事实几方面进行了较充分的论述，有新意，富于启发性；说实践观念"一方面是理性认识的继续，另一方面是改造世界的实践活动的起点"值得商榷。

评阅者：赵光武　1984 年 9 月 19 日

为纪念《哲学研究》复刊 12 周年（1978 年复刊），《哲学研究》编辑部在 1990 年第 1—3 期，以"反思有益于前进"为题发表长文，对复刊 12 周年来的过程做了回顾和展望。该文共六个部分：一、科学地总结历史教训，反对实用主义和教条主义，正确处理马克思列宁主义、毛泽东思想作为指导思想和作为科学研究对象的辩证关系，深入开展对马克思主义哲学的科学研究；二、面向实际，面向世界，面向未来，正确处理现实问题研究和基础理论研究的关系，以现实问题的研究带动和促进基础理论研究；三、反对"代替论"和"哲学无用论"，正确处理哲学和其他科学部门的关系，巩固和加强哲学工作者和自然科学、社会科学工作者的联盟；四、坚持逻辑的东西与历史的东西相统一的原则，科学理解马克思主义哲学原理研究与哲学史研究的关系，实现二者的有机结合；五、发扬马克思主义哲学的批判性、革命性，把研究西方现代哲学同丰富和发展马克思主义哲学有机结合起来；六、坚持"百家争鸣"方针，发扬理论研究工作中的科学精神和民主精神。

在该文的第一部分中，《哲学研究》编辑部指出："严格说来，对马克思主义哲学基本原理的这种系统研究和探讨，是以真理标准大讨论作为开端的。对于 11 年前掀起的这场大讨论，人们至今还在谈论它的政治意义远远大于它的理论意义，而在某种观点看来，从哲学上看，它不过是一个普通常识的简单恢复，而看不出其中的深刻内涵。然而，正是这个讨论，激发了严肃、深沉的哲学工作者的极大理论热情，使对马克思主义哲学原理的理解，首先是对马克思主义真理观和实践观的理解，在前所未有的高度和深度上有了突进和升华。更重要的是，这场讨论使人们认识到，不但经典作家的个别论断，即使是马克思主义的基本原理，也是要随着实践的发展而不断发展的。因此，研究必须是创造性的。"

文章指出："过去，我们对认识论的阐述，基本上是局限于认识本身同认识对象、认识与实践、主观和客观、感性和理性等二项式简单公式中兜圈子，能够给予说明的问题是非常有限的。实践问题的探讨对认识论研究的解放作用，不仅在于突破了作为认识论基础的实践概念的僵化理解，而且还在于把以前几乎没有触及的一系列范畴，如主体和客体、真理和价值、两个尺度、认识系统的中介、实践观念以及要素、结构、功能等等都提了出来，并有了初步的研究。此外，像认识的发生学考察、信息和反映、反映和选择的关系、语言符号在认识中的作用、理解和解释等问题，也展开了讨论。这不仅扩大了研究者的视野，丰富了认识论的理论内容，像认识的自觉能动性（或主体性）与客观性的关系这个古老的哲学问题，也获得了新的意义。"接着，文章指出：

"本刊1983年第2期发表的《理性认识回到实践活动的中间环节初探》一文提出的'实践观念'问题，就是一个具有重要理论价值和现实意义的课题。起初，这个问题只是为了探讨认识过程的第二次飞跃的机理而提出来的。但它一经提出，就引起了广泛注意和热烈讨论，引出了理论观念和实践观念、真理和价值、两个尺度、理性因素和非理性因素、认识和实践活动中真善美统一等一系列重要问题。正如《论实践观念》［1985年第11期（该文作者夏甄陶先生，本书附录于后——作者注）］一文所指出的：'不能要求哲学认识论为具体的实践建立或提供具体的实践观念。但哲学认识论应该研究建立实践观念的一般认识论基础。这是属于理论如何应用于实践，即理论实际应用中的认识论问题，它在整个认识论的研究中，应占有十分重要的地位。'这关系到能否提高实践的自觉性，尽可能取得实践的最佳效果，'关系到我们国家的发展前途和历史命运'。同时，也可以看出，这种探讨有助于克服理论和实践关系的简单化理解，联系当代理论和实践关系的新特点，揭示理论和实践相互转化的中介系统与实现途径，从而有助于把一切从实际出发，实事求是，以实践检验真理等一般性的原则在现实的实践、认识活动中得到切实有效、具体的贯彻。"

如此殊荣，实非笔者一人所应得。实践观念问题的提出以及由此而引发的诸多哲学问题的讨论，是我国新时期哲学发展的必然结果，也是我国哲学界广大同仁共同研讨的果实。至于笔者本人，对学术界同仁的热烈评论和反应，自然是深为欣慰和感激的。

（二）几点主要收获

任何一场重大的理论学术讨论，都会引发许多意想不到的学术成果，甚至造就出一批学术新人。我国哲学界在 80 年代初提出"实践观念"问题，无疑是 1978 年开始的"实践检验真理唯一标准"这场大讨论的深化，或者说具体化。因为，实践检验"真理"，首先就会碰到实践检验什么样的认识、观念问题。实践只能检验直接指导实践的观念——即实践观念。不错，"实践观念"提出的直接切入点是对理性认识回到实践活动第二次飞跃的探讨，但其社会学术背景，是真理检验标准问题的讨论，以及包括本人在内的学术界不少同仁求真务实之风尚日趋强化之势。

"实践检验真理标准"的讨论，开了我国新时期理论学术发展之先河。赶上改革开放新时代，是吾辈学人之大幸。而就个人对哲学问题的研讨来说，提出"实践观念"则成了走向理性王国之起点，可谓由此而入门，而有所成就。初步检讨起来，自觉在"实践观念"以及由此而波及的哲学认识论诸问题研究方面，似有这样几点可略为值得一述。

1. 关于实践观念的根据、内容和特点

笔者在硕士学位论文中，主要是从三个方面论证"实践观念"之存在的必要性和合理性的：理性认识的性质、功能、特点以及实践对直接指导它的观念的要求，决定了理性认识与改造世界的实践活动之间必然存在着一个观念的中间转化环节；现代自然科学和社会科学体系除了基础理论、基础学科外，还存在着直接指导改造世界之实践活动的技术科学（社会技术）和应用科学（社会应用技术）；在哲学史上，尤其是康德、黑格尔、马克思、列宁和毛泽东，都认为由客观世界到主观世界和由"主观见之于客观"，是人的两个不同的活动过程，前后两个"主观世界"在性质、内容、特点和形式等方面都是有明显区别的。这后一个"主观世界"，就是笔者所说的理性认识回到实践活动的中间环节，就是所谓的实践观念（实践理性）。实践观念作为直接指导实践活动的观念，体现了人的能动性和创造性。它是以现实地利用已有科学知识，规划未来实践活动的对象、过程和结果，建立新的客观图景，改造既有客观世界和创造新的人化客体为直接目标的。因而实践观念虽原则上仍属观念、意识，即主观世界的东西，但它已主要不在于认识、说明和解释客观世界，而是要直接改造现有世界和创造性地勾画未来实践活动及其由实践而引起的新的人化客体了。那么，人们依据什么来建构实践观念呢？这也就是实践观念的基本内容问题。一个科学、合理、完整的实践观念，首先必须反映被改造客体的"外在尺度"，然后必须反映实践主体自身的"内在尺度"，进而必须反映人们实践活动过程及其规律的"方法尺度"，此外还要反映社会关系、社会利益的"应然尺度"。合理形态的实践观念是"是什么"的客体尺度、"要什么"的主体尺度、"能怎样"的方法尺度和"应怎样"的社会尺度的有机统一，自觉遵循真、利、善、美的基本原则。这样一来，实践观念就有了以下几个鲜明的特点：实践性、价值性、创造性和整合性。合规律性与合目的性的统一、认识与评价的统一、肯定与否定的统一、现实与理想的统一、感性与理性的统一、主体性与社会性的统一、必然与应然的统一、目的与手段的统一等等，都是实践观念所应具有的特性和功能。

2. 关于实践活动的现时代特点

思想（观念）支配行为。"预则立，不预则废。"从经验、感性层次上讲，人类的任何活动事先都是有目的、有实践观念做指导的。随着人类社会的日趋进步和实践的不断发展，实践观念在人类活动中的地位和作用日趋突出，其形态也越来越自觉、越理性化，特别是近现代以来，人类的能动性、创造性和实践能力达到了空前水平。要对实践观念做深入研讨，不能不联系现时代人类认识世界、改造世界的能力，不能不研究现时代人类实践活动的性质和特点。虽然对现时代人类实践还来不及做深入系统的研究，但笔者深深地感受到，现代实践是一种建立在先进科学技术基础上的广泛而又深刻的社会化活动。同近代相比，现时代实践活动无论在性质还是在规模上，都发生了重大变化。当代人类实践活动客观上更需要建构起与之相适应的科学而合理的实践观念，以此推动现代实践活动更理性、更健康地向前发展。就当代实践的时代先进水平而言，其日趋显现出来的如下几个时代特点，颇值得我们注意：一是实践活动的智能化。近代以前，人类社会实践主要依靠自然体力为驱动力。在当代，经验型的、技巧型的实践正开始向知识型、科技型的实践转化。人类社会已开始步入以知识生产、信息生产和智力生产为主的新时代，人类社会生活出现了全面智能化的发展趋势。二是实践活动的整体化。在当代，实践规模越来越大，实践因素越来越复杂。原先封闭的、小生产式的实践已被开放的、大生产式的社会化、市场化实践所取代。当代实践无论就涉及的结构、要素、范围、空间等方面来分析，都出现互为关联、互为制约的特性，系统的、整体的综合的观点是当代实践所内在要求的。三是实践活动的加速化。用先进科技和智能武装起来的现代实践，有着明显的开放性和加速变化的特点，实践活动节奏加快，实践形式日新月异，实践技术和手段的变革更是突飞猛进，特别是现代实践活动的科技化、智能化和信息化的强化，更促进了当代实践发展的动态化和加速化。四是实践活动的间接化。实践的中介工具在经历了手工工具和机器工具的发展阶段后，在当代已开始进入了以电脑和机器人为主要中介手段的新阶段。这是实践中介工具的又一次历史性的飞跃，使人类对实践活动过程的驾驭越来越依赖于间接的中介手段。五是实践活动效应的双重化。当代实践上述诸种特性，表明人类实践能力空前提高，实践规模空前扩大，实践组织空前复杂。但实践力量本身是中性的，它可以创造出积极的正态效应，也可以带来巨大的负态效应。当代人类面临的一系列全球问题，已充分证明了这一点。人类社会从来没有像当代这样更需要建构起科学合理的实践观念，更需要批判地对待自己的实践力量，更需要理性地把握自己的实践活动。

3. 关于主客体间意识关系问题

一提出实践观念，笔者就面临着如何区分主体与客体之间对象性意识关系这一难题。因为，有"实践观念"就必然存在着"非实践观念"。从主客观极限上分析，人与外部对象之间只存在着物质的和意识的（精神的）二重关系，实践是主客体发生这二重关系的"联结点"。所以，人的实践活动过程既有物质的力量，又有精神的力量。经初步研究，笔者认为主客体之间对象性的意识关系，存在着认识的、评价的和观念改造的这样三种类型的意识。所谓主体对外界客体的认识意识（观念）关系，就是指人对外部对象的客观事实只进行如实的反映，只按照事物的本来面目来理解事物，而不附加任何外来的成分，并力求排除其他外界因素的干扰。因而这种认识关系是主客体之间的事实性关系，这种认识是一种事实性认识，它的直接目的是解决外部客观世界本身"是什么"、"是怎样"的客观事实，它要求的是主观符合客观，它的结果是主体对外界客体的理解、陈述、解释和说明。所谓主体对客体的评价意识（观念），是指主体把自身的利益和需求同外界客体的属性、功能相比较、相权衡而形成的价值意识，反映的是主体与客体之间的功用关系、价值关系，是主体对外界客体的一种利害评价和选择。评价活动是主体对客体能否满足自身需求的一种功利判断，主要解决的是主体对客体值不值得追求和改造的问题。所谓主体对客体的观念改造意识，是在事实认识和价值评价基础上，主体"要怎样"改造客体、"应如何"进行实践活动的一种意识，即实践目的、计划、方法。它是对当下或未来改造客体的实践活动的超前反映。这种观念，用列宁的话说，就是人的意识不仅反映客观世界，而且创造客观世界。当然，意识的创造同实践对客观世界的创造是不完全相同的。由此可见，主体与客体之间的事实认识、价值评价和观念改造的三个对象性关系，反映了主体对客体的观念把握过程，是一个主体适应客体—客体适应主体—主体观念地改造客体的辩证发展过程。

4. 关于"事实真理"、"价值真理"和"实践真理"问题

笔者把主体与客体之间的意识关系区别为事实认识、价值评价和观念改造三大关系，意味着人们的意识、观念也可以区分为互为关联的三个基本类型。与此相对应，笔者又进一步把真理（"认识"活动也如此）区分为"事实真理"、"价值真理"和"实践真理"。主体对客体科学而正确的事实认识，即"事实真理"；主体对客体正确而合理的价值判断，即"价值真理"；主体对客体正确而合理的观念改造——观念的实践把握，即"实践真理"。进而，笔者认为事实认识的真理只诉诸外界客体的客观事实，因而谈不上阶级性问

题，但作为价值认识和实践认识意义上的价值真理和实践真理，则必然会有明显的主体性，在一定社会历史条件下，就有可能包含着阶级性。因此，对真理有无阶级性这一命题，须做具体分析，不可概而言之。同样，笔者以为对"实践是检验真理的标准"也应做具体分析。事实上，既有对"事实真理"的检验，也有对"价值真理"的检验，更有对"实践真理"的检验，而不同"真理"的检验标准是不完全相同的。显然，真、利、善、美都有自己质的规定性和不同的检验尺度。

5. 关于实践活动问题

研究实践观念，自然离不开对实践活动问题的探讨。80 年代后期，笔者研究哲学的主要兴趣，逐步转入到了对实践活动本身的思考。笔者的博士论文就是《实践活动论》。对实践活动问题的研究，笔者主要做了这样几个方面的努力：一是比较系统地整理了马克思的实践理论，认为实践活动理论是马克思新世界观的支撑点；二是探讨了人的实践活动产生和存在的基本根据，从客观世界可塑性、人类发生学和哲学人类学等角度，分析了人类实践活动何以有、何以可能的问题；三是提出主体与客体之间能动而现实的双向对象化的实践本质，并系统分析了主体的客体化和客体的主体化之现实统一的基本内容及其过程；四是比较具体地阐述了利、真、善、美的实践活动的尺度；五是提出并比较系统地论述了实践活动的正负效应，以及当代人类"发展困境"的哲学实质；六是独创性地提出了"实践认识论"命题，认为传统认识论注重于认知问题研究而忽视了实践问题研究，应提倡和发展注重于人类改造和建设世界的实践规律问题之研究的"实践认识论"。通过诸如此类哲学理论的努力，笔者试图建构起马克思主义的哲学实践论，以期为人们更合理、更健康、更有效地去创造属人世界，提供哲学的根据和范式。

6. 关于人的实践本质问题

实践观念问题的研讨，同样引起了笔者对实践观念与人的本质、实践与人之关系问题的思索。现实活动着的人有自为性、意识性、社会性、历史性和主体性等诸多特性，那么，人的这些特性何以生成、何以显现？人之为人的综合性本质何在呢？笔者认为，人的本质就是人的实践创造活动。因为，人的实践创造活动是人和人的历史得以生存和继续的基本前提，是人类全部活动最基本的存在方式，是人类本质和能力自我丰富和发展的最基本动力。人就是人的实践创造活动；人的实践创造活动就是人自身；人的实践创造活动怎样，人的本质也就怎样。人是自由自觉地创建着理想世界的实践动物。人对象性地创造着一个属人的世界，这个属人世界反过来又确证和创造着人自身。人的实践创造活动就是人的本质生成、展现和完善的过程。实践观念是人的实践本质和人的认识、意识活动的实践特性的集中表现。

7. 关于感性世界问题

实践观念和实践活动的物质对象化，就是人们周围经过改造、变革过的活生生的感性世界。人类主要不是生活在其活动未及的天然世界，而是自己创造的属人的感性世界。如何看待这个感性世界及其现实图景，曾经是唯心主义哲学和旧唯物主义哲学的主要分水岭。马克思的高明之处，就是从实践方面去理解和把握感性世界，认为这个感性世界的真正本质和现实基础，正是人的实践的感性活动。对此，在《关于费尔巴哈的提纲》中，马克思有过十分精彩的论述。笔者在整理马克思感性世界理论的基础上，对天然世界与人为世界、人态化世界与异态化世界做了区分，对人的世界、属人世界、感性世界、人创世界、人化世界和非人化世界及它们的特点做了分析，并从中获得了诸多哲学启示，认为现时代哲学的关注重心应该更多地从物质走向人、从天然世界走向人创世界，从人创世界走向人态化世界；应该更加理性地张扬真、利、善、美的结合，天与人的和谐，物性与人性的统一。

8．关于哲学本性和使命问题

人在研究、创作哲学，哲学也在创作人。对实践观念和实践问题的探讨，多少铸就了笔者自己的一些哲学思维方式和个性化风格，其中最显著、最典型的是，笔者对包括哲学本性在内的几乎所有哲学问题的研究和看法，都渗透着强烈的实践观点和实践方法，笔者的哲学研究的主要兴奋点，也在于同人的实践活动相关的哲学领域。在哲学理念上，笔者非常赞颂马克思的"哲学家们只是用不同的方式解释世界，而问题在于改造世界"的名言，认为这是马克思新哲学世界观的宣言书。笔者认为，哲学是探索主体与客体、人与世界关系的一种学说；哲学的使命在于导引人们去追求和创造真善美的世界；哲学的功能不仅表现着现实世界，而且更在于参与现实世界和社会历史的创造，参与塑造时代精神；当代中国哲学的时代责任，最主要的应是用哲学的方式去解放和发展人的生命力、人的创造力、人的实践力，应积极地培育和塑造理性的实践精神，大力弘扬求真务实、进取创新精神。

（三）尚未实现的心愿

坦率地说，笔者对实践观念及其他相关哲学问题的研究，是很初步的。十多年来，哲学界许多师友同仁对实践观念做了更为广泛深入的探讨，特别是笔者的导师夏甄陶教授，更是做过比较深入系统的研究，有诸种研究成果问世。令人高兴的是，直至近年来，哲学界还有一些同仁在继续从事这一课题的研究。

至于笔者自己，几年前就曾打算更系统地研究实践观念，并拟过几个写作提纲，可惜一直没有机会完成它。笔者在《实践活动论》的后记中，曾许诺今后有机会的话，还是想完成《实践观念论》之愿望的。时至今日，这一许诺应该仍然是有效的。对笔者来说，不完成《实践观念论》，或许是一生中的最大憾事。

最后，笔者想把自己做人、做事、做学问的三句话抄录于后，既与学术界同仁共勉，也算是一种自我观照和自我激励吧：

堂堂正正做人；认认真真做事；勤勤奋奋做学问。

如此，人生或许会有些闪光点，生命或许会充实一些。

笔者研究实践观念及其他哲学问题的主要成果有：《理论认识回到实践活动的中间环节初探》，刊《哲学研究》1983 年第 2 期；《论实践观念》，刊《中国社会科学》1993 年第 4 期；《走向人的世界》，中国工人出版社 1991 年版；《实践活动论》，中国人民大学出版社 1992 年版；《走向理性王国的思考》（该书较为系统地收集了笔者在哲学方面的主要研究成果），中国广播电视出版社 1994 年版。

（本文 1995 年 6 月 12 日起笔于哈尔滨，同年 7 月 16 日收笔于杭州花园新村。①）

---

① 载《今日中国哲学》，广西人民出版社 1996 年版。

附录二 硕士论文：《理性认识回到实践活动的中间环节初探》

〔**内容提要**〕

本文着重对理性认识回到实践活动的中间环节做了探讨。认为理性认识作为人们对外界客观事物内在本质和发展规律的一种事实性、解释性认识，一般不可能单独地直接指导和支配改造世界的实践活动，在理性认识回到实践活动的过程中，必然还存在着一个直接体现实践主体某种需要和利益、意志和要求、反映实践主体对外界客观事物和自己未来实践活动及其结果"要什么"、"要怎样"的"实践观念"的中间转化环节。

"实践观念"是在理性认识的基础上为直接指导和支配人们自己的实践活动而产生的一种观念，它主要是对人们自己未来实践活动的"超前"反映，是未来实践活动的"观念模型"。因而它具有明显的实践性和务实性，是非常现实的、具体的、可以直接付诸实施的实践性思想，所以我们把它称为"实践观念"。它与理性认识、纯理论、纯知识性的东西有着原则上的区别。一般的科学理论、理性认识（感性认识也一样）是人们对外界客观事物本身"是什么"、"是怎样"的一种纯事实性认识，它本身只存在一个认识是对是错、是真是假的不以人的意志为转移的事实问题，而不直接触及人们的实际需要和功利、意志和要求。

对实践活动来说，理性认识、科学理论不过是一种可以利用的工具和手段。然而，改造世界的实践活动，是一种按实践主体的某种实际需要、功利、目的和意志把客观事物改造成为"应是什么样子"、"应是如此"的物质的感性活动。所谓"应"，自然是相对实践主体的某种"要"而言的，唯其有了实践观念的"要",才会有实践活动的"应"。因此,理性认识只有经过实践观念这一中间转化环节,才能为人们改造世界的实践活动服务。

本文第一部分,着重阐述了在理性认识回到实践活动的过程中存在着中间转化环节的根据。具体分三个方面来论证:(1)从理性认识的性质、特点、功能和人类认识发展的角度,在理论上分析了存在着中间转化环节的客观性和必要性。(2)从自然科学领域—社会科学领域和个人认识过程的角度,用事实列举了存在着中间转化环节的普遍性。(3)从哲学史的角度,对康德、黑格尔特别是马克思主义经典作家在这个问题上的有关论述,做了简单的历史考察,说明了理性认识只有经过一定的中间转化环节,才能直接进入实践活动的论点,是有理论依据的。

本文第二部分的中心思想,是试图探讨和论证理性认识回到实践活动的过程中存在着什么样的中间转化环节的问题。文章首先把这一中间转化环节概括为"实践观念",接着通过对实践观念的含义、主要内容和特点以及它在"实践—认识—实践"的总认识过程中所处地位的分析和阐述,说明:理性认识回到实践活动在观念上的中间转化环节,是一种主要体现实践主体对外界客观事物和未来实践活动"要什么"、"要怎样"的观念(实践观念)。文章进而指出,实践观念一方面与理性认识、实践活动有着直接的联系,另一方面又有着质的区别。实践观念独特的性质、内容、特点和功能,决定了它具有一定的相对独立性和阶段性。从一定的意义上来说,由理性认识过渡到实践观念,也是一次质的飞跃。为使马克思主义哲学认识论关于认识过程基本原理的精确化、科学化和微观化,把实践观念独为一个阶段和环节,是完全必要的。

本文第三部分,主要阐明和指出了开展对理性认识回到实践活动的中间转化环节的探讨、把实践观念作为一个相对独立的阶段和环节，在理论和实践上的重要意义。同时，本文还根据实践观念的某些特性，对目前尚有争论的真理有无阶级性和真理检验的复杂性等问题，做了新的探索。

硕士论文《理性认识回到实践活动初探》全文如下：

马克思主义哲学认识论认为：人们在实践活动中取得感性认识并上升为理性认识之后，其运动过程并没有完结，而且更为重要的是，还必须将理性认识运用于实践活动，[①] 为改造世界服务。那么理性认识是怎样进入实践活动的呢？它是不是能单独地直接地指导和支配人们的实践活动呢？是不是还需要通过一定的中间转化环节才能被运用于实践活动呢？按照传统的观点，人们的认识运动总过程是实践—感性认识—理性认识—实践，在理性认识与改造世界的实践活动之间，不存在着什么中间环节。我认为，一般来说，理性认识不可能单独地直接指导和支配人们改造世界的实践活动。在理性认识与改造世界的实践活动之间，还必然地存在着一个转化的中间环节。为什么必然有一个转化环节呢？存在着一个什么样的中间转化环节呢？有什么根据和意义呢？为抛砖引玉，投石问路，本文试就上述问题做一初步的探讨。

---

① 也许有的同志会说：你所说的实践目的、计划、方案等实践观念，不就是属于理性认识范畴的吗？过去，我们是把这些东西简单地归入理性认识而不加区分，后面我们的论证将充分证明，明确区分开来不但是有客观依据的，而且具有重大的哲学理论和现实意义。同样，也有的同志会从另一个角度提出问题：你所说的实践目的、计划、方案等实践观念，不就是实践活动的组成要素和内容吗？不错，实践观念是要作为实践活动的内在要素进入到实践活动之中的，否则，它就不可能起到指导、支配和调节实践活动的能动作用。但是，我们应该看到：就实践观念的产生形成的逻辑关系来讲，实践观念不但可以先于未来实践活动，而且可以不立即付诸实施，可以独自存在而且有自己独特的存在形态和功能。同样，把实践观念与实践活动区分开来，具有重大的意义。此注释是作者这次成书时根据论文答辩笔记补记的。

第一部分：存在着中间转化环节的必要性、普遍性以及康德、黑格尔和马克思主义经典作家在这一问题上的有关论述

一 存在着中间转化环节的必要性

（一）从理性认识的性质上看

要回答理性认识能否单独地直接指导和支配实践活动，在理性认识与实践活动之间是否存在着中间转化环节等问题，我们首先得来看看理性认识和改造世界的实践活动它们各自的本性。众所周知，理性认识是人们借助于抽象思维所把握到的关于外界客观事物的本质、事物的发展规律、事物的内部联系的一种认识。

根据辩证唯物主义的基本原理，无论是感性认识还是理性认识，都不过是人们对外界客观事物的能动反映。在这里，是一条由物到精神、到思想的路线。人们在认识过程中，应尽可能客观地、如实地反映和认识外界事物。所谓客观地、如实地反映和认识事物，也就是"对自然界本来面目的朴素的了解，不附加以任何外来的成分"①，或像马克思说的：只是"按照事物的本

---

① 《马克思恩格斯全集》第20卷，人民出版社1971年版，第539页。

来面目及其产生情况来理解事物"①。只有这样，人们才能更切实、更准确地认识和掌握客观事物。因此，作为人们对外界客观事物认识过程中一个比较高级阶段的理性认识（感性认识也一样），其根本性质是属于一种事实性的认识，它只告诉人们外界客观事物本身"是什么"、"是怎样"、"是如何"的客观事实，解决的主要课题和直接目的是认识世界。

对于认识主体来说，理性认识不过是关于不依赖于认识主体而存在的外界客观事物"是什么"、"是怎样"的一种自在性的知识；而对于改造世界的实践活动来说，则不过是一种可以利用的知识手段。因为，理性认识强调的是主观对客观，认识对客体，意识对存在的反映，符合、一致，所涉及的是真假、对错的问题，而一般不直接触及外界客观事物有何用处、能否满足人们的某种需要和利益的功利、意义问题；也不涉及如何利用知识（在知识转化到行动中之前，就需了解利用知识的过程），以服务于改造世界的问题。

一句话，理性认识本身不直接触及人们为什么要改造世界，为什么要进行实践活动的问题。

然而，改造世界的实践，是人们有目的、有计划地改造世界的一种创造性的物质活动，或者说是人类为了自身的特定需要和利益而从事于改造自然和改造社会的一种自觉的物质活动。如果说，感性、理性知识只是回答客观世界是什么样子、是如何的话，那么，改造世界的实践活动则是按人的意志、需要、愿望、目的把客观事物改造成为"应是什么"的样子，使客观世界服从于人的意志，以满足于实践者的某种实际需要。

因此，实践所直接解决的主要课题和目的是现实地改变世界。这里表现

---

① 《马克思恩格斯选集》第 1 卷，人民出版社 1956 年版，第 49 页。

着一条从观念、从人到物（实践结果）的道路。实践既不像外界客观事物及其运动过程那样，只是存在着不以人的意志为转移的东西，也不像感性、理性认识那样只如实地反映客观事物及其规律性的东西，而是既包括不以人的意志为转移的客观的东西，又包括按人们自己的需要、利益去创造的以人的意志为转移的东西这样两个部分。

　　既然如此，反映外界客观事物及其发展规律"是什么"、"是如何"、"是怎样"的理性认识，怎能单独地直接指导和支配以"应是什么"、"应是怎样"、"应是如何"的性质所表现出来的实践活动呢?!

　　人们常说，理性认识回到实践活动，就是对理性认识的实现。其实，理性认识本身无所谓实现不实现，在改造世界的实践活动中，只有一个检验和证明其真假、对错的问题。因为，外界客观事物及其发展规律本身就一直在起作用，在走自己的路，"世界不会满足人"[①]，它本身无论如何发展变化，都不会变出一个完全适合人们一定需要的现存的东西来。而理性认识由于只是对客观事物及其发展规律的一种如实反映、事实的认识，所以它本身自然也就不包含着、不直接体现着人们的某种实际的需要、愿望、目的。所谓实现，是相对于人们的某种特定的实际需要、动机、目的、计划、方案等东西而言的。

　　换句话说，在理性认识的基础上、改造世界的实践活动之前，必须形成一种直接体现实践主体"要什么"、"要怎样"、"要如何"的观念，才能直接指导和支配实践活动。离开了"要"，实践活动也就没有依据和比较的准绳，因而也就谈不上应不应怎样的问题。因此，"是"唯其经过"要"才能与

---

① 《列宁全集》第38卷，人民出版社1988年版，第229页。

"应"相联结，并对"应"起作用；理性认识只有通过一定的中间转化环节，才能被运用于实践活动，为人们改造世界服务。

从主客观的性质上说，作为直接指导和支配改造世界的实践活动的观念，仅仅有关于外界客观事物及其发展规律的理性知识、事实性认识是不够的，应该还必须有关于反映实践主体自身一定需要和利益以及用此与外界客观事物的某些属性（有用性）相比较、相权衡而产生的价值认识。①

也就是说，作为直接指导和支配要把客观事物改造成为"应是什么样子"、"应是怎样"的实践活动的观念，必须具有两重的特性：一方面作为对客观事物如实反映的事实认识，有不以人们意志为转移的客观内容、客观因素；另一方面，作为价值认识，又体现着人们的一定实际需要、愿望和意志，从而包含主体的因素、主体的内容。

只有将上述事实认识和价值认识有机统一，将主体因素与客体因素相互结合起来，进而形成一种比理性认识更为复杂、更为高级、更为全面和具体的观念，才能谈得上直接指导和支配改造世界的实践活动的问题。因为，如果没有反映实践者自身的一定实际需要和利益的观念性东西介入，根本就不可能具有产生实践活动的现实依据；如果没有体现主体对外界客观事物施加改造的反作用的内在意向包含于直接指导实践活动的观念之中，也谈不上会有实践活动产生的现实可能性。

（二）从理性认识的特点上看

理性认识是外界客观事物的内在本质和发展规律在人们头脑中的反映，"它以抽象性、间接性为特点，以事物的本质为内容"②。理性认识对客观事

---

① 参见本文第二部分的关于实践观念特点的第四个特点。
② 肖前等主编：《辩证唯物主义原理》，人民出版社 1981 年版，第 333 页。

物的认识和把握的特点，往往总是抽象、普遍、间接，而不是具体、特殊、直接的。

但是，普遍、一般、抽象的东西，只是客观事物的一个方面，即共同性的本质；事物的现象、个性、特殊性不能完全进入共性、一般之中。所以，对于一个具体事物的完整的认识来说，理性认识既不是认识的出发点，也不是认识的终止点，而只是深入认识具体事物的一个必要的环节。换句话说，理性认识的抽象、普遍、间接性特点，决定了它不可能直接指导实践活动。

我们知道，改造世界的实践活动不但具有普遍性的优点，而且更具有直接现实性、个别性、特殊性的特点。所谓实践的直接现实性、个别性、特殊性，就是指实践是直接作用于客观世界具体的、个别的事物的，或者说，实践总是具体的实践，改造世界的实践活动总是在特定的实践目的、对象和特定的时空条件下进行的，现实的实践活动无论就其过程，还是结果，都是具体的、特殊的、个别的、直接的。实践活动的这种具体性特点，自然要求直接指导和支配它的观念、认识（知识），也必须具有相当的具体性。

因此，理性认识要运用于实践、直接对实践起作用，就绝不能停留于抽象性、一般性、间接性之中，而必须加以具体化。正如毛泽东同志所言："当着人们已经认识了这种共同的本质以后，就以这种共同的认识为指导，继续地向着尚未研究过的或者尚未深入研究过的各种具体的事物进行研究，找出其特殊的本质，这样才可以补充、丰富和发展这种共同的本质的认识，而使这种共同的本质的认识不致变成枯槁的和僵死的东西。"[1] 毛泽东同志的这段话也适用于理性认识的具体化过程。理性认识具体化的过程，也就是回到实

---

[1] 《毛泽东选集》四卷合订本，人民出版社 1971 年版，第 285 页。

践中去的过程。人们的社会实践反复证实，普遍真理、理性认识的东西尽管对实践活动有着普遍的指导意义，但如果不把它们转化为具体的东西，就不能显示出它们的作用和力量。

之所以如此，是因为具体的实践活动要求直接指导它的观念、认识必须反映主观和客观的全面的、具体的同一，包含客观事物从现象到本质、从形式到内容、从部分到整体、从内部联系到外部联系，乃至综合和概括多种客观事物的认识成果等等极为丰富、具体的内容。显然，具有抽象性、普遍性、间接性的理性认识要满足于实践的这种要求，就有待于进一步深化、有待于转化为关于客观事物和实践过程的具体性认识（知识）。

在现实生活中，为什么有许多理性认识、科学理论（自然科学的基础理论更明显），在它们刚刚形成、产生的时候或相当一个时期里，不能直接运用于实践活动呢？为什么同样一种科学理论、理性认识，在相同的客观条件下，有些人就能利用并服务于实践而取得成功。有些人却不能运用于实践或机械、教条式地套用而导致实践失败呢？其中原因也许是多方面的，但从认识过程上讲，能不能正确地"消化"理性认识并转化为一种符合具体实践情况的、能直接指导和支配实践活动的具体的认识、具体的观念，不能不说是重要原因之一。

就人们的认识过程（和成果）来说，是从特殊到一般，然后再由一般到特殊，就人们认识活动的思维方法（和成果）来说，是从直观、感性具体到科学抽象，然后再由科学抽象到思维具体。马克思主义哲学认识论的总公式，即实践—认识—实践，其中的"认识"的阶段性与特殊——一般—特别和具体—抽象—具体，应该是统一、一致的。人们在实践活动的基础上，从感性认识飞跃到理性认识时，认识过程的秩序（和成果）就是由特殊到一般，思维的方法（和成果）就是从感性直观的具体到科学的抽象，在由理性认识回到改造世界的实践活动过程时，其认识的秩序（和成果）是从一般到更高层次的特殊，认识的思维方法（和成果）是从科学抽象到更高层次上的具体。

与此相应，由理性认识回到实践活动，其间也必然存在一个把有抽象、一般、普遍特性的理性认识与对个别、特殊、具体事物和具体实践活动的新的认识相互结合的阶段。经历一个由抽象到具体、由一般到个别、由普遍到特殊，由间接到直接的转化环节，只有这样，才能弥补理性认识的抽象性、间接性、一般性特点的"不足之处"，并经转化而运用于改造世界的实践活动。

（三）从理性认识的功能上看

既然理性认识是属于对外界客观事物的一种事实性认识，认识的成果只是关于客观事物的本质、发展规律的陈述性、描述性的判断和由这些判断所组成的理论系统，一般以纯理论、纯知识的形态出现和存在。那么，它的基本功能就只是帮助人们去正确地理解、阐明和解释客观事物及其发展规律的事实情形。因而理性认识本身只能够说明世界，而不直接涉及改造和如何改造世界的实践活动；它只提供对客观世界、客观现实的理解和说明，而不直接提供和规定人所要争取的未来的现实事物。

可是，改造世界的实践活动，则要求直接指导和支配它的观念不仅必须具有理想、目的的高度，而且还必须具有如何行动、怎样改造世界的实践性的高度。然而，这却是理性认识所"望尘莫及"的。

有人说，由于理性认识是对客观事物内在本质和发展规律的认识因而人们可以借助于理性认识，对事物的未来发展趋势进行预测和判断，做出切合实际的科学预见。所以，理性认识本身是能够直接指导和支配实践活动的。

其实，这种说法的结论是不够科学的。不错，理性认识是能给人们对事物的发展趋势提供预见的，作为直接指导人们未来实践活动的观念，也必须既面对事物的现实，又向着未来，包含着一定的预见性。但是，这种预见却不是一般的预见。

科学的预见，可以具体分为预述性（这是理性认识可以直接提供的）和预设性（这是理性认识不能直接提供的）两种类型，前者只是对事物的未来发展做出"是什么"、"是怎样"的客观描述；后者则是人们对未来自己要争取的事物"要什么"和自己未来实践行为"要怎样"的能动设定，它具有控制目的，具有定向性和指令性。因此，前者只是得出和传递关于未来事物的解释性信息，描述未来事物的可能前景和状态；后者则是"指示"，是人们对未来有目的的实践活动利用、改变和创造事物的信息。由此可见，从理性认识所提供的预述性的预见过渡到能直接指导实践活动的预设性的预见，还有待于进一步的转化。

很显然，实践活动之前形成的那种直接指导和支配实践活动的观念，不仅仅要掌握客观事物的内在本质、发展规律因而能去理解和说明客观事物，还必须在此基础上，反映出人们要改造世界的意志、如何去改造的设想，提出实践目的、制订实践计划，事先观念地创造出人造客体，观念地模拟、想象出未来实践活动的过程和结果。一句话，直接指导实践活动的观念，仅仅只有反映客观世界的事实性的认识内容是不够的，它还必须包含主体对未来实践活动的创造性的超前反映的内容，这样才能直接指导实践活动。

因为，我们人类改造世界的实践活动，既不是自发、盲目的，又不像一般动物那样是本能的。在现实的改造世界的实践活动之前，人们事先在头脑中就有了具体的实践目的、愿望、计划、方案，诸如要把客观对象改造成什么样子、要创造出一个什么样的新客体，为此应该如何改造、怎样行动、采取什么办法、步骤、手段等等问题，事先都做到胸中有数，在头脑中都有一个大致的轮廓梗概。

意识的这种能动性、创造性，当然是人所特有的。马克思指出："蜜蜂建筑蜂房的本领使人间的许多建筑师感到惭愧。但是，最蹩脚的建筑师从一开始就比最灵巧的蜜蜂高明的地方，是他在用蜂蜡建筑蜂房以前，已经在自己的头脑中把它建成了。劳动过程结束时得到的结果，在这个过程开始时就已经在劳动者的表象中存在着，即已经观念地存在着，他不仅使自然物发生形式变化，同时他还在自然物中实现自己的目的。"① 马克思这里虽然讲的是建筑师建造蜂房的实践活动，但对所有改造世界的实践活动同样都是适用的。人们在实践活动之前，总是事先形成具体的实践目的、实践计划、方案等等有关未来实践活动的观念模型，进而指导、支配实践活动，否则，实践活动就不可能产生。但作为对外界客观事物解释性、描述性的理性认识，其本身是不可能具有这种功能和特性的。

毋庸置疑，如果没有这种直接涉及未来实践活动、与未来实践活动直接相互关联的观念，人们就不可能着手进行工作，不可能产生人的实践活动。反过来说，正是由于这种以理性认识为前提、基础，并与未来实践活动直接相联系而形成的观念，才充分体现了主体要改变现实事物的意志和趋向，规定了实践活动的目的和任务，勾画了实践活动的过程的基本步骤和方法。这样的观念，必然具有能直接指导和支配实践活动的功能，能够导致主体在获得客观事物规律性的理性认识基础上，借助于中介环节，逻辑地跨过现实事

---

① 《马克思恩格斯全集》第 23 卷，人民出版社 1972 年版，第 202 页。

物当下的界限、越出观念的范围、进入实践的领域。

（四）从人类认识的发展角度来看

在原始蒙昧人的"畜群意识"中，自身与外界，主观与客观之间是朦胧地、而不是明确地区分开来的。由于当时社会生产力水平以及人类思维、认识能力的低下，我们的祖先其"认识活动"和"实践活动"长期处于原始性的直接同一之中，认识的对象、认识的直接目的、认识的成果即知识，都带有明显的实用性、实践性和经验性，与当时人们简陋的生活需要、实践需要浑然一体。例如，人类社会早期的所谓"自然科学"，就往往只是一些实用性、技巧性的经验知识。

马克思在描述人类认识生成的初期阶段时说："人们决不是首先处在这种对外界物的理论关系中。正如任何动物一样，他们首先是要吃、喝等等，也就是说，并不'处在'某一种关系中，而是积极地活动，通过活动来取得一定的外界物，从而满足自己的需要。（因而，他们是从生产开始的。）由于这一过程的重复，这些物能使人们'满足需要'这一属性，就铭记在他们的头脑中了，人和野兽也就学会'从理论上'把能满足他们需要的外界物同一切其他的外界物区别开来。在进一步发展的一定水平上，在人们的需要和人们借以获得满足的活动形式增加了，同时又进一步发展了以后，人们就对这些根据经验已经同其他外界物区别开来的外界物按照类别给以各个名称。"他们"给予这些物以专门的（种类的）名称，因为他们已经知道，这些物能用来满足自己的需要……"①。马克思在这段话里，简要地叙述了早期人类对外界物的具有词的形式的认识从劳动实践中产生的过程，说明在当时，人们的认

---

① 《马克思恩格斯全集》第19卷，人民出版社1956年版，第405页。

识对象、认识成果即经验、知识的直接目的都是为了一定的生活实际需要，因而总带有实用性、感性的直观性（直接性）。这种与劳动、生活、生产实践处于直接同一之中的认识、经验，一般不需要经过中介环节，就可以直接在实践中运用。

但是，随着社会生产力水平和人类思维、认识能力的不断进步，人们的认识对象、认识活动、认识成果即知识，与人们自己的实际需要和改造世界的实践活动的分离性也不断地加深并显著地表现出来，特别是从近代和现代以来，人们的科学知识、认识成果其抽象水平越来越高，正如爱因斯坦指出：现代的科学愈来愈抽象了，离经验事实愈来愈远了。[①] 随着人们越来越向更广更深的宏观、微观、客体的探索，取得的认识成果即知识也必然越来越抽象、普遍和一般，因而直接的实用性、功利性也就越来越少，离改造世界的实践活动也越来越远。[②]

这种分离性虽然是人类认识水平不断提高、不断进步的表现，但是，这也使得科学理论与改造世界的实践活动之间的距离拉大，关系也更为间接、更为复杂，两者似乎处于各自对立的极端，往往不具有直接的同一性和相关性。这就客观上在科学理论、理性认识和运用它们于改造世界的实践活动之间，需要有一定的中间转化环节。而且随着社会的进步、认识的发展，这种中间转化环节的必然性、必要性也越来越明显、迫切，这是现代和当代科学特别是自然科学所充分证明了的。

---

① 参见《爱因斯坦文集》第 1 卷，商务印书馆 1976 年版，第 262、372 页。

② 近、现代的基础理论虽然有高度的抽象性、与生产实践有明显的分离性，但这并不是说，直接运用基础理论研究成果的时间性一定会拉长。现代科技已经形成了一个犬牙交错的"科学 = 技术 = 生产"的有机系统。人们对技术科学等中间环节研究的重视和加强，在一定意义上说来，可以弥补基础理论抽象性、与生产实践分离性的"不足之处"。

总而言之，从理性认识的性质、特点、功能和人类认识的发展角度等方面来看，在理性认识与改造世界的实践活动之间存在着一定的中间转化环节，这是一种客观的、必然的现象。

二　存在着中间转化环节的普遍性

理性认识、科学理论一般要经过一定的中间转化环节，才能被人们运用于改造世界的实践活动，这不仅在理论上是符合逻辑的，而且在事实上也是一个普遍存在的客观现象。

拿学科来说，几乎任何一门学科特别是近代以来的学科，从功能、特性上看，一般都可以分为关于自然界、社会领域客观规律的理论认识部分和如何把理论认识应用于改造世界实践活动中去的实用部分。构成现代自然科学的理论性部分是基础科学，应用（实用）性部分是技术科学、用科学（包括应用技术、产品设计与研制）。基础科学所研究的是自然现象本身的奥秘，它要阐明的是不以人的意志为转移的自然界本身的规律性，因而它一般只是说明和解释世界，而不是改造世界，不是为了去解决一个明确的应用目标，不直接解决生产中的实践问题。

如果要把基础理论应用于生产实践领域，就需要通过一系列的中间转化环节，此，我们以热力学为例来加以说明。热力学中的第一、第二定律属于自然科学基础理论研究的范畴。为了将它们的成果定向地应用于各种具体热机和热设备的生产实践中，首先就需要研究热能转化与传递这类生产各种热机共同性的科学问题，这就是工程热物理这门技术科学的研究内容。但工程热物理的成果，一般尚不能直接应用于具体热机的产品设计，其间还需要进行应用技术研究，在实验室里或通过其他手段直接解决生产具体热机时的技术问题，探索出新技术、新产品生产的规律性和现实可能性，最后再经产品的设计和试制，研制出各种规格的具体热机的产品，如果该产品具有合理的经济价值和社会价值，就可进入社会生产的实践领域。

由此可见，自然科学的基础理论一般要经过技术科学—应用技术—产品设计与试制等中间转化环节，才能直接被运用于实际的社会生产领域。就这些环节的各自功能和特点来说，基础理论的主要任务是研究自然界物质运动的基本规律，揭示各种自然现象之间的内在联系，一般不是为了去解决一个明确的实际应用目标，不具有直接的技术、经济价值和社会价值，也就是说，它主要回答自然界客观事物"是什么"、"是怎样"的规律性问题，技术科学是依据基础理论而提出改造世界的目标、课题，指出运用基础理论成果的可能性，应用技术研究的是如何把基础理论和技术科学所提供的成果运用于生产过程的实际问题，主要解决达到利用和改造自然的既定的目的的手段和方法；产品设计是在应用技术研究的基础上，综合地、创造性地规划出未来生产实践的结果——新产品的完整蓝图，产品研（试）制则是对产品的设计、蓝图加以现实化、物质化，在实验室中进行试制（也包括试销、试用）。

从上述的分析中，我们可以看出，除了基础理论这一环节之外，技术科学、应用技术、产品设计这三个环节，直接涉及的是人们对自然的控制、利用和改造，它们主要的立足点不只是认识自然界本身，而是反映和认识自己的实践活动以及由实践活动所产生的"人造自然"，它们主要解决的不只是自然界客观事物"是什么"、"是怎样"的课题，而主要是体现着实践主体对客观事物和自己未来的实践活动"要什么"、"要怎样"、"要如何做"等带有明显实践性质的主观设想，至于产品的试制和产品的社会生产，则是上述主观设想的外在化、现实化，已经进入了物质的实践领域。

可见，基础科学向技术科学的转化、再由技术科学向应用科学的转化过程，首先是观念形态上的科学技术的转化过程，没有这个转化过程，纯理论性的基础科学就不可能直接地运用于改造自然的社会实践活动。

同自然科学一样，社会科学也可以划分出一些相对独立的转化环节。于光远同志曾经指出，我们可以"把自然科学里面关于科学的分类移植到社会科学中来。自然科学分做基础科学、技术科学、应用科学。我想社会科学也可以做这样的划分：基础的社会科学、社会技术和应用技术。简单一点呢，就来个二分法：基础的社会科学和应用的社会技术。把社会方面的技术科学放在应用的社会技术中间。"划分的依据和标准是什么呢？于光远同志认为："对于不以人的意志为转移的东西的研究，我把它叫做基础研究。""如果我们把专门研究不以人们意志为转移的东西的科学叫做基础的科学的话，那么我们就把专门研究如何运用意志来达到自己的目的的科学，称之为应用的技术。"①

从认识论的角度讲，在感性认识和理性认识阶段。就是研究和反映那些不以人的意志为转移的客观世界的本质和发展规律。可是，对于如何运用关于客观世界规律性的理性认识和人们自己的意志来实现自己的目的这一环节，却一直被人们所忽视。人们要改造社会，首先就必须认识社会发展的客观规律。解决"是什么"、"是怎样"的基础性东西以形成"基础的社会科学"。但"基础的社会科学"的研究成果，只有经过"社会技术"、"社会应用技术"的中间转化环节，才能运用于改造社会的实践活动。

---

① 《马克思恩格斯全集》第 25 卷，第 926 页；第 3 卷，第 286 页。

　　例如，由马克思主义哲学、政治经济学所揭示的关于社会发展客观规律的理论，关于资本主义社会发展客观规律的理论，只有转化为无产阶级革命运动的目的——争取建立、建成社会主义和共产主义社会，以及为实现这一目的而制定的纲领、路线、方针、政策、步骤、途径、方法等等带有行动、实践性质的具体观念时，方能直接对无产阶级变革社会的革命实践活动起作用。这就是马克思、恩格斯创立的科学社会主义（在这种意义上，有人称科学社会主义为行动中的马克思主义，也不是毫无道理的）和各国无产阶级政党依据马克思主义基本原理、结合本国革命实践具体情况而制定的路线、方针、政策等具有实践性的具体革命理论所要解决和完成的课题。

　　拿中国革命实践来说，王明等人之所以犯教条主义错误，给中国革命带来严重的损失，其根本原因之一，是因为他们没有依据中国革命的具体情况，来运用马克思主义的普遍真理和别国的革命经验，以形成符合中国革命实际情况，能直接指导中国革命实践、带有实践性的、具体而又科学的革命理论。从认识过程上讲，王明等教条主义者只知道从本本主义出发，缺少了在革命实践前和实践过程中，按具体情况"消化"马克思主义的基本原理，形成新的具体的革命理论的中间转化环节。

　　相反，以毛泽东同志为代表的中国共产党人，把马克思主义的普遍真理同中国革命具体实践相结合，创造性地形成了毛泽东思想，从而能够直接指导中国革命的实践活动，并取得革命实践的成功。再拿关于社会主义基本经济规律的理论为例，如果不具体地转化为社会主义的生产目的，我们经济建设的计划、政策、措施等等，而仅仅停留在一般抽象的"指导"上，那肯定是行不通的。

　　自然科学、社会科学中的纯理论的东西与实践活动之间存在着一个中间

实用部分的转化环节，无非是个体认识过程的延伸和社会化的宏观表现。就
个人来说，如果掌握了科学理论、理性认识，而不去继续转化为直接指导自
己实践活动的具体观念，形成一定的实践目的、计划、方法等等，就不能进
行有效的实践活动。反过来讲，在进行实践活动之前，人们总是依据自己对
客观事物的（理性）认识和一定的实际需要，提出实践的目的、计划等等，
然后才进行现实的实践活动。这一过程虽然有时在思维活动中往往只是一瞬
间的事，但却不能没有。这具体表现在人们进行实践活动之前，总要把自己
对外界客观事物和实践活动"要什么"、"要怎样"，自己在未来应如何行动，
每个行动可能会带来什么样的结果等等，都事先在头脑中创造性地勾画出来。
这是纯理论性的东西，理性认识走向客观、走向实践活动所必经的一步、一
个阶段、一个环节。

再拿领导者指导实践活动的决策过程来说，也是这样，第一步是调查研
究，了解客观事物的实际情况，从"实"中求出"是"来，取得客观事物规
律性的理性认识；第二步是确定实践目标和论证宏观目标的可能性，包括将
理性认识具体化；第三步是制定出如何实现目标，如何行动的计划、方案、
方法、途径等等，以建立起未来整个实践活动的观念模型；第四步是挑选出
最优的目标、计划、方案，做出付诸实施的决策。可见，第一步的东西只有
在经过了第二、三、四步之后，才能进入客观的实践活动。

因此，我们可以说，无论是个人，还是自然科学、社会科学，在取得关
于客观事物"走什么"、"是怎样"的规律性的基础理论、理性认识之后，要
实际地运用于、服务于改造世界的实践活动，在整个认识过程中，就必须经
过客观上普遍存在的"要什么"、"要怎样"、"要如何"的中间转化环节。不
解决这个转化环节或这一转化环节完成不好，发生"故障"，则会前功尽弃，

或导致实践失败。

三　康德、黑格尔和马克思主义经典作家在这一问题上的有关论述

我们提出作为事实性认识一个阶段的理性知识，不能单独地直接指导和支配改造世界的实践活动，在理性认识与实践活动之间还必然地存在着一定的中间转化环节的论点，在哲学史上，特别是在马克思主义经典作家的著作中，也是有哲学理论根据的。

下面我们只就德国古典哲学的著名代表康德、黑格尔和马克思主义经典作家在这一问题上的有关思想、论述做一简单的历史考察。

德国古典哲学的奠基者康穗，是以真、善、美来构造他的整个哲学体系的（真——《纯粹理性批判》、善——《实践理性批判》、美——《判断力批判》）。康德认为，上述三者处于有机的相互联系之中，纯粹的思辨理性与实践理性之间不是毫不相干，而是相互统一的（我们只限于考察这二者之间的联系）。

那么，康德是通过什么途径、环节把思辨理性与实践理性联系起来的呢？他指出，人的实践行为一方面由外部世界的因果必然所决定，另一方面又为自身内在的原则——自由意志所支配。他说，在实践活动之前和实践活动之中，人们总是提出"应当如何如何"、"应该如何如何"，"应当"、"应该"，就表明实践者可以如此，也可以不一定如此，但却要求、愿望如此。因而这里就有个内在理性、意志支配自己实践行为的"自由"问题。① 这样，康德

---

① 《康德哲学原著选读》，商务印书馆 1963 年版，第 11 页，或参见齐良骥《〈纯粹理性批判〉论人的两种特性》，《哲学研究》1982 年第 1 期。

就把自由问题"比较明确地作为实践的核心问题提出来加以探讨"。他在"这方面的具体功绩，表现在他提出了把理性与实践结合起来的问题，而自由就是这种结合的桥梁"①。

由此看来，康德曾把"自由"、"意志"这类东西，看作是纯理论理性与实践理性之间的中间转化环节。

黑格尔既从斯宾诺莎那里接受了自由是对必然的认识的观点，又从康德这里吸取了由自由统一思辨理性与实践活动的辩证因素。认为自由如果只是对必然的认识，那还不过仅仅表述了主体对客体的认识，不过"使世界成为人可以用观念和思考来掌握的东西"②。而没有同时表现出主体在客观世界里"使意志的理性得到实现"③。

在《逻辑学》的"概念论"里，黑格尔更为详细地论述了这一问题。在他看来，理念（概念）发展到了"目的性"阶段，主体也就有了显著的自由，因为目的扬弃了纯粹外在的必然性。所以，目的与自由关系密切，是两个相互包含、同一层次、同一阶段上的概念，自由存在于目的阶段，目的则体现了自由。"目的性和机械性的对立，首先就是自由和必然性的最一般的对立。"④黑格尔认为，人们不能仅仅局限于承认外在世界的因果决定性和外在事物的必然性上，如果只是停留在接受外在世界所给予的材料的认识上，则这种认识就属于"有限的认识"。而"有限的认识"仍是主观的认识，不是客观真理。他说："有限的认识在证明过程中所带来的必然性，最初也只是外

---

① 《论康德黑格尔哲学》，上海人民出版社 1981 年版，第 314 页。
② 黑格尔：《美学》第 1 卷，商务印书馆 1979 年版，第 125 页。
③ 同上书，第 126 页。
④ 转引自《列宁全集》第 38 卷，人民出版社 1988 年版，第 198 页。

在的，为了主观的识见而规定出来的必然性。"①

因此，人们在取得了关于事物的必然性、因果性的认识以后，还必须进而过渡到目的性阶段，因为在目的性阶段，人的主观活动能自由地掌握必然性了，人们有了"能决定的主导的原则了，这就是由认识的理念过渡到意志的理念的关键"②。

这样，黑格尔就把主体的能动性（主导的原则）、自由、目的等范畴，看作是理论性的认识、理论的理念向实践活动、意志理念过渡的中间环节和引起人们实践行为的原因所在。在这里，黑格尔强调了能动性、自决性，不但把它们看作是理论的理念向实践活动转化的关节点、中间环节，而且还与必然向自由的转化直接联系起来，这不能不说是很深刻的合理见解。

黑格尔指出，人们由认识外界事物所获得的理念与直接指导、支配实践行为的理念，其性质和功能是不尽相同的。他说：意识可以"分裂为两半，既显现于这个现成已有的现实里，又显现于目的里，而目的乃是意识要通过对现实的扬弃而求其实际的，它不是现成的现实，而是要被造成为现实。"③

在《小逻辑》的"概念论"中，他更明确地说：人的理性具有两种不同性质和功能的"冲力"、"本能"，一种"就是认知真理的冲力"，其表现是"认识活动本身"亦即"理念的理论活动"，另一种是"实现善的冲力"，其表现是"意志或理念的实践活动"④。黑格尔把道德行为、实践活动看作是对"善的冲力"和"害的目的"的外化、现实化，对我们也还是很有启发的。过去，人们往往只把黑格尔说的"善"，简单地理解为、完全等同于我们今

---

① 黑格尔：《小逻辑》，商务印书馆 1980 年版，第 418 页。
② 同上。
③ 黑格尔《精神现象学》上册，商务印书馆 1979 年版，第 233 页。
④ 黑格尔：《小逻辑》，商务印书馆 1980 年版，第 411 页。

天所说的客观的实践活动（道德行为），看来是不太妥当的。因为这忽视了黑格尔关于理论活动、理论认识必须经过自由、目的、自决性、能动性的中间环节，才能过渡到实践活动的思想。黑格尔所说的"善"，实际上有两层意思，一是具有实践目的、动机的含义；二是指意志活动即实践活动。所以，黑格尔常有"善的目的"、"善的实现"、善是对"外在的现实之要求"① 等等用语和提法。

那么，为什么其间必须有中间转化的过渡环节呢？黑格尔认为，这是由理论性的认识和改造世界的实践活动的本性所决定的。"理智的工作仅在于认识这世界是如此，反之，意志的努力即在于使得这世界成为应如此。"② 这就是说，理论性的认识活动仅仅在于认识外在世界，解决的是外在世界是什么、是如何的问题。但实践活动则是改造世界，解决的是使客观世界应如此、应怎样的问题。"是如此"的理论性认识的东西当然不能直接指导、支配"应如此"的实践活动。所以在取得理论性的认识之后，在未来的实践活动之前，必须有一个对"外在的现实之要求"、"善的目的"之类的中间转化环节。主体先有了对"外在的现实"和自己未来的实践活动"要什么"、"要怎样"的观念，然后才会有体现"应如此"、"应怎样"的实践活动。

黑格尔的上述思想尽管耐人寻味，有合理之处，但他是站在唯心主义基础上阐发的，因而他并未能真正正确地解决理论性的认识与实践活动之间存在着中间转化环节这一问题。唯有马克思主义的辩证唯物主义，才能真正科学地阐明和解决这一认识论中的重要原理。

马克思曾经把纯理论性的认识、意识和实践精神、实践意识，看作是人

---

① 黑格尔：《逻辑学》下卷，商务印书馆 1966 年版，第 526、523 页；《小逻辑》，第 419 页等处。
② 黑格尔：《小逻辑》，商务印书馆 1980 年版，第 420 页。

们头脑对世界掌握的两种不同的观念性东西。在 1857—1858 年经济学手稿《政治经济学批判》导言中，马克思批判了黑格尔在唯心主义前提下来理解抽象上升为具体的思维方法，指出"从抽象上升到具体的方法，只是思维用来掌握具体并把它当做一个精神上的具体再现出来的方式。但决不是具体本身的产生过程"。因此，"只有在下面这个限度内才是正确的：具体总体作为思想总体、作为思想具体，事实上是思维的、理解的产物；但是，决不是处于直观和表象之外或驾于其上而思维着的、自我产生着的概念的产物，而是把直观的表象加工成概念这一过程的产物。整体，当它在头脑中作为思想整体而出现时，是思维着的头脑的产物，这个头脑用它所专有的方式掌握世界，而这种方式是不同于对世界的艺术的、宗教的、实践精神的掌握的。"①

　　马克思认为，人们思维着的头脑对世界的掌握，总是借助于一定的思维方式来实现的，而人们用不同的思维方式，从不同的角度，以不同的目的去分析和把握世界，就会获得相互有别的、不同的思维产物。依马克思这里的看法，人们的头脑、思维、意识对世界的掌握至少有四种，在"直观和表象"的感性认识基础上，经科学抽象而得到的科学理论，是属于纯理论性的对世界的掌握，它只是客观世界的事物在头脑中的反映、认识，或者像马克思所说，只"是思维着的、理解的产物"，所以，这种理论性的认识、纯科学理论，仅仅只是以"认识的方式"、"反映的方式"、"理解的方式"去分析世界、掌握世界。而这种纯理论性认识则不同于艺术、宗教、实践精神对世界的掌握。艺术是用艺术想象和艺术形象去观察和把握世界。宗教是以上帝、鬼神之类虚幻的观念去歪曲地反映和掌握世界。宗教本质上完全不同于科学

---

① 《马克思恩格斯全集》第 46 卷（上），人民出版社 1979 年版，第 38、39 页。

理论和艺术对世界的掌握，因为它不能提供任何科学真理。

　　那么，什么是对世界的"实践精神的掌握"呢？有人把实践精神简单地理解为客观的实践活动，说"劳动生产是人对世界实践精神的掌握"，实践精神"只不过是指在某种目的指导下的实践活动，如生产劳动"①。这显然是与马克思的原意有出入的。在《导言》的这段话里，马克思是在思维、精神领域之内区分掌握世界的不同意识、观念问题。

　　因此，马克思讲的"实践精神"，虽然是一种与实践活动息息相关的东西，但不能直接地、完全地等同于客观的实践活动。我们认为，马克思当年所讲的"实践精神"（原文是 Prakisch–geistigen，也可译为："实践—精神"，"掌握"比"认识"含义为广，它还含有"应付"、"驾驭"的意思），是一种带有强烈实践倾向的观念，主要指那些直接旨在指导、支配人们实践行为的观念、思想。这种观念、思想主要不是认识、理解和说明客观事物，而是从实践、务实、实用的角度去反映和掌握世界；具体内容就是实践目的、动机、欲望、意志、计划等。这些东西是由具体的实践要求所产生的、与自己未来的实践活动直接相关联的。可以说，它们是一种直接处理实际事务的设想、规划，改造事物的措施、方法。

　　我赞成苏联有位学者的看法，他认为，对世界实践精神的掌握是直接实践意识，而理论的掌握是延期的实践意识，两者主要差别在于，前者已经找到了实际利用客观知识的途径，后者则还尚未找到。②

　　我们在马克思、恩格斯的其他著作中，也可以找到马克思（恩格斯）多

---

　　①　朱光潜：《生产劳动与人对世界的艺术掌握》，《新建设》1960年第4期，第32页；孟伟哉：《关于艺术创作中的形象思维问题》，《社会科学战线》1978年第1期。

　　②　参见《国外社会科学》1981年第4期，第28页。

次使用过类似"实践精神"的"实践意识"等概念。比如，马克思、恩格斯指出："霍尔巴赫的理论是关于当时法国的新兴资产阶级的有正当历史根据的哲学幻想，当时资产阶级的剥削欲望还可以被描写成个人在已经摆脱的封建羁绊的交往条件下获得充分发展的欲望。但是，在18世纪，资产阶级所理解的解放，即竞争，就是给个人开辟比较自由的发展的新活动场所的唯一可能的方式。在理论上宣布符合于这种资产阶级实践的意识、相互剥削的意识是一切个人之间普遍的相互关系，——这也是一个大胆的公开的进步，这是一种启蒙……"① 这里的"实践的意识"，指的就是直接支配资产阶级实践行为的欲望、动机、目的、剥削观念等东西。这种"实践的意识"不同于纯理论性的意识，它是可以直接付诸实施的。

马克思、恩格斯在另一地方又指出：理论性的意识"是同对现存实践的意识不同的其他的东西，它不想象某种真实的东西而能够真实地想象某种东西"。它只是"从物质劳动和精神劳动分离的时候起"才产生、才"摆脱世界而去构造'纯粹的'理论、神学、哲学、道德等等"。马克思、恩格斯认为，"思想、观念、意识的生产最初是直接与人们的物质活动……交织在一起的。"② 这种与物质活动、物质劳动直接交织在一起的思想、观念、意识即实践的意识，在精神劳动（脑力劳动）从物质劳动（体力劳动）中独立出来之前，就已经存在了。但理论性的意识则是随着脑力劳动的独立产生才产生的，它与人们的物质活动保持着一定的距离，具有间接性、抽象性。而与物质活动直接交织在一起的"实践的意识"，就不存在这种分离性、间接性和抽象性，因而它一般不需要经过一定的中间转化环节，就能直接指导和支配人们

---

① 《马克思恩格斯全集》第3卷，人民出版社1956年版，第480页。
② 《马克思恩格斯选集》第1卷，人民出版社1956年版，第36、30页。

的实践活动（物质劳动、物质活动）。

可见，在马克思（恩格斯）看来，纯理论性的认识、意识、观念与实践的意识、精神、观念是两种具有不同性质、功能的观念性东西。如果说前者是以认识、反映、说明、理解、理论形态的方式掌握世界的话，那么，后者就是以实践性、务实性、驾驭的方式掌握世界，是直接指导、支配实践行为的。正由于这样，经典作家们在谈到直接指导、支配人们实践活动的观念时，大多用实践目的、计划、方针、政策等具体的、带有实践性质的概念和范畴。例如，马克思明确指出：人们的实践活动是由事先确立的实践目的所直接支配的。[①] 恩格斯也指出：人们的实践活动总"带有经过思考的、有计划的、向着一定的和事先知道的目标前进的特征"[②]。

毛泽东同志在指导中国革命的长期实践斗争中，全面地发展了马克思主义关于"主观见之于客观"的原理。他认为："主观见之于客观"是一个复杂的过程，人们在取得了对客观事物的本质和规律性认识的基础上，只有通过确定、选择实践目的和制定相应的计划、方案、措施、途径、方法、战略、策略、方针、政策等环节，才能直接、有效地指导改造世界的实践活动。所以，毛泽东同志在论述精神变物质、主观变客观的过程时，往往不只是笼统地讲理论、思想、理性认识，不只泛泛地停留在纯理论的范围之内。比如，毛泽东同志说："……人们的认识由感性的推移到了理性的，造成了大体上相应于该客观过程的法则性的思想、理论、计划或方案，然后再应用这种思想、理论计划或方案于该同一客观过程的实践，如果能够实现预想的目的，即将预定的思想、理论、计划、方案在该同一过程的实践中变为事实，或者

① 《马克思恩格斯全集》第23卷，人民出版社1972年版，第202页。
② 《马克思恩格斯选集》第3卷，人民出版社1956年版，第516页。

大体上变为事实，那么，对于这一具体过程的认识运动算是完成了。例如，在变革自然的过程中，某一工程计划的实现，某一科学假想的证实……都算实现了预想的目的。"① 在这段话中，毛泽东同志一方面讲到了"思想"、"理论"等概念，另一方面更多地提到了"计划"、"方案"、"目的"等一类带有直接指导、支配实践活动的具体范畴，只是还尚未把两者做严格、明确的区分罢了。

但是，毛泽东同志认为纯理论、理性认识的东西与直接指导、支配实践活动的实践目的、计划、方案、设想、政策等这类观念性的东西，是有区别、而不能简单地画等号的。所以，在后来的一些有关论述中，毛泽东同志就有了明显的区分。例如，他指出："共产党领导机关的基本任务，就在于了解情况和掌握政策两件大事，前一件事就是所谓认识世界，后一件事就是所谓改造世界。"② 了解情况是掌握政策的前提和基础，所谓"掌握政策"，自然包括制定政策和实施、执行政策两个方面。正如列宁指出："只有客观地考察某个社会中一切阶级的所有相互关系，因而也考察该社会发展的客观阶段，考察该社会和其他社会之间的相互关系，先进阶级才能以此为根据制定正确的策略"③，而后直接指导人们改造世界的实践活动。

"政策"、"策略"这种观念，显然不同于认识、考察客观事实是什么，是如何而产生的纯理论性的东西。实践、"做就必须先有人根据客观事实引出思想、道理、意见，提出计划、方针、政策、战略、战术，方能做得好。"④ 这里特别值得我们注意的是，毛泽东同志把思想、道理、意见与计划、方针、

---

① 《毛泽东选集》四卷合订本，人民出版社 1971 年版，第 270 页。
② 同上书，第 760 页。
③ 《列宁全集》第 21 卷，人民出版社 1990 年版，第 55 页。
④ 《毛泽东选集》四卷合订本，人民出版社 1971 年版，第 445 页。

政策、战略、战术这些主观范围内的东西，中间用逗号隔开，以示区别。而且用词也很讲究，把思想、道理等观念看作是从"客观事实"中"引出"来的（正如自然科学中的基础理论研究成果只用"发现"概念一样）。这是一条由物质到精神的道路，是对客观情况的如实反映和认识。而计划、方针等观念是人"提出"来的（正如自然科学中的技术科学、应用技术的研究成果只用"发明"概念一样），这是由精神变物质过程的开始，已经不只是对客观世界的事实反映和认识了，而其中已经包含了人的东西、人的需要、人的目的、人的意志等等。一个是"引"，"引出"关于不以人的意志为转移的客观规律的（理性）认识；一个是"提"，"提出"包含着以人的意志为转移的因素在内的行动设想计划。

由此可见，对客观世界事实性认识所取得的观念性东西与直接指导实践活动的观念性东西，是有明显区别的。但它们也是相互联系的，前者是后者的前提、基础，后者是前者的继续、发展，是前者过渡到实践活动的中间环节。

毛泽东同志的上述思想，他本人在革命实践中身体力行。在著名的《论持久战》一文中，他根据当时国际、国内特别是中日两国的各方面客观事实，说明了中国的抗日战争既不是"必亡论"，也不是"速胜论"，而是最后胜利一定属于中国、中国人民，但必须经过艰苦的、长期的"持久战"。这是毛泽东同志通过分析大量的客观存在的事实后，所得出的一个"是什么"、"是如此"的理性认识的科学结论。对此，毛泽东同志自己也指出："以上说的（指《论持久战》一文的第一个到第五十八个问题——引者），都是说明为什么是持久战和为什么最后胜利是中国的，大体上都是说'是什么'和'不是什么'。以下，（指《论持久战》一文的第五十九个问题到全文结束——引者）将转到研究'怎样做'和'不怎样做'的问题上。怎样进行持久战和怎样争取最后胜利？这就是以下要答复的问题……。"①

由此可见，毛泽东同志把由感性认识、理性认识所取得的客观事实"是什么"的观念，与直接指导实践活动、主要体现人们要"怎样做"的观念，明确地区分开来，但同时他也认为，前者与后者的关系，就如同一篇文章的上、下两部分一样，是相互联系、相互统一、相互转化的。

在长期的革命实践中，毛泽东同志不但一贯号召和要求全党各级领导干部，而且自己也努力做到：首先必须从客观事实出发，深入实际调查研究，做到实事求是，取得关于客观事物规律性的理性认识，解决客观事实本身"是什么"、"是怎样"的问题。接着第二步是选择、确定实践目的、目标；把抽象的理性认识具体化，继续研究尚未研究或尚未深入研究过的事物矛盾的特殊性；再"说明达到此目的的步骤和政策"、方法和途径等，② 解决我们人"要什么"、"要怎样"、"必须怎样"的问题。最后第三步是将第二步观念性的东西现实化、物质化，进行依据于一定目的、计划方案的变革客观现实的实践活动。

综上所述，我们从对德国古典哲学的代表者康德和黑格尔，特别是马克思主义经典作家们的有关论述的初步考察中，足以说明以下几个问题：

第一，由感性、理性认识所获得的纯知识性、纯事实性的认识观念的东西，与直接指导和支配实践活动的目的。计划、方案、方针、政策、战略，自由意志、实践精神、实践意识等观念的东西，是两种处于不同层次上的、具有不同质的规定性和不同功能的观念。

第二，感性、理性认识，纯理论性的观念的东西要直接指导、运用和服

① 《毛泽东选集》四卷合订本，人民出版社 1971 年版，第 444—445 页。
② 同上书，第 449 页。

务于改造世界的实践活动，就必须在未来的实践活动之前，完成一个观念上的中间转化环节。

第三，马克思主义经典作家们认为，这个中间转化环节必须以对客观事物的理性认识为基础、为前提、为起点，亦即必须用唯物主义的观点来阐明这一中间转化环节。

第四，理性认识、科学理论回到改造世界的实践活动，其间普遍存在着一个观念上的中间转化环节的问题，在哲学发展史上早已为哲学家们所注意，并以这样那样的方式企图给予解决。这一问题同样也为马克思主义经典作家所重视，他们批判和抛弃了康德、黑格尔等人在这个问题上的唯心主义观点，站在辩证唯物主义的立场上，第一次在哲学史上，原则性地给予了科学的解决。

但是，这样一个为哲学史上特别是为马克思主义经典作家所论及过的哲学认识论中的重要原理，却一直被人们所忽视。随着近几年关于真理标准问题讨论的深入，认识论中的这一重要问题，终于为人们所触及并提出来了。例如，王若水同志在《认识论不要忘掉了人》的一文中就指出，过去"我们通常把政策、计划、方案这些东西归入理性认识的范畴，由于这一点，我们就容易忽视这些东西同对于客观事物的知识之间的区别。知识（不论是感性知识还是理性知识）回答的是客观情况'是怎样'，政策、计划、方案回答的是人'要怎样'，'要怎样'必须从'是怎样'出发，必须以事物的现状为基础，然而'要怎样'又比'是怎样'前进了一步，它意味着改变事物的现状"①。

---

① 王若水：《认识论不要忘掉了人》，《光明日报》1981年2月12日第4版。

尽管已经有人提出了这一重要的理论问题，但遗憾的是仍然未引起人们的普遍重视。

第二部分：实践观念的含义、内容、特点 及其在认识总过程中的地位

在第一部分里，我们从理论、事实和哲学史的角度，说明了在理性认识与改造世界的实践活动之间。客观上阐述了必然地存在着一个观念的中间转化环节。

这个观念的中间转化环节，我们暂用"实践观念"这一概念来命名。在第二部分里，我们将着重来探讨一下实践观念的含义、主要内容、特点以及实践观念在认识总过程中所处的地位。

一 实践观念的含义

简单地说，实践观念是一种在理性认识的基础上为了直接指导和支配人们自己的实践活动而产生的具体观念。或者更准确地说，实践观念走在未来实践活动之前，主要体现实践主体对外界客观事物和自己的实践行为"要什么"、"要怎样"、"要如何"，即头脑规划未来实践活动的对象、条件、方法、步骤、途径、过程和实践结果的一种观念。

实践观念介于理性认识与改造、世界的实践活动之间，带有明显的实践性和强烈的务实性；它总是同人们自己未来的具体实践活动处于直接同一之

中，是非常现实的，具有高度的客观性、全面性和具体性，以在实践中实现为目标的，可以直接付诸实施的一种实践性意识（因而我们称之为"实践观念"），以区别于感性认识、理性认识等纯理论、纯知识性的意识、观念。

一般的科学理论、理性认识，不直接体现人们的一定的实际需要和利益，不表现和强调直接的实用性，不要求立即付诸实施，不直接反映实践者未来的实践活动，它们只是以反映外界客观存在，建立客观世界本身的客观图景，解释和说明客观世界为直接目标。在这里，它们除了能满足人们认识和理解客观世界之外，不能满足人们实际的需要和利益，以及实践的要求。因而它们不是人们直接的实践意识和思想。相反，实践观念则是以现实地以运用科学理论、理性认识为基础，进而是以规划未来实践的对象、过程及结果，建立新的客观图景、改造和创造客观世界为直接目标的。在原则上，实践观念虽然还属于观念、意识即主观范围内的东西，但它已经不是一般的观念和意识，因为，它不只是认识、说明和解释客观世界，而且要改造现存世界和创造性地勾画未来实践活动及由实践活动所引起的人造客体。用列宁的话说，就是"人给自己构成世界的客观图画"①。或者像马克思所指出：人们在生产实践活动之前，就事先"在观念上提出生产的对象，把它作为内心的图象、作为需要、作为动力和目标提出来"②。

可以说，实践观念是一种观念的实践模型、观念中的实践活动，它是对实践者自己未来实践对象、实践途径、实践步骤、实践过程、实践结果等有关内容的一种"超前"反映和模拟。自然，实践观念也必须反映现存的客观实在，但它主要的是反映和认识、观念地勾画和创造未来的新的现实以及未

---

① 《列宁全集》第38卷，人民出版社1988年版，第235页。
② 《马克思恩格斯全集》第46卷（上），人民出版社1979年版，第29页。

来的实践活动。这是它和一般科学理论、理性认识等纯理论、纯知识性东西的根本性质区别之所在。

因此，实践观念对世界的反映和掌握，必然地具有"二重性"和"双重功能"。它既面对事物的现状，又预见和预设未来；既反映着人们对世界的认识，又体现着对世界的改造。它是认识世界和观念地改造世界的辩证统一，是理性认识与未来实践活动相互结合的产物；科学的实践观念，既包括对客观世界反映的不以认识主体的意志为转移的客观内容，又无疑包含着使客观世界的变化按人的意志为转移的依赖于主体的主观因素；既正确地反映了客观事物的本质和发展规律，同时也实实在在地反映了与客观事物的本质和发展规律相一致的实践者的一定需求和利益，"二重性"的前一重性，是客观世界、客观规律对人、对人的观念的决定作用，后一重性则是人们在获得关于客观事物规律的理性认识的基础上，在一定条件下，以内在的意向表现着对客观世界施加改造的反作用。

很显然，实践观念的内容包含着来自客观世界和人、主体的两个方面，是这两个方面的内容和作用的有机结合（实践结果是这两个方面的现实化、客观化）。因此，实践观念是意识反映存在和意识反作用于存在的交织点、汇合处，它主要不只是教人去认识世界、说明世界、描述世界，而是教人去行动、去实践、去改造世界、去创造新的世界；它主要强调的是一种主观见之于客观（实践活动及结果）的过程，反映着由科学理论、理性认识向改造世界的实践活动的逻辑推移；它体现的是人们对外界客观世界的实践关系；表现的是人们为达到自己的一定实际需要和利益而改造世界的要求。由理性认识过渡到实践观念，也就是人们对周围世界的分析、反映和认识过渡到了有目的、有计划地影响和反作用于周围世界的开始。

　　总之，实践观念主要涉及和解决的是实践主体如何利用科学理论、理性认识，如何运用自己的意志来达到自己的目的，如何使客观世界的现实对象服从自己，按照自己的愿望和要求发生变化，由此而应该如何行动、如何改造世界等等实践性的问题。

　　实践观念的上述特性和功能，对于直接指导和支配改造世界的实践活动的观念来说，是绝对必要的。同时，对于人、人的意识、思维和头脑来说，也是完全可能的。列宁指出："人的意识不仅反映客观世界，并且创造客观世界。"[①] 这就是说，人们的头脑、意识、思维从认识论角度看，起码有两大基本功能：它们不仅能够如实地、能动地正确反映和认识外界客观事物及其发展规律，以形成科学理论，取得理性认识，从而去说明和解释客观世界；而且还能够在前者的基础上，根据实践者自己的一定需要和利益以及其他主客观条件，在未来现实的实践活动之前，就事先在头脑中观念地提出实践目的、制订实践计划，观念地设定对象，观念地模拟未来实践活动，观念地改造现存事物，观念地创造未来的新事物（人造客体）。

　　观念反映和观念改造世界的统一，正是实践观念自身所特有的功能。同时，这也是我们人类高于一般动物所特有的主体的能动性和创造性的突出表现。

二　实践观念的主要内容

　　实践观念的内容十分广泛，也很复杂。诸如我们在前面提到过的实践动

---

① 《列宁全集》第 38 卷，人民出版社 1988 年版，第 228 页。

机、欲望、意志、目的、计划、方案、方针、政策、策略、战略、战术，自然科学中的技术科学、应用技术、产品设计，社会科学中的"社会技术"、"社会应用技术"（借用于光远同志的话）等等方面，都从不同角度、不同侧面表现了实践观念的具体内容。这些内容看起来错综纷乱，但从哲学认识论高度，我们可以把实践观念的主要内容概括为四个方面。

（一）关于被改造客体的相对完整、具体的认识（知识）

这里既包括带有抽象特性的理性认识，更包括在理性认识基础上对被改造对象各个方面的具体性认识。人们为了有效地改造世界，实现自己的目的、要求，就必须使自然界、社会的客观事物服从自己、按自己的意志发生变化。但要做到这一点，人们却首先必须"服从"客观事物，适应客观对象，先向它们主动"屈服"。正如哲学家培根所说：要命令自然就必须服从自然。

所谓"服从"客观事物，也就是应尽可能全面、具体地去认识和理解客观事物。无须赘言，实践观念只有以正确的理性认识为基础，把关于被改造客体的完整、具体的认识包含于自身之中，才能使自己具有一定的客观依据和科学性，才能卓有成效地指导实践活动。人们对被改造对象的认识越完整、具体，越客观、正确，实践观念也才会越可靠、越能合理地指导实践。

如果说，一般的科学理论、理性认识有待于转化为实践观念的话，那么，实践观念也必须依赖于科学理论、理性认识，并把被改造对象以及其他有关方面的完整、具体的知识包括于自身之中。因此，实践观念的产生和形成过程，也是一个对理性认识具体化、对客观事物继续认识的过程。

但是，作为直接指导实践活动的实践观念，只有关于客观事物、被改造客体的认识（知识），是远远不够的。这是因为，它们都不过只是人们对外在客观世界的一种事实性认识，认识的结果只告诉人们外界客观世界、客观情况的事实是什么、是怎么回事。这种认识对于形成完整、科学的实践观念，虽然是必需的内容，但却不是充分的、所有的内容。实践观念是要给自己的未来实践活动提出要求和任务、设计和规划未来的实践活动。而客观的实践活动则原则上依据实践观念，把客观事物改造成"应如此"、"应怎样"。正如黑格尔所说："如果世界已是它应该那样，则意志的活动将会停止。因此意志自身就要求它的目的还没有得到实现。"① 换成我们现在的话，就是说，如果没有实践观念按人的需要和意志去给实践活动提出任务和要求，那么，实践活动也就不会产生或将会停止，人的活动也就不是真正人的实践活动了。

因此，实践观念还应该包括体现实践主体一定的实际需要、利益等方面的内容。

（二）实践主体的一定实际需要和利益，是实践观念不可缺少的主要内容之一

回答外界客观事物"是什么"、"是怎样"的科学理论，理性认识，是如何转化为和加入实践观念的呢？实现这种转化的关节点、契机是什么呢？各种各样的科学理论、理性认识、客观世界的对象、客体究竟它的哪一部分、哪一些能进入人们的运用领域、实践领域呢？

不错，尽管这种转化和选择往往要受人们驾驭被改造的客体、作用于客体的各种工具和各种知识的能力的限制，但根本的原因是人们自己一定的实际需要和利益，"一种思想、理论，只有当它适应于社会的需要时，才能对社会起反作用，才能转化为存在。"②因为，具有理性的我们人类，总不愿干那些无谓的事、做那些无效的实践活动。黑格尔说："人为了自己的需

---

① 黑格尔：《小逻辑》，商务印书馆1980年版，第420页。
② 王若水：《在哲学战线上》，人民出版社1980年版，第440页。

要，通过实践和外部自然界发生关系，他借助自然界来满足自己的需要，征服自然界。"对此，列宁评论道："黑格尔在这里已经有历史唯物主义的萌芽"了。① 众所周知，生产活动是人类改造世界的实践活动的最基本的内容和形式，而马克思指出：人们的物质需要推动了生产活动的社会实践。② "没有需要，就没有生产。"③ 马克思还明确指出过："任何人如果不同时为了自己的某种需要和为了这种需要的器官而做事，他就什么也不能做。"④

当然，需要和利益这些东西，虽说不是纯客观、纯物质性的，但也不是纯主观、纯观念的，而是主体与客体、主观与客观相互作用、相互规定的产物，所以，"需要"是一个主客观之间的关系范畴。同时，需要还要受实践活动的制约，它的产生也有社会根源，"我们的需要……是由社会产生的。"⑤ 当实践主体认识到自己的一定需要和利益之后，就会引起活动的动机、行为的动因、实践的目的；进而又引起解决旨在满足需要的决策、方法、途径和活动。因此，马克思主义一贯认为，必须用具有一定客观性、社会性的需要来解释人们的实践行为。

但"人们已经习惯于以他们的思维而不是以他们的需要来解释他们的行为。"⑥ 这就必须将被习惯、被唯心主义颠倒了的是非重新拨正过来，以人们的需要、而不是以人们的思维去解释人们自己的实践行为。

列宁也曾指出过："必须把人的全部实践……作为事物同人所需要它的那

---

① 均见《列宁全集》第38卷，人民出版社1988年版，第348页。
② 《马克思恩格斯全集》第25卷，人民出版社1974年版，第926页。
③ 《马克思恩格斯全集》第46卷（上），人民出版社1979年版，第29页。
④ 《马克思恩格斯全集》第3卷，人民出版社1956年版，286页。
⑤ 《马克思恩格斯全集》第6卷，人民出版社1961年版，第492页。
⑥ 《马克思恩格斯全集》第20卷，人民出版社1973年版，第516—517页。

一点的联系的实际确定者。"① 把实践作为事物和人的需要之间的联系的实际确定者，也就是说，客观事物只有在符合人的需要的情况下，才能进入人们的实践领域；同时，只有经实践活动，才能改变事物，现实地创造出新客体，以适应和满足人们自己的实际需要。正如毛泽东同志所指出："任何思想，如果不和客观的实际的事物相联系，如果没有客观存在的需要，如果不为人民群众所掌握，即使是最好的东西，即使是马克思列宁主义，也是不起作用的。"②

总之，无论是科学理论、理性认识，还是外界客观事物，当它们还尚未能满足人们的某种实际需要和利益的时候，对我们人的实践活动来说，它们不过是外在的、异在的东西。一般说来，正是由于人们的实际需要和利益，才使得人们能把科学理论、理性认识转化为实践观念，并运用于实践。人们对理性认识运用的选择，对被改造客体的选择，对实践活动的手段、方法、形式等等的选择，总是以自己一定的实际需要和利益为主要依据，也总是局限于与自己的需要和利益相适应、相一致的范围内。

这既是我们人类的长处，同时在一定条件下也是短处。说优点、长处，是因为它使得人们不会去做那些徒劳无效（益）的盲目"实践"；说缺点、短处，是因为它又使得人们往往不能适当地处理好眼前利益与长远利益的辩证关系以及实践者相互之间的利害关系，从而也做一些得不偿失、相互否定的实践活动。优点也好，缺点也罢，反正是一个客观的存在、客观的事实。正是人们自己的一定实际需要和利益，使得科学理论、理性认识由回答客观事物"是什么"、"是怎样"的纯理论性的东西，转化为实践观念并包含于其中，作为实践观念的一个重要"成员"，开始为人们改造世界的实践活动服务。

---

① 《列宁选集》第 4 卷，人民出版社 1995 年版，第 453 页。
② 《毛泽东选集》四卷合订本，人民出版社 1974 年版，第 1404 页。

（三）在关于被改造客体完整、具体的认识和实践主体的一定需要、利益的基础上所形成的实践目的，是实践观念又一主要内容

毫无疑问，关于被改造客体完整、具体的知识和人们一定的实际需要、利益，都应是实践目的赖以产生的基本前提。人们在什么时候、什么情况下提出实践目的，总是依据自身的一定需要、利益和对客观事物的认识、理解来决定的。需要变了、发展了，对客观事物的认识前进了，实践目的也就跟着变化和发展。马克思指出：实践目的、实践"任务是由于你的需要及其与现存世界的联系而产生的"①。同时，你要理解和把握这种联系，没有关于被改造客体的相当知识，也是不可能的。

实践目的的提出，说明主体已经不只是服从事物，而是在开始"命令"事物，要求客观事物按自己的意志发生变化了。因为，实践目的意味着实践主体"要什么"，体现着实践主体对事物的现状不满足，要争取什么、要改造什么、要创造什么。实践目的不是对未来要发生的东西的简单预测那些不符合人们意志的未来可能发生的东西，不可能作为人们要争取达到的实践目的；只有那些经过改造、符合实践者一定需要和利益的未来可能发生的东西，才能成为人们去争取实现的实践目的。

实践目的也同其他事物一样，有一个从混沌的、定性的状态到愈益明确、具体、完善和定量的发展过程。因此，提出实践目的之后，还必须将它具体化、准确化。否则，就难以具体、有效地指导实践。马克思说："一个目的如果不是特殊的目的，就不成其为目的，正如同行动如果没有目的就是无目的、无意义的行动一样。"② 所谓"特殊的目的"，也就是指具体的、精确的目的。

---

① 《马克思恩格斯全集》第3卷，人民出版社1956年版，第329页。
② 《马克思恩格斯全集》第1卷，人民出版社1960年版，第287页。

只有具体、特殊的实践目的，才是实践活动所要求、所需要的。

比如，当我们开始提出要生产汽车这一实践目的时，不能说这时候的目的已经是具体、精确了，实际上还不过只是停留于"要生产汽车"的定性规定上。然而，这是无法直接指导生产汽车的具体实践活动的。所以，实践目的必须进一步具体化、定量化，在生产汽车这一总目的的周围形成多层次、多水平的许多次总目的、次目的、附设目的。如生产什么型号的汽车，生产多少汽车，汽车质量、成本、技术参数等等。生产汽车这一总目的以及生产什么型号汽车等次总目的，是必须达到的；那些次目的如成本要低，是应努力达到、争取达到的；至于那些附设目的如汽车某些部位造型要美观等，则是希望达到或可做可不做的。

这样，在一个总目的的周围就形成了一个"目的群"。"目的群"中各个具体目的的重要程度，我们可以画一个目的层次曲线图来表示：

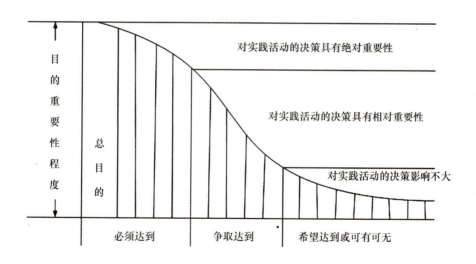

但是，实践观念如果只停留在"要什么"的实践目的上，即使在实践目的已经具体化、定量化的情况下，也还不能直接、有效地指导和支配实践活动。因为，有了实践目的，并不等于找到和解决了达到目的的途径、方法、手段、步骤等等。所以，实践观念除了上述几方面的内容外，还必须有其他方面的内容。

（四）*在前三个内容的基础上，为达到实践目的而解决实践活动的方法、途径、步骤等实践规划（计划），是实践观念一个更为突出的主要内容。*

实践规划主要体现和解决人们"要怎样"改造世界、"要如何"进行实践活动的问题。选择和确定实践目的，就是从需求、从理想的角度去预先规定采取实践行动后会带来的实践结果，它表现了实践者"要什么"、追求什么的愿望。而实践规划则是为了达到预期的目的，对人们自己未来的实践活动事前做出的一种"设计"，使关于未来实践活动的有关方面内容的信息转变成要求进行和怎样进行有目的的实践活动的指令。

人们要想形成完整的、可行的实践观念，就必须解决"怎样做"、"如何做"的问题，毛泽东同志指出："当某一件事情（任何事情都是一样）要做，但是还没有方针、方法、计划或政策的时候，确定方针、方法、计划或政策，也就是主要的、决定的东西。"[1] 有了实践目的，也就有了应该达到的尺度；有了实现目的的客观条件，也就有了达到目的的根据；如果解决了实现目的的最佳、最优的方针、政策、方法、途径、方案，再综合未来实践活动可以预测到的各方面因素，在观念中事先勾画出实践活动的基本过程和结果，估计到实践活动可能带来的不良后果、"副作用"，并制定出防止和消除不良后

---

[1] 《毛泽东选集》四卷合订本，人民出版社1971年版，第300页。

果的各种措施等等实践规划，那么，就会形成科学的、完整的实践观念。

以上我们从四个方面简单地分析了实践观念的主要内容。实践观念的这些内容，为什么不像一般的科学理论、理性认识那样，能直接指导和支配人们的实践活动呢？这是由实践观念的"使命"、功能和特性所决定的，在实践观念的内容中，存在着转化为实践活动的内在根据和基本动力。

作为实践观念的内容之一的关于被改造客体的完整、具体的知识，不但包含着具有抽象、普遍性的理性认识，而且还是按实践要求、对理性认识的进一步发展和具体化，这就使实践观念建立在客观事物发展规律的基础上，具有客观的、科学的根据，为直接指导和支配实践活动具备了必要的基本前提。而主体的一定的实践需要和利益，使一定的理性认识转化为实践观念，开始为实践要求服务；同时也使实践观念内在地包含着转化为实践活动的基本矛盾和动力；并进而导致实践目的的产生。实践目的是一种人决心用自己的实际行动来改造事物、以满足自己的需要和利益的主观性东西，它反映着这样一种状况：人们所期望、追求的东西尚不存在或虽存在但不在主体面前、归主体所有。

因此，当人们一提出实践目的，就觉得有某种实践活动的需要。因为，唯有通过改造现存的事物，经过自己现实的实践活动，才能切实地满足自己的需求、实现自己的目的。因而在实践目的这一范畴里，就已经内在地包含着引起实践行为的潜在可能性。黑格尔说过："行为的必然性在于：目的本来就是与现实关联着的，而且目的与现实的这个统一性就是行动的概念；行为之所以发生，乃是因为行为自在自为地即是客观现实的本质。"① "当我们提

---

① 黑格尔：《精神现象学》上卷，商务印书馆 1979 年版，第 271 页。

出一个目的在前面时，……我们决心要作某件事，这意思是说，主体从它单纯自为存在着的内在性向前走出来，要与那在外在的与他对立的客观性打交道。于是就形成了由单纯的主观目的到那转向外面的合目的的活动的进展。"①

如果说实践目的包含着引起实践行为的必然性和可能性，那么，根据各种条件，为达到实践目的而制定的实践方针、方法、途径、步骤、措施、方案等实践规划，则必然地包含着产生实践活动的现实性，而不只是可能性。因为，实践规划不只是解决了某项工作、某个实践活动要不要做的问题，而是解决了人们要怎样去做，应该如何去实践的问题。

因此，正由于实践观念内在地包含着"实践性"、"外向性"、"指令性"，才使得它不同于一般的科学理、理性认识，而能直接指导和支配实践活动。

三 实践观念的特点

（一）实践性

我们在前面曾指出过：实践观念是为直接指导和支配人们的实践活动而产生的，它产生和存在的本身，就表明人们不满足于事物的现状，要求用实际行动去改变当下的现实。所以，实践观念具有明显的实践性，亦即批判性、改造性、务实性和建设性。

但是，过去人们在谈到实践与认识、实践与观念的关系时，往往只是强调实践制约着认识、观念的来源，实践推动着认识、观念的发展，实践检验着认识、观念的正确性，如此等等，固然是重要的，也是正确的。不过，在

———————————

① 黑格尔：《小逻辑》，商务印书馆1980年版，第392页。

具体阐述时，往往有明显的片面性和绝对性。例如，只是把实践活动作为一方，把认识、观念作为另一方去谈它们之间的关系，没有看到观念、认识的东西对实践活动也有制约和规定的作用、有推进和促进的作用；观念的东西与实践活动之间的区分也不是绝对的。

事实上，在实践观念中，实践活动的因素已经渗入到了人们的观念之中，并作为观念活动自身之中的一个必然环节而起作用。这具体表现在：实践观念产生的直接目的是为了改造世界的实践活动；回答"是什么"、"是怎样"的客体的知识，在此时已直接为实践者的实践需要、为实践目的、为实践规划服务；由于实践观念中的需要目的，反映了人们对自己、对客观事物"要什么"的意向，因而有"起动"未来实践活动的特性，包含着进行实践活动的潜在可能性；实践观念中的规划，则总是事先在头脑中观念地改造世界、观念地模拟未来的实践活动，把自己在未来应如何行动，每种行动可能带来什么实践效果等等，都作为自身不可缺少的内容。

很显然，这种观念已不是纯粹的观念，观念与实践似乎已开始相互融合、不可分离，实践活动已作为观念的一个环节，实践性已成为实践观念的主要特性。正如马克思、恩格斯所说：人们提出了实践任务、"提出了显明的实际措施，这里面不仅体现着他们的思维，并且更主要的是体现着他们的实践活动"①。

实践观念的实践性特点，我们还可以从主体与客体的相互关系角度做进一步的说明。在感性认识和理性认识阶段，头脑、意识之外的客体，只是作为一个认识的对象而出现和存在。不仅在认识过程中是这样，就是已经认识了客体，但只要还未涉及去改造它时，客体始终只是认识的对象。与此相联

---

① 《马克思恩格斯全集》第 2 卷，人民出版社 1956 年版，第 195 页。

系、相对应，主体也只是以认识的主体而出现和存在。但是，实践观念直接涉及的是改造世界，因而原先的认识对象也就开始转化为实践的对象，与此相应的是，认识主体这时候的以实践主体的角色出现和存在了。先是主体认识、反映客体，而后是主体观念地改造客体和观念地构造新的客体，最后是主体经过物质的实践活动，现实地确立新客体。

这样一个过程，也就是客观事物由"自在之物"到认识对象直至"为我之物"的过程。"为我之物"也就是马克思说的"人化的自然"，是人经实践创造出来的新客体。所谓"为我之物"、"人化的自然"，也就是说，在自然物上，人造物上打上了人的印记、人的意志，使人的本质力量外在化、对象化了。

因此，在"为我之物"、"人化的自然"身上，一方面体现了人对客体的事实性、理论性的认识；另一方面又按人的意志发生了变化，体现了人的需要、要求、目的、规划。

上述主体与客体不同性质的相互关系的改变，其演进的逻辑步骤是（如图）：

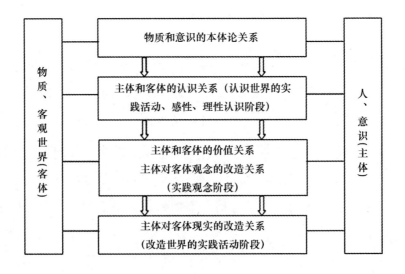

总之，实践观念是理论、知识、认识和观念地改造世界的实践活动的有机统一，它的实践性特点是很明显的。但是，实践观念的实践性特点，也仅仅只是特性而已，还不等于现实的实践活动，不过是观念中所表现出来的一种实践性倾向、因素。只有通过客观、现实的实践活动的实施，实践观念的实践性才能外在化、现实化。

（二）具体性

实践观念不仅有实践性、务实性和实用性，而且也有具体性的特点。例如，马克思指出的建筑师在现实地进行建筑蜂房活动之前，头脑中预先建成的蜂房的"观念模型"，就是很具体、形象的东西。

科学理论、理性认识往往有抽象、普遍的特点，它可以指导"蜂房"的设计，也可以继续指导其他建筑物的设计。这是一般理论、理性认识优于实践观念的地方，但对于改造世界的具体实践活动来说，这种具有普遍指导意义的长处反而转化为短处了，因为它不能绕过实践观念这一有具体性特点的中间环节，而单独、直接地指导现实的、具体的实践活动，只有在一定条件下转化为具体的实践观念，才能为改造世界、为实践活动服务。

由实践活动的具体性所要求，实践观念总是在特定的时间、地点等条件下，直接针对某一被改造的客体和创造未来某一新客体、为直接指导某一特殊的实践活动而形成的，从而决定了实践观念必然有具体性的特点。这种具体性往往以表象、形象的东西表现出来。例如，实践目的、实践活动要创造的新客体，一般表现为创造性的表象，是很形象、具体的。如果说，人们在原先的实践活动基础上，必然要通过感性直观（感性表象）这一中介环节而到达于理性认识的话，那么，理性认识则必须通过更高级的感性形象即创造性表象这一中介环节，才能见之于客观的实践活动。

在实践观念中，理性认识的抽象性、普遍性和实践活动所要求的具体性、特殊性是有机结合的。在这里，抽象性、普遍性是体现着特殊、具体、个别东西的丰富的抽象性、普遍性，反之，实践观念的特殊性、具体性也总是把理性认识的普遍性、抽象性、共性融合于个别之中的具体性、特殊性。实践观念正由于自己具有这种在普遍性、共性基础上形成的特殊性、具体性和直接性特点，使得自己能卓有成效地直接指导和支配具体的、个别的、现实的实践活动。

（三）创造性

一般的科学理论、理性认识，是人们对客观事物能动地认识和反映的结果。这里，虽然有"能动性"，但还谈不上有"创造性"和"意志的自由"。因为，它们只是人们对客观事物的本质及其未来发展可能状态的一种自在性、描述性的认识和反映，只告诉认识主体外界客观事物的现状和未来发展可能状态的事实情形。

实践观念就不一样了，它是一种自为性的、必须付诸实施的意识；它主要是使人从主观到客观、使主体作用于客体；它是人们有目的有计划地发现世界的开始；它不只表明客观事物的现实及未来是什么、是什么样子，更不是对事物消极和直观的印记或描述，而是对未来某种"人造客体"的观念制造、观念设定；是对主体自己未来的实践活动的一种创造性"模拟"；是对实践者自己所面临问题的解决的行动规划，带有预期和指导实践行为的性质。

所以，对实践观念来说，它不仅仅在于与现存的、原来产生感性、理性认识的事实相符合，尤其主要的是在于与其后的事实以及由实践活动所起的、被改造过了的新的事实相符合。实践观念所反映的、所具有的一些主要内容，诸如观念地提出未来新的客体、规划未来的实践活动等等，往往都是在原来现存的客观世界中所没有的，是一般科学理论、理性认识所不涉及和解决的。相反，这倒是在实践观念阶段实践主体所必然地表现出来的一种积极能动的创造性。

可以说，实践观念是人们对未来新现实的一种创造性的"超前"反映，是对各种客观的、具体的条件一种综合性的创造性认识，是对自己未来实践活动和实践结果的一种创造性构想。如果说，主体起初是能动地反映和认识客体、对象，那么，在实践观念阶段，实践主体则是在观念中创造性地规定、构造、模拟新的客体、对象和自己的未来实践活动。

因此，实践观念不同于一般的科学理论、理性认识的特征之一，是它不仅仅体现了主体的一般能动性，尤其主要的是充分表现了主体的能动创造性和意志的自由。假如事先没有对自己、对外在世界定向的需求，没有主体对自己未来实践活动过程的构思，没有主体对未来实践活动结果的设定，亦即没有主体在实践观念阶段所表现出来的观念的能动创造性，也就不会有能动地、创造性地改造世界的实践活动。当然，实践活动中的创造性，比实践观念阶段所表现出来的创造性更为丰富、更为高级，因为它是现实的、客观的；同时，任何预见都只能是大致的、粗糙的。

有些人认为人们的一切认识、意识、观念即主观的东西都全是对周围事物的"原型"反映，而不存在任何创造性。这显然只停留于存在决定意识的一般唯物主义水平上，是对辩证唯物主义反映论的机械理解。不错，意识、观念的东西其产生是有着一定的客观条件的，其中有些也是现存事物在人们头脑中的"原型"模拟和反映。但实践观念却主要地不是对现存事物的简单模拟和"原型"反映，而是对未来事物、未来实践活动、未来人造物的创造性反映、超前性认识，这一般是在当下眼前的现实事物中找不到与它相对应的"原型"、"模特儿"的。

我们这样讲，并不认为实践观念是随心所欲的产物，科学的实践观念，其产生是有一定客观根据和条件的，它虽然主要地不是对客观现存事物的如实反映，但也必须包含着反映客观现存事物及其发展趋向的内容，必须建立在客观的物质基础之上，依赖于一定的科学理论、理性认识。实践观念上的唯物主义路线，自然必须坚持。但是，我们同样需要指出，实践观念毕竟主要地不只是对现存事物的简单"临摹"，它基于现实而又高于现实。

例如，马克思、恩格斯在取得了对人类社会、资本主义社会发展规律的理性认识之后，根据当时工人运动的经验、教训和无产阶级的根本利益，创造性地提出了科学社会主义这样一个需要无产阶级去争取达到的实践性理想、观念。在当时，世界上根本就没有一个社会主义国家，他们提出的科学社会主义，是与过去、当时的现存存在不一致、找不到"模特儿"的，可以说是一种新的创造、一种创造性的新加给现存世界的内容。

在自然科学中，基础理论科学研究的新成果，一般叫新发现；而技术、应用科学研究的新成果，一般叫新发明。一字之差，反映了基础理论科学和技术、应用科学的本质区别、不同特点。所谓发现，是指对原来本身就已经客观存在的东西的反映和认识；所谓发明，是说原来现存事物中所没有的一种新创造。

总之，实践观念的创造性特点是很明显的。实践观念是人们观念地反映现存客体和观念地创造未来的新客体、是头脑认识世界和头脑观念地创造必地规划未来实践活动的有机统一。我们把握了这一特点，不但在理论上可以分清一些是非，而且在实践上重视人的能动性、创造性也是很有意义的。

（四）价值性

辩证唯物主义认识论基本原理告诉我们，对独立于我们意识之外的客观事物，我们首先应努力去如实地反映和认识它们，发现那些不以人的意志为转移的客观规律，取得关于客观事物及其发展规律的事实性、理论性的认识。

人们在这个事实性的认识过程中，只存在着一个自己认识得正确与否、认识得深刻与否的问题，所触及的是客观事物本身"是什么"、"是怎样"的事实情况，而不存在客观事物对人是否有利有害、是否有用、好坏的意义问题，亦即不涉及客观事物本身、理性认识本身在眼前是否具有某种功利性、能否满足人们某种实际需要和利益的价值问题。

但是，我们知道，实践观念是在客观事物、理性认识能够直接满足人们一定的实际需要和利益的情况下产生的。这里，人们只是选择那些有利于自己、能满足自己一定需要的事物发展、变化过程和科学理论、理性认识来为自己特定的目的、意志服务。所以，实践观念总是存在着人们对理性认识的运用、对被改造客体和自己未来实践行为的明显的选择性。这种选择性主要来自人们的价值观念。价值观念绝不仅仅只是一个伦理学范围里的问题，它也是一个十分广泛和普遍的哲学认识论问题。

因为，所谓哲学意义上的价值，就是指外界物同人的需要之间的一种肯定或否定的利害关系。[①] 只要人们一涉及对科学理论、理性认识和各种知识的应用，触及对自然领域和社会领域客观事物的改造，即一涉及人们改造世

---

① 《马克思恩格斯全集》第19卷，人民出版社1956年版，第406页。

界的社会实践活动，就必然地会产生和存在着价值问题。而实践观念形成的直接目的或说它存在的本身，恰好就是为了进行改造世界的实践活动，以满足实践主体一定的实际需要和利益。

因此，实践观念必然内在地包含和存在着价值性。这具体表现在两个方面：一是对某一实践活动能否带来实际有效的结果的预先判断，这种判断侧重于解决某一实践活动值不值得进行；二是对某一实践活动是否符合社会、他人公共利益和伦理道德准则等，正当合理与否、善恶好坏与否的社会规范性的判断，这种判断侧重于解决某一实践应不应当、应不应该进行（顺便指出，这种判断就是对某些实践行为进行某些法律追究、制裁和社会舆论、道德谴责，亦即实践者必须对自己实践行为负责的认识论根源所在）。

上述价值观念的两个方面，是人们在实践活动之前，不得不考虑、权衡的。然而，在感性认识、理性认识即事实性认识之前和认识过程中，在关于客观事物的规律性的科学理论、理性知识本身之中却一般不涉及、不存在这样的价值观念。例如，自然科学的基础理论其实用意义和价值在相当长的时间内是很难预计的。但是，作为处于基础科学与生产实践活动之间的技术科学、应用技术，由于它们是直接涉及、指导生产实践活动的，故必须讲求实效，必须把技术上的先进性、生产上的可行性、经济上的合理性、社会后果的有益性等方面统一起来，选择它们之间的最佳结合点，以免直接有效、合理地指导生产实践。

正如爱因斯坦所指出："科学家所得到的报酬是在于昂利·彭加勒所说的理解的乐趣，而不是在于他的任何发现可以导致应用的可能性。""科学的唯一目的是提出'是'什么的问题。至于决定'应该是'什么的问题，却是一

个同它完全无关的独立问题。"[1] 如果说，感性认识、理性认识、纯理论的科
学只涉及是真是假、是对是错的事实性问题，那么，实践观念则必然地、内
在地包含着对客观事物、对理性认识、对自己实践行为能否满足自己一定的
需要、利益以及是否符合社会规范的价值判断。这样，在实践观念中，作为
"真"的事实认识的理性知识、科学理论，就自然要与人们的合需要性、合
目的性、合社会正当性与否相关联；而作为与人们的需要和利害关系直接联
系所产生的价值认识，只要是建立在科学理论、理性知识基础上的，那它也
就同"真"、同科学理论、理性认识的合事实性、合规律性相关联。科学的
实践观念，应该是合目的性、合需要性、合社会正当性与合事实性、合规律
性有机统一的。

四　实践观念在认识总过程中的地位

我们从实践观念的含义、主要内容和特点的分析中可以看出，实践观念
既不属于理性认识的范畴，也不属于客观的实践活动的范畴。相对客观的实
践活动来说，它还是一种观念、是观念范围内的东西；但相对理性认识来说，
它却又不同于一般纯理论性、纯知识性、纯事实性的观念，因为它是在未来
实践活动之前，一种主要体现实践主体一定需要和意志而观念地改造世界的
活动，是一种对未来实践活动"超前"反映的观念模型。

因此，实践观念既有客体的内容，又有主体的内容；既有理性认识的因
素，又有未来实践活动的因素。它与理性认识和未来实践活动的关系，是一

---

[1]　《爱因斯坦文集》第 1 卷，商务印书馆 1976 年版，第 304、526 页。

种非此非彼或说是亦此亦彼的中介关系。这就决定了它一方面总是与理性认识、未来的实践活动处于相互统一的辩证关系之中；另一方面它又具有一定的相对独立性、阶段性，在"实践—认识—实践"的整个认识过程中，占有它应该占的一席之地。

如果说，客观的实践活动具有把意识、观念的东西与物质的东西融合于一身的双重相关性，使主观的要求与环境的改变相一致。那么，实践观念则具有把理性认识、观念的东西与实践活动贯通、衔接起来的双重的相关性，使理论知识与实践活动相统一。正由于先有后者的相关性和一致性。才有前者的相关性和一致性。实践观念这种独特的功能，使得它直接与科学理论、理性认识相联系、与改造世界的实践活动相联结，并由此使实践活动成为有一定科学依据、有目的、有计划的自觉的活动，离开了科学理论、理性认识，实践观念就不是科学的、完整的实践观念；同样，离开了未来改造世界的实践活动，实践观念的产生和存在，也是不可想象和理解的。由上可知，实践观念处于理性认识与未来实践活动两者之间。它在"实践—认识—实践"的总认识过程中所处的地位，为明了起见，我们可以用如下图式来表示：

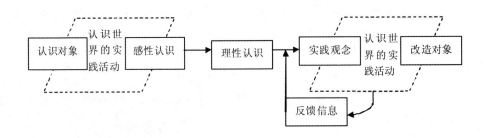

如图所示，实践观念是科学理论、理性认识被运用于改造世界、回到实

践活动中去的"中转站"和"交接点";它架起了一座由此达彼的"桥梁",具有将理性认识引渡到实践活动中去的"纽带"作用,它犹如一个介于理性认识和未来实践活动之间的"转换器",沟通了理性认识过渡到实践活动的通道;它一方面是理性认识的继续,另一方面是改造世界的实践活动的起点。从图中我们还可以看到,正如感性认识总是同认识对象和原先认识世界的实践活动浑然一体一样,实践观念也总是同实践对象和未来改造世界的实践活动密切交错、相互融合。

因此,对于未来改造世界的实践活动来说,实践观念比之理性认识更接近于实践活动,因而可以说它更为先进、更为高级。内容也更为丰富和复杂了。在一定意义上看来,从理性认识过渡到实践观念也是一次质的飞跃。实践观念有着理性认识和实践活动所无法替代、无法包含的独特的性质、内容、特点、功能和地位,为使马克思主义哲学认识论关于认识过程等基本原理的微观化、科学化、人化(不忘掉、不忽视人的因素),把实践观念作为一个相对独立的阶段和环节,是完全必要的,也是完全符合逻辑和事实的。

第三部分:讨论实践观念的若干哲学价值和现实意义

把实践观念作为理性认识与未来实践活动之间的一个相对独立的中间环节,不但是必要、可能的,而且在理论和实践上都是很有意义的。探讨这个问题的意义,我们在上述的分析中,实际上在许多方面都已涉及了。下面只是再补充几点。

一　把实践观念独立为一个阶段，并给予科学的说明，有助于我
　　们坚持马克思主义哲学的革命、能动的认识论，与旧唯物主
　　义、唯心主义划清界限

　　旧唯物主义只是直观、机械地理解存在决定意识的唯物主义的基本原理，排除人的实践活动，否定实践活动也是认识过程的一个环节。在他们看来，人们的一切知识、观念、意识都全部只能是外界客观事物的反映、"临摹"；人们只能反映和认识眼前的现存事物，而不能"超前"反映未来的新现实；观念、意识、主体与外界客观事物的关系只能是认识、理解、反映的关系，而不能有改造的实践关系。对于旧唯物主义者来说，人们能够事先观念地、创造性地反映未来新的现实、反映人们自己未来的实践活动、观念具有科学的预设性预见和规划未来实践行为的过程、途径等职能，是不可思议的；要把握反映未来的东西的观念诸如实践目的、理想、设想的实质和实践意义，是不可能的。所以，列宁说：我们坚持和肯定了观念的东西能够转化为实在的东西，也就反对了庸俗唯物主义。①

　　我们在前面多次指出过，实践观念包含着观念、意识、主体对外界客观事物的反映，因而有着客观内容同时又体现着主体的意志、愿望、要求等观念的力量，它既是对眼前现存事物的把握，又是对未来新的现实的"超前"认识；既反映外界客观事物，又反映自己未来的实践活动；它与外界客观事物既有反映与被反映的认识性关系，更有改造与被改造的实践性关系——这

---

① 《列宁全集》第38卷，人民出版社1988年版，第117页。

也就是马克思所指出的：人不只是把自然界当作直观的客体去理解，而且也把它作为感性的物质活动的客体、作为人的实践对象来加以理解；[①] 对于未来的实践活动来讲，实践观念是直接的起点、先于客观的实践活动，是对未来实践活动的"超前"模拟，因而具有直接指导和支配实践活动的功能，对实践活动起直接的制约、规定作用。

实践观念的上述特性和功能，充分体现了主体、观念的能动性和创造性，这也是辩证唯物主义哲学认识论的革命性、能动性、创造性、辩证性和实践性特点的客观依据。然而，当我们去分析人们的认识、观念、意识与人们自己的实践活动相联系时，当我们去说明实践观念阶段观念、主体所表现出来的能动性和创造性时，旧唯物主义完全暴露了它的形而上学的直观性和机械性，它对主体的能动性和创造性不但未能给予正确的说明和解释，而且还压根儿不予肯定和承认。

所以，马克思指出，由于旧唯物主义只停留于直观、机械性上，而"结果竟是这样，和唯物主义相反，唯心主义却发展了能动的方面，但只是抽象地发展了，因为唯心主义当然是不知道真正现实的、感性的活动本身的"[②]。在旧唯物主义不承认、不能说明和解释的观念、主体的能动性和创造性、观念对客观实在有反作用和对未来实践活动有指导作用的地方，唯心主义却注意、重视到了。

不过，正如马克思指出，对观念、主体的能动性和创造性，唯心主义"只是抽象地发展了"。这就是说，唯心主义也不能真正科学地阐明它，相反的是把人的观念、主体的能动性和创造性加以唯心主义地无限扩张了，并完

---

① 参见马克思《关于费尔巴哈的提纲》，第 1 条。
② 同上。

全否认了观念、主体的能动性和创造性归根到底是受客观事物发展规律、受各种客观条件和实践活动制约的。

我们所说的实践观念、观念和主体的能动性、创造性首先是建立在反映和认识客观世界的基础上的，它们不是离开各种客观条件而存在和发挥作用，而只是在物质条件第一性的前提下，才充分表现出了人们自己的积极能动性和创造性，才体现着人对世界施加反作用——改造世界的实践关系，有直接指导和支配实践活动的能动功能。唯心主义却抓住观念、主体对实践活动和客观世界有规定、制约的作用，在物质世界的舞台上也有"意志的自由"的事实，将其推向荒谬的极端，并宣布为意识第一性，观念决定存在。

所以，无论是旧唯物主义，还是唯心主义，都不能正确地说明观念、主体的能动性和创造性。而马克思主义哲学认识论认为，在理性认识与未来改造世界的实践活动之间存在着一个相对独立的实践观念阶段、环节，并对它的含义、内容、特点、地位和功能给予科学的限定和说明，就不仅能同唯心主义划清界限，而且也与旧唯物主义划清了界限，充分体现了辩证唯物主义认识论的能动性、实践性、革命性和创造性的本质。同时也有助于我们对诸如人是怎样改造世界、观念的东西是怎样反作用于客观世界、人和观念的东西在改造世界的实践活动中的地位、作用等等重要的理论问题的深入探讨。

二　实践观念为普遍原理与具体实践相结合的马克思主义基本原则，在认识论中提供了新的哲学依据

过去，人们在论证马克思主义关于普遍真理必须同具体实践活动相结合

这一基本原则时，只是从矛盾的普遍性和特殊性的原理角度阐述其哲学论据，这当然是正确和必要的。

但是，马克思主义的这一基本原则，其本身首先是属于认识论范畴的，因而它首先应该、也必然应在马克思主义哲学认识论、认识过程的原理中有自己的内在根据。我们把实践观念作为理性认识与未来改造世界的实践活动之间的一个相对独立的中介环节，就符合逻辑地、必然地提供了这种哲学依据。

我们知道，实践观念是直接为指导和支配改造世界的实践活动而产生的。这就使得它离不开具体的环境、地点和时间，离不开具体的实践活动，必须有什么问题、有什么具体的实践活动就形成解决什么问题的具体的实践观念。马克思、恩格斯在谈到《共产党宣言》中所阐明的基本原理时说："这些基本原理的实际运用，正如《宣言》中所说的，随时随地都要以当时的历史条件为转移。"① 这是因为，只有像实践观念这样具体的、与实践活动直接相联结的观念，才能有效地指导实践活动。

而实践观念的具体性、个别性、与实践活动相联系的直接性特点，决定了实践观念变化性大、灵活性强，它总是要随着不同的条件、不同的具体的实践活动而不断变化、不断形成新的实践观念。换句话说，每一个不同的实践活动，就需要有不同的实践观念来指导。因此，在运用普遍真理、基本原理时，都必须经过"消化"，与具体的条件、具体的实践活动相结合，形成新的实践观念。那种企求一旦达到了客观事物的理性认识、学到了普遍真理，就以为能包医百病、能直接指导实践活动，到处乱套，可以不根据当时当地

---

① 《马克思恩格斯选集》第 1 卷，人民出版社 1956 年版，第 228 页。

的具体条件、具体的实践情况以形成具体的实践观念的教条主义，是完全行不通的。反之，那种不把握基本原理、理性认识，不承认它们的普遍指导意义，而企图把过去在局部、个别条件下形成的感性直观的旧的实践观念，套用于新的实践活动的经验主义，也同样不符合科学的、建立在理性认识基础上的实践观念的具体性要求，因而也同样不能真正卓有成效地指导实践活动。

正因为如此，马克思主义才始终认为，必须一切从实际出发，具体情况具体分析和具体对待；必须把革命的普遍真理同具体的实践活动相结合，在科学理论、基本原理、理性认识的基础上，形成新的直接指导实践活动的、科学的、具体的实践观念，从而去有效地指导革命的实践活动。

因此，我们坚持了科学的实践观念，也就坚持了既反对教条主义、又反对经验主义、把普遍原理同具体实践活动相结合的马克思主义的基本原则。

三　从实践观念的某些特点，看当前讨论的两个理论问题：真理有无阶级性；检验真理标准的复杂性

我们在谈到实践观念的特点时，曾指出实践观念具有价值性。这是因为实践观念总要涉及实践者的实际需要和利益。总包含着、体现着人们的利害关系；它只代表着产生它的实践者的目的、愿望、要求；只体现着掌握它的实践者的意志；只表明给操纵它的实践者带来某种实际的需要和利益。

但是，感性认识、理性认识、科学理论，由于一般只回答、解决外界客观事物及其发展规律是什么、是怎样的事实情形；只涉及认识知识符合不符合、对不对、正确不正确、真不真的问题；只说明和解释客观世界。所以，它们一般不直接触及主体的利害关系和阶级性。不过，一旦涉及要应用它们

为人们一定的实际需要、利益和实践目的服务、形成实践观念的时候，它们也就不得不旋进主体和实践者之间的利害关系之中。

正是在这种意义上，经典作家们指出：当涉及对自然科学（基础理论）成果的利用和它们触及人们的利害关系时在阶级社会里，自然科学也往往会有阶级性。[①]

由此我们也就涉及了关于真理有无阶级性问题的讨论。目前，这一讨论之所以一方面没有一个比较统一的意见，另一方面又很难继续讨论下去，以我之浅见，关键问题就是对真理的含义及范围所指不确定。主张真理没有阶级性的同志，在感性和理性认识、科学理论即事实性认识的意义上理解和使用"真理"这一概念。

我们在前面就已经指出过，上面范围内的认识、理论、观念的东西，其本身只有一个是真是假、是符合不符合或多大程度上符合客观事物的事实问题，而不直接涉及人们的价值观念、利害关系，因此，在这里无论是真理还是错误，都无阶级性可言。

但是，我们通常所理解和使用的"真理"，其范围是包括除了那些谬误的观念之外的所有与实际情况相符合（包括与人们自己的一定需要和利益相符合）的正确观念的。实践观念范围内也有真理与谬误问题的存在。可以说，实践观念一方面涉及是真是假的事实性问题；另一方面又直接触及利害关系的价值问题。

当然，作为科学、合理的实践观念，是人们的需求、利益与对世界的正确认识相结构的，是真实性与价值性相一致的，是合情（事实）与合理（正

---

① 参见《列宁选集》第 2 卷，第 1 页；《毛泽东选集》第 5 卷，第 444 页。

当）相统一的，是合目的性与合规律性相融合的。

所以，在科学的实践观念里，真实性与阶级性并非绝对对立、排斥。而是相互统一、一致、有机地结合的。作为直接指导和支配实践活动的实践观念，无论是正确的，还是错误的，都必须要包含着实践者及其与他人之间的利害关系。这种利害关系一般地不表现为阶级性，只是在阶级社会里那些利害关系尖锐冲突和根本对立的情况下，才会表现为阶级性。正由于如此，使得那些受有阶级性的实践观念直接指导、支配和控制的实践活动，也现实地表现出阶级性来。

假如我们肯定和承认了现实的实践活动有阶级性，那必然也得肯定和承认直接指导和支配实践活动的实践观念有阶级性。否则，实践活动的阶级性是不可思议、不可理解的，因为我们讲的实践，始终是具有理性、人的实践，而不是动物的本能行为。

总之，如果我们在实践观念范围内来理解和使用"真理"，那么这种"真理"，在阶级社会里就往往会有阶级性。因此，我们既不能笼统地说所有的真理都无阶级性，也不能简单地断定所有的真理都有阶级性，只能说有些真理没有阶级性（只涉及真假事实的观念），有些真理有阶级性（在阶级社会里反映实践者之间利害关系尖锐的那些实践观念）。一切的问题，在于具体情况具体分析。

至此，笔者以为，只要把"真理"这一范畴所指范围和含义严格地加以确定，真理有无阶级性的问题，也就比较容易得到解决。

同真理有无阶级性的问题一样，检验真理标准的复杂性也与实践观念有着直接的联系。一般说来，科学理论、理性认识，由于只是对客观存在的一种事实认识，只有真假之分、符合事实与否及程度多少之别，因而检验它们也就比较简单。

实践活动的事实结果，不同的阶级、不同的人都会有比较一致的看法，因为它们只涉及事实本身，而不触及人们的利害关系。

相反，实践观念的检验却要复杂得多。一方面，它也有一个与客观事物是否符合的真假、对错的事实问题；另一方面，它又比一般科学理论、理性认识这种事实性的认识多一层关系——人们之间的利害关系，在阶级社会中，甚至还有阶级性。这就使得对实践观念的检验不像事实性的认识那样简单，可以说，对实践观念的检验存在着一个"双重检验"："事实检验"和"价值检验"。所谓"事实检验"是看人的认识、观念是否符合客观事实；所谓"价值检验"是看被改造的客体的变化，是否符合人的实际需要和利益。

比如，由实践观念直接指导和支配的实践活动，其结果如果符合原定的设想、目的和规划，就意味着"成功"，反之叫"失败"。成功说明了实践观念一方面正确地、如实地反映了客观存在的事实；另一方面也说明了被改造客体的变化是符合实践者的需要、利益和愿望的。

所以，对当事人、实践者来说，事实检验和价值检验具有同时的相关性。但正由于有这种同时性，人们也就往往意识不到客观上存在着检验的"双重性"。然而对局外人来说，"双重检验"的分离性就表现得比较明显。由于作为事实而存在的实践结果，人们一看就明了，不会有多少异议，所以，只涉及实践结果与原先实践观念设想相一致的事实性问题的"事实检验"，那是比较容易解决的。但在对同一实践结果的评价上（不是事实的存在），却往往会产生各种不同的看法，甚至相反的看法。例如，盗窃活动、投机倒把活动，国民党反动派对红军第五次的"围剿"、曾国藩对农民起义军镇压的"成功"，作为事实、作为他们的行为结果与他们原定设想相一致或基本上相一致的事实检验说来，是很清楚的。但革命者、广大人民却决不会给直接指导和支配他们行为的实践观念以"正确"、"合理"、"真理"等美名，原因就在于这时候人们是从社会历史进步、阶级地位、利害关系、社会伦理等价值观念的角度去评价实践行为及其结果的，亦即用"价值标准"去检验，而人们这种价值评判、价值检验的内在根据，就是由于直接指导和支配当事人的实践行为的实践观念，本身存在着价值性，实践者必须对自己实践行为及结果负责。

实践观念的检验存在着上述二重性，因而不像一般的科学理论、理性认识等事实性认识那样，检验起来比较简单。目前关于真理检验问题的讨论，我觉得也应该严格地确定范围，即必须区分是在事实检验的意义上，还是在价值检验的意义上，或者在两者的同时性意义上来谈论"标准"、"检验"等问题。

在争论的各方中，一般都不明确区分两种不同性质的检验：事实检验与价值检验；但另一方面却又在"二重检验"的意义上来规定"真理的标准"，因而引起了不少的理论混乱。我以为，把事实检验与价值检验明确地区分开来，并与实践观念直接联结起来去探讨它们的区别和联系，是很有意义的。

四　把实践观念作为理性认识回到实践活动的中间环节，对于指导我们的现代化建设，也有着重要的意义

以自然科学为例来说，既然理性认识只有通过实践观念这一必不可少的中间转化环节，才能服务于改造世界、运用于实践活动、发挥其作用和力量。那么，自然科学中的那些探索自然界本身奥秘和发展规律的数学、物理、化学、天文、地理、生物等基础理论，也只有通过那些具有明确实用目标、旨在直接改造世界和主要解决"要什么"、"要怎样"、"怎样做"的技术科学、

应用技术等中间环节，才能被服务于、运用于社会生产的实践领域。缺少了这些中间转化环节，基础科学就只能停留在纯理论、纯知识的形态上而不能转化为直接的生产力。

这就要求我们在制定科技发展政策时，必须正确处理好基础科学与技术科学、应用技术之间的关系，使科学与技术，科学、技术与经济、社会协调一致起来，既要注意和提倡基础理论的研究，不实行急功近利的实用主义政策，但同时更为主要的是，应根据我国生产力水平较低、人力物力比较有限等具体情况，把重点放在技术科学与应用技术的研究上、放在生产技术的开发和实用上，重视科技的运用和推广。

唯其如此，我国在 20 世纪末实现四个现代化才会有希望，生产力才会有较大的提高。但这几年来，宣传、重视较多的是基础科学。对技术科学、应用技术的重要性、迫切性认识不足、重视不够，这就造成了一种错觉，似乎只要基础科学上去了，生产就会自然而然发展，经济就会繁荣，现代化建设目标就会实现。这当然是错误的。

从近代特别是现代的科技发展来说，由科学理论的研究到技术科学和应用技术的发展、再到直接应用于生产实践的过程，也就是科学理论、基础理论经过技术科学、应用技术这些中间转化环节由潜在生产力转化为直接生产力的过程（顺便指出：笼统地提出科技就是生产力，容易忽视中间转化环节的必要性，因而是不够科学的）。

所以，我们必须更进一步地重视和加强对这些中间环节的研究。不承认客观事物发展过程中的阶段性、过渡性，不愿意在中间转化环节上做扎扎实实的工作，则往往会欲速而不达，甚至事与愿违，不仅达不到目标，而且还会造成不必要的浪费和损失。再拿实践观念的特点之一：合目的性与合规律性、合需要性与合事实性的统一来说。

对于社会主义革命和建设，同样有指导意义。我们的各种方针、政策、方案、计划、设想等等，一方面必须建立在客观事物发展规律许可的基础上、以科学理论、理性认识为依据；另一方面又必须充分考虑到社会需要、人民利益，讲求实效，注意社会效果。我们的社会主义生产，不能光为了生产而生产，必须符合社会和人民的需求和利益。

如此等等，都足以说明在理性认识与改造世界的实践活动之间独立出一个实践观念的阶段、环节，是很必要、很有意义的。

结束语

本文对理性认识回到改造世界的实践活动的中间转化环节这一认识论中的重要理论问题，做了一些初步的探讨，提出了一些不成熟的看法，肯定有许多不妥之处。但是，我坚信："观念的东西转化为实在的东西，这个思想是深刻的：对于历史是很重要的。并且从个人生活中也可看到，那里有许多真理。"[①] 只要我们在这块"有许多真理"的土地上精心耕耘、勇于探索，就一定会获得丰硕的成果。[②]

---

① 《列宁全集》第 38 卷，人民出版社 1955 年版，第 117 页。
② 本文写于 1981 年至 1982 年 5 月，1982 年 6 月出打印稿。1982 年 10 月举行毕业论文答辩。

附录三　笔者的博士生导师夏甄陶先生的《论实践观念》

论实践观念

一

人类改造世界的实践的一般特点是，既按照外部对象的尺度进行活动，又把自己内在的尺度运用到对象上去，按照两个尺度的统一改变外部对象的现成形式和规定，创造现实中既不现成存在、也不会自然产生的具有符合于人的需要的形式和规定的客体。

但是，这种客体在通过实践实际地创造出来以前，首先必须在头脑中把它观念地建立起来。或者说，为了通过实践在对象上实际地实现两个尺度的统一，首先必须在头脑中观念地实现两个尺度的统一，建立实践观念。这种实践观念既包括实践过程的观念模型，又包括实践结果的观念模型，即观念地建立起来的对象，体现两个尺度观念的统一的理想客体。人的实践活动的实际过程及其所创造的实际结果，就是实践观念的对象化。实践过程结束时得到的结果，在这个过程开始时就已经在实践主体的表象中存在着，即已经观念地存在着。这正是马克思所说的最蹩脚的建筑师从一开始就比最灵巧的蜜蜂高明的地方。从哲学认识论的意义来看，马克思主义认识论从认识世界与改造世界、理论与实践的统一上，不仅研究如何以理论的方式观念地掌握世界，而且研究如何以实践的方式实际地掌握世界。以理论的方式观念地掌握世界，是通过人们的头脑如实地反映外部对象的本来面目而不附加任何主观的东西，形成关于外部对象的理论观念，目的是获得真理。以实践的方式实际地掌握世界，是在符合外部对象实际情况的前提下，又按人们的需要实际地改变外部对象的现成形式和规定，创造具有符合于人的需要的形式和规定的个体，表现为外部尺度和人们自己内在尺度的统一，目的是在对人有用的价值形式上占有客体。以理论的方式观念地掌握世界，归根到底是为了以实践的方式实际地掌握世界。但由前者过渡到后者，必须经过实践观念这个环节。理论观念追求对象的本来如此，实践观念追求对象的应当如此。由于实践观念是外部对象的尺度和人们自己内在尺度的观念的统一，因而它既包括关于外部对象的理论观念，又包括反映人们需要的愿望。列宁在转述黑格尔关于"观念是〔人的〕认识和意图意志的真和善的观念"时，指出"观念是〔人的〕认识和意图（欲望）"①。实践按照实践观念的模型改造外部对象，创造使实践观念对象化的客体，由此也使理论观念真正得到现实的证明，反映人们需要的愿望得到实际的实现。按照实践观念的模型来改造世界，创造具有符合于人的需要的形式和规定的"应当如此"的客体，是人的实践活动的特点。但是，我们不能把这一特点本体论化，不能认为一切自在的现实事物都是由某个超现实的创造者按照某种观念的原型创造出来的。否则，就会陷入唯心主义。大家知道，在哲学史上，如柏拉图就曾经设想有一个先于现实世界、高于现实世界的理念世界，认为理念是客观实在的形式，是一切现实事物的原型、本质，而现实事物则是模仿理念制作出来的摹本。在他看来，只有理念才是真实的实在，而现实事物只不过是理念的虚幻的影子。这是关于理念的客观唯心主义本体论的解释。

在建立实践观念的时候，人们确实要把自己内在的尺度观念地运用到对

---

① 《列宁全集》第38卷，人民出版社1988年版，第208—209页。

象上去。通过实践所创造的客体，也确实是符合于人们需要的内在尺度的。但这只是问题的一个方面。问题的另一个方面是，一切自在的现实事物都有其自身存在的不以任何人的意志、愿望为转移的客观的根据、尺度。人们建立实践观念，进行实践活动，都不能置这种客观的根据、尺度于不顾，而必须依靠它们、利用它们。如果否认这后一方面，把前一方面绝对化，本体论地认为"人是万物的尺度"，"人为自然界立法"，同样是一种唯心主义观点。

　　但是，从理论与实践的关系这个意义上来说，实践观念是由作为认识的结果的具有客观真理性的知识、理论，通过实践再向客观实在转化的一个必要环节，也是构成自觉的实践活动的一个内在因素。它规定实践活动所追求、所趋达的目的，并作为规律决定着实践活动的方式和性质。通过实际的实践活动，实践观念获得外部现实性形式的客观实在性，达到外部事物的尺度和人们自己内在的尺度的实际的统一。黑格尔在谈到认识的理念（观念）时，把它区分为真的理念和善的理念。黑格尔认为，真的理念是追求真理的冲动，要求获得对象的真知，是理念的理论活动，它接受已经给予的外在世界的规定以充实自己。善的理念是实现善的冲动，要求达到善的目的，是理念的实践活动，它通过扬弃现存外在世界的规定以实现自己。在黑格尔那里，善的理念，也就是实践的理念。它是对外部现实性的要求，向外改变外在世界的规定，使自己获得外部现实性形式的客观实在性，因而它高于理论的理念，不仅具有普遍性的优点，而且具有直接现实性的优点。黑格尔是一个客观唯心主义者，他把实践看作是理念的一种活动，把实践的理念同行动混为一谈，当然是错误的。但他强调真的理念必须过渡到善的理念，善的理念趋向于决定（按照我们的看法实即改造）当前的世界，使其符合于自己的目的，而善的理念又必须以客体的独立性为前提。这种看法达到了关于实践观念的比较深刻的规定，包含着合理的内容，对于我们进一步研究实践观念，无疑具有启发意义。

马克思主义认识论强调认识世界归根到底是为了改造世界。因此，在认识世界获得了理论知识以后，还必须向改造世界的实践飞跃。这就是说，理论要指导实践，要回到实践中去。那么，这一过程是如何实现的呢？只要我们对理论和实践的关系进行认真的反思，就可以发现，理论向实践的飞跃，或理论指导实践，向实践回归，必须通过实践观念这个中介环节。实践也是通过实践观念这种形式，把理论包含于自身，作为自身的一个自觉因素的。实践通过实现实践观念来证明和实现理论的现实性。因此，在认识论所涉及的理论和实践的关系中，我们必须把实践观念作为一个十分重要的环节予以研究。

当然，不能要求哲学认识论为具体的实践建立或提供具体的实践观念。但哲学认识论应该研究建立实践观念的一般认识论基础。这是属于理论如何应用于实践，即理论实际应用中的认识论问题，它在整个认识论的研究中，应该占有十分重要的地位。我们的国家现在正在进行社会主义现代化建设的实践和经济体制改革的实践。这些实践涉及十分广阔的领域和方面，具有不同的内容和形式。对我们国家来说，这是一种崭新的事业，关系到我们国家的发展前途和历史命运。为了提高实践的自觉性，尽可能取得实践的最佳效果，我们进行社会主义现代化建设和经济体制改革的各个领域、各个方面的实践，都必须在现代水平上按两个尺度的统一建立实践观念。在这种情况下，我们研究建立实践观念的一般认识论基础，尤其具有现实的意义。

二

一般地说，任何实践观念都是外部对象的尺度和人们自己内在的尺度的观念的统一。它不是对现成事物的单纯的观念模仿，也不单纯是人的主观愿望的产物。在实践观念中，必须把反映外部事物的认识和反映人们需要的愿望结合起来。

在实践中，按外部事物的尺度来改造事物，实际上是对外部事物的结构方式、内外联系形式及由它们决定的事物的属性、本质和规律的运用。但在实践中对它们的运用，是以理论的掌握为中介的。这就是说，要运用它们，就必须认识它们，把它们作为知识，理论的内容观念地加以掌握，形成理论观念。实践观念把理论观念所掌握的来自外部事物的内容作为客观尺度包含于自身的结构之中。因此，建立实践观念首先必须以理论的方式观念地掌握外部事物的尺度，即必须具有关于外部事物的结构方式、内外联系形式及属性、本质、规律等等为内容（具有客观真理性）的知识、理论。没有认识世界所达到的理论观念，就不可能形成改造世界的实践观念。然而，认识世界，形成关于外部事物的理论观念，不是一个自身孤立的单纯思维过程，人们只能在改造世界的实践基础上认识世界，形成关于外部事物的理论观念。人同外部世界的关系的辩证法是："从改造世界中去认识世界，又从认识世界中去改造世界。"① 认识世界，观念地掌握外部事物的不同结构方式、内外联系形式和不同的属性、本质、规律等等，是历史的事情，是在历史的过程中，在不同的程度和水平上实现的。在人类历史的早期及其以后很长的一段历史时期内，人们只是凭着直接的实践经验，获得关于外部事物的一些简单的经验知识。人们就在这种简单的经验知识的基础上建立实践观念，从事改造世界的实践活动。经验知识为实践观念和实践活动所提供的基础是很狭窄的，随

---

① 毛泽东：《自由是对必然的认识和世界的改造》。

着知识由经验水平向理论水平的发展，人们所掌握的关于外部事物的知识愈广泛、愈深入，就愈能启发人们的想象力和创造力，愈能在广泛、坚实的基础上按照客观世界的各种复杂的尺度建立实践观念，并通过实践活动使之对象化。实践观念不是单纯反映外部事物的现成形式和规定，它还反映符合于人们自己本性的需要，包含着人们在对自己有用的形式和规定上掌握客体的要求。在实践观念中必须把这种需要和要求作为人们自己内在的尺度观念地运用到对象上去。因此，建立实践观念还必须了解符合于人们本性的需要及满足需要的力量。

大家知道，物质世界一切自在的现实事物，在客观上都可能在不同的方面对人有用、有价值。但是，对人有用、有价值，并不是决定那些自在之物的存在与变化的根据和理由，也不是决定它们具有某种结构、属性、本质、规律的根据和理由。毫无疑问，事物如果不具有它们自身固有的结构、属性、本质和规律，就根本谈不上它们对人有没有用、有没有价值的问题。具有自身结构、属性、本质和规律的事物，总是某种有用性、某种价值的物质承担者。要把握事物的有用性或价值，首先必须具有以事物的结构、属性、本质和规律为内容的即具有客观真理性的知识。但是，要利用这种知识来建立实践观念，仅仅制定其客观真理性是不够的，还必须从实际应用方面理解这种具有客观真理性的知识，对作为这种知识内容的事物的结构、属性、本质、规律等等，做出有用性的评价。这种评价一方面要看人们从知识形态上对事物的结构、属性、本质和规律的掌握达到何种程度，另一方面要看人们对自己受社会历史条件制约的本性、需要及满足需要的力量的了解达到何种程度。有用性、价值固然是根植于事物，但总是标志着事物具有满足符合于人们本性的需要的意义，因而也就是标志着人们对待能满足他们需要的事物的关系。

所以，人们并不是知道了事物有某种结构、属性、本质和规律，就能立刻理解其有用性或价值并做出评价，这种理解和评价是同人们对符合于自身本性的需要及满足需要的力量的了解密切联系在一起的。

需要具有对象性，总是指向具有某种外部现实性形式的对象。人们的需要没有一个永恒不变、绝对同一的量和质的界限，而是随着人与自然界的关系和人与人之间的社会关系的历史性变化不断地产生和不断地得到满足。人们需要的产生和满足特别受已经达到的认识能力和实践能力的制约。原始人在他们对自然界的狭隘关系和他们之间狭隘的社会关系范围内，认识能力和实践能力很低，需要也很低。他们只能在十分有限的范围内，通过十分有限的方式，利用十分有限的外界物来满足他们很低水平的需要。在满足需要的活动发展了的基础上，人们与自然界的关系和自己内部的社会关系得到发展，认识能力和实践能力得到提高，需要也随之扩大。于是，人们用来满足需要的外界物及其属性也愈来愈多样化了。我们看到，过去许多被视为是对人无用甚至是对人有害的东西，现在的人们对它们做出了完全不同的评价，它们的有用性、价值被发现、被理解了，因而成了在不同方面为人们所需要的有用之物。这表明，人们把自己内在的尺度运用到对象上去，无论在广度还是在深度方面，都愈来愈扩大，愈来愈深化了。

要建立实践观念，还必须既按照外部事物的尺度，又按照人们自己的尺度发现和掌握事物的不同使用方式。所谓发现和掌握事物的使用方式，实质上就是发现和掌握具有客观内容的科学知识如何转化为能满足人的需要的客观实在，如何成为实现了的客观真理和价值的方式、手段和途径。这是通过知识、理论的中介所掌握的关于事物的结构、属性、本质、规律等等能否按照人的需要被实际应用的一个必要因素。只有通过这个因素的观念掌握和理解，才能首先实现两个尺度的观念的统一，形成实践观念，然后才能通过实践活动实现两个尺度的实际的统一，使事物实际地对人们有用，现实地满足人们的需要。可以说，被掌握和被理解了的事物的使用方式，是在实践观念和实践活动中把两个尺度统一起来的黏合剂。

我们知道，一切具有客观内容的科学知识，都是对外界事物的结构、属性、本质和规律的观念掌握或理论表现。但是要实际地利用它们，必须有适当的利用方式和手段。电磁感应定律的发现，为人们利用电力提供了可能，但要使这种利用成为现实，必须有发电机等一整套复杂的发电输电设备；质量和能量联系定律的发现，从理论上为人类开辟了新的能源，但要实际利用这一定律，必须有核反应堆等能产生高能的极其复杂的装置。电子计算机和人工智能技术、生物遗传工程等现代新技术，都标志着人们发现和掌握了对现代科学理论所发现的事物的结构、属性、本质和规律的实际应用方式，不仅对自然规律的利用是如此，对社会规律的利用也是如此。马克思和恩格斯所创立的科学社会主义，揭示了社会主义、共产主义代替资本主义的客观必然性，为无产阶级和劳动人民的解放，建立理想的社会制度，指出了光明的前景。但要实际利用这种必然性，使社会主义、共产主义的理想变为现实，就必须制定符合各个国家实际情况的战略、策略、路线、方针、政策，采取正确的实践手段。

在人类历史上常有这样的情况，人们已经知道事物的某种属性、某种特点，但是还不知道它们对人类有什么用处，因而没有利用它们。也有这样的情况，人们不仅知道了事物的属性、特点，也知道了它们对人们的生活会有用处，但是还没有发现和掌握它们的使用方式，因而不能实际地利用它们。有时只能通过某种单一的或简单的使用方式十分有限地利用它们，但往后却能通过多种不同的或复合的使用方式多方面地或综合地利用它们。在改造社会的过程中，人们即使从理论上懂得了社会发展的某种规律，如果没有符合实际情况的战略、策略、路线、方针、政策，没有正确的实践手段，也不会取得好的效果。我们国家现在正在进行的社会主义现代化建设和经济体制改革之所以成绩显著，真正开创了新的局面，不仅因为符合历史的必然和人民的愿望，而且因为有同历史的必然和人民的愿望相适应的正确的路线、方针、政策。

由此可见，人们要实际地利用通过科学知识所理论地掌握的事物的结构、属性、本质和规律，实现它们能满足人们需要的有用的价值，就必须发现与事物的结构、属性、本质和规律相适应，又与自己的需要相适应的使用方式。同发现事物不同的结构、属性、本质和规律是历史的事情一样，发现事物的每种不同的使用方式，也是历史的事情。发现了的使用方式应该是被理解了的。它在形成实践观念的过程中被观念地运用。人们正是通过这种运用把外部事物的尺度和自己内在的尺度观念地统一起来，建立实践的观念模型，建立现实中并不现成存在也不会自然产生的观念的理想客体。因此，被发现和被理解了的事物的使用方式，不仅是实际的实践过程中的一个重要因素，而且是形成、建立实践观念的一个重要因素。它构成一切发明创造的本质内容。过去人们常说，知识就是力量，我们现在更可以说，关于知识的实际应用方式的知识才是力量。

三

实践观念作为外部事物的尺度和人们自己内在的尺度的观念的统一，是被人们掌握和理解了的理论观念的客观内容和自己的愿望、意志、情感等主观精神的创造性综合。它是理想的意图，反映着人们对真理和价值相统一或真、善、美相统一的对象的追求。因此，实践观念应该体现真理和价值或真、善、美的观念的统一。

从实践唯物主义的观点来看，人们改造世界的实践必须以世界的现实存在为前提，因而建立实践观念必须以具有客观真理性的科学知识为基础。是否使实践观念建立在这个基础之上，决定着实践观念能否通过实际的实践活动转化为能满足需要的实在的价值对象。在这中间就已经体现了真、善、美的关系。但是，人们之所以决心通过实践改造世界，是因为对当下现成的现实世界不满足，或当下现成的现实世界不会满足人，因而要求创造人们所愿望、所理解的比当下现成的现实世界更能满足人、更美好的现实世界。这种创造是通过改变外部事物的现成形式，使其最适合于人们需要的因素、属性、特点在具有新的形式的客体中集中地和突出地表现出来，并发挥其满足人们需要的作用。人们改造世界，实质上是要改变那本来如此的现实世界的现状，创造对人来说是应当如此的对象世界。这个对象世界不仅是人们已经掌握了的真理的对象化，而且是人们善的、幸福的、美好的愿望的对象化。因此，对人来说，这是体现着真、善、美的统一的对象世界。然而，由于人们是按照实践观念的模型来创造对象世界的，因而在实践观念中就应该观念地体现真、善、美的统一。但是，真、善、美的统一不是抽象的，不是超历史的，而是受具体的社会历史条件的制约，因而是具体的、具有历史性的，并且是在矛盾斗争中实现的。因为真的、善的、美的东西，总是在同假的、恶的、丑的东西相比较而存在，相斗争而发展的。在不同的社会历史条件下，特别是在阶级社会中，不同的人们往往对真、善、美有不同的评价标准。反动、没落的阶级甚至颠倒真假、善恶、美丑，把假的说成真的，把恶的说成善的，把丑的说成美的。在阶级社会中，剥削阶级虽然也追求真的、有价值的（善的、美的）对象，但那只不过是为了满足他们积累私人财富的卑劣的贪欲。正如恩格斯指出的，"如果说在这个社会内部，科学曾经日益发展，艺术高度繁荣的时期一再出现，那也不过是因为在积累财富方面的现代一切成就不这样就不可能获得罢了"[①]。在那种情况下，物质文明和精神文明虽然在不断发展，但真正创造了体现真、善、美的统一的物质文明和精神文明的劳动人民，却总是给自己创造出相反的东西。实践观念反映着人们在追求真理的基础上，对价值对象，对善的、美的对象的追求，因而是一种理想的意图和力量。所谓理想是人们所追求的具有现实可能性并能够转化为现实的对象的想象或意象。理想有长远的理想和近期的理想。任何一种实践观念都可以说是一种理想。对我们来说，近期的理想应该服从长远的理想。理想、意图和力量激发着和凝聚着人们的意志、情感、激情，即强烈的实践意识。黑格尔把善的理念、实践的理念叫作意志的理念、意志的努力，是有道理的。他说："理智的工作仅在于认识世界是如此，反之，意志的努力即在于使得这世界成为应如此。"[②] 意志、情感、激情是人们追求真理，追求价值对象，追求善的、美的对象的强大精神动力。列宁曾说："没有人的意志，就从来没有也不可能有人对于真理的追求。"[③] 正是这种信念和信心激起人们为实现实践观念、实现理想而奋斗的意志、情感、激情，使人们在实践活动中表现出主动性、责任心和毅力。表明人们决心在改变事物的现状的基础上创造新的理想的对象。我们强调信念、信心和意志、情感、激情等等在对象性活动中的意义，同非理性的、盲目的信仰主义和唯意志论是根本不同的。我们认为，它们应当建

---

① 《马克思恩格斯全集》第 4 卷，人民出版社 1958 年版，第 173 页。
② 《小逻辑》，商务印书馆 1980 年版，第 420 页。
③ 《列宁全集》第 20 卷，人民出版社 1989 年版，第 255 页。

立在对科学知识、客观真理的掌握的基础之上，建立在对实践观念、对理想的正确性与正当性的确信的基础之上，并推动、鼓舞人们进行实现实践观念和理想，创造"应当如此"的对象世界的实践活动。由此我们可以得出一个结论：把科学知识、客观真理同反映人们需要的愿望结合起来，变为实践观念，并通过这种形式变为人们的理想，树立关于这种理想的信念和信心，激发人们为实现这种理想而奋斗的意志和热情，是教育和培养人的一个十分重要的任务，也是提高人作为认识，实践主体的素质的一个十分重要的内容。这一点，对于我们所从事的社会主义事业来说，尤其具有重要的现实意义。

邓小平同志 1985 年 3 月 7 日在全国科技工作会议上讲话时指出："我们一定要经常教育我们的人民，尤其是我们的青年，要有理想。为什么我们过去能在非常困难的情况下奋斗出来，战胜千难万险使革命胜利呢？就是因为我们有理想，有马克思主义信念，有共产主义信念。我们干的是社会主义事业，最终目的是实现共产主义。"因此，"要特别教育我们的下一代下两代，一定要树立共产主义的远大理想。"①

我们的共产主义理想建立在马克思主义的科学社会主义即共产主义学说所揭示的社会发展必然规律的基础之上，又反映了人民最根本的长远利益，是真正体现了对真、善、美的统一的自觉追求的理想。我们发展社会主义事业，建设社会主义的物质文明和精神文明，归根到底是为了实现共产主义的远大理想。在我们现在进行的社会主义现代化建设的实践和经济体制改革的实践中，共产主义理想应该是我们全部实践观念的核心和灵魂。只有把共产

---

① 《有理想　有道德　有文化　有纪律》，人民出版社 1985 年版，第 5—7 页。

主义理想作为核心和灵魂，我们才能真正自觉地按照历史的必然和人民的愿望的统一，按照真、善、美的统一，建立社会主义的实践观念。同时，也只有树立共产主义理想，坚定共产主义理想的信念和信心，我们的人民才能以坚强的意志、高度的热情，自觉地和创造性地进行实现社会主义的实践观念的实践活动，为最后实现共产主义的远大理想而持续奋斗。

四

实践观念的建立与形成，是通过思维操作或思想实验（有时还必须借助于物化实验），对外部事物进行观念的分解和综合的结果。那么，人们如何通过思维操作或思想实验，对外部事物进行观念的分解和综合呢？

原来，当外部事物的结构方式、内外联系形式及由它们所决定的事物的属性、本质、规律等等，为人们的头脑所反映的时候，是以信息的形式存在于思维中，存在于知识或理论形态中。而思维、知识或理论形态，又是通过语言符号这种物质外壳表现出来的，于是，语言符号也就成了为人们所掌握的外部事物的信息的物质载体。同时，符合于人们自己本性的需要反映在头脑中的时候，也是以信息的形式为人们自己所意识到的。因此，按照外部事物的尺度和人们自己内在的尺度的统一对事物进行观念的分解和综合的思维操作或思想实验，实际上是一个对信息进行加工处理的过程，它的现实表现形式就是运用语言符号（或形象）的操作。通过对语言符号（或形象）所携带的信息进行加工处理的方式，对外部事物进行观念的分解和综合，形成一种以语言符号（或形象）表现的新的信息组合。这是按一定方式体现了两个尺度的观念统一的实践观念。它包括实践的结果（人们所追求的理想客体）及实现这一结果的实践过程（理想客体取得外部现实性形式的客观实在性的过程）的观念模型，亦即我们通常所说的实践的目的和计划。

但是，通过思维操作对外部事物进行观念的分解和综合，在观念中实现两个尺度的统一，形成实践的观念，不是一个简单的过程，而是一个必须把求实精神和创造精神、科学和理想紧密结合起来的复杂过程。在建立实践观念的过程中，观念的分解和综合所指向的具体事物，具有它所属的同类事物的共同属性、本质和一般运动规律，但由于它们有自己存在的具体条件，因而共同的属性、本质和一般运动规律必然会表现出具体特点。因此，把握同类事物的共同属性、本质和一般运动规律在作为实践客体的具体事物中的具体表现、具体特点，是按照客观尺度建构实践观念的一个十分重要的环节，也是科学的知识、理论转化为实践的观念从而能够在实践中得以实际应用的一个十分重要的环节。最近，中国共产党中央委员会在党的全国代表会议上提出和制定的建设具有中国特色的社会主义的宏伟蓝图，就是紧紧地抓住了这个环节，充分体现了严格的科学精神和求实精神。这种精神也是建构任何具体的实践观念必须首先具备的。

实践观念还反映人们的需要，并要求把这种需要作为内在的尺度运用到对象上去，创造出现实世界中并不以这种形式存在也不会以这种形式自然产生的具有满足人的需要的价值的客体。人们的需要在不同的社会历史条件下是不同的，而人们也总是根据不同的需要来建立实践观念。但无论如何，实践观念总是包含着对当下现成现实的某种不满足，包含着超越给予的现成现实，创造更能满足人、更完善美好的理想对象的要求。因此，实践观念应该是把批判性包含于自身的创造性的充分体现，应该是在已经达到的可能条件下，充分运用想象力和创造力而建构起来的。随着满足需要的力量和手段的提高与强化，人们的需要也会增长和扩大。于是人们就必然要求把增长和扩大了的需要作为内在尺度运用到对象上去，创造更多、更美好的有价值的客

442

体。这种要求必定会激发和启发人们的想象力与创造力，而这种想象力与创造力对于形成和建构实践观念是十分重要的。

大家知道，在人类历史上的很长一段历史时期内，人们的知识还停留于狭隘的经验水平，对事物的结构方式、联系形式及属性。本质、规律等方面的信息的掌握十分有限。当然，人们的需要的范围和水平也是比较狭窄和低下的。因此，当时的人们只能在比较狭窄的范围内和比较有限的程度上把客观事物的尺度和自己内在的尺度结合起来，建立比较简单的实践观念，创造能满足现实需要的客体。当时的人们也提出了许多富有魅力的虚幻观念。对于这些观念，我们不能简单地视之为愚昧无知的产物。实际上它们反映了当时的人们要超越现实、征服自然、追求理想对象的强烈愿望，其中包含了丰富的想象力和创造力。不过，由于这些观念不是以已经掌握的客观尺度为根据，因而只是一种不能实在化的抽象的幻想。在今天，人们根据现代科学知识所深刻地揭示的事物的结构方式、联系形式和属性、本质、规律，根据物质无限转化的可能性，充分发挥自己的想象力和创造力，通过加工处理信息的思维操作，对外部事物进行观念的分解和综合，可以在十分广阔的领域和十分深刻的程度上把客观尺度和内在尺度观念地统一起来，形成极其复杂而又具有现实性的实践观念。这种实践观念可以通过实际的实践活动取得外部现实性形式的客观实在性。这一事实告诉我们，在人类掌握的科学高度发达、信息高度密集的现代，按照与日俱增的需要广泛地应用科学和信息，建立实践观念，以扩大、加深改造世界的实践活动的广度和深度，具有十分重要的意义。单纯依靠狭隘的经验，或用狭隘的经验限制自己的观念，归根到底也就是限制改造世界的实践，这同现代实践的水平和要求显然是不相适应的。

通过思维操作建立实践观念，具有极大的优越性。它可以在主体不同作为实践客体的事物发生实际的相互作用的条件下，通过加工处理信息的形式，对客体进行观念的分解和综合，形成关于实践过程及其结果的观念模型形成实践观念的思维操作，是实践的实际操作在思想、观念中的排练或预演。实践的主体如何组织和操作，实践的程序如何安排，实践的手段如何运用，实践的客体如何被分解和被综合，实践的结果会引起何种反应和影响，都可以通过思维操作观念地进行排练和预演。既然是观念的排练和预演，就必须具有试验性、可选择性，可以按照经济原则和可行性原则，从中选择和确定关于实践过程及其结果的最佳观念模型。同时，由于这种排练和预演是观念地进行的，在观念中不管运用多么巨大的力量，采用多么强大的手段，对客体进行多么复杂的分解和综合，也不会造成实际的巨大浪费、损失，产生不可挽回的危险后果。即使观念的排练和预演，往往要借助于物化试验的过程，但其规模、范围和条件都是被限制了的。特别在现代，由于实践手段的强大和实践规模的巨大，实践的过程及其结果对主体和客体都会产生广阔、深远的影响。因此，通过思维操作对实践的实际操作进行观念的排练和预演，按照经济原则和可行性原则，建立实践观念，形成具体实践过程及其结果的观念模型尤为重要。而要形成同现代实践的水平和需要相适应的最佳实践观念模型，就必须充分利用现代科学知识，掌握大量有关的真实可靠的信息，并使我们追求理想的想象力和创造力立于这个基础之上。

实践观念虽然已经把外部事物的尺度观念地包含于自身，但不可能毫无遗漏地反映作为实践客体的外部事物的全部情况。同时，实践观念是主体的愿望，要求把人们自己的需要也作为尺度运用到对象上去，要求对象具有符合于人们需要的形式和规定，因而又包含着作为实践客体的外部事物所不具有的东西和内容。这就是存在于实践观念和作为实践客体的外部事物之间的主观和客观的矛盾、应当如此和本来如此的矛盾。

　　但是，实践观念并不满足于自己的主观观念的形态，它是要实在化自身的冲动，要求扬弃外部事物本来如此的现成形式和规定，使自身应当如此的形式和规定在对象中获得客观现实的实在性。因此，实践观念必然导致实际的实践活动。在实际的实践活动中，实践观念提供指令信息，作为规律决定着活动的过程和结果。然而，对实践观念又不能采取机械死板的教条主义态度，把它绝对化。在实践活动的实际操作过程中，主体必须随时随地发挥自己的反映功能，不断接受新的信息，并通过思维操作不断充实和修改实践观念，甚至提出新的理论观念。充实和修改实践观念，是为了以真正严格的科学态度按照客观尺度进行活动，这正是实践观念能够实在化自身，获得外部现实性形式的客观实在性的根本保证。①

---

　　① 　夏甄陶：《论实践观念》，《哲学研究》1985 年第 11 期。

附录四　"实践理念"座谈会纪略

夏甄陶、刘奔、蔡祖鹏等哲学界有关学者在北京昌平举行了"实践理念"小型座谈会。

与会者认为，在《关于费尔巴哈的提纲》中，马克思高屋建瓴地勾画了自己新世界观的基本思路以及与旧哲学的主要分野，这就是：在承认自然物质世界对于人类社会的先在地位的基础上，着重从主客体历史地相互统一的高度考察人与周围世界的关系及其本质，而这种现实统一的基础就是人类改造世界的实践活动，但旧的唯物主义只从客体的直观方面去理解和把握人们的周围世界，唯心主义则只从主体的方面去理解和把握人们的周围世界，它们各执一端的片面性根源，都在于不懂得人们现实的感性活动，即对象性的实践活动以及这种活动的本性和意义，相反，马克思主义的新哲学主张从对象化的实践活动入手，因而既从客体方面又从主体方面去全面地、能动地理解和把握人和周围世界及它们之间的丰富关系。在这种哲学看来，离开了人类对象化的历史的实践活动，人、人周围的人化自然、人类社会、人类历史、人类的观念世界——即整个现实的感性世界的存在和发展，都是不可思议的。如果说现实的实践活动构成了"整个现存的感性世界的基础"① 的话，那么哲学的范畴及理论构成了哲学的世界图景（这里主要指人化世界的图景）、社会历史观、认识论和方法论的"轴心"。从这种意义上说，建立在唯物主义基础上的人的对象化的实践活动理论，无疑是马克思新的哲学的"灵魂"。

---

① 马克思、恩格斯：《费尔巴哈》单行本，人民出版社 1988 年版，第 21 页。

人的存在和发展是绝对地依靠外部世界的。但是，人类作为一种"能动的自然存在物"、"有意识的类存在物"和"对象性的存在物"（马克思语），它不是被动地、消极地、直观地"依靠"外界的"恩赐"而存在的，相反，是在积极、能动和创造性地改变周围世界的对象化的活动中而生存和发展的。正是在这种对周围世界和自己命运的能动的实践掌握的过程中，人塑造了一个不断膨胀着的人化世界，创造了一个不断延伸着人类历史，也建造了一个不断充实着的观念世界，同时也不断地完善和发展着自身。因此，人对世界的实践掌握方式，既是人类社会生活的基础，又是人与世界关系的最主导的形态，它指导和实现着人类社会的存在和发展的进化过程。一定历史条件下的实践活动方式，体现和承载着该时代的主导音符，孕育和生成着当下及未来时代的基本精神。

在当代，由于科学技术的迅猛发展，人类的实践活动方式和改造世界的实践能力，都发生和经历着重大的变化。人类虽然获得了前所未有的知识和物质力量，但这些庞大的知识和力量正在相当的程度上被滥用和误用，从而导致了人与周围世界关系的严重恶化。例如资源枯竭、生态危机、环境污染、核威胁、军备竞赛……"全球性问题"，最终都源于人类对周围世界的实践掌握方式的"不合理性"。人类要想更有效、更合理地处理人与世界的关系，从而更好地生存和发展下去，就必须首先反思和改进掌握世界的实践活动的基本方式。

因此，理性地探讨人类对于世界的实践掌握方式及其历史演化规律和现时代特点，对于以对象化的实践活动为内在灵魂和本质特征的马克思主义的"实践唯物主义"、新哲学来说，不但可以在理论上丰富和发展自身，而且在实践上也可以用自己特有的科学的世界观和方法论合理地说明和把握当代人类世界，从而发挥自己的指导作用，赋予自身以新的时代特色和生命活力，都有着十分重要和迫切的意义。

与会同志认为，马克思所讲的人类对世界的实践掌握方式，即实践活动，主要是指人们有目的地变革世界的对象化的物质活动。这种活动的实质在于：实践主体依据对外界对象的一定认识，自觉而能动地按照自身的需要、情感、意志、设想去实际地改变对象，把自身的目的、愿望和计划等观念性存在的东西以及自身的本质力量现实地对象化——外化为现实，从而创造出符合自己需要的新的人化客体。这就是说，人对世界的实践掌握方式是自觉的、能动的，人们在实践活动的实际展开之前和展开之际，事先就在头脑中观念地建构起了关于这种活动的目的、方法和活动过程的模型，就进行过对客体的观念改造和预演过这种活动过程的思维操作。实践理念就是实践主体事先建构的关于实践活动方式、结果及其过程的一般的观念模型，是对实践活动目标的观念预设和对活动方式、活动过程的观念预演。现实的实践活动及其结果则是实践理念的对象性展开的对象化确证（凝结）。这是人类改造世界的实践活动区别于动物本能地适应环境的行为的一个最基本的特点。当马克思说最蹩脚的建筑师也要比最灵巧的蜜蜂高明得多时，其理由也就在这里。

然而，实践理念的形成、建构和实现是一个极为复杂的过程。科学而完整的实践理念，首先必须蕴含有关于被改造事物和相关外部世界的属性、本质、结构、形态、规律以及内外联系形式等真理性的客体知识——客体尺度，同时还必须具有对人自身的本性、需要、能力、欲望、意图等反思性的主体知识——主体尺度；此外，还必须发现和掌握如何运用已有科学知识、物质工具，怎样使用它们，如何改造客体和主体如何行动等中介性的方法知识——方法尺度，在此基础上，通过主体大脑对上述各种知识要素和其他信息的分析与综合，思维的演练和操作，以及合理性、优化性的评价和可行性的选择，从而理念地改造客体和创造出理想客体，思维地预演活动过程，最终形成相对完整、可靠、具体的实践理念。进而在现实地对象化——实施过程中，通过监测、反馈、检验、修正和调节，进一步充实和完善实践理念，从而使人们对世界的实践掌握方式——从实践理念到实践活动、从内容到形态、从主体到客体都向着利、真、善、美的现实统一的过程接近。这是一个从客体到主体，又从主体到客体，从现实到理想，又从理想到现实，从实践到理论，又从理论到实践，从认识世界到改造世界，又从改造世界到认识世界的无限演进过程，也是一个人们不断超越现存世界而追求和塑造更加理想的人化世界的过程。

由此可见，深入研究人类对世界的实践掌握方式以及实践理念的形成和实现过程，不但有助于深化哲学认识论的诸多基本问题和探索，而且对哲学世界观、社会历史观、唯物辩证法和哲学认识论的统一、结合和发展方向等问题，都提供了一些富有启发性的新视野。与会同志还讨论了实践理念的史前发生、历史演化形态、基本特点以及研究它对我国社会主义改革实践和现代化建设的意义等问题。[①]

---

① 载《哲学动态》1989 年第 12 期。

附录五　若干《实践观念写作提纲》

20世纪八九十年代，曾几次想比较系统地研究和写作"实践观念"问题，还多次拟过写作提纲。后来因从事党政工作而无暇完成心愿。但这毕竟是我心中的一件大事而难以忘却。现在，虽然时间宽裕些了，不过，毕竟20多年来没有专注哲学学术问题研究了，要再重新系统研究写作，恐怕已不太现实。为补缺憾，现将当年的若干《实践观念》的写作提纲附录于后。

写作提纲之一：《实践观念论》

导论：人的活动与实践观念

1. 人的行为活动与行为意识

2. 实践活动与实践观念

3. 实践观念的必然性

第一章　实践观念的哲学史考察

1. 西方哲学史上的基本思想

2. 中国哲学史上的基本思想

3. 马克思主义哲学史上的基本思想

4. 现代西方哲学中的基本思想

第二章　人是追求和创造理想世界的动物

1. 人改造世界的内在必然性

2. 人改造世界的特点（理想性）

3. 人改造世界的基本方式

第三章　人类实践活动的本质和特点

1．创造性

2．主体性

3．工具性

4．意识性（认知、反思）

第四章　实践观念的形成

1．主体因素（尺度）

2．客体因素（尺度）

3．社会因素（尺度）

4．文化因素（尺度：民族性、习俗性、宗教性等）

5．内化因素（尺度：思维、语言）

6．观念创造（尺度：目标、计划、意向、方案）

第五章　实践观念的特性和功能

1．实践观念的本质

2．实践观念的特点

3．实践观念的作用

第六章　实践观念的实现

1．实践观念的现实化

2．实践观念与实践结果的矛盾统一性

3．实践观念的修正与进化

第七章　实践观念的类型

1．认识与改造

2．理性与经验

3. 个体与社会

4. 封闭与开放

5. 正向与反向

6. 人化与异化

第八章　实践观念与当代实践

1. 人类实践活动史

2. 现代人类实践活动的特点

3. 现代实践观念的批判

写作提纲之二：《实践的观念模型》

导论：人化世界和行动世界

1. 人化世界——人类生活其中的现实世界

2. 行动世界——人化世界的现实创造

3. 行为（实践）科学——研究行动世界的科学（行为学、规划学、技术学、决策学、管理学、法规学等）

第一章　人类掌握世界的基本方式

1. 利的方式——效用方式

2. 真的追求——理智方式

3. 善的追求——规范方式

4. 美的追求——艺术方式

5. 信的追求——寄托方式

6. 行的方式——实践方式

7. 人是通过各种掌握世界的方式而存在的

第二章　人改造世界的缘由和特性

1．人是追求和创造理想世界的理智动物

2．人何以要改造世界

3．人何以能改造世界

4．人改造世界的本质（自觉预设的观念模型）

第三章　实践观念的内容与形态

1．实践观念的含义

2．实践观念的根据

3．实践观念的内容

4．实践观念的形态

第四章　实践观念的形成机理

1．形成的外在条件（客体、实践、思维、文化、语言符号等前提条件）

2．形成的内在机理（需求—目标—评价—选择—组合—设计—预演—决策—行为—调控）

第五章　实践观念的特点和作用

1．实践观念的特点（物性与人性、合规律性与合目的性、批判与肯定、现实与理想、解释与评价、计划与行为）

2．实践观念的功能（支配行动、优化实践、激活主体、意志信念、发展认识）

第六章　实践观念的类型

1．认识的、改造的、生活的、管理的

2．经验的、理性的

3．简单的、复杂的，模糊的、周密的

4. 建设的、破坏的

5. 正确的、错谬的

6. 合理正义的、失范的

7. 个体的、社会的

8. 循复的、创新的

第七章　实践观念的对象化

1. 对象化的必然性

2. 对象化的主客性

3. 对象化的中介性

4. 对象化的时空性

5. 对象化的客观性（理想世界的创造）

第八章　马克思的哲学是实践哲学

1. "问题在于改变世界"

2. 感性的实践是现实世界的基础

3. 实践哲学与马克思主义

第九章　"实践观念"哲理启示录

1. 马克思主义哲学本质、体系新认识

2. 普遍性与具体性相结合的哲学根据

3. 改革开放、现代化建设实践与科学理论、方针政策

4. 当代世界"全球性问题"的挑战与应答

5. 人类的困境与真善美世界

写作提纲之三：《实践理念论》

前言：（实践理念的提出、意义和全书架构）

第一章　人是创造理想世界的动物

1. 创造理想世界是人存在和进步的基本形态

2. 创造理想世界的基本特点

3. 创造理想世界的基本方式

第二章　实践理念的特性和类型

1. 什么是实践理念

2. 实践理念的特点

3. 实践理念的类型

第三章　实践理念的结构和形式

1. 实践理念的要素

2. 实践理念的结构

3. 实践理念的形式

第四章　实践理念的条件和过程

1. 对客体的认识

2. 对主体的认识

3. 对中介的认识

4. 思维整合（包括思维预演、分析与整合）

5. 评估选择（科学性、经济性、合理性、可行性）

第五章　实践理念的现实化

1. 实践理念的对象化

2. 对象化与非对象化（主客体矛盾运动）

3. 外化性与内化性

4. 对象化成果认知与评价

第六章　实践理念的演化史

1. 历史发生学考察（史前、原始、生物、动物、大脑等史前人类的行为理念特点）

2. 结构社会学考察（社会文明、社会关系、社会文化、社会规则等等）

3. 演化进步的特性（继承创新、封闭开放、特异相向等）

第七章　实践理念与时代实践

1. 现时代人类发展的"全球困境"

2. 现时代人类实践的基本特性

3. 当代实践理念的困惑和出路

结束语：实践理念的哲学意义（哲学本体论、认识论、价值论、方法论、真善美、历史观等）

写作提纲之四：《当代认识论中的实践理性（论纲）》

中国人民大学哲学系是我国马克思主义哲学研究和教学力量最强的高等学府。1987 年至 1990 年间，我在中国人民大学做我国著名哲学家夏甄陶教授的博士生。期间，人大哲学系承担了我国各高校普遍通用的《辩证唯物主义》和《历史唯物主义》教材的修订再版任务。我有幸参与《辩证唯物主义》第八章"认识"中第三节的"从理性认识到实践"条目的初稿起草工作。后来，又合作撰写《当代认识论》一书。书中在"认识的过程"一章中，专辟一节为"当代认识论中的实践理性"，我承担了这部分文稿的起草工作。现把当年起草的《提纲》等附录于后：

《当代认识论中的实践理性（实践观念）》

一　当代社会实践的新要求

1．观念的对象化

认识、观念对象化的一般含义：对象化的必要性；从马克思主义哲学的实践特性及其哲学变革看观念对象化的重要性；一个曾被长期淡忘的老问题。

2．人类实践活动的基本特点

人是有自觉意识的能动的存在物；是创造理想世界的高级动物。自觉性、意识性、预设性等是人类实践的本质特点。

3．实践观念的含义

实践观念是实践主体对实践活动的对象、手段、目的、条件、过程、效果和环境等的超前反映及把控。人何以要、何以能在实践活动之前就建构起实践性观念；康德哲学中的实践观念；黑格尔哲学中的实践观念；马克思哲学中的实践观念。

4．实践观念与当代社会实践

当代理论性理念与实践性观念的分化与统一；当代社会实践的系统化、智能化、全球化及其实践效应的异态化，迫切需要有更科学合理、更符合全人类共同利益、更体现人类与自然和谐统一的实践观念。"全球化问题"与实践观念。感性经验形态的实践观念与科学理性形态的实践观念。

二 实践观念的内容和特点

1. 实践观念形成的基本条件

马克思关于人类活动基本尺度的理论；实践主体对客体和环境的把握；对主体自身需求和能力的把握；对中介工具和条件的把握；对社会规范和社会效应的把握；对实践活动过程及其效果的把握等。

2. 实践观念的基本内容和形式

利、真、善、美；目的、计划、策略、蓝图等。

3. 实践观念形成的基本机制

知识认知—需求目的—条件、过程的预测判断—思维实验演练—价值效应预料评估—决策实施。

4. 实践观念的基本特点

实践性、价值性、社会性、综合性、具象性、创造性等。

三 实践观念的实现过程

1. 实践观念的行为化

实践观念行为化的必要性；物质力量只能用物质力量来改变；由主观到客观、由观念到行动、由精神到物质的转换；由实践观念向意向力量—肢体行为力量—实践工具力量—客体互动力量的转换；实践观念向客体对象的渗入（对象化）。

2．实践观念的客体化

实践观念的行为化是动态的对象化；而客体化是静态的对象化；是实现了的、外在的客观存在着的实践观念；现实理想客体的创造；自在之物向为我之物的转变；属人世界是主客体各种力量的综合交互作用的结果和产物；实践结果的双重效应。

3．新客体的主体化

实践观念的最终实现：新创造了的主体——创造出客体化存在的实践观念向主体自身回归——主体能力的提升；对新的客体占有、分享和消费——主体需求满足及可持续的生存和发展能力；实践观念的肯定、否定、修正、完善——主体经验、能力内化；新的更高级形态的实践观念和新的更有能力的实践主体的形成；新的实践创造活动的发生和循环提升。

后　记

当我校完书稿并凝视着这 20 多万字的清样时，思绪不由自主地回到了上世纪 80 年代在杭州大学和中国人民大学学习和研究哲学理论的经历。

那时候，我们是那么如饥似渴地读书学习，那么专心致志地思考问题。当年老师们那种教书育人的情怀、严谨的治学风范和朴实可亲的形象，更是令人难以忘怀。现在，有的老师还在哲学园里默默耕耘、播撒慧种，有的老师则飘然迈进哲学天国，遨游在无际的智慧殿堂里了。当年老师们的恩德，鞭策后辈们前行、进步。

夜深了，但仍毫无倦意。透过窗户北望，我脑海里又一次情不自禁地浮现出中国人民大学校园的教室宿舍、草草木木，浮现出可敬可亲的老师、同学。我敬重的导师夏甄陶先生，在我国哲学界以思想深邃、治学严谨、史论具长、著书颇丰、为人谦逊、生活朴实著称，对我们这些弟子们影响深刻，他的学识和教诲使我们受益终身，也让我们感恩不尽。多年来，夏老师身体一直欠佳，令我们多为牵挂，但受条件限制，未能常去探望，这常常让我的心灵内疚不安。

想到这里，我又觉得我对实践观念等哲学问题的研究及其学术成果，都离不开夏老师的苦心栽培，于是，我有了请夏老师为《实践观念论》作序的想法。考虑到夏老师近期都只能整天卧床，我就根据夏老师的有关哲学思想和他的"论实践观念"一文（本书已收录）中的基本论点，草拟了序言"人是创造理想世界的动物"的初稿，并请人民大学的有关领导同志送夏老师审定。夏老师身体如此欠佳，我虽不忍心打扰他，但觉得此事对我们师生情谊、对我国哲学某些领域的研究，无疑是很有意义的。这样，我还是下决心在尽可能不影响夏老师休息的前提下，以适当方式将序言草稿送夏老师审定。夏老师躺在病榻上听完序言内容并予认可。这是多么感人啊！我难以用语言表达对导师的敬重，只能千万次地用心祈愿夏老师健康！

该书的出版发行，得到了中国社会科学出版社社长赵剑英先生、中国人民大学校办主任郑水泉先生的关心和支持。浙江省社会科学联合会予以项目资助。责任编辑喻苗和朱华彬等同志付出了大量辛劳。我的同事施伟榴、陈允栋等同志也付出了不少劳动。在此，一并致以衷心感谢！

王永昌

2014 年 11 月 15 日